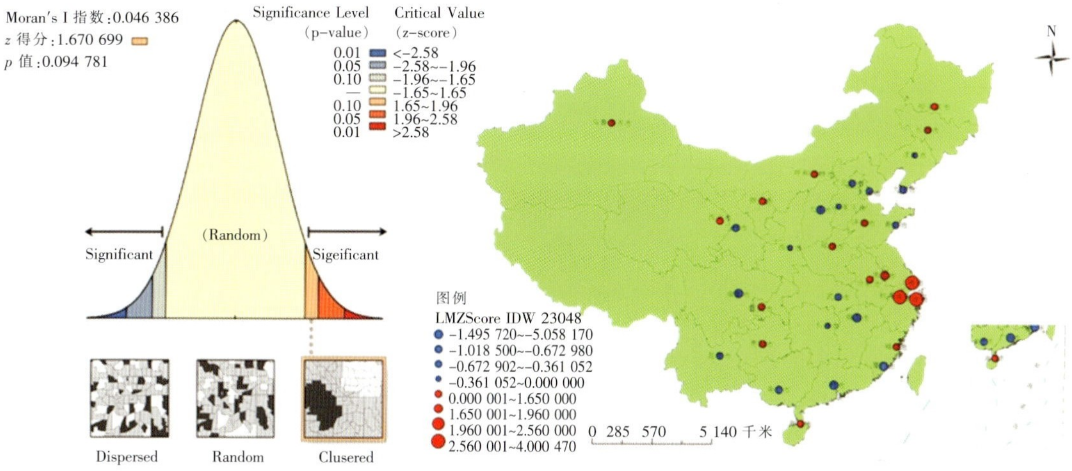

将空间概念引入研究当中,有利于从全局把握产业概况

彩图 1-1 全国视角对叶类蔬菜产业经济与技术经济进行研究

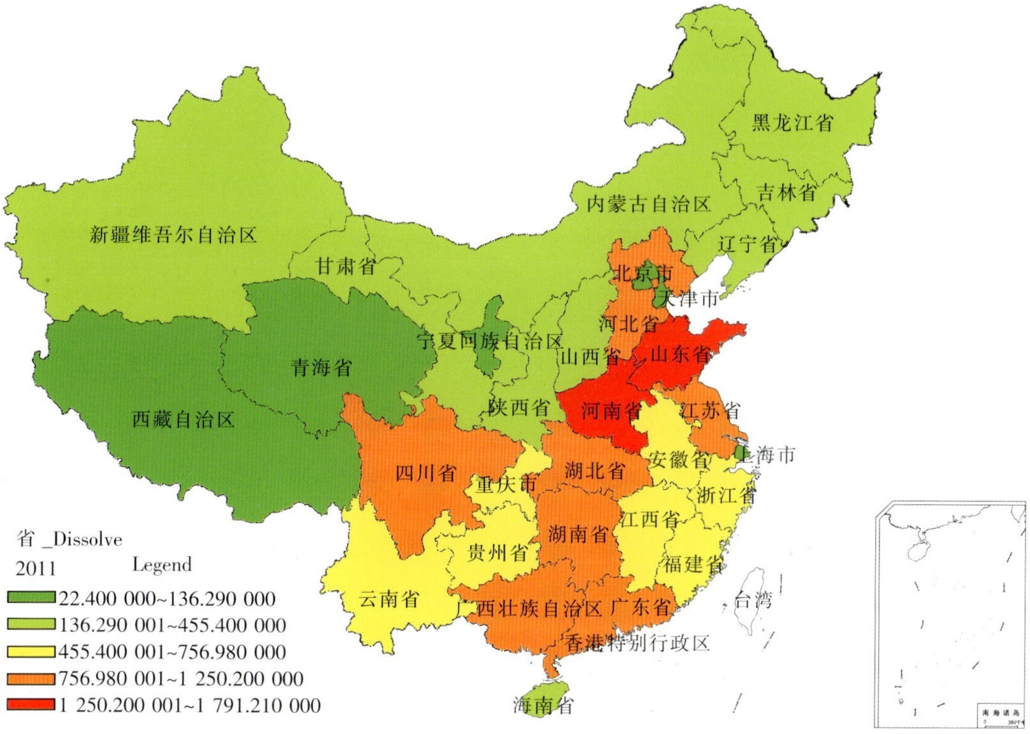

彩图 2-1 我国蔬菜播种面积空间分布特征

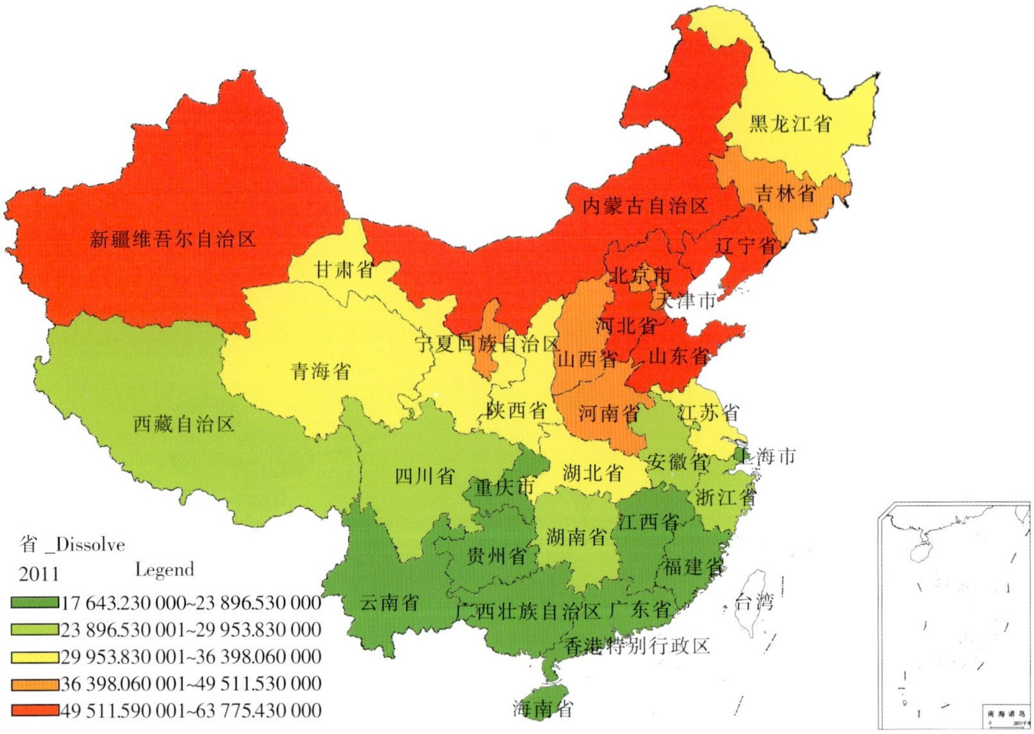

彩图 2-2　我国蔬菜单产空间分布特征

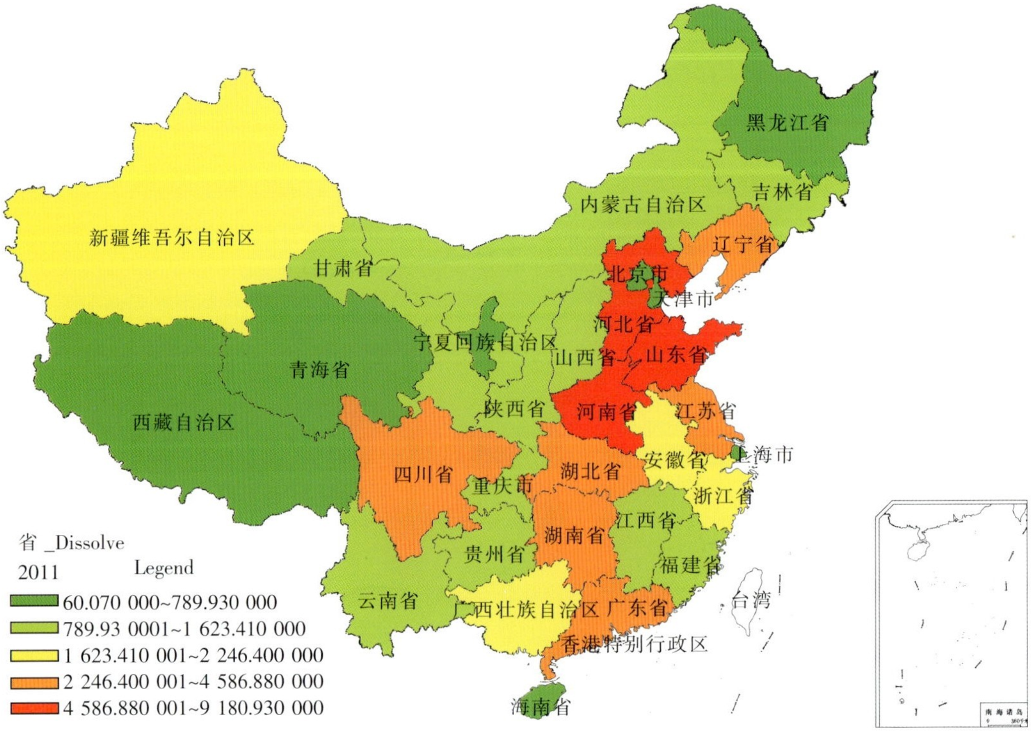

彩图 2-3　2011 年我国蔬菜产量空间分布特征

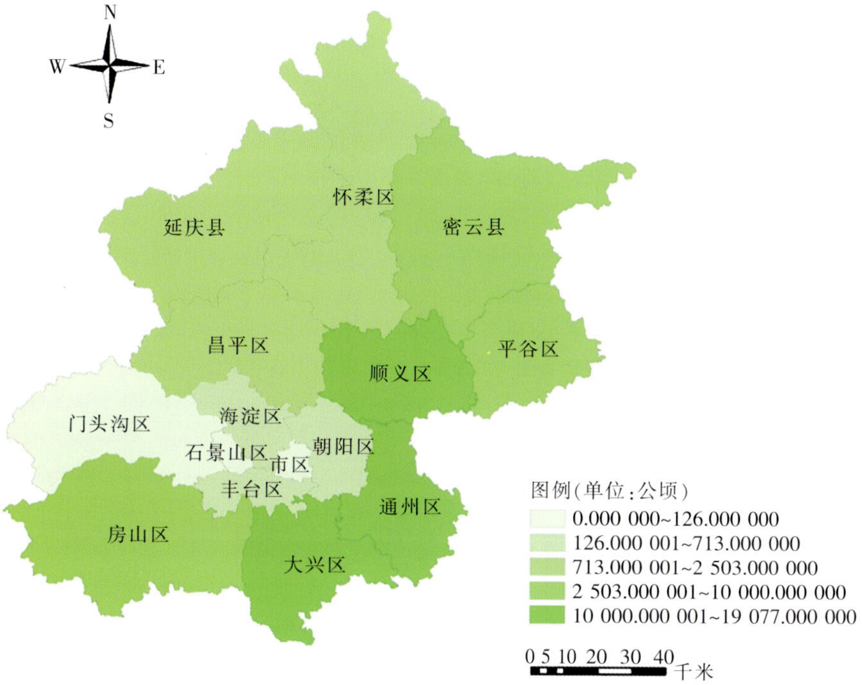

彩图 2-4　2011 年北京市蔬菜种植面积区域分布情况

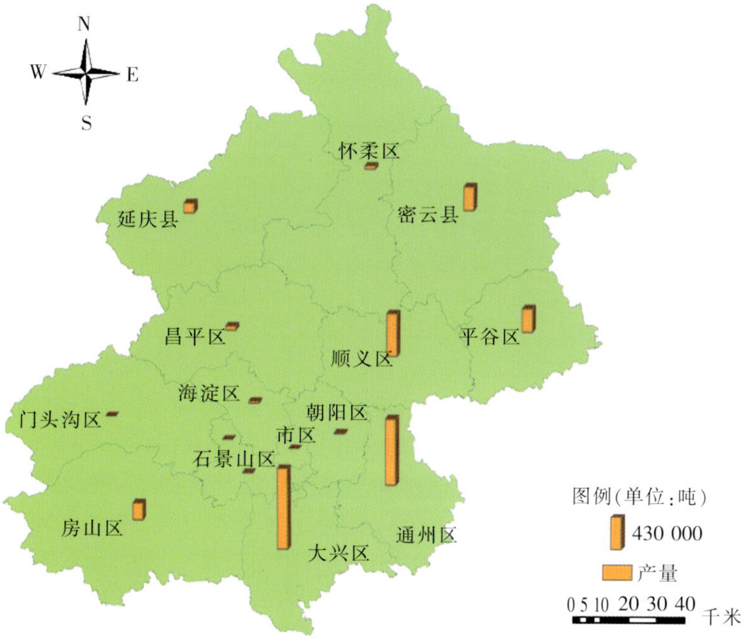

彩图 2-5　2011 年北京市蔬菜产量区域分布情况

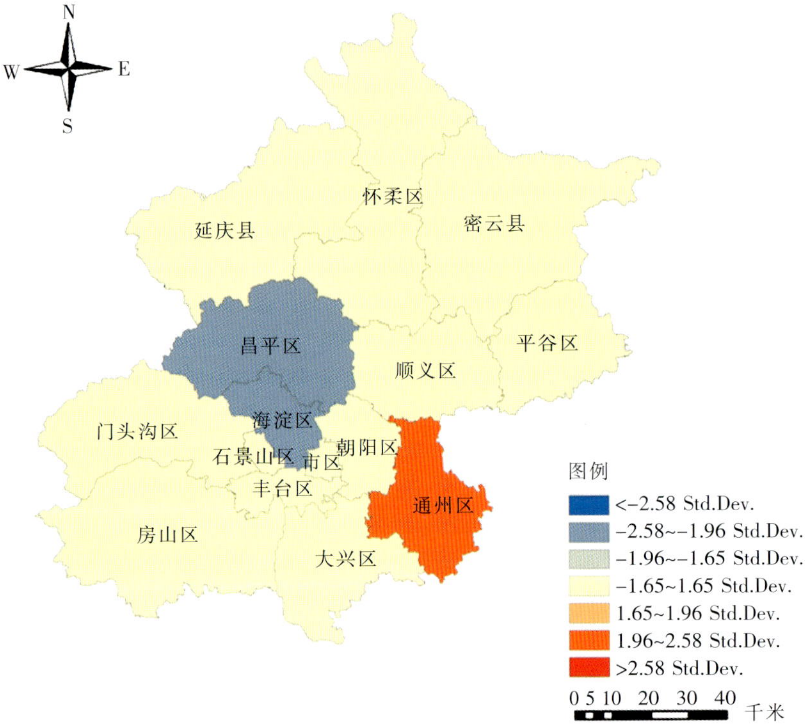

彩图 2-6　2011 年北京市蔬菜种植面积热点分布情况

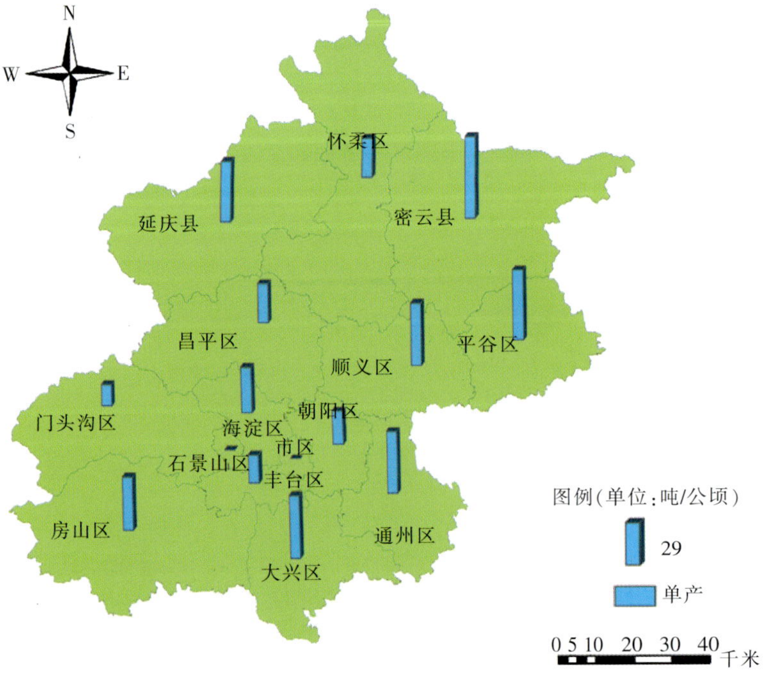

彩图 2-7　2011 年北京市蔬菜单产区域分布情况

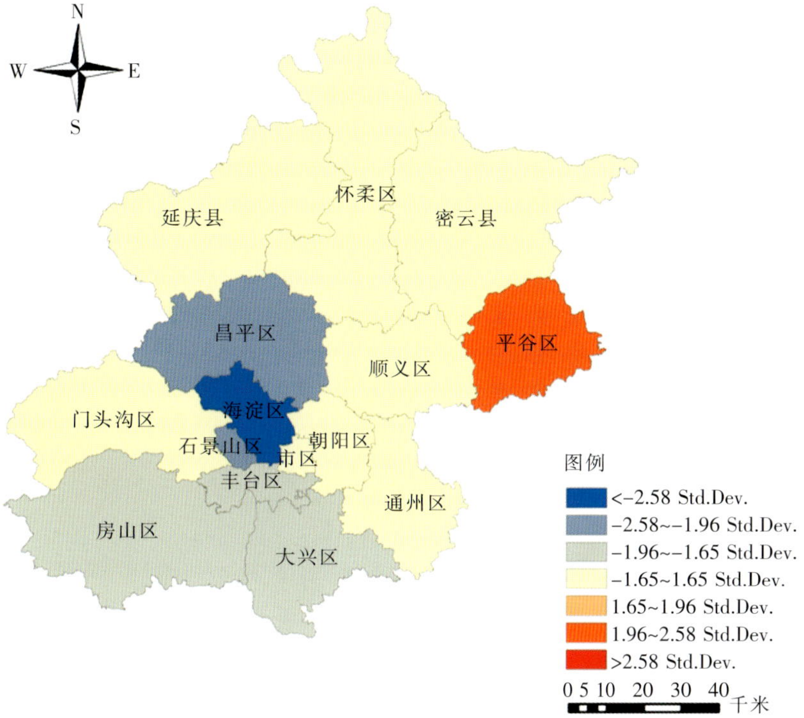

彩图 2-8　2011 年北京市蔬菜单产热点分布情况

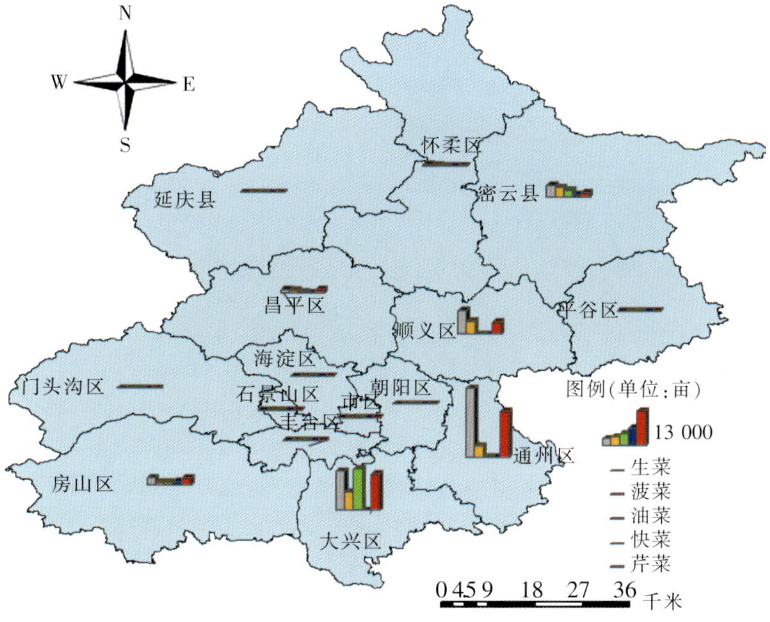

彩图 2-9　2012 年各区县 5 种叶菜播种面积空间布局

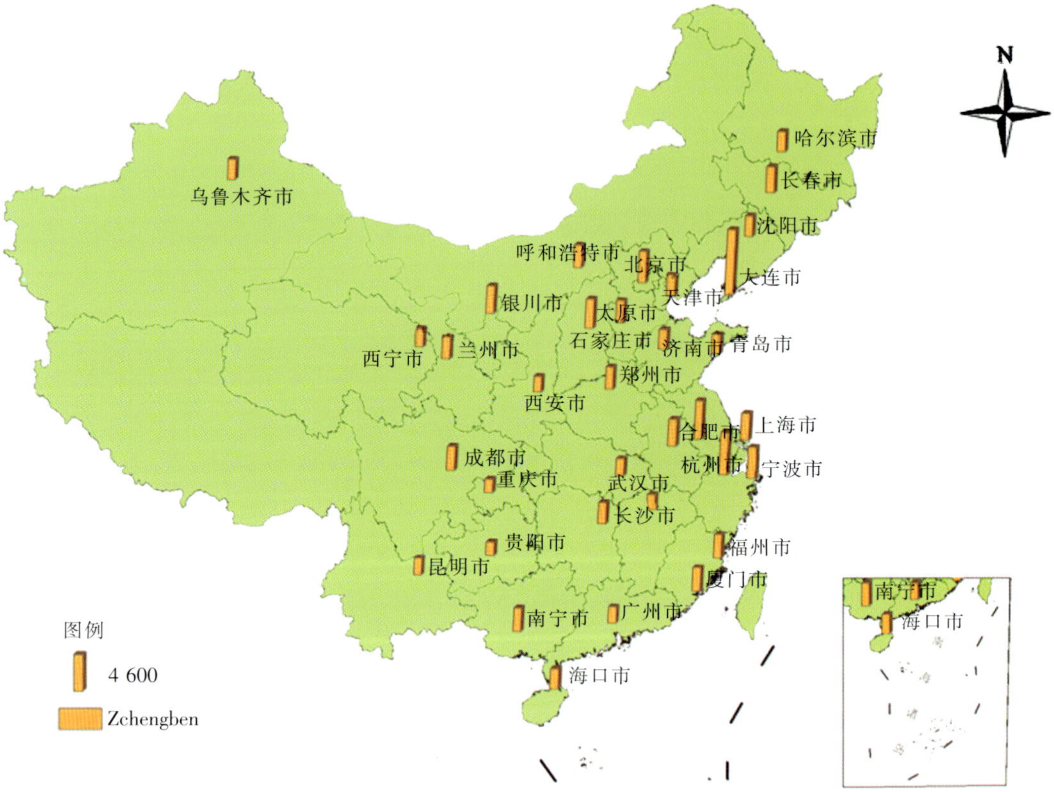

彩图 7-1　蔬菜种植每亩总成本分布图

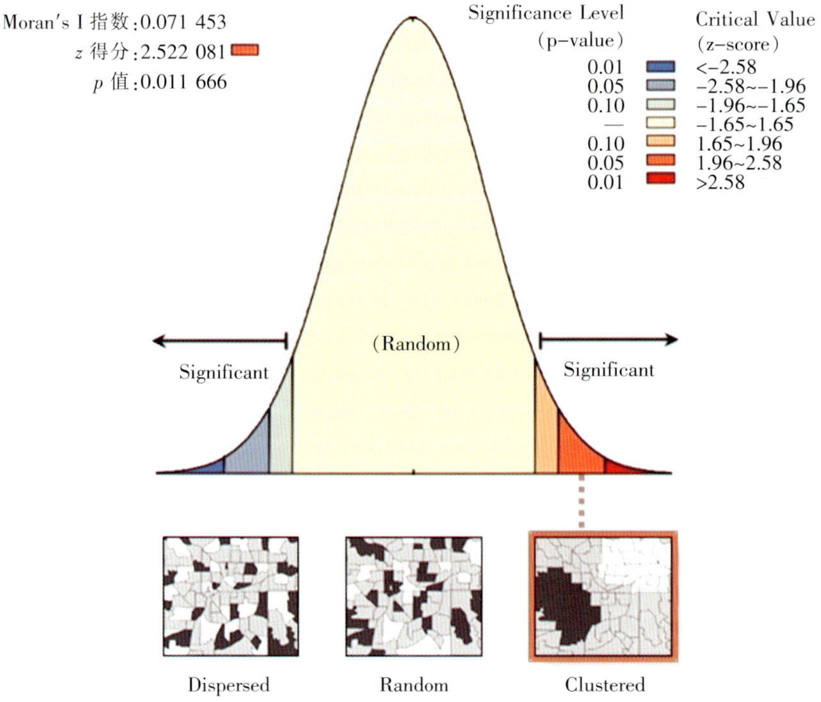

彩图 7-2　蔬菜种植每亩总成本全局空间自相关报表

彩图 7-3　蔬菜种植每亩总成本局部空间自相关分析结果

彩图 7-4　蔬菜种植每亩总成本热点分析结果

彩图 7-5 蔬菜种植每亩成本利润率(%)分布图

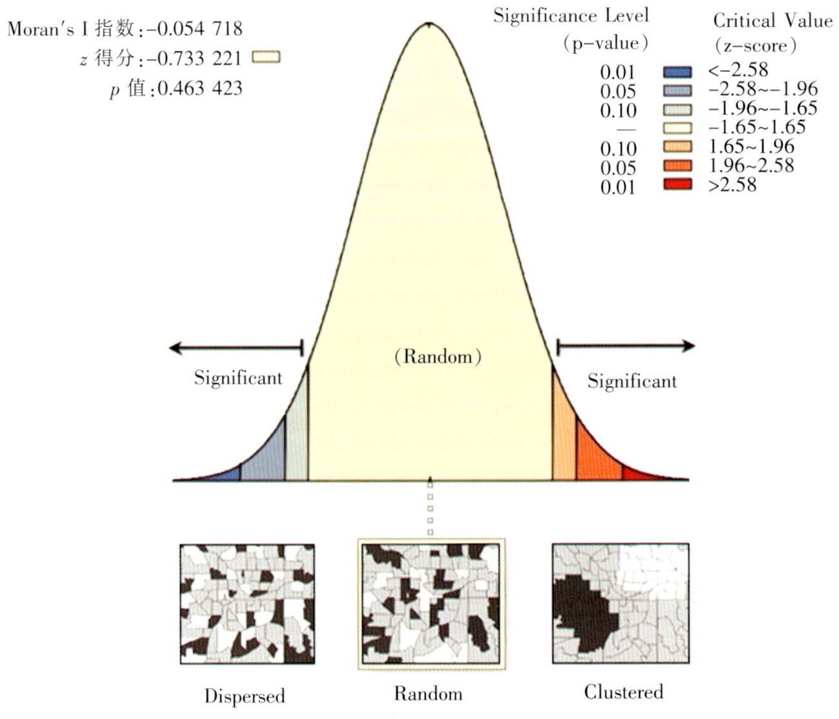

彩图 7-6 蔬菜种植每亩成本利润率全局空间自相关报表

彩图 7-7　蔬菜种植每亩成本利润率局部空间自相关分析结果

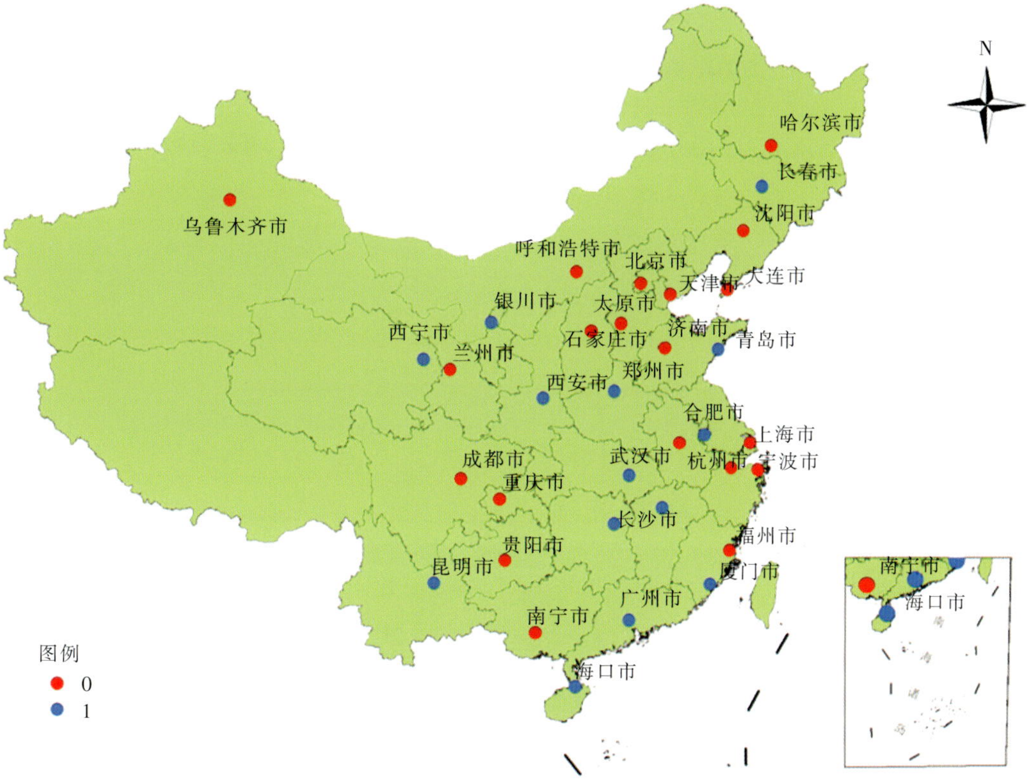

彩图 8-1　平均全要素生产率改善与未改善城市分布情况

彩图 8-2　2011 年各城市综合技术效率分布图

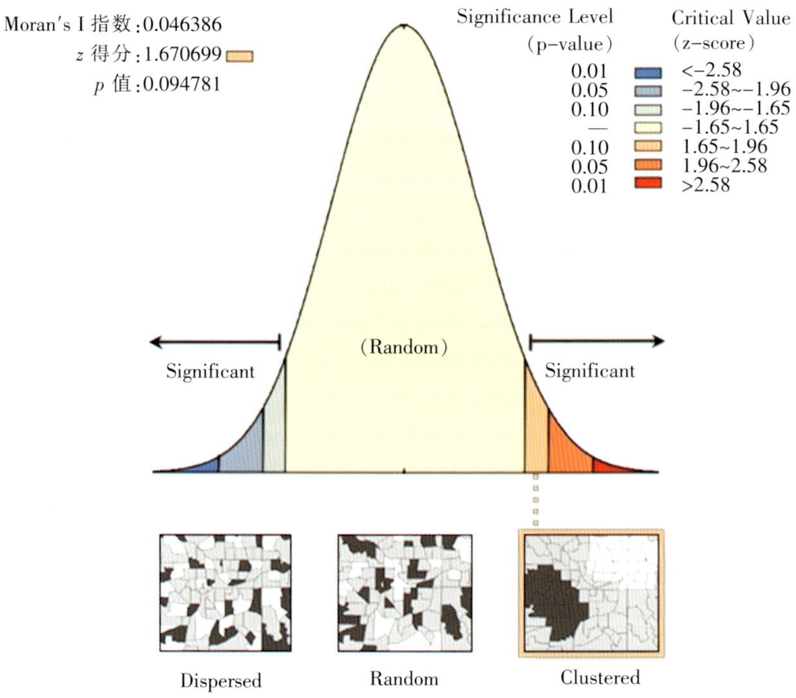

彩图 8-3　技术效率全局空间自相关报表

彩图 8-4　技术效率局部自相关分析结果

彩图 8-5　技术效率热点分析结果

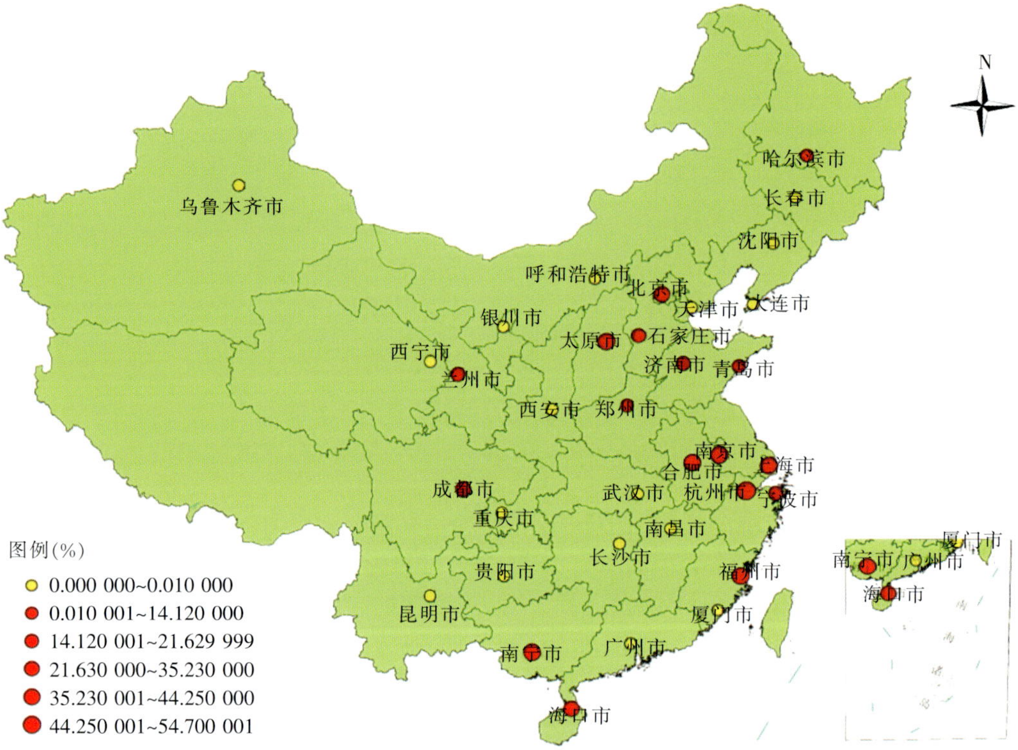

彩图 8-6　2011 年全国 34 个蔬菜生产大中城市投入冗余度分布情况

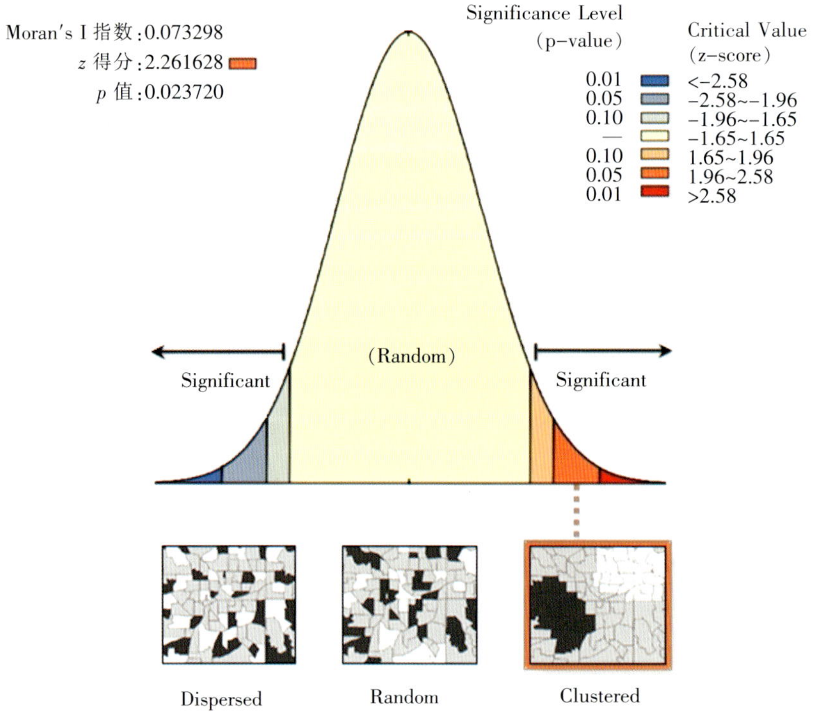

彩图 8-7　投入冗余度全局空间自相关报表

彩图 8-8　投入冗余度局部自相关分析结果

彩图 8-9　2011 年全国 34 个蔬菜生产大中城市投入冗余度热点分析结果

未成熟　　成熟　　过熟

彩图 10-1　散叶生菜成熟程度(品种:美国大速生)

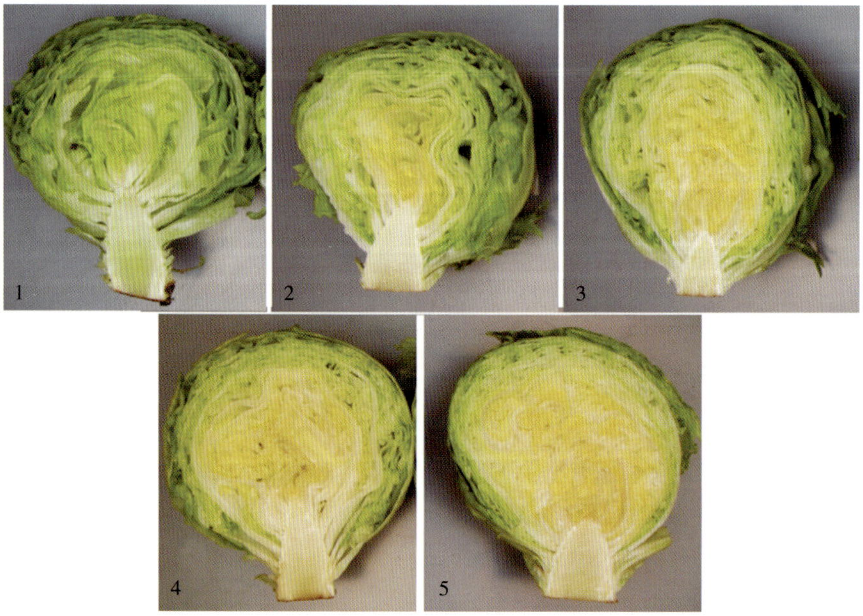

彩图 10-2　生菜叶球紧实程度

现代农业产业技术体系北京市叶类蔬菜创新团队研究成果
北京市社会科学基金项目成果

北京市叶类蔬菜产业发展研究

范双喜　主编

中国农业出版社

《北京市叶类蔬菜产业发展研究》编　委　会

主　　编：范双喜

副 主 编：张领先　陈湘宁

编委会成员（以姓氏笔画为序）：

王海霞　司力珊　朱青艳　刘学鉴

刘彦泉　刘超杰　刘瑞涵　杜　巍

杨明宇　余阳俊　张领先　陈湘宁

范双喜　钱朝华　徐全明　徐学农

郭松岩　曹之富　常希光　韩莹琰

[前　言]

根据《北京市农业局关于公布现代农业产业技术体系北京市创新团队2012年岗位人员聘任名单的通知》（京农发［2012］62号）文件精神，2012年以北京农学院为建设依托单位的现代农业产业技术体系北京市叶类蔬菜创新团队正式成立。为了全面深入了解限制北京市叶类蔬菜产业发展的技术瓶颈及其产业发展需求，充分发挥科技促进产业发展的作用，按照《北京市农业局、北京市财政局关于印发（现代农业产业技术体系北京市创新团队建设实施方案（试行）的通知）》（京农发［2009］44号）要求，现代农业产业技术体系北京市叶类蔬菜创新团队2012年6月16日启动第一次现代农业产业技术体系北京市叶类蔬菜创新团队需求调研工作。2012年7月，在实地调查研究的基础上，形成了《现代农业产业技术体系北京市叶类蔬菜创新团队加工流通与产业经济功能研究室需求调研报告》。该产业经济调研报告在对北京市叶类蔬菜产业经济文献分析基础上，结合蔬菜主要生产区县的实地调查数据，详细地分析了北京市叶类蔬菜生产、经营、流通、采后处理与储藏加工等产业发展现状，比较了北京市7个区县叶类蔬菜产业的规模及其优势，并对北京市叶类蔬菜产业经济问题进行了系统研究，分析了影响叶类蔬菜产业经济的因素及其研究需求。最后，根据北京市都市型现代农业的功能定位及其战略发展规划，理清了北京市叶类蔬菜产业定位、发展方向与工作重点，提出了现代农业产业技术体系北京市叶类蔬菜创新团队工作方向与重点。根据需求调研分析，针对北京市叶类蔬菜产业发展存在的问题及其经济研究需求，又开展了为期近3年的动态专项实地调查研究，基本上摸清了北京市叶类蔬菜产业发展现状及其时空演化规律，提出了北京市叶类蔬菜产业可持续发展的政策建议。

《北京市叶类蔬菜产业发展研究》一书正是在现代农业产业技术体系北京市叶类蔬菜创新团队需求调研工作的基础下，通过理论研究和实证分析紧密结合取得的阶段性研究成果。该书系统分析了北京市叶类蔬菜产业发展存在的问题及其经济研究需求，探索适合北京郊区现代都市型蔬菜产业发展的新思路和新方法，为现代都市型农业发展提供一条全新、有效的方法与途径。

本书是北京市农业局财政项目“现代农业产业技术体系北京市叶类蔬菜创新团队”和北京市社会科学基金项目“北京都市型蔬菜产业经营体制创新研究（13JGB040）”等项目的研究成果，全书共分12章，主要从北京市叶类蔬菜产业的生产管理、经营组织、流通模式、消费者意愿与行为、产业发展战略与政策效应等方面展开研究。第一章为绪论。分析国内外叶类蔬菜产业发展与政策相关研究现状，阐述全书研究内容、研究方法与研究的技术路线，统领全书。第二章为北京市叶类蔬菜产业发展概况。从时间和空间两个维度，分析我国蔬菜生产现状和北京蔬菜产业发展概况，重点分析北京叶类蔬菜产业生产经营时空特征。第三章为叶类蔬菜产业经济发展及其技术需求调研分析。结合北京市7个区县叶类蔬菜产业发展实际调研的数据资料，详细地分析了北京市叶类蔬菜生产、经营、流通、采后处理与储藏加工等产业发展现状，并实证分析调查区县叶类蔬菜产业生产经营中面临的主要问题及其技术需求。第四章为叶类蔬菜生产技术现状及技术需求分析。详细分析蔬菜种植技术推广应用现状及农户技术采纳意愿，重点了解设施蔬菜信息技术与叶菜节水技术推广应用情况及其实施措施。第五章为叶类蔬菜生产技术采纳行为及其影响因素。在农业技术采纳行为理论分析基础上，研究农户对设施蔬菜信息技术采纳行为差异，探究叶类蔬菜新技术推广应用路径。第六章为叶类蔬菜生产技术效率测评及其技术改进路径。构建蔬菜生产技术效率测评模型，并从全国的角度进行实证分析蔬菜生产技术效率及其时空特征，提出基于技术效率提升的设施蔬菜信息技术推广应用战略路径。第七章为叶类蔬菜生产成本收益时空特征分析。从时间和空间两个维度，分析北京蔬菜种植成本收益的时空特征，总结北京市蔬菜种植的经济规律，寻找提高经济效益的途径。第八章为北京市蔬菜产业生产效率测评及其时空规律。采用基于Malmquist指数的DEA方法，并结合GIS技术，进行了蔬菜生产效率的测算与时空特征分析，进一步分析北京蔬菜产业生产效率空间差异及其技术改进路径。第九章为北京市叶类蔬菜生产经营组织模式分析。调研分析北京市叶类蔬菜产业经营主体、产业组织模式及其利益联结机制，探索北京叶类蔬菜生产经营组织模式及其效率提升的路径。第十章为叶类蔬菜流通模式及损耗率分析。总结不同叶类蔬菜流通模式特征及其损耗率情况，探索基于降低损耗率的叶类蔬菜最佳流通模式。第十一章为北京市城区居民对叶类蔬菜消费意愿与行为分析。了解北京市叶类蔬菜消费者多样化、个性化的消费需求。第十二章为北京市叶类蔬菜产业发展战略与政策研究。基于北京市叶类蔬菜产业系统内外环境条件与农业政策效应的分析。提出北京市叶类蔬菜产业可持续发展的战略路径与政策建议。

本书以叶菜流通与产业经济分析为切入点，产前、产中、产后全产业链有机融合，加工流通与产业经济、育种与繁育、栽培与设施设备、病虫害防控与产品安全等研究室通力合作，各综合试验站协作调研，遍布京郊各区县的30个田间学校工作站提供动态数据支持，使本书实证分析具针对性，理论研究有前瞻性。

本书在编著中，北京市农业局副局长马荣才研究员、科教处处长程晓仙高级农艺师在目标确定、技术路线、产业分析等方面给予大力支持；中国农业大学傅泽田教授、穆维松教授、刘雪副教授、冯建英博士等对分析路径与模型算法等方面给予热忱帮助；叶类蔬菜创新团队各岗位专家、综合试验站站长及田间学校工作站站长分工协作做了大量富有成效的工作，在此，一并表示衷心的感谢！

本书可供农业管理部门及农业综合服务机构（包括农业综合试验站、田间学校）、蔬菜生产经营主体（农户、家庭农场、专业合作社、生产基地及涉农企业等）等使用。也可为农业经济、产业经济和农业政策等学科研究的理论界同仁提供研究参考。

由于作者水平和能力有限，书中错误或不妥之处在所难免，诚恳希望同行和读者批评指正，以便今后修改和不断完善。

作　者

2014年8月

目 录

前言

第一章 绪　论

1.1 问题的提出及研究意义

根据《北京市农业局关于公布现代农业产业技术体系北京市创新团队2012年岗位人员聘任名单的通知》(京农发［2012］62号）文件精神，2012年以北京农学院为建设依托单位的现代农业产业技术体系北京市叶类蔬菜创新团队（简称北京市叶类蔬菜创新团队）正式成立。

（一）北京市叶类蔬菜创新团队功能定位及其建设任务

现代农业产业技术体系是以解决我国农业科技资源缺乏整体有效协调为突破口，以提高农业科技创新能力和效率为着力点，以产品为单元、产业为主线，建立适应产业发展需要和服务国家目标的农业科技支撑体系。北京市创新团队从产地到餐桌、从生产到消费、从研发到市场各个环节紧密衔接、环环相扣，服务"人文北京、科技北京、绿色北京"，是国家现代农业产业技术体系在北京的延伸与补充。

北京市叶类蔬菜创新团队集中了一大批叶类蔬菜产业在京的科研和推广专家及技术骨干。该创新团队由产业技术研发中心（育种与繁育、栽培与设施设备、病虫害防控与产品安全和加工流通与产业经济4个功能研究室）、综合试验站和农民田间学校工作站3个层级构成。其中，农民田间学校工作站设在村或乡镇，是直接面向农民、贴近生产的一个层级。这是北京市创新团队特有的一个层级，重点定位于产业技术体系的中游和下游，强调产业技术的"落地效应"。这是北京市创新团队建设的特色，也是和国家级创新团队定位的主要区别。

按照《北京市农业局、北京市财政局关于印发〈现代农业产业技术体系北京市创新团队建设实施方案（试行）的通知〉》(京农发［2009］44号）文件，北京市农业局对北京市创新团队的功能定位及其建设方案已经进行了明确的界定和要求。

（二）北京市叶类蔬菜创新团队作用机制

北京叶类蔬菜产业是一个社会、自然综合的生态系统，其发展的表征指标有数量表征指标和质量表征指标两类，北京市叶类蔬菜产业发展状况可以通过其表征指标直接或间接地表现出来。数量表征指标主要有：稳定首都叶菜供应、满足都市型现代农业需求、叶菜消费的多样化需求等；质量表征指标主要有：叶菜产业链平衡与协调发展、保障叶菜产品质量安全等。北京市叶类蔬菜产业当前发展目标是健康、稳定发展；远景发展目标则是可持续发展（图1－1）。

依据京农发［2009］44号文件，北京市叶类蔬菜创新团队作用机制可以从"现代农业产业技术体系北京市叶类蔬菜创新团队"解读为3个关键词：产业（对象、目标）、技术（手段）和创新（手段），依托北京市叶类蔬菜创新团队平台，通过技术和创新手段，实现北京市叶类蔬菜产业可持续发展（图 1-1）。北京市叶类蔬菜创新团队建设可以总结为“1+1+1+1”（简称 4 个“1”建设），即“依托一个平台，依靠技术手段，发挥创新潜力，服务一个产业”。4 个“1”是北京市叶类蔬菜创新团队建设的四要素，每个要素相互作用，协调发展，实现北京市叶类蔬菜创新团队与北京市叶菜产业共发展、共繁荣。

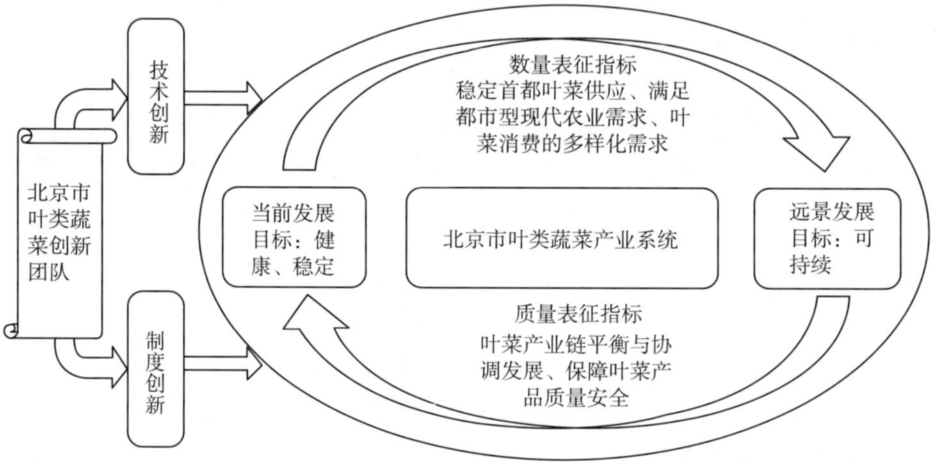

图 1-1　北京市叶类蔬菜创新团队作用机制图

（三）北京市叶类蔬菜产业发展空间还有待于提升

北京市蔬菜产业历史悠久，在北京农村经济中占有重要的地位，长期以来在保障城市蔬菜供应和帮助农民致富方面发挥着重要作用（王永泉，2004）。近年来，随着全国蔬菜大流通格局的形成，北京市蔬菜市场受到外埠蔬菜的巨大冲击，自产蔬菜的城市供应功能逐渐淡化，目前北京市蔬菜自给率约 28%，本地蔬菜市场供应比例平均只在 10%左右（赵友森等，2011）。与外埠蔬菜相比，北京本地蔬菜的产品优势、质量优势、区域优势、价格优势远未发挥出来（黄漫红，2005）。相对于自产蔬菜供应能力的逐年下降，北京市蔬菜的消费需求却呈现出扩张态势，造成北京在蔬菜生产和需求之间的产需缺口非常大。而蔬菜要求的存储条件高、时间短、损耗率高、运输难，蔬菜的异地长途调运，需要经历复杂的环节（郭华等，2012），一旦遇到突发事件（如北京市 2012 年 7 月 21 日特大暴雨），往往会造成供应危机。北京市作为我国的首都，是拥有近 2 000 万常住人口的消费型特大城市，加强自产蔬菜的城市供应能力显得尤为重要。

北京市蔬菜产业必须借助首都的科技、市场、信息等区位优势，积极探索提高蔬菜自给率的途径。随着北京工业化、城市化进程的加快，蔬菜种植面积的大幅度增加是不现实的。因此，增加蔬菜总产量的压力在很大程度上要靠生产技术效率的提高来完成。从产业发展角度来看，技术效率是通过降低生产要素成本、促进生产要素转化效率、提升资源使用效率、优化产业结构、增强技术利用水平和合理化产业增长方式这 6 个途径来促进产业生存力和发展力的提升（董晓辉，2011）。所以生产效率的提升是加强蔬菜自给率的重要手段。

蔬菜产业发展一直受到政府的重视，中央和北京市政府已出台一系列政策支持蔬菜产业发展，如蔬菜设施建设补贴政策、农用生产资料综合直补、农机具购置补贴、流通政策及蔬菜食品安全政策等。蔬菜产业政策对蔬菜生产要素投入具有重要的直接影响，对于提高土地利用效率，调动农民蔬菜种植的积极性具有重要作用。那么在政策带动下，蔬菜生产效率如何、生产规模会有哪些特征、投资设施蔬菜的空间是否可以继续扩大、政策作用如何进一步发挥等，这些问题的思考有助于政策更好地发挥，提高蔬菜生产效率的效力。

（四）北京市叶类蔬菜产业系统与叶类蔬菜创新团队耦合有效路径

要实现北京市叶类蔬菜创新团队与北京市叶类蔬菜产业共发展、共繁荣，有效地发挥北京市叶类蔬菜创新团队建设对北京市叶类蔬菜产业发展的促进作用，耦合的有效路径是推进叶类蔬菜产业可持续发展，发挥技术创新和制度创新的优势（图 1－2）。

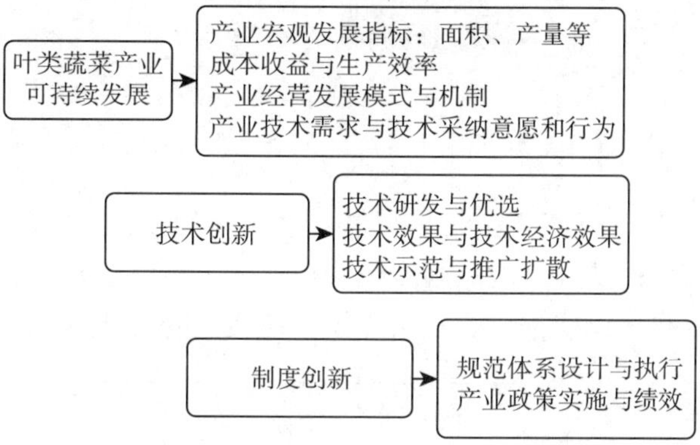

图 1－2　北京市叶菜产业系统与叶类蔬菜创新团队耦合有效路径

叶类蔬菜产业可持续发展表征指标具体可表现为：产业宏观发展指标（面积、产量等）、成本收益与生产效率、产业经营发展模式与机制、产业技术需求与技术采纳意愿和行为等方面。技术创新表征指标为：技术研发与优选、技术效果与技术经济效果、技术示范与推广扩散等。制度创新表征指标为：规范体系设计与执行、产业政策实施与绩效等。

（五）北京市叶类蔬菜创新团队产业经济岗位工作内容

从全产业链的角度，北京市叶类蔬菜产业链结构包括生产、经营、流通和市场 4 个环节以及融合生产、经营、流通和市场于一体的叶类蔬菜产业一体化（即叶类蔬菜产业化）。因此，北京市叶类蔬菜创新团队产业经济岗位今后 5 年规划工作内容还要同时涉及叶类蔬菜产业链的生产、经营、流通和市场以及产业一体化等环节的监测与研究（图 1－3）。

根据上述对北京市叶类蔬菜创新团队作用机制及北京市叶类蔬菜产业与创新团队耦合路径的分析，结合北京市叶类蔬菜全产业链结构，北京市叶类蔬菜创新团队产业经济岗位今后五年规划工作内容应该是北京市叶类蔬菜产业发展动态监测、叶类蔬菜技术经济分析和产业发展政策建议及绩效评价等（图 1－4），积极服务于现代农业产业技术体系北京市叶类蔬菜创新团队建设，服务于北京市叶类蔬菜产业可持续发展。①北京市叶类蔬菜产业发展动态监测包括：叶类蔬菜产业宏观指标动态监测、技术现状与技术采纳行为、叶类蔬菜成本收益分析与生产效率评价、叶类蔬菜产业经营主体与组织模式分析、叶类蔬菜流通渠道与电子商务、叶类蔬菜市场与消费者行为分析等；②叶类蔬菜技术经济分析包括：叶

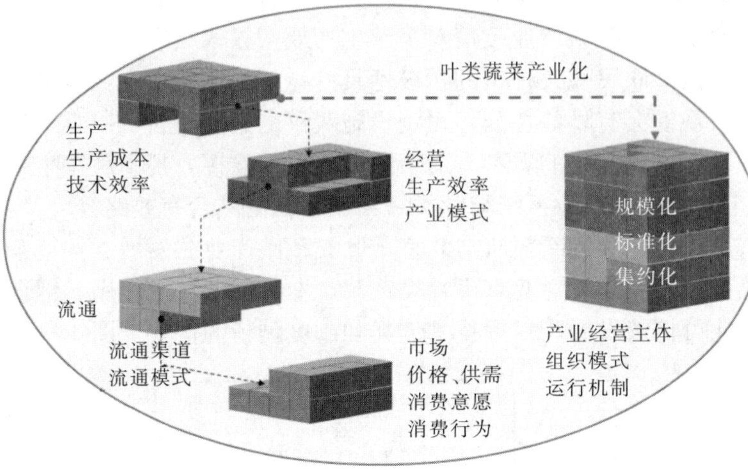

图 1-3　北京市叶类蔬菜全产业链结构图

类蔬菜技术经济效果评价、叶类蔬菜技术扩散与技术采纳意愿等；③产业发展政策建议及绩效评价包括：叶类蔬菜产业发展战略与政策分析、叶类蔬菜产业发展政策绩效评价等。主要工作成果为：研究报告、调研报告、政策建议、论文、简报和数据系统等（图 1-4）。

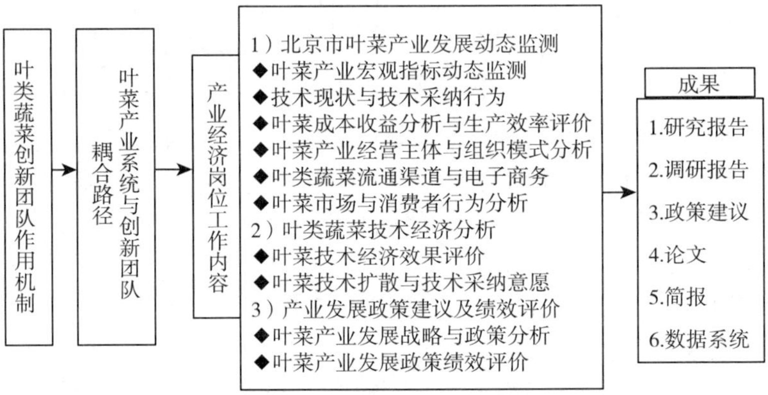

图 1-4　北京市叶类蔬菜创新团队产业经济岗位工作内容

重点开展以下 4 个方面叶类蔬菜产业经济与技术经济研究：

（1）北京市叶类蔬菜成本收益分析与生产效率测评研究　北京市叶类蔬菜成本收益分析与生产效率测评研究是从经营主体、组织模式视角进行成本收益分析与生产效率和技术进步评价（图 1-5），重点开展叶类蔬菜产业发展动态监测与政策研究。跟踪调研 5 种叶类蔬菜生产环节投入产出基础数据；对叶类蔬菜生产投入要素和产出指标进行动态监测；分析与评估叶类蔬菜生产经营环节成本收益和技术效率；探索叶类蔬菜生产经营环节关键节点及其限制因素，提出提高叶类蔬菜产业竞争力的产业发展路径；帮助农户（企业）控制好生产成本，有效获得较大利润，保障北京市场蔬菜产品有效供给。同时，将空间概念引入研究当中，从全国视角来分析比较北京市叶类蔬菜产业发展的区位情况，有利于从全局把握北京市叶类蔬菜产业概况（见彩图 1-1）。

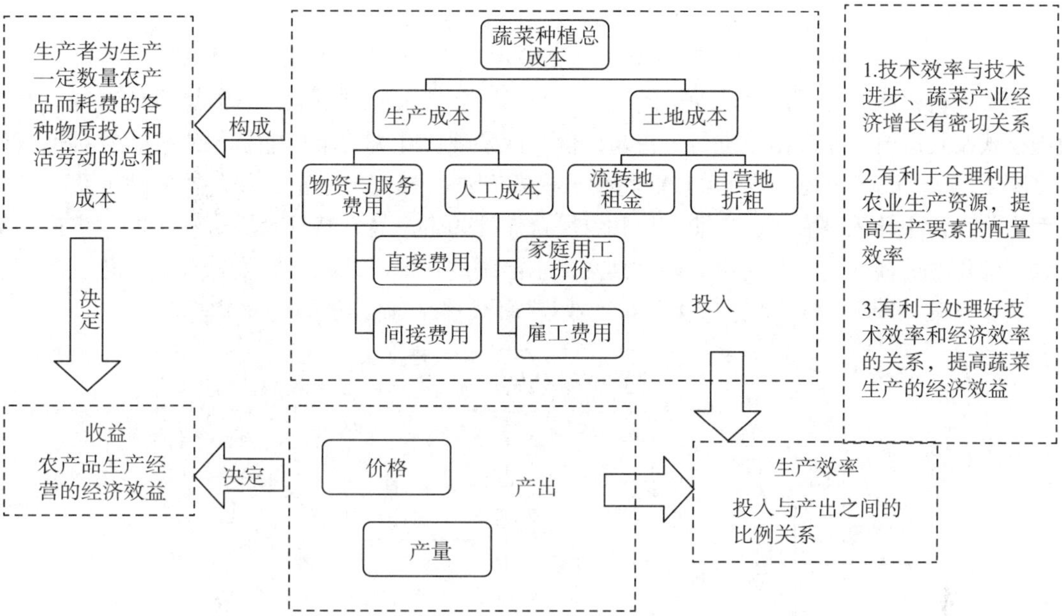

图 1-5　经营主体、组织模式视角对成本收益分析与生产效率和技术进步评价

（2）**北京市叶类蔬菜技术采纳及技术效率测评研究**　利用技术经济学原理和方法，开展北京市叶类蔬菜生产技术经济效果分析与评价研究。重点从农户角度，分析叶类蔬菜生产技术采纳意愿与采纳行为；从组织角度，探索叶类蔬菜生产技术推广扩散机制及其推广措施（图 1-6）。技术经济效果分析包括：经济效果、社会效果和生态效果。经济效果表现在产量、产值、增长率等方面，反映技术带来的经济效益影响，表明技术或技术方案的优劣，也是技术评价指标体系中关键指标。社会效果表现在技术采纳度、使用满意度、节约劳动力等方面，从整个社会的角度出发考虑综合技术方案和技术措施的使用价值。生态效果表现在（病虫）灾害率、节水、化肥农药使用率等方面，反映技术对生态环境、人类

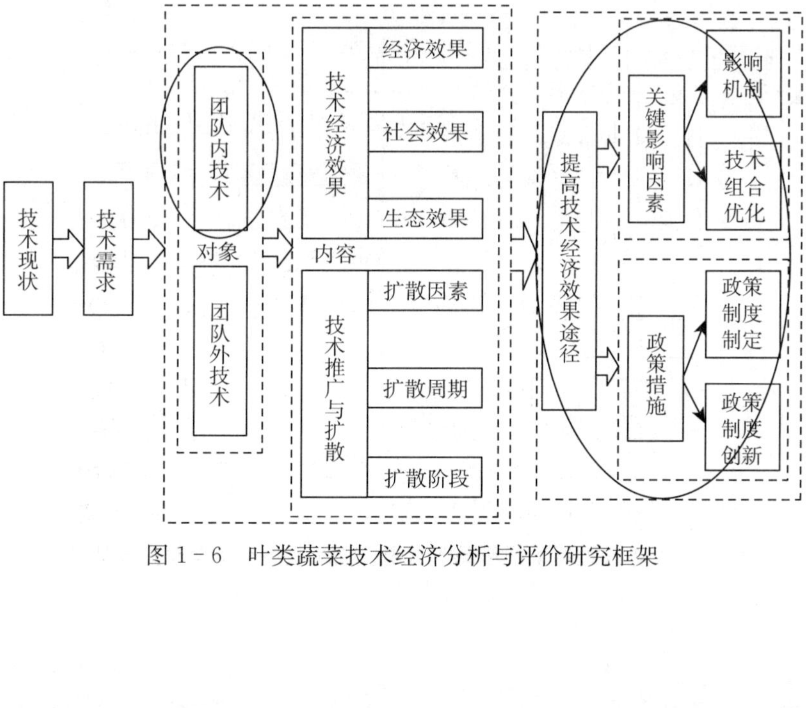

图 1-6　叶类蔬菜技术经济分析与评价研究框架

生产和生活环境以及生态平衡影响程度的数值指标。

（3）**北京市叶类蔬菜产业经营组织模式及其运行机制研究** 北京市叶类蔬菜产业经营组织模式及其运行机制研究是从全产业链的视角，对不同北京市叶类蔬菜产业经营主体特征、产业组织模式及其运行机制和绩效进行分析与评价，探索现代叶类蔬菜产业链组织模式及其运行机制（图1-7）。重点开展叶类蔬菜产业化发展模式筛选、择优与示范工作，探索叶类蔬菜产业新型生产经营主体家庭农场、专业大户和农民合作社的生产经营特征及其运行机制，掌握叶类蔬菜产业化发展模式的时空演化规律及其推广示范条件，提出北京市叶类蔬菜产业化发展模式示范实施方案（图1-8）。推进叶类蔬菜产业规模化、标准化、集约化发展。

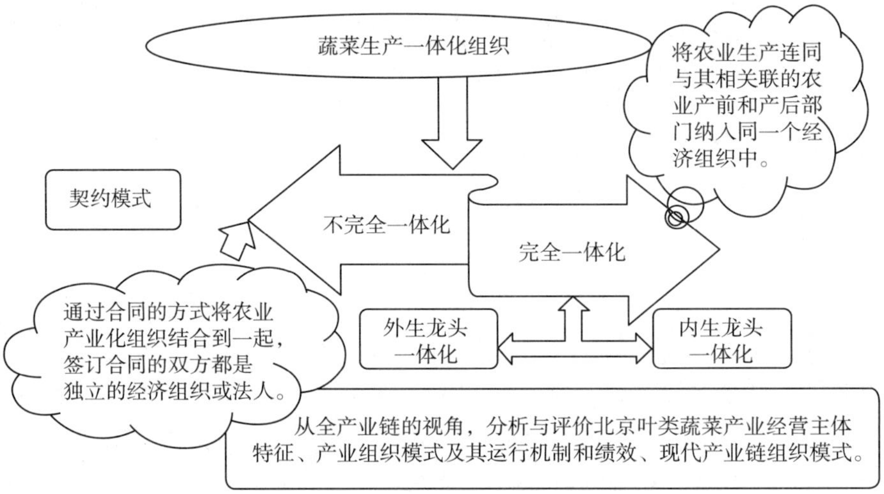

图1-7 叶类蔬菜产业经营主体与组织模式分析框架

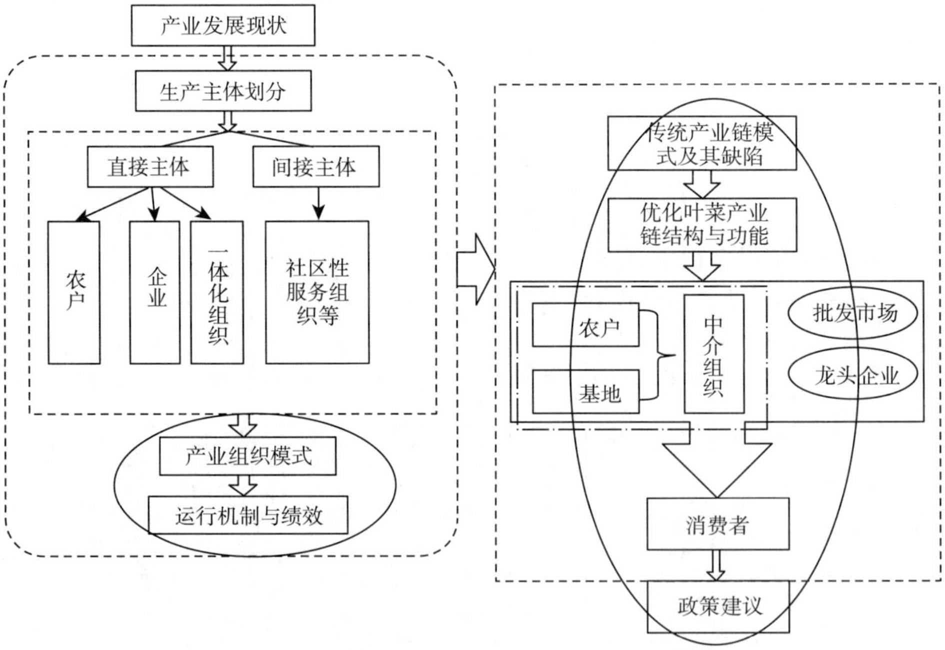

图1-8 叶类蔬菜产业经营组织模式及其运行机制研究框架

（4）**北京市叶类蔬菜产业发展政策与绩效评价研究**　叶类蔬菜政策目标就是引导资源合理配置，提高要素投入效率；着眼于对生产者的激励和支持，使其增产增收。叶类蔬菜政策体系包括叶类蔬菜技术推广与创新政策、叶类蔬菜产业经营组织政策、叶类蔬菜市场与流通政策和叶类蔬菜产业支持政策绩效评价等。要基于实证研究基础，提出叶类蔬菜产业发展政策建议及报告，积极为北京市农业局主管部门、生产经营主体献言献策，提高北京市叶类蔬菜产业生产效率，积极开展产业经济岗位应急性技术服务。重点开展叶类蔬菜产业发展政策研究，调研叶类蔬菜产业现有的生产、流通等相关政策，评价政策实施的效果并结合产业发展需求，提供政策建议；跟踪借鉴国内外叶类蔬菜产业政策，探索北京市叶类蔬菜产业发展的政策支持模式（图1-9）。

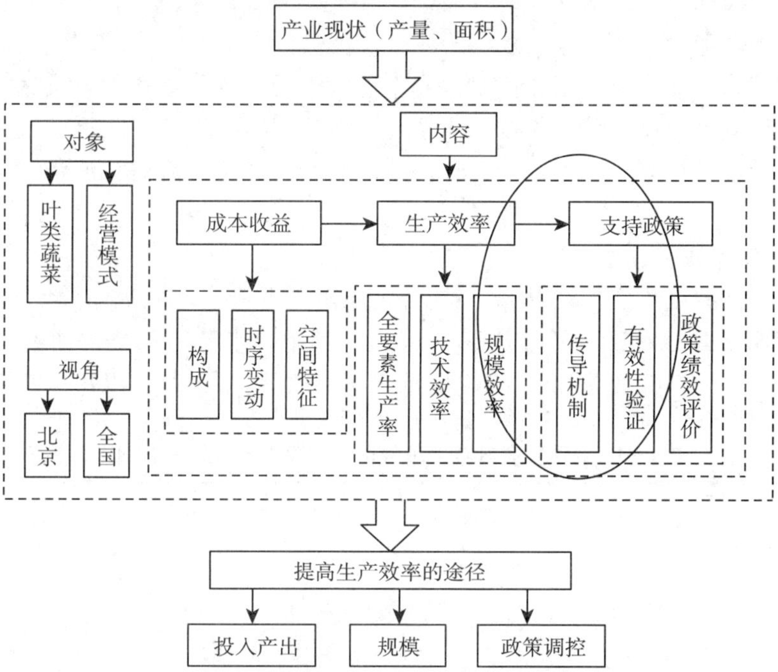

图1-9　基于效率提升的叶菜产业支持政策研究框架

在上述研究背景下，本研究依托北京市农业局财政项目“现代农业产业技术体系北京市叶类蔬菜创新团队”、北京市社会科学基金项目“北京都市型蔬菜产业经营体制创新研究（13JGB040）”，以叶类蔬菜产品为研究对象，以叶类蔬菜产业为研究主线，以叶类蔬菜产业经济与技术经济效果分析与评价为研究核心，借助技术经济学、产业经济学、计量经济学等理论与方法，通过实地调研与查阅文献资料相结合，重点开展北京叶类蔬菜调研方案设计与现状分析、北京叶类蔬菜生产技术采纳及技术效率测评、北京叶类蔬菜种植成本收益分析与生产效率测评、北京叶类蔬菜产业经营组织模式及其运行机制、北京叶类蔬菜流通模式及其损耗率、北京叶类蔬菜消费者意愿与消费行为、北京叶类蔬菜产业发展战略与政策选择等方面研究。研究成果对于动态监测与评估北京市叶类蔬菜产业发展状况，评估现代农业产业技术体系北京市叶类蔬菜创新团队建设成效，促进北京市叶类蔬菜产业高产、高效、安全和健康发展，保障北京市蔬菜安全供应，具有重要意义。

1.2 叶类蔬菜简介

（一）概念界定

叶类蔬菜简称叶菜，主要分为普通叶菜、结球叶菜及香辛叶菜，其主要食用部分包括嫩叶、叶球及叶柄部分（农业大词典编辑委员会，1998；羊杏平，2007）。常见的有散叶莴苣、菠菜、芹菜、油菜、苋菜、小白菜、奶白菜、大白菜、椰菜、通菜、红椰菜、野菜、茼蒿、西洋菜、豆苗、结球莴苣、结球甘蓝、包心芥菜、芥蓝、韭菜、韭黄等（曾念平等，2011）。其中，散叶莴苣、小白菜、大白菜、菠菜、苋菜、油菜、茼蒿等为普通叶菜；包心芥菜、结球甘蓝、结球莴苣等为结球叶菜；大葱、茴香、韭菜、韭黄、香菜、芹菜、芫荽等为香辛叶菜。

而菠菜、芹菜、油菜、生菜和快菜是北京地区主要种植与食用的叶类蔬菜品种。这5类叶类蔬菜品种也是现代农业产业技术体系北京市叶类蔬菜创新团队重点研究与推广的品种。北京地区菠菜、芹菜、油菜、生菜和快菜的生产、经营、流通与消费情况，将是本书研究的重点。

（二）叶类蔬菜营养功能

叶菜富含丰富的维生素、矿物质、碳水化合物、蛋白质和脂肪等多种营养物质，因此，叶菜是营养的重要来源（张克宏等，2007）。其中，生菜、芹菜、油菜、菠菜等6种常见的主要叶菜详细营养成分如表1-1所示（杨月欣等，2002）（以每100克可食部计）。

表1-1 6种主要叶菜营养成分（以每100克可食部计）

叶菜名称	油菜	菠菜	芹菜	生菜	油麦菜	大白菜
水分（克）	92.9	91.2	94.2	95.8	95.7	94.6
能量（千焦耳）	96	100	59	54	63	71
蛋白质（克）	1.8	2.6	0.8	1.3	1.4	1.5
脂肪（克）	0.2	0.3	0.1	0.3	0.4	0.1
碳水化合物（克）	2.9	4.5	3.9	2	2.1	3.2
膳食纤维（克）	0.9	1.7	1.4	0.7	0.6	0.8
维生素A（微克）	243	487	10	298	60	20
胡萝卜素（微克）	1 460	2 920	60	1 790	360	120
硫胺素（毫克）	0.01	0.04	0.01	0.03	Tr	0.04
核黄素（毫克）	0.1	0.11	0.08	0.06	0.1	0.05
尼克酸（毫克）	0.7	0.6	0.4	0.4	0.2	0.6
维生素C（毫克）	36	32	12	13	20	31
维生素E（毫克）	0.88	1.74	2.21	1.02	—	0.76
钙（毫克）	108	66	48	34	70	50
磷（毫克）	39	47	50	27	31	31

（续）

叶菜名称	油菜	菠菜	芹菜	生菜	油麦菜	大白菜
钾（毫克）	210	311	154	170	100	—
钠（毫克）	55.8	85.2	73.8	32.8	80	57.5
镁（毫克）	22	58	10	18	29	11
铁（毫克）	1.2	2.9	0.8	0.9	1.2	0.7
锌（毫克）	0.33	0.85	0.46	0.27	0.43	0.38
硒（微克）	0.79	0.97	0.47	1.15	1.55	0.49
铜（毫克）	0.06	0.1	0.09	0.03	0.08	0.05
锰（毫克）	0.2	0.66	0.17	0.13	0.15	0.15

数据来源：中国食物成分表（2002）。

（1）**生菜营养功能**　生菜富含多种营养物质，与其他叶菜相比，含水量较高，口感清脆、爽口，因此作为大众蔬菜，深受人们喜爱。生菜中营养物质种类丰富，不仅是维生素C、维生素E等多种维生素的重要来源，也是钙、磷、钾等多种矿物质的重要来源。生菜还含有琥珀酸、苹果酸等丰富的有机酸（Jamie P，Saltveit M E，2002；荣建华等，2007；李喜宏等，2008）。此外，生菜含有丰富的具有消脂通便、利于减肥的膳食纤维。生菜茎叶中含有的莴苣素可以降低胆固醇、镇痛催眠、辅助治疗神经衰弱（王娟等，2011）。甘露醇医药上是良好的利尿剂，是降低颅内压、眼内压及治疗肾的有效用药，而生菜恰恰含有甘露醇，因此，生菜具有利尿、促进血液循环的作用（王丽红等，2008；Rico，D.，et. al.，2008；王宏等，2006；刘宜生等，2000）。生菜具有养胃、清肝利胆的功效，适宜胃病、肝胆病患者食用，也适用于维生素缺乏、体型肥胖、便秘、高胆固醇、神经衰弱等人群（陆国岐等，2011）。

（2）**芹菜营养功能**　芹菜含丰富营养成分及黄酮类物质、叶绿素、维生素等多种生理活性物质。中医学证明芹菜具有清热除烦、平肝降压、利尿消肿、凉血止血、清热解毒等功效（战雅莲，2013）。可治高血压、血管硬化、神经衰弱、头晕、头痛、水肿、月经不调、咳嗽痰多、暴热、烦渴等症（王朝瑾等，2004；唐粉芳等，2007；肖雪红，2012；周辉等，2006）。大量研究结果表明，由于芹菜富含黄酮类化合物，所以芹菜具有降压安神、降血脂、抗菌、抗肿瘤、抗氧化、抗炎、镇痛、保护血管和增强免疫力的功能，又因芹菜含有大量的膳食纤维，因此具有控制血糖、体重、预防便秘的作用（朱炜等，2011）。乌莉娅观察了芹菜根提取物抑制四氯化碳致小鼠急性肝损伤的影响（乌莉娅等，2008）。菜籽中也可提取出具有镇静、止痛作用的多种苯酞类化合物（徐霞等，2002），由此可见。芹菜具有很好的医用开发潜力和保健价值。

（3）**油菜营养功能**　油菜富含多种营养素。因油菜脂肪含量低，而且富含膳食纤维，可减少人体对食物中胆固醇的吸收并促进其代谢、清除，故油菜也有很好的降脂减肥功效。油菜中所含的植物激素能够加速酶的形成，吸附排斥进入人体内的致癌性物质，因此油菜具有理想的抗癌功效。因其富含胡萝卜素和维生素C，从而有助于提高身体免疫力（王小波，2008）。除此之外，油菜还能够活血化瘀，解毒消肿，强身健体的功效，是保健蔬菜中的佼佼者（张欣，2007；罗子达，2008）。

（4）**菠菜营养功能** 菠菜具有润肠通便、理气补血、提高人体免疫能力，抗氧化、抗衰老等功效，可辅助治疗各种贫血症、糖尿病、肺结核、高血压等诸多疾病。菠菜含有丰富的植物粗纤维，能促进肠道蠕动，有利于排便，促进胰腺分泌，帮助消化，所以具有防止便秘、预防痔疮的作用。也可辅助治疗便秘肛裂等疾病（孙伟，2012）。菠菜中还含有丰富的胡萝卜素，在人体中转变成维生素A维护正常视力，并提高人体抵抗能力，可预防夜盲症等疾病。菠菜还富含丰富的维生素B、维生素C、维生素E、钙、铁、硒元素等有益元素。其中，丰富的B族维生素含量使其能够防止口角炎；铁质可辅助治疗缺铁性贫血；维生素E和硒元素具有抗氧化、促进培养细胞增殖的作用（纪海晨，2010）。经常食用菠菜，可以降低老年痴呆症及中风的危险（崔彦玲，2003；谢育金，2012）。

1.3 国内外研究现状

1.3.1 北京市蔬菜产业现状研究

北京市蔬菜产业的发展特征显著，然而相关研究却比较少。2010年11月，国家及各地政府陆续开启了新一轮“菜篮子”工程，促进了北京蔬菜产业的相关研究，内容涉及北京蔬菜产业发展、出口、配送、供需、成本收益、生产效率、蔬菜价格、来源地等。

自20世纪90年代初期进入快速发展阶段以来，北京市蔬菜产业取得了长足的发展，是北京农业的重要组成部分。随着城市化进程的加快和全国蔬菜大流通格局的形成，北京蔬菜产业又面临着新的挑战，进行产业结构调整、走现代化蔬菜产业道路将成为新时期北京市蔬菜产业的发展方向。王永泉（2004）以北京蔬菜产业发展的历史、现状以及所依赖的自然资源状况、市场环境为研究对象，对蔬菜产业面临的机会、威胁、有利因素、不利因素等内容进行了综合分析。确定了北京蔬菜产业的功能定位和市场定位，提出了北京市蔬菜产业化发展方向“突出优势产品，培育主导产业，调整产业布局，实施重点工程”。在蔬菜产业化推进策略上，从生产结构、品种结构、市场结构、产品结构、产业结构5个方面逐步进行调整和推进。在产业化推进的过程中，政府职能要从无限政府逐渐向有限政府转变，发挥宏观管理的职能，重视社会管理和公共服务职能。北京市农林科学院蔬菜研究中心（2010）研究指出，建设现代化蔬菜产业体系是北京郊区蔬菜产业发展的方向。首都蔬菜产业正面临重大的需求变革，蔬菜供应已经由满足数量需求向提高质量、保证安全的需求方向转变；生产由粗放型向效益型方向发展；蔬菜产业链正在向深加工等方向延伸；蔬菜产业的生态保护、观光休闲、园艺和饮食文化传承等功能日趋凸显。王耀林（2012）提出北京市蔬菜产业发展的4条建议：①完善高产高效栽培体系提升总体技术水平；②开源节流、建设高效水资源利用体系；③发展现代蔬菜产业、实现主要蔬菜生产环节的机械化；④强化“供京蔬菜”基地建设、完善提升蔬菜应急保供体系。

近年来，由于受到北京地区土地资源稀缺的加剧、种植蔬菜的收益偏低以及外地蔬菜的冲击等诸多因素的影响，北京市蔬菜的种植面积、产量及产值在农业总产值的占比均呈下降趋势，自身的供给能力也呈现出逐年下降的趋势（赵霞等，2011）。北京市蔬菜市场自给率偏低，以外埠供应为主，是典型的销地市场（赵友森等，2011）。北京市场的蔬菜来源地较为集中，总体表现为以北方蔬菜供应为主，南方蔬菜供应为辅的格局。其中，在北京市场上来自河北、山东两地的蔬菜所占比例超过一半，北京本地蔬菜的市场供应比例平均在10%左右，蔬菜供应地随季节变化而出现规律性的转移。相对于自产蔬菜供应能力的逐年下降，北京市蔬菜的消费需求却呈现出增长的态势，并且蔬菜价格的上升不会影响蔬菜需求量，使得北京市自产蔬菜供应能力存在着很大的隐患（赵霞等，2011；王丹等，2011）。

1.3.2 蔬菜生产技术采纳及技术效率测评研究

（一）蔬菜生产技术采纳意愿与采纳行为方面研究

目前有很多学者研究技术采纳行为主要包括技术采纳行为相关概念、技术扩散、采纳动机、采纳过程、行为改变及采纳其影响因素等方面。

李孟华（2012）认为农业技术采纳行为就是生产者对某项技术的选择、接受行为，也就是农户了解、思考、认可和掌握某种农业技术，同时在生产实践中应用的动态变化过程。满明俊（2010）则认为生产者采纳新的技术、方法、技能、观点的行为和决策，而放弃传统生产方式，主要是为了满足生产实际的需要。同时提出个体采纳行为和群体采纳行为，并根据农户采纳农业技术的特殊性，提出农业技术采纳行为通常有4个特点，即多样性、动态性、风险性和周期性。

多数学者比较认可农业技术扩散是一个渐进的过程，罗杰斯（2002）对新技术扩散进行深入研究，他认为在技术扩散早期，采纳技术会很少，进展比较缓慢；当采纳率达到一定程度时，扩散速度会很快，最后达到一定采纳率时，也就是达到饱和时，扩散速度又降下来，最终趋于平缓，这也就是著名的“S”形扩散曲线。同时，还提出，农业技术采纳一般要经过认知、说服、决定、实施、确认5个阶段。吴敬学等（2008）认为农户在实际生产中，产生技术需求，转换为技术需求动机、促使农户做出技术采纳行为，同时，牵引力和诱导力是农户采纳技术的两大动力源泉，两者相辅相成，共同推动农户持续采纳新技术。刘宏（2012）认为农民的行为在有计划、有组织的条件下，是能够改变的，但是改变过程是需要有一段时间并且也会有相当大的难度；并提出改变生产者对农业技术采纳的行为主要从3个角度，分别是：改变农户个体特征、改变环境特征和同时改变两者。

多数学者重点研究了技术采纳行为影响因素，Claudia和Uwe（2010）认为技术相关联的利润和风险以及农户个人的感知和态度影响农户对土地保护措施的接受；在国内很多学者进行实证分析，盛颖慧（2010）着重探讨了农户采纳沼气技术行为特点，研究农户采纳沼气的影响因素分析农户采纳沼气技术行为的内、外部影响因素。靳淑平（2009）以现代农技推广理论为基础，对7个农业关键技术的11个主要影响因素进行了较为深入细致的分析。高雷（2006）研究农户采纳农业新技术的影响因素并分析了其在实际生产中的决策过程，并以农户采纳膜下滴灌节水技术行为为例进行分析。陈玉萍等（2010）应用双槛模型，在研究滇西南资源贫瘠地区农户改良陆稻技术采用行为的影响因素时分为两个阶段。曹建民等（2005）研究了农民参加技术培训发生行为及对新技术采纳意愿进行定量分析，同时也提出了农民技术采用过程实质就是对要采纳技术的不断认识、接受等反复过程。曹光乔等（2010）用4个省（自治区）调研数据定量分析了农户采纳秸秆还田和免耕播种技术的主要影响因素。汪海波等（2008）基于427户的调研数据对农户采纳沼气行为及其影响因素进行了分析和讨论。苏岳静等（2004）应用Probit和Tobit方法分析抗虫棉技术扩散速度较快的原因，并讨论了农户选择抗虫棉技术并采纳的决定影响因素。朱方长（2004）认为农户不仅受到社会文化相容性的影响，而且人际网络链中观念领导力量对其也有重要影响。在蔬菜技术采纳研究方面，邢卫锋（2004）以江苏省东海县石湖村、水库村为例，研究影响农户采纳无公害蔬菜生产技术的因素及采纳行为。陈雨生等（2009）以北京市为例对农户有机蔬菜生产意愿影响因素的实证分析。张婷（2012）根据计划行为理论，采用因子分析和多元回归分析方法，研究了影响农户绿色蔬菜生产行为的主要因素。张伟（2013）以来自杨凌、周至农户的调研数据为基础，对农户蔬菜生产安全技术采用决策进行详细研究。李想和穆月英（2013）以辽宁省设施蔬菜种植农户调查数据为例，分析农户采用可持续生产技术的影响因素。

在进行定量分析采纳行为的影响因素时，多数学者使用的是二元Logistic离散选择模型。最早在1860年Fechner率先将离散选择模型用于动物条件二元反射相关实验研究。1962年，Warner首次用模型研究经济领域相关选择行为。20世纪七八十年代，离散选择模型被普遍应用于经济各个领域决策行为研究（胡琴等，2013）。在国内，沈汉溪等（2007）采用Logistic模型对农户是否能够获得贷款的相关因素进行了系统研究。吴丽丽（2007）按照Logistic（Logit）理论模型，构建了商业银行信用风险评价的Logistic回归模型，结果显示模型能有效地测评出企业可能的违约概率。杨静（2008）利用Logistic选择模型对申贷农户信用指标进行回归分析，取得了较好的预测效果，具有一定的应用价值。钟琳（2009）用Logistic模型对公司财务风险进行预报分析，结果显示Logistic预测模型是很有效的。徐强（2010）用该模型研究了大学生参加城镇居民医疗保险的意愿。肖潇（2011）采用二元Logistic模型从农户特征、农户对有机蔬菜的认知度、农户对生产的预期因素和外部环境因素4个方面分析鞍山市农户有机蔬菜生产意愿及其影响因素。贾雪莉等（2011）以河北省蔬菜种植户的调查数据为依据，采用二元Logistic模型对河北省蔬菜种植户的施药行为进行了实证研究。

（二）蔬菜生产技术评价研究

随着现代蔬菜生产技术的快速发展，与之对应生产技术的评价显得尤为重要，技术评价对技术的研发、推广、应用、完善和更新都具有很好的参考价值，目前已有很多学者从不同角度对我国不同蔬菜生产技术进行评价。

在蔬菜生产技术现状方面，徐磊（2009）对我国蔬菜设施栽培技术进行现状评价，评价得出总体发展水平低、机械化水平低、发展迅速但具有盲目性、生产管理存在问题等研究结论；万年峰等（2006）选择了上海农村经济发达的浦东新区的13个镇，从不同角度分析了浦东新区蔬菜生产者群体的蔬菜生产技术现状。杜风宝（2013）论述了我国无公害蔬菜生产技术的应用，分别从蔬菜种植、病虫害控制及推广应用措施等进行了阐述。刘振华等（2004）分析了保护地蔬菜生产存在的设施装备差、耗能高、资源利用率低、经济效益不明显等问题，提出了相应的保护地蔬菜综合生产技术措施。陈桂珍（2007）研究了苏州市无公害蔬菜生产现状，结果显示：蔬菜播种面积稳步增加，设施蔬菜发展迅速；区域特色初步形成，加工出口能力不断提高；蔬菜基地建设步伐加快，品牌建设初见；加强技术推广，提高产业化经营进程。

在蔬菜生产技术推广扩散方面，陈曲（2011）应用技术扩散理论、采纳行为理论以及技术采用过程理论，探讨农户对技术采纳过程及其行为，从农户角度研究其在采用农业新技术时的行为变化及其影响因素。朱进（2004）以湖北农学院推广大棚蔬菜技术的实际经验为例，采用定量与定性分析法，对农民采用大棚蔬菜技术的影响因素进行了实证分析。陈桂珍（2007）展开无公害蔬菜生产技术推广的调查，探索他们采用技术的决策动机和影响因素。在蔬菜生产技术效率方面，彭科等（2011）基于调研农户的相关数据，运用数据包络分析方法与和随机前沿分析方法相结合，分析了农户蔬菜生产的技术效率并测算了其影响因素。徐家鹏等（2010）用数据包络分析方法测算我国蔬菜生产技术效率。张领先等（2013）用数据包络分析（DEA）方法，分析评估北京蔬菜产业生产效率。用 DEA-Malmquist 和 DEA-BC2 模型分别进行纵向和横向分析。

（三）蔬菜生产技术效率测评研究

技术效率的概念最早是由英国学者 Farrell（法瑞尔）在 1957 年提出，之后众多学者也纷纷做了相关研究，在计算技术效率方面，目前主要是数据包络分析（DEA）和随机前沿生产函数（SFA）比较流行。数据包络分析（DEA）是属于非参数方法，其主要评价模型为 C2R，BC2，C2GS2，C2WH（刘超，2009；陶春海，2010）。DEA 方法不需要对生产函数进行假设，不需要对误差项进行分布假设，避开了价格体系不合理等非技术因素对前沿生产函数的影响，并且适用于多投入多产出系统。但是 SFA 方法有其优势，它具备统计特征，能够对模型本身进行检验，同时考虑了随机性质，在计算技术效率的同时，也可以甄别出造成技术效率的差异的影响因素（Fatulescu，2013；Skevas et al.，2012；Goncharuk，2009）。

在实际应用方面，D. Sreenivasa Murthy 等（2009）采用数据包络分析（DEA）方法和对数线性回归模型测算了生产番茄农场的技术效率和规模效率水平，研究发现不同规模的农场大都存在技术非有效的情况，可以通过投入的增加提高技术效率；孟阳和穆月英（2012）使用数据包络分析（DEA）方法计算我国蔬菜的技术效率；孙媛（2013）用 DEA 方法测算了我国蛋鸡产业的生产效率；张领先等（2013）用 DEA 方法测算了北京市蔬菜生产技术效率。

而很多学者也用随机前沿分析（SFA）测算农业技术效率，Aigner& Chu（1968）使用 C－D 函数作为生产前沿面。公式如（1－1）所示：

$$\ln q_i = x_i\beta - u_i \quad i = 1, \cdots I \qquad \text{公式（1－1）}$$

其中，q 表示产出，x 代表投入，u 则是非负随机变量，表示技术无效。Aigner，Lovell&Schmidt（1977）和 Meeusen& Broeck（1977）几乎同时提出随机前沿生产函数（Stochastic Frontier Approach）模型来测算技术效率。如公式（1－2）所示：

$$\ln q_i = x_i\beta + v_i - u_i \qquad \text{公式（1－2）}$$

与公式（1－1）有所不同，在这个公式中，误差项主要被分为两部分，分别是技术误差项和随机误差项。H. K. Ogunbadejo，T. Alhaji 和 S. O. Otubusin（2007）对内陆水产养殖业进行了比较详细的研究，他们通过构建 Cobb-Douglas 生产函数测算出劳动和资本对养殖业增长的贡献率大约为 19%。Shumet Asefa（2012）用 2009 年的数据基于 SFA 分析了小农户的技术效率。Battese& Coelli（1992，1995）分别用SFA方法对面板数据进行分析，计算了农业技术效率。Subhash C Sharma；在国内，屈小博（2009）使用随机前沿生产函数中的超越对形式，分析了在陕西省果农生产技术效率和影响因素。韦昌联等（2008）用该模型分析了农户在生产茉莉花时影响经济效益因素。张新民（2010）使用调查的数据，分析了基于山东省农户有机菜花生产技术效率及影响其技术效率损失的主要因素。

1.3.3　蔬菜生产成本收益分析与生产效率测评研究

（一）蔬菜生产成本收益分析方面研究

国外学者十分重视农产品生产成本和收益的研究，这些研究主要集中在种植业和养殖业各类农产品中。近期研究中，Olaf Erenstein（2010）利用对印度的哈里亚纳邦和巴基斯坦的旁遮普省水稻和小麦带农场的调查结果，比较分析了两个地区水稻和小麦的种植方式、生产力和盈利能力。该地区的水稻和小麦生产平均收益率明显较高，但另一方面其较高的生产成本又抵消了其产量的优势，从而降低了生产者的收益水平。Thi Thanh Huyen et al.（2010）通过对5个大型农场、10个中型农场、58个小农场的考察，比较分析了不同规模下农场的生产投入和产出，结果表明大型农场经济效益最高。ShuhaoTAN et al.（2008）通过对中国江西省3个农村的调查，考察了土地分割对农业生产可变成本的影响。结果发现，土地的细碎化增加了农业生产总成本。D. Demcey Johnson et al.（2005）利用定量模型分析了转基因小麦品种商业化种植对生产者和消费者的经济福利的影响。A. P. Whitmoreetal.（2000）通过对东南亚地区（中国、泰国东北部、印度尼西亚等）的资源匮乏地区农民农产品间作、轮作方式对该地区农民增加收入水平的效果进行调查，结果表明尽管农产品产量有较大幅度增加，但并没给农民带来较好的效益。

国内关于农产品成本收益的研究也很多，主要涉及农产品成本收益结构、成本收益变动及成本收益比较方面的研究。李罗保等（2013）以常州市为例，分析了蔬菜规模化种植与市场直销模式下的成本收益现状。研究发现当前蔬菜规模化种植与市场直销模式，面临着种植高成本和市场销售的高投入低收益的双重风险，蔬菜规模化种植与市场直销模式下成本收益率低。牛高华等（2012）对天津市设施番茄的历史变化及成本构成进行了研究，结果表明，天津市设施番茄成本自1991年以来有较大幅度增长；在成本构成中，劳动力工价、农膜、化肥、农家肥对总成本影响大；对成本收益的比较分析表明，番茄收益处于4种设施蔬菜中游水平。项朝阳（2012）认为蔬菜生产中存在着种植成本增长过快、收益不稳定和比较收益下降等问题，影响蔬菜产业的健康发展。因此，应稳定蔬菜生产资料价格、采用轻简生产技术、大力推行蔬菜保险和加强蔬菜基础设施建设，以保证蔬菜产业的健康稳定发展。马晓河（2011）对中国农业收益与生产成本变动的结构进行了分析。研究表明1998年以来，中国主要农产品生产成本与收益发生了极大变化，粮食、油料、大豆、棉花、糖料、蔬菜六类农产品收入增长的主要贡献来自价格上涨；在多数农产品纯收益都有明显增长的情况下，粮食收益是最低的，粮食与其他农产品的收益关系恶化了。在六类农产品中，多数农产品生产成本的增长速度都快于收入的增长速度，其中，种子、化肥、土地、劳动、机械作业等成本增加是农产品生产成本上升的主要推动力量。姚月明等

(2011) 以露地种植的习惯模式为对照，通过示范试验，对设施蔬菜 6 种不同种植模式的农时利用与经济效益进行了比较研究。黄玖辉 (2008) 对 2007 年四川省稻谷的成本收益情况进行了调查，分析了四川省中籼稻生产成本和收益以及成本收益的具体构成。

(二) 蔬菜产业生产效率评价方面研究

国内外学者在生产效率的实证研究方面产生了大量的研究成果。D. Sreenivasa Murthy 等 (2009) 采用数据包络分析 (DEA) 和对数线性回归模型测算了生产番茄农场的技术效率和规模效率水平，研究发现不同规模的农场大都存在技术非有效的情况，可以通过投入的增加提高技术效率。吕超和周应恒 (2011) 运用 DEA 的 Malmquist 指数方法，探究了 1994—2007 年全国各省的蔬菜生产效率变动情况。主要研究结论为：我国蔬菜全要素生产率和技术进步年均增长率为负，主要受技术进步的影响；我国蔬菜技术效率年均增长率为正，和规模效率发展趋势相同，资源配置较合理；西南地区、华北地区和东北地区的全要素增长率高于全国平均水平，表明大部分省份的生产规模较合理，资源达到了优化配置。孟阳和穆月英 (2012) 运用 DEA 方法测算出 2010 年北京市和全国其他地区的设施和露地蔬菜生产的技术效率。结果表明，北京市设施蔬菜生产无论是投入产出还是技术效率、环境效率与全国其他地区相比都具有一定的比较优势，而露地蔬菜生产在这 3 个方面皆不具有比较优势；从规模报酬来看，北京市设施蔬菜生产处于规模报酬递增的阶段，而露地蔬菜生产则处于递减阶段。金福良等 (2013) 采用随机前沿生产函数模型对我国不同规模农户冬油菜生产技术效率进行实证分析。结果表明，我国油菜生产投入的产出弹性为 0.153 5，处于劳动密集型阶段，且油菜种植规模与技术效率呈“U”形趋势。

1.3.4 蔬菜生产经营组织模式方面研究

新古典经济学以马歇尔为主要代表，成为产业组织理论的发端。之后斯拉法、张伯伦、琼·罗宾逊的垄断竞争理论在一定程度上对产业组织理论发展产生了推动作用。E. S. Mason (1938) 提出了产业组织理论体系与研究方向。J. S. Bazn (1959) 出版了第一部系统论述产业组织理论的教科书《产业组织》，标志着产业组织理论体系的形成。在农业领域的产业化组织经营研究起源于 20 世纪 50 年代的美国。John. H. Davis (1957) 与他的助手率先提出“农业一体化经营”概念。盖尔·克拉默和克拉伦斯·詹森 (1991) 合著了《Agricultural Economics and Agribusiness》，在书中他们针对美国农业经营中出现的一些现象进行了详细的介绍，如：“垂直协作”“农民合作社和农业综合企业”“农业的纵向一体化”等。目前发达国家已有的农业经营组织模式主要有两种：其一为，垂直经营一体化模式，其模式主要通过合同制及农工商综合体这两种方式实现，以美国为代表；其二为，农业经营水平一体化模式，其模式主要通过农协实现，以日本为代表。

市场范围的扩大、农产品供给的增加和需求的多样化以及农业生产技术水平的提高，导致了农业分工和专业化水平的提高，一方面，每个农业生产者都是专业化的生产者，而另一方面，他也是别人专业化产品和服务的需求者。于是，农业交易次数和交易频率大幅度提高。这就需要一种制度设计来实现生产者和需求这之间的联系。也就是说，农业生产的专业化导致对农业流通的需求。一般来说实现这种流通的机制有两种，一种是市场，一种是组织。

国内关于蔬菜生产组织模式的研究始于 1993 年对农业产业化的研究，研究内容主要集中在 4 个方面，一是国外发达国家蔬菜产业化研究；二是农业产业化的相关理论体系、组织形式、运行机制及涵义研究；三是我国蔬菜产业化发展存在的问题以及未来发展方向的研究；四是新型经营模式形成的原因和存在的问题研究。马强（2006）通过国内外对比研究，得到发展我国产业化组织模式的启示：组织模式的选择要符合我国的国情，政府扶持是保证农业产业化组织模式健康发展的重要条件，“龙头企业＋农户”和“合作经济组织＋农户”是重要的农业产业化组织模式。唐春根和李鑫（2007）根据由谁做“龙头”和参与者主体结构，把我国的农业产业化经营划分为五种组织模式：市场带动型（专业市场＋农户）、龙头企业带动型（公司＋农户）、主导产业带动型（主导产业组织＋农户）、中介组织带动型（专业协会、合作社＋农户）、现代农业综合开发区带动型（开发建设集团＋农户）。石磊（2009）运用 SCP 分析框架，探讨我国蔬菜产业市场结构和市场行为中存在的问题，提出适合我国蔬菜产业发展的、能够产生良好市场绩效的产业组织政策建议。周丽（2011）借鉴国内外的实践经验，提出了关于促进潍坊市蔬菜产业化组织模式优化的结论和建议。牛波和胡建中（2012）根据四川丘陵地区各地的实际情况，创新性地提出适合丘陵地区发展的现代农业产业组织模式，即“公司＋合作组织＋农户”。

1.3.5 基于 GIS 的区域经济差异的空间分析方法研究

区域经济差异历来是国内外学者关注的热点问题。从世界各国的经验来看，由于各个地区资源禀赋不同，区域发展差距是经济发展过程中的必然结果。从空间角度来看，经济发展是空间集中和分散的辩证过程（李小建等，2001）。测度区域经济差异的方法有很多，测量绝对差异一般采用标准差（SD），而测量相对差异的方法常见的有变差系数（CV）、基尼系数（Gini）、泰尔指数（Theil index）以及广义熵指数（GE）等（陈学刚等，2008）。但是这些研究并未考虑空间维度对经济差异的影响。空间依赖性和空间异质性的研究，可以帮助我们更加深入地理解区域经济问题（Goodchild. M et al.，2000）。空间数据探索分析方法（Ex-ploratory Spatial Data Analysis，ESDA）通过对空间自相关的分析来揭示空间依赖性和异质性（孟斌等，2005）。ESDA 是一系列空间数据分析方法和技术的集合，以空间关联测度为核心，通过对事物或现象空间分布格局的描述与可视化，发现空间集聚和空间异常，揭示研究对象之间的空间相互作用机制，为区域经济空间差异分析提供了方法依据（Anselin. L，1999；陈学刚等，2008）。其中空间自相关分析被广泛用于经济现象的区域差异研究当中。全局空间自相关是对属性值在整个区域的空间特征的描述，局域空间自相关是度量某区域和其周边的空间差异程度及其显著性。常用的度量指标主要包括全局（或局域）Moran′s I、Geary′s C 和 Getis′G，其中最常用的是 Moran 于 1950 年提出 Moran 指数。

尽管空间作用在区域差异问题的研究中是如此重要，直到近些年才有国内外学者利用空间统计和空间经济学的方法，将空间维度的影响加以合适考虑。相关研究如下：Kumar. M. R. P et al.（2012）通过 Moran's I 指数分析发现北京乡镇的农业经济在整体上有很强的空间相关性，同时也存在乡镇之间的空间异质性。Aljoufie. M et al.（2013）采用 Moran′s I 指数分析了沙特阿拉伯吉达地区城市发展和交通设施建设的时空聚集效应。

Arauzo-Carod J M（2013）认为工厂选址应该考虑各地区人力资源的技术水平，因为人力资源的技术水平存在显著的空间依赖差异性。罗航艳（2010）采用空间自相关分析方法，在原有数据传统时间维度的基础上，将空间因素纳入其中，重新审视和探索我国农业经济发展的区域差异。陈浩等（2011）利用空间自相关分析，探讨了我国区域经济发展的地区差异。该研究尝试了将空间分析方法引入经济发展收敛性与发散性研究的途径，并实证了其可靠性。廖伟华（2011）从时空角度出发，结合探索性空间数据分析（ESDA）全局和局部空间自相关分析方法，对广西县域农村经济发展的差异和局部空间异质性的演变特征进行了实证研究。结果表明，广西县域农村经济空间差异总体变化较小，农村经济发展水平相似的地区在空间上聚集分布，并在此基础上绘制了局部 Moran′s I 散点图和 LISA 集聚图。相对于传统分析方法，ESDA-GIS 空间分析方法可以清楚地解释农村经济发展空间异质性问题，并具有直观的可视化效果。向玲凛（2012）在 Arcview GIS 软件、SPSS、GeoDA 等统计分析软件的支持下，采用以 ESDA 分析方法为主，探讨了四川省市域区域经济差异的时空特征，弥补了传统区域经济发展研究方法缺少空间视角的不足。

1.3.6　文献评述

综上所述，国内外学者在蔬菜产业现状、产业生产效率评价、蔬菜生产技术评价、农业技术采纳、农业技术效率方面作了大量的研究，并取得了丰富的成果，在理论分析和数据层面上都做出了巨大贡献，为本研究提供了参考和借鉴。根据以上文献分析可以看出，目前以下几个方面还有待于进一步研究：

（1）目前关于北京市蔬菜产业的研究数据较为陈旧，时间跨度较短，显然已经不能反映北京蔬菜产业发展的最新动态及变化趋势，因此有必要收集最新的数据对其进行跟踪研究。

（2）关于生产效率评价，从研究角度看，目前已有的关于蔬菜产业生产效率的研究主要局限于对全要素生产率、技术效率、技术进步效率的分析，而对如何提高生产效率的进一步研究较少，对政策如何影响生产效率的研究极少；从研究尺度看，主要集中于全国和省域范围，对更小尺度范围的研究极少。而关于北京蔬菜产业，特别是涉及具体的蔬菜品种的生产效率更有待进一步研究。而且地区间生产效率的比较极少。

（3）文献检索结果表明目前还未有系统归纳北京蔬菜产业政策的研究，已有的研究主要集中在北京农业政策的发展与演变方面。

（4）无论是全国视角还是区域视角，目前将 GIS 技术用于研究生产效率空间规律的研究均不足。时空特征在区域差异研究当中的重要性已得到较多学者的关注，GIS 技术将在其中发挥不可替代的作用。

（5）国内外学者对蔬菜传统生产技术评价方面做了大量的工作，而关于设施蔬菜信息技术评价的研究相对较少甚至没有。

（6）农业技术采纳和技术效率评价模型主要应用在粮食作物、常规生产方式和栽培模式，而对设施蔬菜生产方式的关注度较低，更缺少对同一种技术从微观和宏观角度进行全面分析并提出针对设施蔬菜信息技术的推广发展战略路径。

（7）对农业生产技术的评价，多采用定性或描述性统计分析，较少有在技术评价基础上结合 GIS 对数据进行直观展示。

（8）我国产业经营组织模式相关研究起步较晚，有关蔬菜产业经营体制与模式研究文献还很少，蔬菜产业经营体制与模式创新研究极少。

本书将最大限度弥补现有关于叶类蔬菜产业发展与政策研究的不足，重点从技术经济学角度对叶类蔬菜技术需求、技术采纳、设施蔬菜信息技术现状和蔬菜技术效率进行全面评价，并提出推广应用战略路径；从时间和空间特征两个方面，多角度、多尺度研究北京叶类蔬菜生产布局、种植成本收益、蔬菜产业生产效率、生产技术效率、产业经营主体和组织模式等的时空演变与规律，进一步探索基于生产效率提升的北京蔬菜产业政策调控机制，这方面的研究还没有查到相关研究文献；创新性地结合实验室数据，测算与分析了北京不同流通模式叶类蔬菜损耗率及其关键影响因素；采用抽样调查的方式，对北京居民叶类蔬菜消费的整体概况、在家和户外消费特点、产品消费的时空特征等方面开展调研，并针对不同的消费人群进行分析，为叶类蔬菜生产经营者有效选择适宜的目标市场提供参考。

1.4 研究内容

1.4.1 北京市叶类蔬菜产业发展现状调查分析

（一）北京市叶类蔬菜产业发展现状分析

从时间和空间两个维度，分析我国蔬菜产业生产情况和北京蔬菜产业发展概况，重点分析北京叶类蔬菜产业生产经营情况及其区域空间特征。利用时间序列数据和截面数据，分析我国蔬菜产业生产时序特征和我国蔬菜产业生产的空间特征以及我国设施蔬菜产业发展情况；分析北京市叶类蔬菜生产情况、经营情况及其流通渠道；从产业区域布局的角度，分析北京蔬菜生产区域空间特征和北京叶类蔬菜生产区域空间特征及其产业集聚规律。

（二）被调查区县叶类蔬菜产业发展现状调查分析

研究制定北京市叶类蔬菜产业经济需求调研实施方案，重点确定调研目的与调研对象、调研方法与调研内容、调研区域与农户样本总数。在文献分析基础上，结合 7 个区县的实地调查数据，详细地分析被调查区县叶类蔬菜生产、经营、流通、采后处理与储藏加工等产业发展现状，比较北京市 7 个区县叶类蔬菜产业的规模及其优势，并对北京市叶类蔬菜产业经济问题进行系统分析，分析影响叶类蔬菜产业经济的因素及其研究需求。

1.4.2 北京市叶类蔬菜技术采纳及技术效率测评研究

（一）设施蔬菜生产技术现状及技术需求分析

对我国蔬菜产业生产现状从纵向和横向两个维度进行分析，并重点分析了我国设施蔬菜产业发展现状；根据蔬菜生产环节分析了设施蔬菜信息技术推广应用现状及技术需求；基于对设施蔬菜信息技术现状分析，提出面向现代农业的设施蔬菜信息技术需求分析。

（二）设施蔬菜信息技术采纳行为及影响因素研究

基于农业技术扩散、技术采纳动机、农业技术采纳过程和农业生产者行为改变理论构建农户设施蔬菜信息技术采纳行为因素理论框架，通过使用实地调研的数据，对农户设施蔬菜信息技术采纳行为差异进行分析，最后建立农户设施蔬菜信息技术采纳模型分析设施蔬菜信息技术采纳行为的影响因素。

（三）设施蔬菜生产技术效率测评及技术改进路径研究

通过对技术效率基础理论分析和技术效率评价方法的比较，构建我国设施蔬菜生产技术效率评价及分析影响因素模型；利用所查询的统计年鉴数据，从宏观上，分析了我国设施蔬菜生产的技术效率，进一步通过空间自相关、聚类分析等方法从多个角度详细分析技术效率，同时根据生产函数的估计结果分析了投入要素冗余情况及影响蔬菜生产技术效率的因素；最终提出基于技术效率提升的设施蔬菜信息技术推广的战略路径。

1.4.3 北京市叶类蔬菜成本收益分析与生产效率测评研究

（一）北京市蔬菜生产成本收益的时空特征分析

通过阅读相关文献和收集统计数据、实地调研数据，了解北京蔬菜产业生产和经营情况的时间变化和空间布局，重点分析北京蔬菜产业成本收益构成的变动以及成本收益的空间差异，为进行生产效率测评奠定基础。

（二）北京市蔬菜产业生产效率测算及其时空规律

选取生产效率评价的投入产出指标，进行“时间—空间”、“全国—区域”等多维度的生产效率分析。从全国视角，采用基于 Malmquist 指数的数据包络分析（DEA）方法，测算全要素生产率的变化及其来源；采用 GIS 技术，分析地区之间的空间规律及其差异。从不同组织模式，采用 DEA 方法的 CCR 模型与 BCC 模型，分析不同组织模式之间生产效率的差异。在投影分析的基础上，找出生产资料投入冗余的空间规律，并对 DEA 非有效决策单元的投入进行调整，达到技术效率的优化。

1.4.4 北京市叶类蔬菜生产经营组织模式分析

（一）叶类蔬菜生产经营主体分析

从理论分析的角度，分析农户、企业、一体化组织等直接经营主体和社区性服务组织以及农民自愿组成的农民专业协会或者合作组织等间接主体的特征，重点分析当前新型生产经营主体家庭农场的特点及其发展优势。同时，结合实地调研数据，详细分析北京市叶类蔬菜生产经营主体情况，重点分析北京市叶类蔬菜产业组织概况、辐射力及龙头企业、合作社和生产基地的发展特点。

（二）叶类蔬菜产业经营组织模式分析

从蔬菜产业化组织制度创新的角度，按照蔬菜产业一体化过程中参加主体在经济利益和组织结构上的紧密程度及在发展上的地位，界定蔬菜产业经营组织模式的概念，划分北京市蔬菜产业生产经营组织模式类型。结合实地调研数据，详细分析北京蔬菜生产经营组织模式现状、分类、区域分布及典型案例。

（三）北京市叶类蔬菜产业经营模式运行机制

按照北京叶类蔬菜产业经营组织中龙头企业、合作社或生产基地与最大的上游或下游供应商的链接方式（签订销售合同、签订生产和销售合同、上游供应商参股和口头契约 4

种类型），探索北京叶类蔬菜产业经营模式运行机制，并结合实地调研数据，进一步分析不同运行机制的叶类蔬菜产业经营模式区域分布规律。

1.4.5 北京市叶类蔬菜流通模式及其损耗率研究

（一）北京市叶类蔬菜流通模式及其 SWOT 分析

以北京市 7 个区县 23 个大型加工企业及合作社、叶菜生产基地等为研究对象进行实地调研考察，分析北京市叶菜采后的关键节点及北京市主要供应链模式。并对不同叶类蔬菜流通模式进行 SWOT 分析，从内外环境系统地分析不同叶类蔬菜流通模式的优势、劣势、机遇及其挑战，探索北京叶类蔬菜流通模式优化路径。

（二）叶类蔬菜损耗率测算及损耗产生原因研究

经调研对叶菜的择菜、验收标准进行规定，并制定损耗率的计算公式。通过调研对各环节损耗率进行测定，通过各节点之间联系计算分析得出供应链的损耗率。比较 4 种主要叶菜（生菜、芹菜、油菜、菠菜）之间、不同供应链模式间、不同季节间损耗率的差异。

通过对生菜、芹菜采后贮藏期间的失重率、含水量、呼吸强度、维生素 C、叶绿素等理化指标和感官指标的测定，分析采收环节不同成熟度的生菜和芹菜对采后生理品质的影响，总结造成叶菜采后各环节损耗率高的原因。

（三）降低叶类蔬菜损耗率措施分析

从采收、采后及超市销售等方面提出降低叶类蔬菜采后损耗的有效措施。制定 4 种主要叶类蔬菜最佳采收时期及采收方法，提出叶类蔬菜采后分级整理、冷藏运输操作规范，提出降低超市销售环节叶类蔬菜采后损耗率的有效措施。

1.4.6 北京市城区居民对叶类蔬菜消费意愿与行为分析

（一）北京市城区居民对叶类蔬菜消费意愿分析

基于问卷调查法，对北京城区居民的叶类蔬菜消费者进行抽样调查。主要针对被访者叶类蔬菜消费进行总体调查，内容主要包括被访问者对蔬菜种类的偏好、叶类蔬菜的消费方式、购买渠道选择、就餐场所选择、消费过程对蔬菜属性的侧重和叶类蔬菜消费的主要制约因素、对蔬菜食品安全的态度等。通过实地调研和上述的数据统计描述，分析了北京城区消费者对主要叶类蔬菜消费的总体意愿、消费者选择购买和消费叶类蔬菜的时空偏好以及消费群体的市场细分特征。

（二）北京市城区居民对叶类蔬菜消费行为分析

北京市城区居民对叶类蔬菜消费行为特征分析，主要是对叶类蔬菜产品自身属性（安全、新鲜、卫生和营养，产品认证情况和产地来源，转基因蔬菜等）的选择偏好、消费者对叶类蔬菜产品时间维度（不同季节、反季节等）的选择特征、消费者对叶类蔬菜空间（渠道）维度（农贸市场、在家就餐等）的选择特征、消费者对叶类蔬菜产品价格的选择偏好等方面进行调查及其结果分析。

（三）叶类蔬菜消费的关键影响因素分析

从叶类蔬菜营养丰富、新鲜时令、烹调方便、多年形成的饮食习惯、价格便宜、具有美容功能、具有减肥功能、具有预防疾病等方面，调查分析促进消费者购买叶类蔬菜的主要动力因素；从不耐储藏、新鲜度不易保持，深加工品种少，质量和安全性没有保障，叶类蔬菜的价格偏高，叶类蔬菜不丰富，烹调口味不符合消费习惯及购买不方便等方面，分析北京城区居民对叶类蔬菜消费的关键制约因素。

1.4.7 北京市叶类蔬菜产业发展战略与政策选择研究

（一）北京市叶类蔬菜产业发展战略

结合北京区位特点，对北京市叶类蔬菜产业发展内外环境进行 SWOT 分析，比较分析各种北京蔬菜产业发展战略组合与战略路径及其特征；构建北京蔬菜产业发展的 SWOT—AHP 模型，并利用所构建的模型对北京蔬菜产业发展各种战略组合与战略路径进行测算，探索北京蔬菜产业发展的战略路径最优选择。

（二）北京市叶类蔬菜产业定位、发展方向与工作重点

根据北京市都市型现代农业的功能定位及其战略发展规划，理清北京市叶类蔬菜产业定位、发展方向与工作重点，提出现代农业产业技术体系北京市叶类蔬菜创新团队加工流通与产业经济功能研究室工作方向与重点。

（三）基于生产效率提升的北京市蔬菜产业政策研究

从理论和实证两方面分析与验证生产效率提升路径及其有效性。从理论上分析基于农业生产效率的农业政策作用机理与传导机制分析；采用 C－D 生产函数，通过统计数据验证基于农业生产效率的农业政策作用机理的有效性。

1.5 本书研究特色

《北京市叶类蔬菜产业发展研究》一书正是在现代农业产业技术体系北京市叶类蔬菜创新团队需求调研及后续专项调研工作的基础下，通过理论研究和实践分析相联系、规范分析和实证分析相结合的研究范式，综合应用实地调查法、统计分析法与计量分析法等研究方法，而整理取得的阶段性研究成果。本书系统分析了北京市叶类蔬菜产业发展现状、存在的问题及其经济研究需求，探索适合北京郊区现代都市型蔬菜产业发展的新思路和新方法，为现代都市型农业发展提供一条全新、有效的方法与途径。

（一）从全产业链的角度开展研究，全面了解北京市叶类蔬菜产业

从全产业链的角度，对北京市叶类蔬菜产业生产管理、经营组织、流通模式、消费者意愿与行为、产业发展战略与政策效应等方面展开全方位研究，涉及叶类蔬菜产业链的生产、经营、流通和市场以及产业一体化等环节的监测与分析，为全面监测与掌握北京市叶类蔬菜产业发展现状及其发展趋势提供了参考。

（1）生产环节　详细分析叶类蔬菜种植技术推广应用现状及农户技术采纳意愿，研究了叶类蔬菜生产技术采纳行为及其影响因素；构建蔬菜生产技术效率测评模型，并从全国的角度进行实证分析蔬菜生产技术效率及其时空特征；从时间和空间两个维度，分析北京蔬菜种植的成本收益的空间特征；采用基于 Malmquist 指数的 DEA 方法，进行了蔬菜生产效率的测算与时空特征分析，进一步分析北京蔬菜产业生产效率空间差异及其技术改进路径。

（2）**经营环节** 对不同经营模式，采用DEA方法的CCR模型与BCC模型，分析不同经营模式之间生产效率的差异。在投影分析的基础上，找出生产资料投入冗余的空间规律，并对DEA非有效决策单元的投入进行调整，达到技术效率的优化。

（3）**流通环节** 总结不同叶类蔬菜流通模式特征，研究叶类蔬菜损耗产生的原因及损耗率测算方法，探索基于降低损耗率的叶类蔬菜最佳流通模式。

（4）**市场环节** 抽样调查分析北京城区居民对叶类蔬菜消费的意愿与消费行为，了解北京市叶类蔬菜消费者多样化、个性化的消费需求。

（5）**产业化经营环节** 该环节的目标是根据叶类蔬菜生产、加工、储存、销售等环节的技术经济流程，通过对各环节的人、财、物、信息、技术等要素进行组织、协调与控制，获得叶类蔬菜价值增值。叶类蔬菜产业化经营组织就是对叶类蔬菜生产、加工和销售各环节所形成的网络化结构进行一体化管理的新型组织管理模式（吕美晔，2008）。重点调研分析北京市叶类蔬菜产业经营主体、产业组织模式及其利益联结机制，探索北京叶类蔬菜生产经营组织模式及其效率提升的路径。

（二）实地调研与文献资料相结合，实现“点”和“面”研究结合

（1）**开展北京市叶类蔬菜实地调研，掌握大量翔实的第一手资料** 为了全面深入了解北京市叶类蔬菜产业发展现状及其需求，北京市叶类蔬菜创新团队2012年6月16日启动第一次现代农业产业技术体系北京市叶类蔬菜创新团队需求调研工作。2012年7月，在实地调查研究的基础上，形成了《北京市叶类蔬菜创新团队加工流通与产业经济功能研究室需求调研报告》。根据第一次需求调研分析结果，针对北京市叶类蔬菜产业发展存在的问题及其经济研究需求，北京市叶类蔬菜创新团队加工流通与产业经济功能研究室后期又开展了为期近3年的专项实地调查研究。调研涉及农户、叶类蔬菜产业组织（包括合作社、基地、企业等）、流通业者（包括批发商、经纪人和市场等）和叶类蔬菜产业的政府管理部门，调研区县包括设置现代农业产业技术体系北京市叶类蔬菜创新团队综合实验站的6个区县（昌平区、大兴区、房山区、怀柔区、密云县和顺义区）及蔬菜生产重点区——通州区。调研问卷的内容主要包括：一般性调查，主要有被调查区（县）基本情况调查、被调查区（县）蔬菜生产现状调查等；专项调查，主要有蔬菜生产经营主体（农户、合作社、基地、龙头企业）基本信息、蔬菜生产成本收益及政策补贴、蔬菜生产技术、蔬菜损耗及城市居民对叶类蔬菜消费意愿与行为等。通过大量实地调研，掌握翔实的第一手资料，基本上摸清北京市叶类蔬菜产业发展现状及其时空演化规律，提出一套北京市叶类蔬菜产业可持续发展的政策建议。

（2）**收集与整理文献资料，系统地分析北京叶类蔬菜产业发展现状及演变规律** 通过文献资料分析，不仅可以全面、系统地了解北京市叶类蔬菜产业的发展，而且可以通过统计年鉴的时间序列数据，准确掌握北京叶类蔬菜产业演变规律及其发展趋势。收集和整理的文献资料主要包括统计年鉴类（《北京统计年鉴》《北京区域统计年鉴》《中国统计年鉴》《全国农产品成本收益汇编》《中国农村统计年鉴》），统计公报类（主要来源于市级及各区统计信息网站），文献资料类（主要从数据库进行检索，如中国知网、万方数据等）。

（三）定性与定量分析相结合，既有理论层次探索又不失客观公正研究结果

（1）在定性分析方面，综合利用产业经济学、技术经济学等理论对北京叶类蔬菜产业进行规范分析

1）利用产业经济学理论，以“叶类蔬菜产业”为研究逻辑起点，研究科技进步、劳动力等要素资源流动、产业空间发展与经济绩效以及产业的动态变动规律（苏东水，2010）。①利用产业组织理论，分析叶类蔬菜产业一体化过程，重点分析叶类蔬菜产业生产经营主体、生产经营组织、生产经营组织模式及其绩效等，积极探索北京叶类蔬菜产业化最佳路径，解决所谓的“马歇尔冲突”的难题，即产业内企业的规模经济效应与企业之间的竞争活力的冲突（苏东水，2010），获得最大的生产效率。②利用产业结构理论，研究北京市叶类蔬菜产业结构的演变及其对经济发展的影响，探索北京叶类蔬菜产业结构的演变规律、影响和决定产业结构的因素及产业结构调整与优化路径等。③利用产业布局理论，研究北京蔬菜生产区域空间特征和北京叶类蔬菜产业布局的空间特征，探索北京叶类蔬菜产业集聚规律。④利用产业发展理论，研究北京叶类蔬菜产业发展过程中的发展规律、影响因素、产业转移、资源配置、发展政策等问题，探索北京叶类蔬菜产业可持续战略发展的最佳路径。⑤利用产业政策理论，研究北京市叶类蔬菜产业发展政策及其效应，重点分析我国当前农业政策及其分类，探索基于农业生产效率的农业政策作用机理与传导机制，并进行基于农业生产效率的农业政策传导机制有效性验证，提出北京蔬菜产业发展政策建议。

2）利用技术经济学理论。研究北京叶类蔬菜技术采纳意愿与采纳行为及其影响因素以及技术效率测评，探索技术领域内资源的最佳配置，寻找技术与经济的最佳结合以求叶类蔬菜产业可持续发展。①利用农业技术创新与扩散理论，研究北京叶类蔬菜生产技术现状及技术需求，重点分析播种与苗期管理、病虫害防治和栽培等技术的推广应用，透视基于蔬菜生产层面的农户技术采纳意愿；研究叶类蔬菜生产技术采纳行为及其影响因素，重点分析叶类蔬菜生产技术扩散与技术采纳过程作用机理。②利用农业技术评价理论，研究蔬菜生产技术效率测评及其技术改进路径。重点分析蔬菜生产技术效率的影响因素，构建蔬菜生产技术经济效果评价的指标体系，提出蔬菜生产技术经济效果评价方法。③利用农业生产要素组合原理，开展蔬菜产业生产要素投入的边际分析研究，通过分析要素投入与产出之间的变化关系，探索蔬菜生产要素投入报酬递减规律，寻求要素利用的最佳状态，提高蔬菜生产的经济效益。

3）利用供应链管理理论。研究北京市叶类蔬菜供应链模式及其网络节点，尤其是叶类蔬菜采后的关键节点；并对不同叶类蔬菜流通模式进行 SWOT 分析，从内外环境系统地分析不同叶类蔬菜流通模式的优势、劣势、机遇及其挑战，探索北京叶类蔬菜流通模式的关键影响因素及其路径优化。

4）利用消费者行为学理论。以北京城区居民消费者的心理和行为为研究对象，系统分析叶类蔬菜消费者的心理活动过程、个性心理特征、需要与动机、购买行为与决策模式、绿色消费心理与行为、个人理财心理与行为、消费者满意和消费者忠诚、体验心理与行为、品牌心理与行为、网络消费心理与行为、不同消费者群体的心理与行为特点、消费者权益与保护、消费者关系和危机管理，社会文化、社会阶层、参照群体等社会环境对消

费者心理与行为的影响等，进而来设计调查问卷，揭示叶类蔬菜消费者心理与行为的主要特征和一般规律。可以为叶类蔬菜生产主体在营销管理中进行市场细分、选择目标市场、确定产品定位、制定营销战略等提供重要的依据（江林，2007）。

（2）在实证分析方面，大量利用统计分析法与计量分析法等模型对北京叶类蔬菜产业进行定量研究 基于来自统计年鉴资料以及叶类蔬菜生产经营主体、城区居民消费者调研的大量数据资料，本研究中多次利用统计学、技术经济学和计量经济学的相关定量分析模型对这些数据进行深入分析。

1）利用统计分析法，对统计年鉴资料和实地调研数据进行统计描述与统计分析。统计年鉴资料分析方面，对我国蔬菜生产情况及北京叶类蔬菜产业信息的时空特征进行统计描述与统计分析，对蔬菜生产技术效率区域差异进行了聚类分析；实地调研数据方面，利用统计分析法分析了被调查区县叶类蔬菜产业信息的时空特征及存在问题与技术研究需求、北京城区居民对叶类蔬菜消费的意愿与行为等。

2）基于统计假设检验，利用二元 Logistic 概率函数模型，构建农户对蔬菜设施信息技术的采纳模型，探讨农户户主特征、农户家庭特征、环境因素、信息变量、农业合作社和政策因素等变量对农户对蔬菜设施信息技术采纳的影响。

3）基于省级决策单元和统计假设检验，利用超越对数生产函数对我国不同省份蔬菜生产的技术效率进行测算，分析了蔬菜生产过程中各种要素投入的平均产出弹性，并利用技术效率损失模型进一步分析我国不同省份蔬菜生产的技术效率的影响因素。

4）采用基于 Malmquist 指数的数据包络分析（DEA）方法，测算北京叶类蔬菜产业全要素生产率的变化及其来源；采用 DEA 方法的 CCR 模型与 BCC 模型，分析北京叶类蔬菜不同组织模式之间生产效率的差异。

5）利用 SWOT-AHP 模型，构建北京蔬菜产业发展战略层次定量分析模型，并利用所构建的模型对北京蔬菜产业发展各种战略组合与战略路径进行测算，探索北京蔬菜产业发展的战略路径最优选择。

6）采用 C－D 生产函数，通过统计数据验证基于农业生产效率的农业政策作用机理的有效性，从实证方面分析与验证北京市叶类蔬菜生产效率提升路径及其有效性。

（四）引入空间概念，多角度、多尺度开展北京市叶类蔬菜产业发展与政策研究

（1）将空间概念引入北京市叶类蔬菜产业发展的区位特征研究 将空间概念引入本书研究中，从全国视角来分析比较北京市叶类蔬菜产业发展的区位情况，有利于从全局把握北京叶类蔬菜产业概况。

1）北京叶类蔬菜产业区域空间特征分析。从空间维度，分析北京叶类蔬菜产业生产经营空间特征，表现为北京的蔬菜生产主要集中在大兴区、通州区、顺义区和平谷区、密云县及房山区等远郊区；在产业布局方面，提出北京蔬菜产业按照“一带三园”的空间布局；采用局部空间自相关分析方法，对北京蔬菜单产与种植规模的热点和冷点进行了分析，表明蔬菜单产与种植规模的热点相对偏移，单产热点偏向平谷区一带。

2）将空间概念引入到北京叶类蔬菜生产效率与政策研究。利用时序数据和 GIS 技术，从时间特征和空间特征两个方面，研究北京蔬菜产业生产效率的时空规律。采用空间自相关分析方法，从全局和局部两个方面分析蔬菜产业成本收益和生产效率的空间特征。

从北京蔬菜产业结构、种植规模及空间布局入手，分析北京蔬菜生产投入与产出要素的时空特征。

3）蔬菜生产技术效率区域差异分析。将GIS技术应用于蔬菜生产技术效率区域差异分析中，在分析宏观数据时，由传统的单一数据转变为更为直观的图形与数据相结合的方式展示。从区域划分角度来看，中南地区的平均技术效率最高，而东北地区的技术效率水平最低，平均技术效率从高到低依次为：中南＞西北＞华北＞华东＞西南＞东北；从省级层面来看，我国蔬菜生产的技术效率水平有较大差异。

（2）多角度、多尺度开展北京蔬菜生产效率与政策研究

1）多角度、多尺度开展北京蔬菜生产效率与政策研究。从多角度、多尺度分析北京蔬菜产业成本收益和生产效率的时空演变规律，并通过理论分析和实证验证，提出了提高北京蔬菜产业生产效率切实可行的政策路径，弥补了传统研究中单纯评价生产效率的不足。选取生产效率评价的投入产出指标，进行“时间—空间”、“全国—区域”等多维度的生产效率分析。从全国视角，采用基于Malmquist指数的数据包络分析（DEA）方法，测算全要素生产率的变化及其来源；采用GIS技术，分析地区之间的空间规律及其差异。从不同组织模式，采用DEA方法的CCR模型与BCC模型，分析不同组织模式之间生产效率的差异。在投影分析的基础上，找出生产资料投入冗余的空间规律，并对DEA非有效决策单元的投入进行调整，达到技术效率的优化。

2）多角度、多尺度开展北京蔬菜生产技术采纳与推广扩散方面研究。综合应用技术经济学基础理论，重点从农户的微观、组织的中观和省级决策单元的宏观角度，多角度、多尺度地全面分析与评价蔬菜生产技术推广应用现状、技术需求、推广扩散因素、技术效率测评和对策建议等。①从农户的微观角度，分析叶类蔬菜生产技术采纳意愿与采纳行为，并构建设施蔬菜信息技术采纳模型，分析叶类蔬菜生产技术推广应用的影响因素；②从组织角度，分析叶类蔬菜生产技术推广扩散机制，探索北京叶类蔬菜生产技术推广措施；③从省级决策单元的宏观角度，构建随机前沿生产函数及效率损失函数模型，测评与分析我国蔬菜生产技术效率和区域聚类规律及其影响因素。

第二章　北京市叶类蔬菜产业发展概况

在阅读相关文献并收集统计数据、实地调研数据的基础上，采用描述性统计分析方法与ARCGIS空间统计方法，从时间和空间两个维度，分析我国蔬菜生产现状和北京蔬菜产业发展概况，重点分析北京叶类蔬菜产业生产经营时空特征。

2.1　我国蔬菜产业生产情况分析

近年，我国蔬菜产业发展迅速，在2013年，蔬菜种植面积达到3亿亩*，产值1.4万亿元左右，蔬菜净出口940万吨，贸易顺差111亿美元，蔬菜已成为农业和农村经济的重要支持产业之一（许世卫，2014）。以下对我国蔬菜产业生产现状从纵向和横向两个角度分别进行分析，然后再分析我国设施蔬菜发展现状。

2.1.1　我国蔬菜产业生产时序特征分析

（一）我国蔬菜种植面积持续扩大，增速波动后逐渐放缓

在2003—2012年，我国蔬菜种植面积整体表现为种植面积持续扩大，增速波动后逐渐放缓。作为重要的经济作物，蔬菜生产收益比其他农产品相对较高。从图2-1看出，2003年以来，我国蔬菜种植面积增长较快，这10年年平均增长率约为1.7%，种植面积从2003年的26 930.55万亩增长到3 0528.86万亩。其中2003—2007年，增速波动较大，在2004年和2006年均出现不同程度的负增长，2006年种植面积和增长率均为这10年最低，

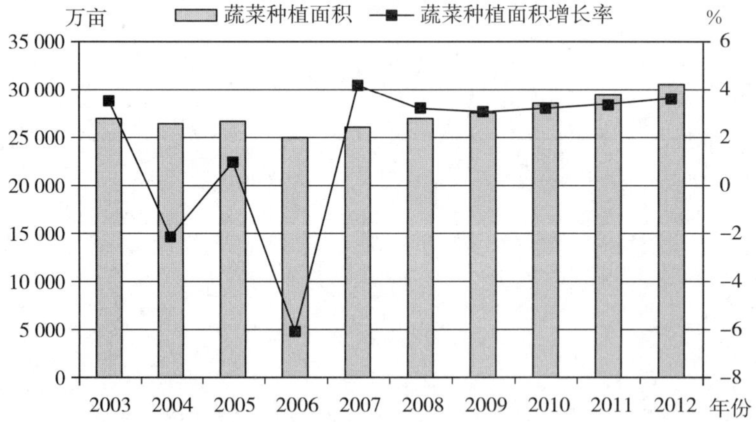

图2-1　2003—2012年我国蔬菜种植面积

* 亩为非法定计量单位，1亩=667米^2。

分别为 24958.8 万亩和−6.1%。2007—2012 年，增速先下降后平稳上升，稳定在 3.3%左右，种植面积也呈现出平稳上升。

（二）我国蔬菜单产水平持续走高，增速波动后趋于平稳

从图 2-2 看出，在 2003—2012 年，我国蔬菜单产水平持续走高，增速波动后趋于平稳。这 10 年，我国蔬菜单产由 2 006.36 千克/亩增长到 2 321.84 千克/亩，单产年均增速保持在 1.5%左右，累计增幅达到 15.7%，增长较为明显。从产量的绝对值来看，2004 年增幅最大，达到 84.18 千克/亩，2004 年之后蔬菜单产每年增加 28.91 千克/亩。随着技术的进步及设施生产的发展将带动蔬菜单产持续增加。

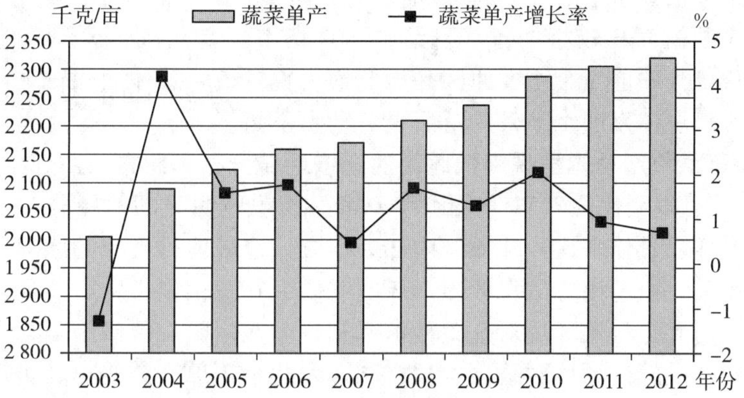

图 2-2　2003—2012 年我国蔬菜单产

（三）蔬菜总产量波动后逐年上升

受到蔬菜种植面积和单产增长的带动，蔬菜总产量在波动之后逐年上升。从图 2-3 看出，2003—2012 年这 10 年，蔬菜总产量总体保持增长态势，由 2003 年的 54 032.32 万吨增长到 2012 年的 70 883.05 万吨，总增幅为 31.19%，其中在 2003—2005 年，总产量平稳上升，在 2006 年这一时间点，增速为负值，蔬菜产量明显下降，达到过去 10 年最低水平，为 53 953 万吨。根据蔬菜种植面积和单产变化趋势，可以分析出，这一年总产量下降主要是由种植面积的减少造成这一结果。2007—2012 年这几年，增速稳定，总产量平稳增加。

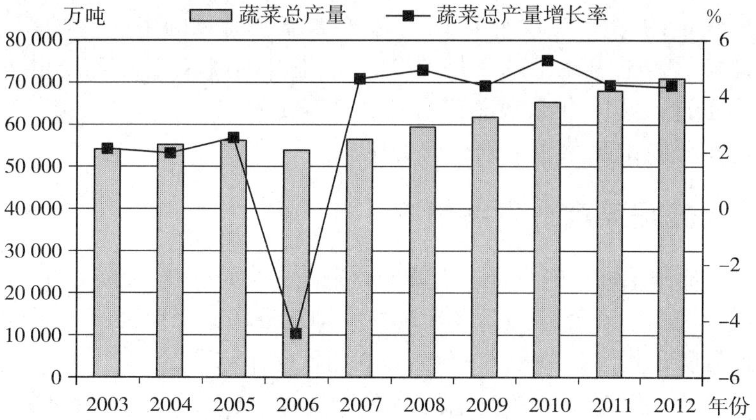

图 2-3　2003—2012 年我国蔬菜产量

2.1.2 我国蔬菜产业生产的空间特征分析

（一）我国蔬菜播种表现一定的区域分布，华中地区播种面积最大

我国地域辽阔，各地自然地理环境差异明显，蔬菜生产受环境影响很大，因此我国蔬菜生产也表现出一定的区域分布。见彩图 2－1 显示了我国蔬菜播种面积的区域分布情况，2011 年我国各地区蔬菜播种面积差异明显，整体呈现出：华中地区播种面积最大，其次是中南和华北，东南和西南，东北和西北播种面积最小。具体来说，河南省和山东省播种面积是全国较大，均超过 1 720 千公顷，这主要得益于河南和山东是属于平原地区且劳动力充裕，为蔬菜种植提供了必要的自然和社会条件，其中山东是我国最著名的蔬菜生产大省。与之相对应种植面积较小的省（自治区、直辖市）有北京、天津、上海、重庆、宁夏、青海和西藏，其中前 4 个主要原因是他们均为直辖市，总体面积较小，而后 2 个是属于我国西部西区，总体发展水平较为落后且劳动力不足。

（二）我国蔬菜单产总体呈现南低北高的递增地域分布，北方＞中部＞南方

从彩图 2－2 可以看出，2011 我国蔬菜单产呈现出较明显的地域分布，总体来看，南低北高，逐步递增，具体来说，北方＞中部＞南方。造成这种现象的原因主要和地域自然环境分布密切相关，由于南方雨水较多，环境气候适宜蔬菜生长，蔬菜种植主要以传统的露地种植为主，而北方自然环境对蔬菜种植不利，当地主要发展设施蔬菜。由于设施蔬菜可以全气候种植，设施内环境对蔬菜生长有利，因此全年单产会明显高于露地种植，从而单产会呈现南低北高的现象。由彩图 2－2 中红色代表单产属于第一类地区可知，辽宁、内蒙古、新疆、山东和山西单产面积较高，其中单产最大的省份为河北省，单产达到 63 775.43 千克/公顷，排在后面依次为辽宁、新疆、内蒙古和山东。单产最低的省份为第五类，主要包括重庆、江西、广西、海南、云南和贵州，其全国蔬菜单产最低的是贵州，仅为 17 643.23 千克/公顷，是蔬菜单产省份最高的 20%，是全国蔬菜单产平均水平（35 077.88 千克/公顷）的 50%。

（三）我国蔬菜总产量呈现区域差异，山东省是我国蔬菜生产大省份

由于蔬菜总产量受单产和种植面积的双重影响，从彩图 2－3 可以看出，2011 年我国蔬菜总产量呈现出一定的区域差异，但是规律不明显。这是由蔬菜种植面积和蔬菜单产的区域分布规律所决定的。在 2011 年，蔬菜总产量排名前三的依次为山东、河北和河南，这 3 个省蔬菜总产量占全国蔬菜总产量的 34%，是全国蔬菜主要生产地区；其中总产量最高的省份为山东省，2011 年蔬菜总产量达到 9 180.93 万吨，占全国总产量的 14%，这更进一步说明山东是我国蔬菜生产的最大省份。

2.1.3 我国设施蔬菜产业发展情况

设施蔬菜是目前蔬菜种植的主要发展方向，在蔬菜生产中所占的比例也是越来越重。20 世纪 30 年代，用“温室”生产一些蔬菜出现在我国北京和辽宁地区；20 世纪 80 年代，塑料大棚和温室开始出现在我国某些地方；到了 80 年代中期，设施生产在我国很快发展起来，针对原始温室的不足，根据生产特点人们开始对技术进行了全面的改进和完善；90 年代，我国设施蔬菜技术水平开始提升，并从荷兰、法国、以色列、西班牙、美国等先进国家引进各种温室和温室内先进的配套设备（陈立新，2013）。在温室发展过程中，设施功能也由原来以防寒保温为唯一目的，逐渐拓展为综合功能，为现代农业发展奠定了很好的基础。

目前，我国设施蔬菜发展很好，所取成就有目共睹，据统计，在 2012 年，我国设施蔬菜面积占总设施面积的 94.7%，占蔬菜播种总面积已达 20%，占世界设施蔬菜总面积的 80%以上。我国的设施栽培面积是世界上最大的，栽培技术与发达国家的差距也越来越小，从一些国家引进的现代化温室比例也是逐年增加（徐磊，2009）。设施蔬菜生产也有原来以北方为主，迅速向全国各个地区发展，有些南方地区设施蔬菜生产发展水平比北方还要高，比较明显的是东南沿海比较发达的地区（杜慧等，2009）。

2.2 北京市叶类蔬菜产业发展概况

2.2.1 叶类蔬菜生产情况

北京农业和农村承担着为首都市民提供优质、安全的农副产品，保护首都优良生态环境，加快郊区经济发展，缩小城乡差距，提高农民收入和维护社会稳定的重要任务，并起到生态屏障功能。建设“生态、安全、优质、集约、高效”的都市型现代农业，是北京农业面临的重要历史使命，同时也是解决“三农”问题，促进城乡统筹发展的重要手段与途径。发展蔬菜产业是落实北京市有关“发展都市型现代农业”精神、丰富“菜篮子”工程内涵的战略选择和重大举措。

（一）叶类蔬菜产业结构

（1）**北京农业生产总值不断增加，但农业所占 GDP 的比例却呈减小趋势** 北京农业生产总值不断增加，农业所占 GDP 的比例逐渐减小。首都北京作为我国的政治、文化中心，其经济发展也是具有重要功能地位。近年来，北京市 GDP 呈稳步上升的趋势。随着经济结构的调整，从绝对数看，北京农业总产值与全市总产值同样呈增长趋势（图 2-4），2013 年上半年，北京市农林牧渔总产值保持稳定增长态势，实现 174.4 亿元，同比增长 10.8%，比一季度加快 1.5 个百分点。就农业产值在国民经济中的比重而言，近 30 年来虽然略有波动，但一直低于 10%的份额，2002 年之后所占比重一直低于 2%，并处于相对稳定状态（关小克等，2011），目前仅为 1%（图 2-5）。但是，首都庞大的居住人口对“菜篮子”的需求强劲，尤其是对蔬菜的需求压力巨大。

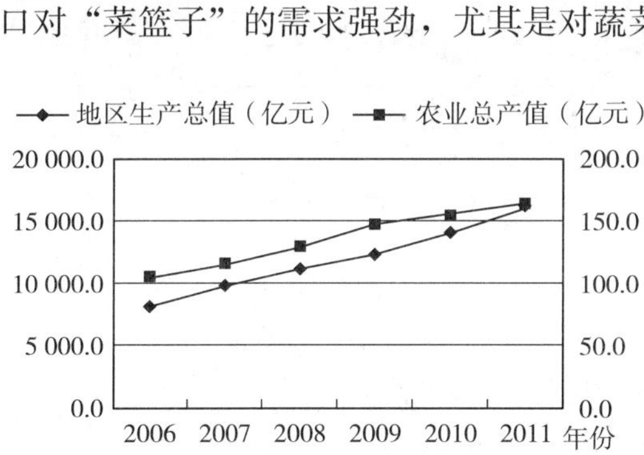

图 2-4 北京地区总产值及农业生产总值比较

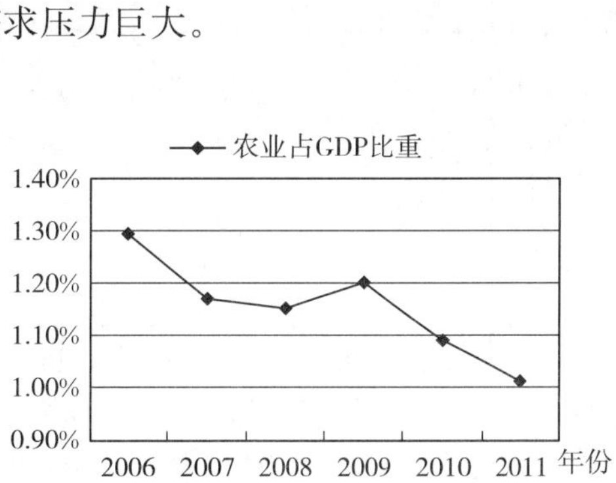

图 2-5 北京市 GDP 及农业生产总值

数据来源：北京统计年鉴，2012。

（2）**北京蔬菜总产值占农业总产值的 2/5**　近年来，北京蔬菜总产值对农业总产值的贡献率较大。2012 年北京市蔬菜总产值达 62.4 亿元，占农业总产值的 37.5%，占种植业总产值的 73%。2012 年北京市蔬菜总产量为 280.0 万吨，与 2011 年相比降低 5.7 个百分点，其单产水平为 43 673.0 千克/公顷。日光温室平均年效益逾 1 万元，钢架大棚年效益达 5 000 元以上。蔬菜产业已成为提高耕地产值，带动农民增收致富的重要途径。2011 年，北京市新发展设施农业 3.2 万亩，设施农业总面积达到 32.6 万亩，全年实现设施农业收入 45.6 亿元，增长 11.9%，对农林牧渔总产值增长的贡献率达到 13.8%，拉动总产值增长 1.5 个百分点①。

（二）叶类蔬菜生产规模

（1）**蔬菜生产规模呈现了稳步上升到有所下降直至平稳的发展历程**　蔬菜生产规模呈现了稳步上升到有所下降直至平稳的发展历程。蔬菜产业作为北京市农业经济中的重要组成部分，1978—2002 年其种植面积和产量都呈稳步上升趋势；但 2002 年以后，种植面积及产量开始下降（图 2－6）。与 2002 年相比，2012 年的种植面积下降了 44.3%，产量降低了 44.8%。不过，由于机械化程度的提高，单产波动上升，与 1978 年相比，2012 年北京蔬菜单产水平要高出 48.6%，近年来单产水平较为平稳（图 2－7）。为了充实市民菜篮子，北京市把劲儿集中使在补短板上。产菜面积小是天然的不足。北京京郊总共有 340 万亩耕地，

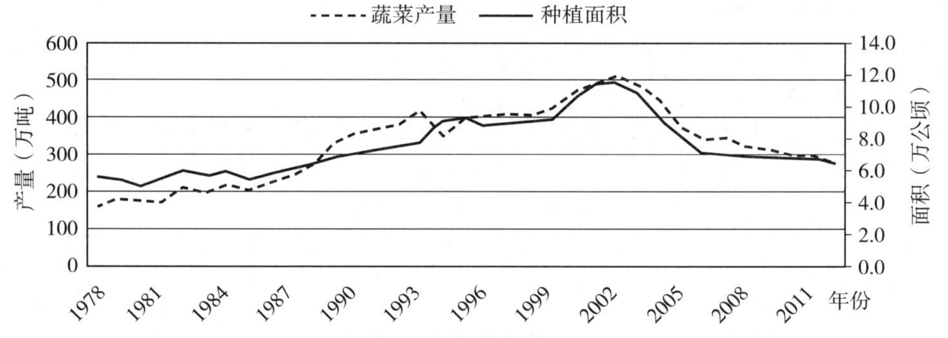

图 2－6　1978—2012 年北京市蔬菜种植面积及产量变动情况

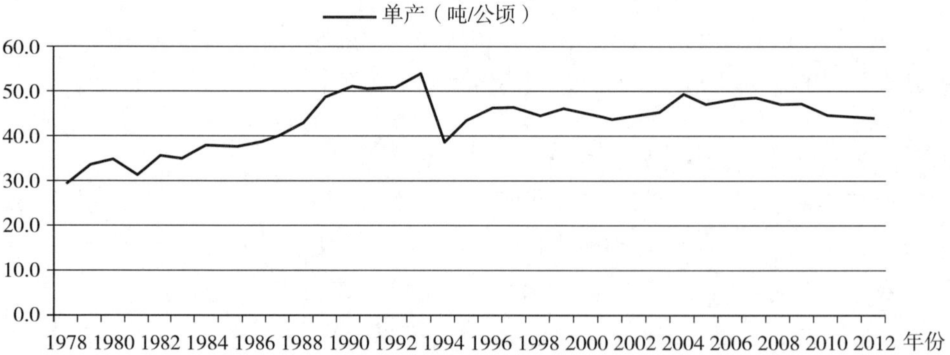

图 2－7　1978—2012 年北京市蔬菜单产变动情况

数据来源：北京统计年鉴，2013。

① 数据来源：北京农业信息网（www.agri.ac.cn）。

其中 280 万亩是基本农田，而菜田眼下只有 60 多万亩。为补上这个短处，北京市正在通过开发荒地、重新整合边角地等方式，连年扩充菜田面积。2011 年，北京市新增菜田 5.5 万亩，2012 年再增 3 万亩，未来 3 年还将增加 4 万亩左右，使得到“十二五”末，北京市蔬菜总面积提高到 70 万亩，蔬菜年总产量达到 450 万吨，自给率提高到 35%。

（2）**北京的蔬菜生产规模明显低于河北、山东等周边省、直辖市**　与周边省、直辖市相比，北京蔬菜种植面积、总产量和单产都相对较低。2011 年，北京的蔬菜产量分别是天津的 2/3、河北的 1/25 和山东的 1/31，蔬菜单产水平还有较大的增长空间（表 2－1）。山东是我国蔬菜产业的发源地，是我国蔬菜产业化水平较高的省份之一。经过 20 多年的不断发展，现已成为效益突出、特色鲜明的优势产业，蔬菜的种植面积、产量、产值等方面一直位居全国前列，并且山东拥有全国最大的蔬菜批发市场、最大的蔬菜运销队伍和最多的蔬菜加工企业，是全国最大的设施蔬菜和出口蔬菜生产基地（曲文超等，2012）。河北省环绕北京、天津，优越的地理位置和得天独厚的土壤、气候条件，使得蔬菜产业发展迅速。河北省蔬菜生产规模、总量位居全国第二，仅次于山东；河北省蔬菜占北京蔬菜市场的 53%以上（雷冬侠，2005）。

表 2－1　2011 年北京市与周边省市播种面积和产量对比

省市	种植面积（公顷）	产量（吨）	单产（吨/公顷）
北京	66 797	2 968 701	44.44
天津	78 834	4 312 955	54.71
河北	1 157 860	73 843 000	63.78
山东	1 791 207	91 809 332	51.26

数据来源：各省市地方统计年鉴，2012。

（3）**北京蔬菜播种面积占农作物播种面积的 1/5 以上**　北京市现有土地面积为 164.1 万公顷，耕地面积为 23.17 万公顷，占土地面积的 14.12%（图 2－8）。由于城市化的快速推进，加之农业生产比较效益低下，城市郊区大量优质耕地快速减少，使得区域农作物播种面积从 1978 年的 69.1 万公顷，锐减至 2008 年的 32.2 万公顷。在种植结构方面，粮食作物和蔬菜的播种面积一直占据着主导地位，这两项播种面积之和基本维持在占总播种面积的 90%以上（关小克等，2011）。2010 年，北京市农作物播种面积为 31.7 万公顷，其中蔬菜播种面积为 6.75 万公顷，占农作物播种面积的 21.29%（图 2－9）。

（4）**叶类蔬菜播种面积达到各类蔬菜总播种面积的 1/3，所占比例最大**　叶类蔬菜播种面积达到各类蔬菜总播种面积的 1/3，所占比例最大。北京市目前种植的蔬菜主要品种逾 300 个，可分为果菜类、叶菜类、根茎类、葱蒜类、菜用豆类、食用菌类。其中，叶菜类在播种面积和产量上占全市蔬菜比重最大，其次为果菜类蔬菜（穆月英等，2011）。在 2011 年北京市 6.97 万公顷的蔬菜播种面积中，叶类蔬菜播种面积占全市主要蔬菜播种面积的比重最大，达到 33%（图 2－10）。2009 年北京市播种面积和产量均位于前 3 位的蔬菜品种为大白菜、番茄和黄瓜，其播种面积分别为 11 000 公顷、6 000 公顷和 5 300 公顷，产量分别为 69.5 万吨、32.9 万吨和 27.5 万吨，这 3 类蔬菜品种的总播种面积占全市蔬菜播种面积的 32.6%，总产量占全市蔬菜产量的 41.0%（孟阳等，2012）。

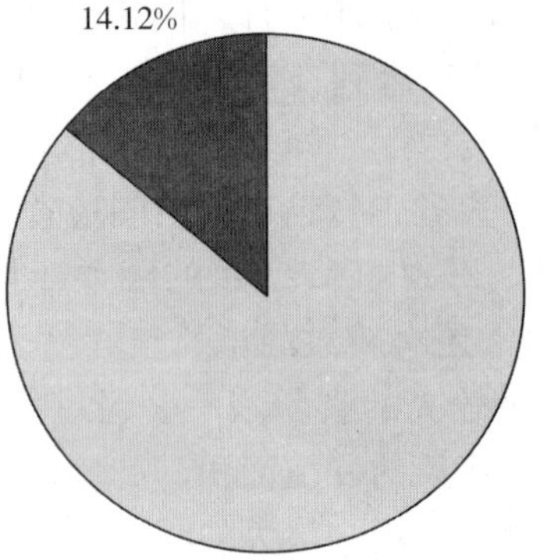

图 2-8 耕地面积占土地面积比重

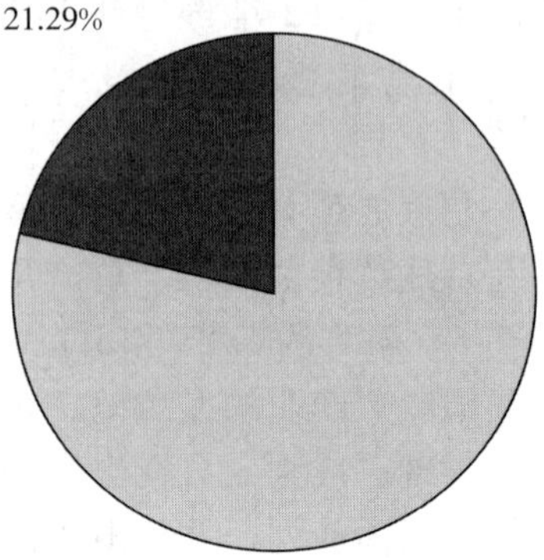

图 2-9 蔬菜种植面积占农作物播种面积比重

数据来源：中国农村统计年鉴，2011。

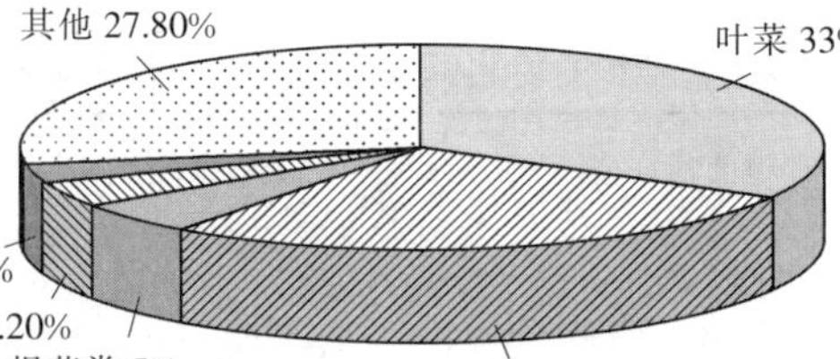

图 2-10 北京市蔬菜种植结构（分种类）

数据来源：北京市农业局，北京市 2011 年北京蔬菜种植情况统计表。

2.2.2 叶类蔬菜经营情况

（一）北京市叶类蔬菜经营概况

（1）北京蔬菜主产区的经营主体中，兼业菜农规模渐增 从蔬菜生产主体看，顺义区虽然专业菜农从 2007 年的 20 800 人略减为 2011 年的 19 800 人，但兼业菜农却从 2007 年的 600 人猛增到 2011 年的 1 700 人，增加了近 2 倍。房山区专业菜农和兼业菜农分别从 2007 年的 7 500 人和 4 800 人增加到 2012 年的 12 000 人和 6 100 人，且生产的专业化程度更强。通州区作为蔬菜第二大产区，2011 年底专业菜农也达到 33 129 人。

（2）北京市蔬菜经营的组织化主体在蔬菜产销等方面的服务职能发挥有限 据北京市农民专业合作社网（http：//www.bjnhgl.cn/）资料显示，截至 2011 年年底，北京登记在册的蔬菜农民专业合作社已达 251 家。但实地调查发现，不少合作社在带领农户开拓销售市场等方面的服务职能发挥极其有限，近 1/3 的农民蔬菜专业合作社没有运营起来，一些加入合作社的蔬菜种植户没有得到统一运销等服务，仍需要自己设法销售蔬菜，依然面临蔬菜卖难的困境。

（3）北京市温室蔬菜和大棚蔬菜规模及收益整体提高 北京设施蔬菜包括冬季日光温

室、早春小拱棚、春大棚、秋大棚等。冬季至早春，主要利用日光温室、大棚和小拱棚设施生产蔬菜，供应淡季市场需要。从表 2－2 可见，北京温室蔬菜和大棚蔬菜生产规模和收益都在提高。面积上的不足之外，产菜季节上也有高潮低谷。初春青黄不接，隆冬天寒少菜。春、冬两季是产菜淡季。如何去补这两季的蔬菜缺口？“建设现代化的日光温室，四季可产菜，这是未来的发展方向。”北京市农业局相关负责人介绍说，自 2008 年以来，北京市每年投入 6 亿元用于加快设施农业标准化、规模化发展。2011 年，北京郊区新建温室大棚等设施农业 3.2 万亩，全市设施农业总面积达到 32.6 万亩，其中大部分用于蔬菜生产①。

表 2－2　2009—2010 年北京设施蔬菜种植面积与收益比较

种植类型	面积（亩）		增减（%）	销售收入（万元）		增减（%）
	2010 年	2009 年		2010 年	2009 年	
温室蔬菜	102 519	101 743	0.8	198 188.6	167 222	18.5
大棚蔬菜	56 283	53 913	4.4	61 846.4	49 685	24.5
中小棚蔬菜	24 942	30 999	−19.5	18 053.1	17 865.4	1.1

资料来源：北京农村年鉴，2011。

（二）北京市叶类蔬菜经营特征

（1）**北京市主要叶类蔬菜的生产方式以设施为主**　随着近年北京设施农业的快速发展，截至 2011 年年底，全市设施蔬菜播种面积约 32 万亩，占蔬菜总播种面积的 55%。其中以日光温室（15.3 万亩）和钢架大棚（12.3 万亩）为主。设施农业增加了蔬菜供应的季节均衡性，缓解了蔬菜供求的淡旺季矛盾。北京产主要叶类蔬菜（生菜、芹菜和菠菜），以露地方式生产的规模比例不足其总规模的 1/3（图 2－11）。2012 年，设施农业再增 2.5 万亩，其中重点建设日光温室，以提高冬淡季蔬菜生产能力。目前，京郊正在开展老旧设施农业改造试点工作，实行项目管理，由区县农业主管部门申报，市级择优予以扶持，提升现有设施农业的生产能力。

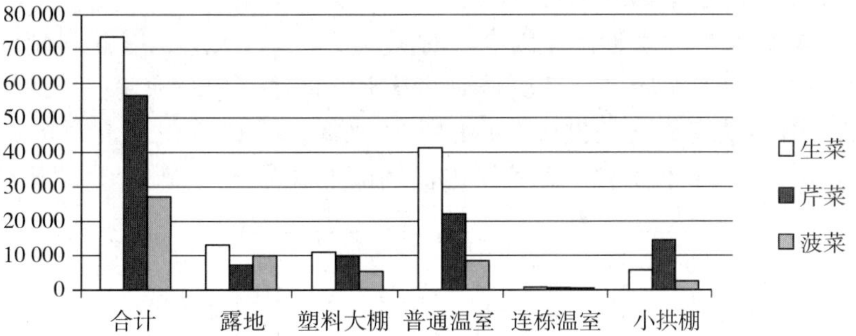

图 2－11　2011 年北京市主要叶类蔬菜种植（分品种）情况

资料来源：根据北京市农业局提供的数据整理。

（2）**北京市叶类蔬菜茬口安排和收益水平复杂多样**　2010 年北京主要叶类蔬菜的茬

① http：//www.beijing.gov.cn/ggfw/nm/ncxxfw/t1220413.htm。

口安排特点是：生菜以（早）春茬和秋（冬）茬种植为主，芹菜则以秋（冬）茬和越冬茬种植面积较大（表2-3）。北京叶类蔬菜典型的茬口安排和收益特征一般是：①早春为补充淡季市场，农户采取叶类、果类搭配种植的高效栽培模式，每棚亩收入3万元左右，效益较好。如顺义区杨镇焦各庄村的日光温室，早春（2～4月）先种植两茬芹菜等叶类蔬菜，第三茬种番茄，第四、第五茬又改种叶类蔬菜。②早春采取小拱棚双层覆盖等方式生产叶类蔬菜，通过提早上市约20天获取价格优势，增加种植收益。③生菜全年种植时，设施种植一年可收获6～10茬，露地收获3～5茬。不同叶类蔬菜在不同的茬口安排生产、定植到采收的天数不同，其收益水平也呈现复杂多样的特征，由此给叶类蔬菜成本收益核算增加了很大难度。

表2-3　2010年北京主要叶类蔬菜在不同茬口的种植面积

季度	播种面积（亩）	
	生菜	芹菜
一季度	22 502.7	11 313.0
二季度	12 660.7	11 259.4
三季度	22 284.1	19 495.2
四季度	17 425.4	17 610.0
总计	74 872.9	59 677.6

资料来源：由北京市农业局统计资料汇总而成。

2.2.3 叶类蔬菜流通渠道

（一）河北、山东是北京市场蔬菜供给的主要产地

据北京市统计局提供的资料，河北、山东、辽宁占北京蔬菜全年供应总量的70%以上。供应季节上，随着气候由凉变暖，蔬菜供应地也由南向北转移。冬春冷凉季以南方露地菜、山东及河北设施菜供应为主；炎热夏季，来自河北坝上、承德及东北等冷凉区蔬菜供应比例明显加大；秋季则以北方秋茬菜供应为主。

（1）冬春季节，北京市场外埠蔬菜以山东供应比例居首　当年12月至次年4月为北京自产蔬菜的冬春淡季。北京近两年因春寒时间延长，4月天气仍寒意料峭。该季节北京市场的外埠蔬菜供应以山东居多，其次是河北及南方地区（包括海南、广东、广西、云南四省）和辽宁。山东设施蔬菜是供应北京的主要来源，占该季供应北京的1/4以上，12月最高达32.7%。本季节北京自产蔬菜所占比例最小（图2-12）。

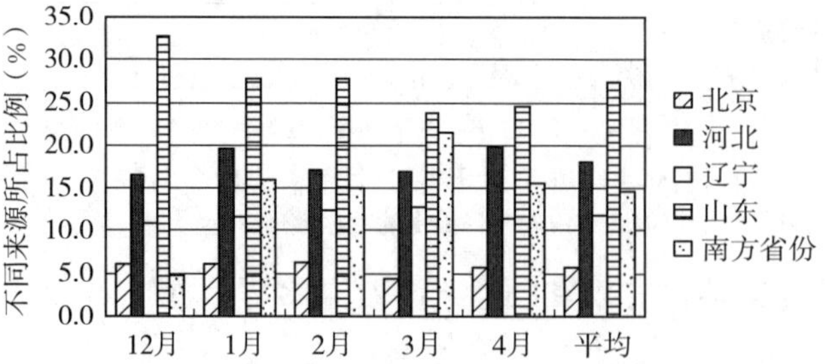

图2-12　2010年冬春季节北京市场外埠蔬菜供应比例

资料来源：北京农村年鉴，2011。

(2) 夏季和秋季，北京的外埠蔬菜供应比例以河北最高　进入 5 月，露地菜生产逐渐取代设施大棚。北京蔬菜供应也转向本地、河北和辽宁等近京地区。

2010 年 5 月开始河北蔬菜供应比例接近并超过山东，6～7 月河北蔬菜供应以超过 40％的比例独占鳌头，其中廊坊、保定等北京周边供应比例较大（图 2－13）。

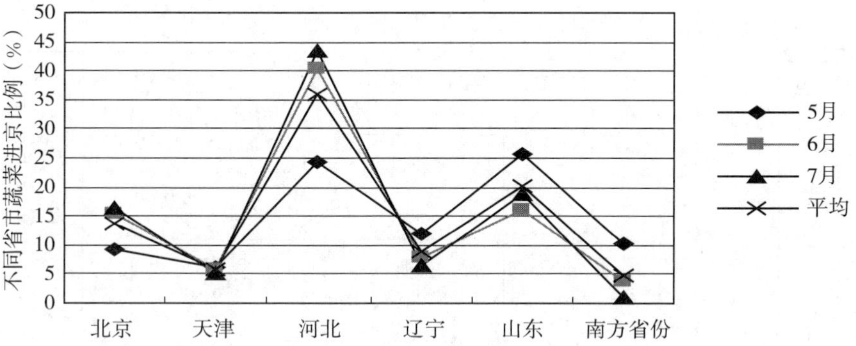

图 2－13　2010 年 5～7 月北京市场外埠蔬菜供应比例

资料来源：北京农村年鉴，2011。

从秋季 8 月始，北京蔬菜生产供给进入夏淡季。河北坝上及内蒙古等冷凉地区蔬菜加大对北京供应比例。北方秋茬菜也是北京的主要蔬菜供应源，来自南方的蔬菜供应比例与冬春季相反，变为最小（图 2－14）。北京作为一个大都市，丰富市民菜篮子，完全靠自给并不现实。到外埠建蔬菜基地就是提高蔬菜的控制率。“所谓控制率，就是关键时候有得调、调得动、调得来，从而保障北京市场的供应。”北京市农委相关负责人说，通过在京的农业龙头企业，与外埠蔬菜产地建立紧密型的合作关系，进而掌控调动资源、稳定价格，实现“为我所用”是推进“菜篮子”区域合作思路。

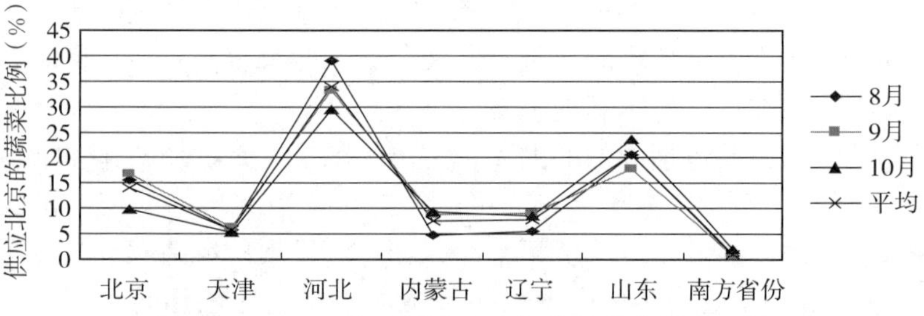

图 2－14　2010 年秋季北京市场外埠蔬菜供应比例

资料来源：北京农村年鉴，2011。

(二) 北京市场叶类蔬菜渠道长度较短

由于叶类蔬菜保鲜及储藏运输难度更大，在北京市场生鲜叶类蔬菜的流通渠道模式中，总体上以短渠道为生产经营者的主要追求。北京叶类蔬菜渠道模式中，不同区县或乡镇的主要渠道各异。在具有实力较强龙头企业或合作社带动的区域，农户只管生产而不愁销路，蔬菜产后可顺利通过被收购而完成销售任务。对缺乏龙头企业、合作社或收购商带动的区域，农户自己销售叶类蔬菜的能力普遍不强，卖难现象相对突出。

实践中北京菜农销售叶类蔬菜的主要渠道模式有 3 种：①生产者—消费者的零渠道模

式；②生产者—批发商（批发市场）/龙头（加工）企业—次级市场—消费者模式；③生产者—龙头企业—团体采购或消费—消费者模式。这3种渠道模式相互渗透，同步进行。农户面向的渠道宽度主要有产地集贸市场（包括个体店、路边摊贩等）、产地批发商（包括合作社和龙头企业、贩销经纪人等）、自销时的超市、团体食堂等集团消费者（图2-15）。

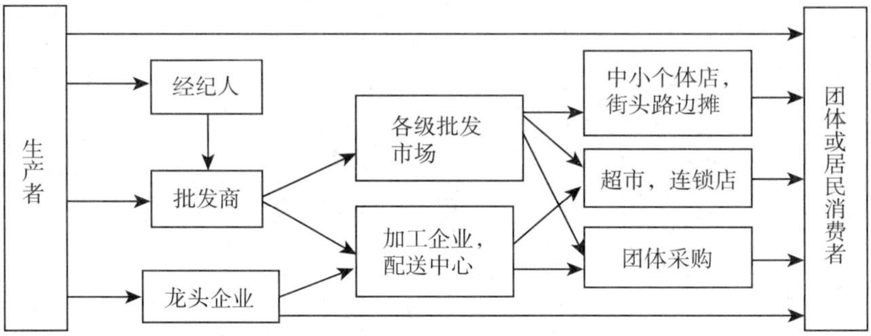

图2-15　北京市叶类蔬菜供应链总体框架

资料来源：根据文献和实地调研总结整理。

2.3　北京市叶类蔬菜产业区域空间特征

2.3.1　北京市蔬菜生产区域空间特征

（一）北京市蔬菜生产区域规划布局

根据《北京市“十二五”时期都市型现代农业发展规划》，北京蔬菜产业按照“一带三园”的空间布局，切实保证优质、安全、营养蔬菜的周年供应。

“一带”：环城都市型现代蔬菜展示体验带，主要包括朝阳、海淀、丰台等区县和其他区县与城区相邻的部分，形成环城圈，重点发展以展示蔬菜生产中应用的高新技术、现代化设备和优良品种为主的示范展示基地。

“三园”：南菜园，主要包括南部的大兴、房山等区县，是优质蔬菜主产区，面积保持在19.8万亩，以保证全市蔬菜周年供应为主；北菜园，主要包括北部的延庆、怀柔、密云、昌平和门头沟等山区县，是冷凉蔬菜生产区，重点发展冷凉蔬菜和越夏蔬菜，面积保持在17万亩，保证夏淡季的蔬菜供应；东厢菜园，主要包括东部的通州、顺义、平谷等区县，是精品蔬菜生产区，重点发展特色、精品、高档蔬菜，面积保持在32.6万亩，保证特色高端蔬菜的供应。

在蔬菜特色产业方面。食用菌产业重点在房山、通州和顺义发展；西甜瓜产业重点在大兴的庞各庄、礼贤、榆垡，顺义的李桥、李遂、北务、杨镇、大孙各庄等乡镇发展；绿色、有机食品产业重点在北部延庆、怀柔、密云、昌平和门头沟等区县发展；加工配送蔬菜产业重点在朝阳、大兴、通州、顺义、平谷、昌平等区县发展；蔬菜工厂化生产产业重点在通州、顺义、房山、昌平等区县发展。

（二）蔬菜种植面积与产量空间布局

北京蔬菜生产结构的调整与优化使远郊区县蔬菜产业发展迅速。北京市蔬菜种植表现出明显的地域性，主要集中在大兴、通州、顺义和平谷、密云及房山等远郊区县。大兴、通州、顺义和房山4个区县蔬菜播种面积占全市的3/4以上。其中大兴、通州和顺义等区县的蔬菜年种植面积目前均达到10 000公顷以上，年产量均超过40万吨（见彩图2-4、彩图2-5）。

蔬菜种植规模的热点（红色）和冷点（蓝色）显著（见彩图2-6），种植面积较大的聚集在通州区一带，种植面积较小的聚集在海淀、昌平一带。大兴蔬菜冬季生产占全市冬季种植面积的约28%；通州区夏季蔬菜种植面积最大，占全市约26%；延庆、怀柔和密云等冷凉山区的蔬菜渐成规模。北京市蔬菜生产优势区集中在房山区、通州区、顺义区、大兴区、平谷区和密云县。北京市果菜类蔬菜和菜用豆类生产的优势区县包括顺义区、大兴区、通州区和平谷区；叶菜类和葱蒜类蔬菜生产的优势区县是通州区、顺义区和大兴区；根茎类蔬菜生产的优势区县是通州区、大兴区、平谷区和密云县；食用菌类生产的优势区县是房山区、通州区和平谷区（穆月英等，2011）。

（三）蔬菜种植单产水平空间特征

2006—2011年，北京各区县平均单产水平最高的是密云县，达到60吨/公顷。其次是房山、通州、顺义、大兴、平谷和延庆这几个区县，平均单产在40吨/公顷以上。单产水平较低的朝阳、丰台、海淀、昌平、门头沟和怀柔等地，平均单产维持在20～30吨/公顷之间（见彩图2-7）。即整体看来种植规模较大的区县单产水平也较高。但由于东北方向的平谷、密云等地体现出来的较高单产水平，使得蔬菜单产与种植规模的热点相对偏移，单产热点偏向平谷区一带（见彩图2-8）。

2.3.2 北京叶类蔬菜生产区域空间特征

叶类蔬菜在北京蔬菜产业占有重要的地位，叶类蔬菜播种面积达到各类蔬菜总播种面积的1/3，所占比例最大。依托“现代农业产业技术体系北京市叶类蔬菜创新团队”，2012—2013年，对房山、通州、顺义、昌平、大兴、怀柔和密云7个区县的叶类蔬菜生产概况进行了实地调研，并重点收集了芹菜、菠菜、生菜、油菜和快菜5种叶菜生产数据。

2013年调研区县叶类蔬菜种植面积占蔬菜总面积比例中，通州区叶类蔬菜播种面积

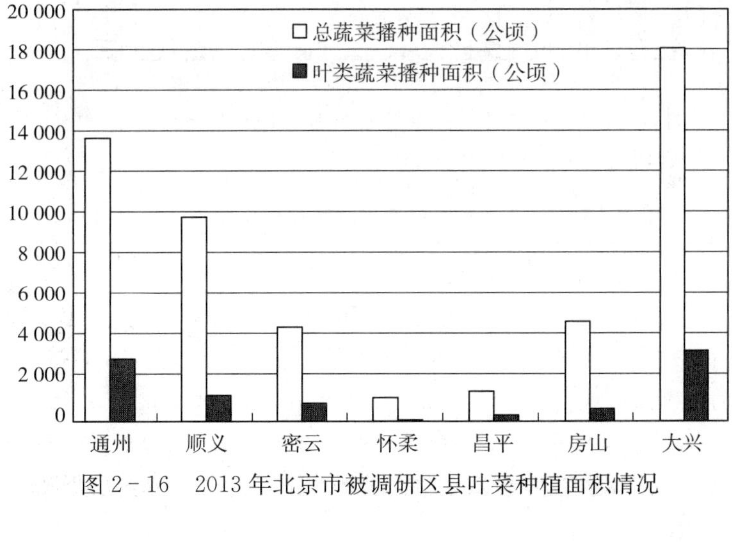

图2-16 2013年北京市被调研区县叶菜种植面积情况

占蔬菜总种植面积比重最高为22.23%，其次是大兴区，为18.06%；房山区和顺义区占比相似，分别为10.95%和12.06%，怀柔区占比最小为7.06%。对于7个区县的调研数据基本能够代表全市的蔬菜产业现状（图2-16、图2-17）。

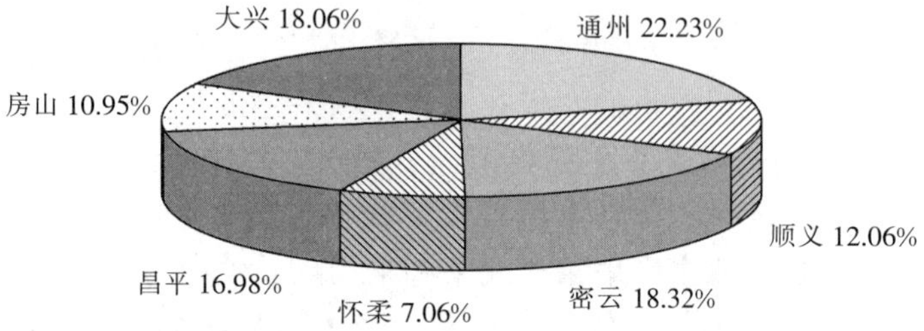

图2-17　2013年北京市被调研区县叶菜种植面积占蔬菜种植面积比例

数据来源：各区县调研资料整理。

（一）叶类蔬菜播种面积空间布局

截至2013年年底，5种叶类蔬菜主产区与整体蔬菜主产区保持一致，种植区域集中在通州、大兴和顺义3个区，其他几个区县均有少量种植但差异不大。每种蔬菜都有显著的分布地区。通州区5种叶类蔬菜种植面积最大，占7个区县5种叶类蔬菜种植面积的44.4%；大兴的5种叶类蔬菜种植面积次之；密云县种植蔬菜种类最多，5种叶类蔬菜均有种植；怀柔区5种叶类蔬菜种植面积所占比重最小（图2-18、表2-4、表2-5）。

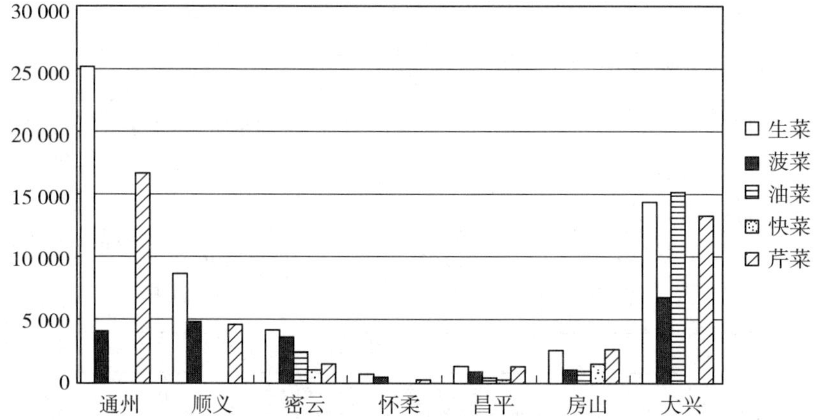

图2-18　2013年北京市被调研区县5种叶菜播种面积（亩）

数据来源：各区县调研资料整理。

表2-4　2013年各区县5种叶类蔬菜总播种面积（亩）

叶菜品种	通州	顺义	密云	怀柔	昌平	房山	大兴
生菜	25 516	8 769	4 236	618.2	1 229.9	2 600	14 500
菠菜	4 139	4 881	3 588.5	427.9	833.6	900	6 780
油菜			2 427		425.7	800	15 300
快菜			988		102	1 300	
芹菜	16 952	4 508	1 466.5	179.5	1 251.5	2 500	13 380

表 2－5　2013 年各区县 5 种叶类蔬菜露地播种面积（亩）

叶菜品种	通州	顺义	密云	怀柔	昌平	房山	大兴
生菜	3 687	2 729	616	445.9	338.2	403	3 225
菠菜	1 003	1 933	2 249	315	592.3	358	1 590
油菜			835		123.5	137	3 265
快菜			505		25.7	335	
芹菜	3 074	1 171	398	63.2	252.8	31	4 150

2013 年，表 2－6 为北京市被调研的 7 个区县 5 种叶类蔬菜总产量情况。虽然各区县调研汇总数据不全，但大致反映了基本情况。截至 2013 年年底，生菜产量最高区县为顺义区，产量达到 21 922 万千克，占 7 个区县生菜总产量的 63.22%；菠菜产量最高区县为顺义区，产量达到 12 202 万千克，占 7 个区县菠菜总产量的 81.5%；油菜主要集中在大兴区，产量为 4 450 万千克，占 7 个区县菠菜总产量的 82.07%；快菜生产区县较少，主要集中在房山区和密云县；芹菜生产产量最大区县为顺义区，产量达 22 540 万千克，占 7 个区县芹菜总产量的 61.41%（表 2－6、图 2－19）。其区域播种面积空间分布见彩图 2－9 所示。

表 2－6　2013 年北京市被调研区县 5 种叶菜总产量（万千克）

品种	通州	顺义	密云	怀柔	昌平	房山	大兴
生菜	5 741.1	21 922	1 112	127.08	261.17	644.8	4 866
菠菜	413.9	12 202	573.8	47.58	143.68	240.6	1 352
油菜			425.9		302.2	244.27	4 450
快菜			309		22.95	467.08	
芹菜	6 780.8	22 540	766.7	66.314	360.56	1 217.2	4 975

数据来源：各区县调研资料整理。

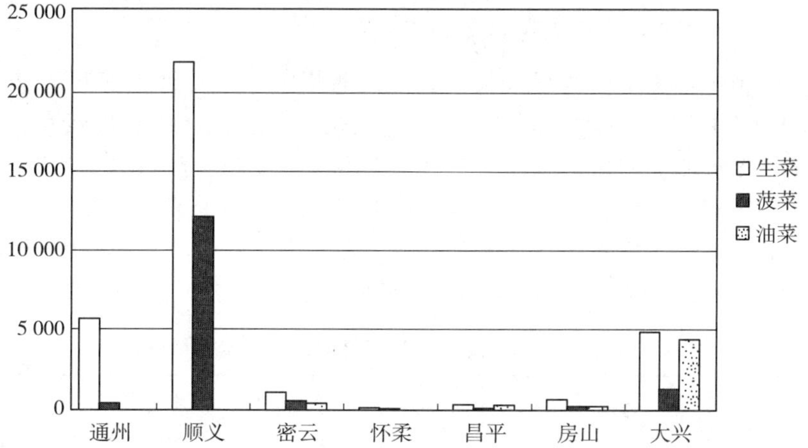

图 2－19　2013 年北京市被调研区县 5 种叶菜总产量（万千克）

数据来源：各区县调研资料整理。

（二）设施蔬菜种植比例

设施农业是京郊农民致富的首选产业。发展设施蔬菜可以提高农民收入，提高土地利用率，以及扩大蔬菜种植品种及其上市季节等优点。通州与大兴地区设施蔬菜种植面积在总种植面积中所占比例最大，通州设施蔬菜种植面积达到 38 843 亩，占 7 个区县总设施蔬菜种植面积比例达 36.4%；大兴设施蔬菜种植面积达 37 730 亩，所占比例达 35.35%；怀柔设施蔬菜种植面积所占比例最小（表 2-6、表 2-7、图 2-20）。

表 2-7　2013 年北京市被调研区县设施蔬菜面积（亩）

品种	通州	顺义	密云	怀柔	昌平	房山	大兴
生菜	21 829	6 040	3 639.6	172.3	891.7	2 145.7	11 275
菠菜	3 136	2 948	1 351	112.9	241.3	527	5 190
油菜			1 610		302.2	720.8	12 035
快菜			506		76.3	912.7	
芹菜	13 878	3 337	1 096.2	116.3	998.7	2 406	9 230

数据来源：各区县调研资料整理。

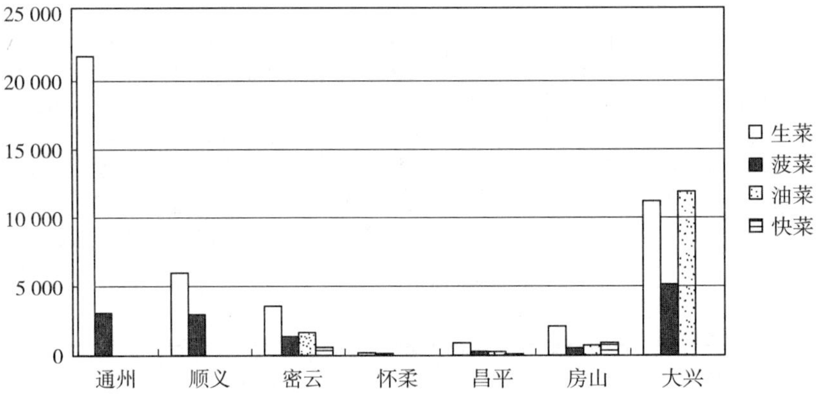

图 2-20　2013 年北京市被调研区县设施蔬菜面积（亩）

数据来源：各区县调研数据资料整理。

设施生菜种植主要集中在通州区和大兴区。通州区生菜总种植面积为 25 516 亩，其中设施生菜种植面积为 21 829 亩，所占比例达 85.55%；大兴生菜总种植面积为 14 500 亩，其中设施生菜种植面积达 11 275 亩，所占比例为 77.75%，基本实现设施蔬菜种植大比例覆盖。对比生菜产量来看，顺义、通州和大兴 3 个区的生菜产量较大，通州和大兴主要是利用设施农业高覆盖度来提高其生菜产量，在 7 个区县生菜总产量中所占比例分别为 17%和 14%（表 2-6、表 2-8、图 2-21、图 2-22）。

表 2-8　2013 年北京市被调研区县设施生菜种植面积

项　　目	通州	顺义	密云	怀柔	昌平	房山	大兴
总种植面积（亩）	25 516	8 769	4 236	618.2	1 229.9	2 600	14 500
设施面积（亩）	21 829	6 040	3 639.6	172.3	891.7	2 145.7	11 275

（续）

项　　目	通州	顺义	密云	怀柔	昌平	房山	大兴
设施生菜种植面积占总播种面积比（%）	85.56	68.88	85.92	27.87	72.50	82.53	77.76

数据来源：各区县调研资料整理。

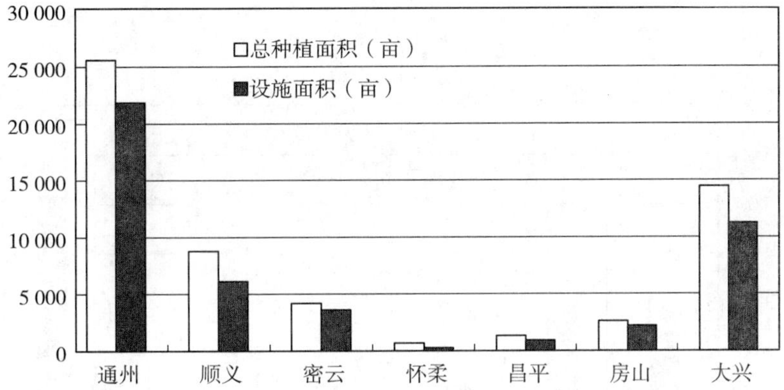

图 2-21　2013 年北京市被调研区县设施生菜种植情况

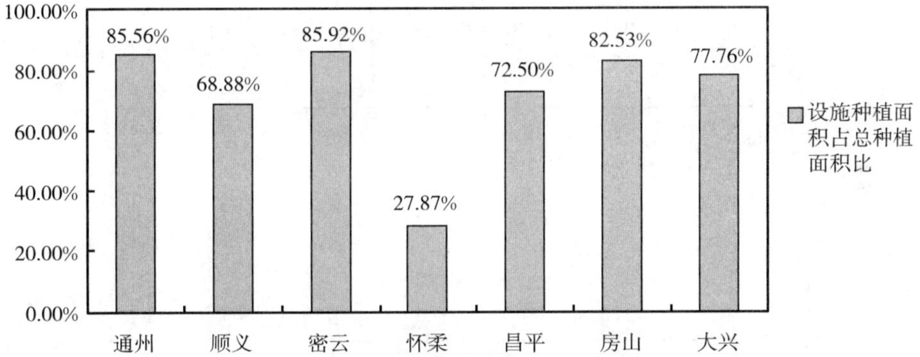

图 2-22　2013 年设施菠菜种植面积占总种植面积比例

数据来源：各区县调研资料整理。

通州和大兴的设施菠菜种植水平较高，其中通州设施菠菜种植面积占 7 个区县的总种植面积比例达 75.77%，大兴设施菠菜所占比例为 76.55%；怀柔区菠菜总种植面积较少，相应地其设施菠菜生产水平也较其他区县低；顺义区蔬菜总种植面积比通州要大，而其设施菠菜生产水平不及通州区。另外，由于顺义和大兴菠菜总种植面积及设施菠菜生产水平整体上高于其他区县，两区县菠菜产量均高于其他区县，顺义区菠菜产量占 7 个区县的比重达 81%，大兴菠菜产量所占比例达 8%（表 2-6、表 2-9、图 2-23、图 2-24）。

表 2-9　2013 年北京市被调研区县设施菠菜种植面积

项　　目	通州	顺义	密云	怀柔	昌平	房山	大兴
总播种面积（亩）	4 139	4 881	3 588.5	427.9	833.6	900	6 780
设施面积（亩）	3 136	2 948	1 351	112.9	241.3	527	5 190
设施菠菜播种面积占总播种面积比（%）	75.77	60.40	37.65	26.38	28.95	58.56	76.55

数据来源：各区县调研资料整理。

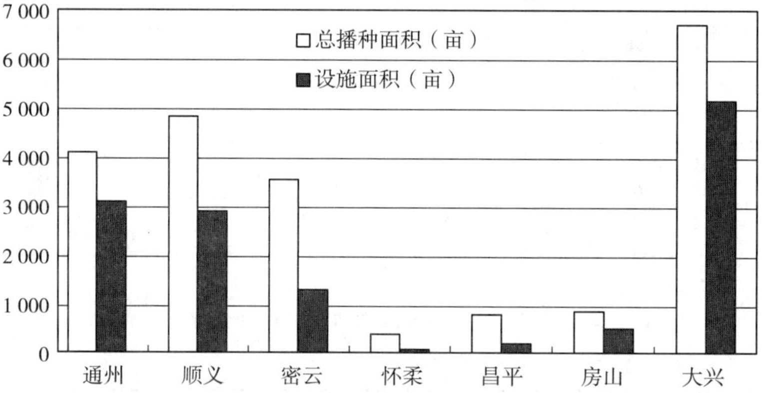

图 2-23　2013 年北京市被调研区县设施菠菜播种情况

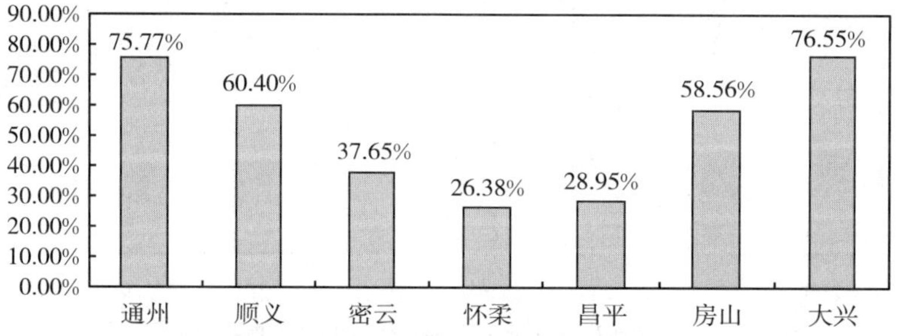

图 2-24　2013 年设施菠菜种植面积占总种植面积比例

数据来源：各区县调研资料整理。

油菜主要集中在大兴、密云、昌平和房山等区县种植，其他区县不种植或较少种植。油菜种植区县均以设施种植为主。其中，房山设施油菜种植比例达到 90.10%，昌平达到 70.99%和大兴的设施油菜种植比例达 78.66%以上。对比油菜产量可知，设施油菜种植比重较高的大兴区，其油菜产量占 7 个区县的总油菜产量比重也达到 82%，说明设施油菜种植的大力覆盖和推广对于油菜产量的提高具有重要作用（表 2-6、表 2-10、图 2-25、图 2-26）。

表 2－10　2013 年北京市被调研区县设施油菜种植面积

项　　目	通州	顺义	密云	怀柔	昌平	房山	大兴
总种植面积（亩）			2 427		425.7	800	15 300
设施面积（亩）			1 610		302.2	720.8	12 035
设施油菜种植面积占总种植面积比例（%）			66.34		70.99	90.1	78.66

数据来源：各区县调研资料整理。

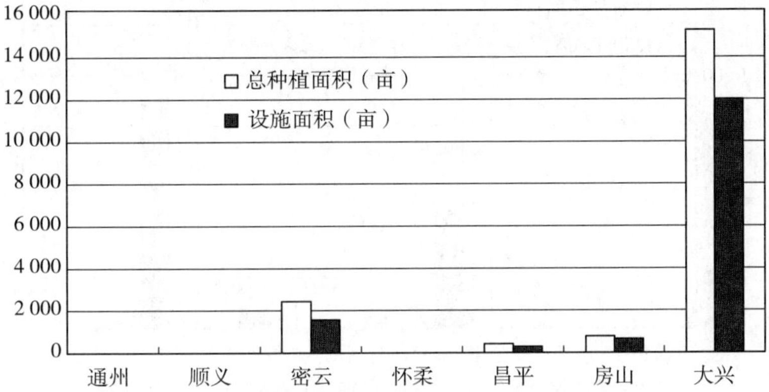

图 2－25　2013 年北京市被调研区县设施油菜播种情况

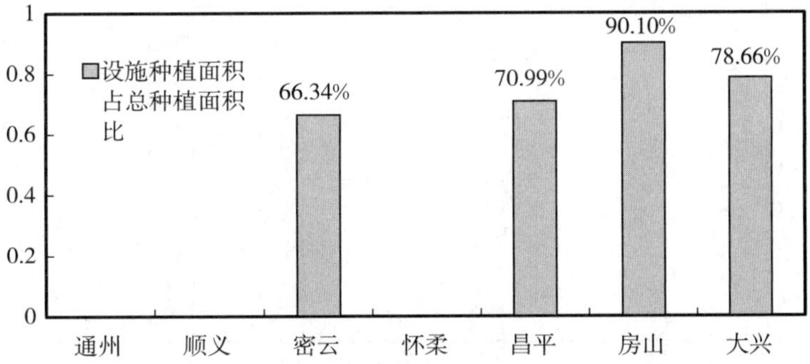

图 2－26　2013 年设施油菜种植面积占总种植面积比例

数据来源：各区县调研资料整理。

快菜生产主要集中在密云县、昌平和房山区，其中房山区和密云县快菜种植面积最大，其余区县不种植快菜或者种植较少。房山区总种植面积为 1300 亩，其中设施快菜所占比例为 70.2%；密云县快菜总种植面积为 988 亩，其中设施快菜所占比例为 51.21%；昌平区快菜总种植面积为 102 亩，其设施快菜所占比例为 74.8%。房山区和密云县快菜产量占 7 个区县总产量的比例分别达到 58%和 39%。两区县较高的比例首先得益于区县快菜总种植面积较大，其次在设施化水平上也较有优势（表 2－6、表 2－11、图 2－27、图 2－28）。

表 2-11 2013 年各区县设施快菜种植情况

项　　目	通州	顺义	密云	怀柔	昌平	房山	大兴
总种植面积（亩）			988		102	1 300	
设施面积（亩）			506		76.3	912.7	
设施快菜种植面积占总种植面积比例（%）			51.21		74.80	70.21	

数据来源：各区县调研资料整理。

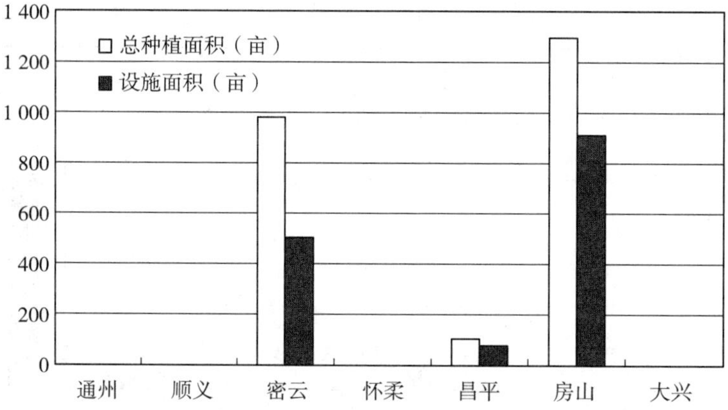

图 2-27　2013 年北京市被调研区县设施快菜播种情况

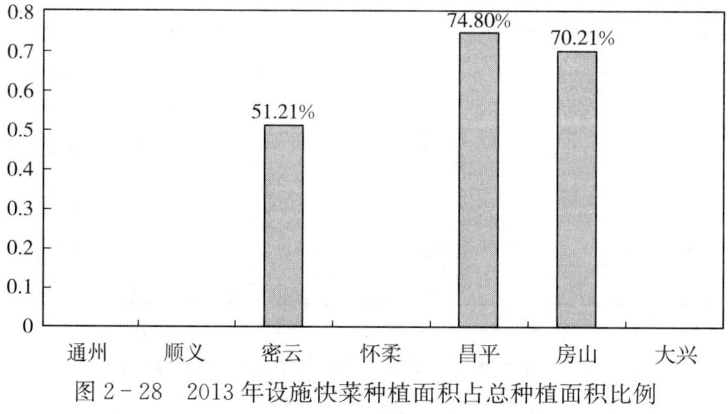

图 2-28　2013 年设施快菜种植面积占总种植面积比例

数据来源：各区县调研资料整理。

7 个区县设施芹菜种植比例较为均衡，芹菜种植均以设施种植为主。其中，房山、通州和大兴的设施种植比例均达到 80%以上；顺义、密云和昌平设施芹菜种植比例均超过 70%；怀柔设施芹菜生产水平稍低于其他区县。从芹菜产量分布看，顺义区芹菜产量最大，占 7 个区县芹菜总产量的 61%；设施芹菜生产水平较高的通州区产量所占比例为 19%；芹菜种植面积最大的大兴芹菜产量所占比例为 14%（表 2-6、表 2-12、图 2-29、图 2-30）。

表 2－12　2013 年北京市被调研区县设施芹菜播种面积

项　目	通州	顺义	密云	怀柔	昌平	房山	大兴
总种植面积（亩）	16 952	4 508	1 466.5	179.5	1 251.5	2 500	13 380
设施面积（亩）	13 878	3 337	1 096.2	116.3	998.7	2 406	9 230
设施芹菜种植面积占总种植面积比例（%）	81.87	74.02	74.75	64.79	79.80	96.24	68.98

数据来源：各区县调研资料整理。

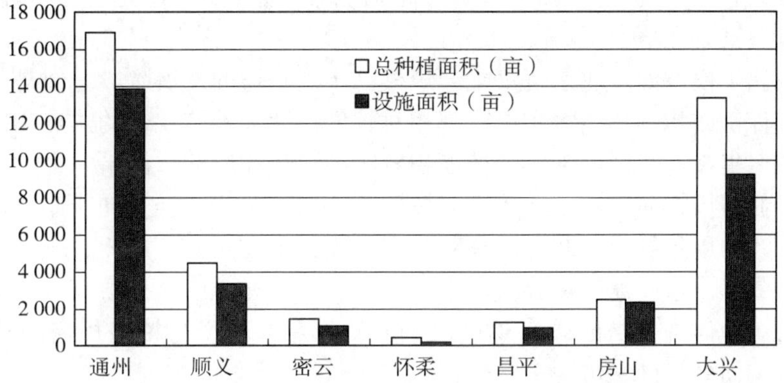

图 2－29　2013 年北京市被调研区县设施芹菜播种情况

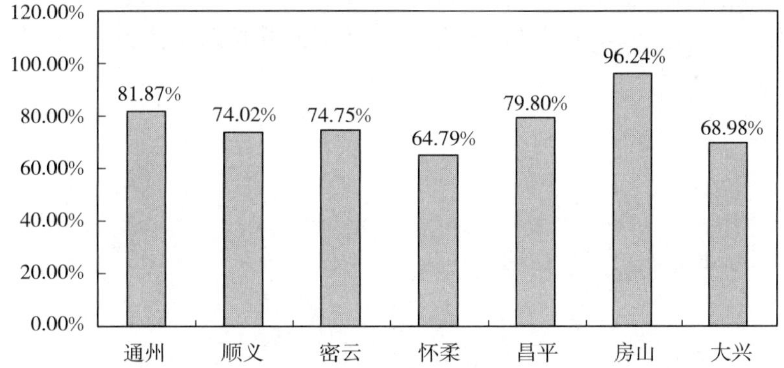

图 2－30　2013 年设施芹菜种植面积占总种植面积比例

数据来源：各区县调研数据资料整理。

2.4　本章小结

（1）我国蔬菜生产时序特征分析表明：种植面积持续扩大，增速波动后逐渐放缓；单产水平持续走高，增速波动后趋于平稳；受到蔬菜种植面积和单产增长的带动，蔬菜总产量在波动之后逐年上升。空间特征分析表明：华中地区播种面积最大，其次是中南和华北，东南和西南，东北和西北播种面积最小；单产呈现出较明显的地域分布，总体来看，呈现出“南低北高，逐步递增”现象，具体来说，北方>中部>南方；由于蔬菜总产量受单产和种植面积的双重影响，我国蔬菜总产量呈现出一定的区域差异，但是规律不明显，蔬菜总产量排名前三的依次为山东、河北和河南。我国设施蔬菜发展迅速，覆盖区域不断扩大。

（2）2011年北京市农业总产值为163.37亿元，其中蔬菜总产值达59.50亿元，占农业总产值的36.42％。2011年全市农作物播种面积为454.5万亩，其中蔬菜播种面积为100.5万亩，占农作物播种面积的22.11％。叶类蔬菜播种面积为34.5万亩，占全市蔬菜播种面积的比重达到34.3％。同年，北京蔬菜产量296.9万吨，叶类蔬菜产量为86.3万吨，占全市蔬菜总产量的比重是29.1％；北京蔬菜产值59.5亿元，叶类蔬菜产值11.3亿元，占全市蔬菜总产值的19.0％。

（3）在产业规模方面，北京蔬菜生产规模已步入平稳的发展阶段。但是与周边省市相比，北京蔬菜种植面积、总产量和单产都相对较低。蔬菜种植规模的热点和冷点显著，种植面积较大的聚集在通州区一带，种植面积较小的聚集在海淀、昌平一带。

（4）在产业布局方面，北京蔬菜产业按照“一带三园”的空间布局，切实保证优质、安全、营养蔬菜的周年供应。北京的蔬菜生产主要集中在大兴、通州、顺义区和平谷、密云及房山等远郊区。这些地区蔬菜单产水平较高，平均在40吨/公顷以上。由于东北方向的平谷、密云等地体现出来的较高单产水平，使得蔬菜单产与种植规模的热点有相对偏移，单产热点偏向平谷区一带。

（5）2013年调研区县的叶类蔬菜种植面积占蔬菜总种植面积比例中，通州区叶类蔬菜总播种面积占蔬菜总种植面积比重最高为22.23％，其次为大兴为18.06％；房山区和顺义区占比相似，分别为10.95％和12.06％，怀柔的叶类蔬菜占比最小为7.06％。

第三章　叶类蔬菜产业经济发展及其技术需求调研分析

本章结合北京市7个区县蔬菜产业（特别是叶类蔬菜产业）发展实际调研的数据资料，详细地分析了北京市叶类蔬菜生产、经营、流通、采后处理与储藏加工等产业发展现状，比较了北京市7个区县叶类蔬菜产业的规模及其优势，并实证分析调查区县叶类蔬菜产业生产经营中面临的主要问题及其技术需求，从而为制定现代农业产业技术体系北京市叶类蔬菜创新团队的加工流通与产业经济研究长期任务以及政府的科学决策提供参考依据。

3.1　叶类蔬菜产业经济需求调研实施方案

3.1.1　调研目的与调研对象

本次调研的主要目的是了解北京市各区县叶类蔬菜产业的概况，把握农户和相关机构的需求及农户的种植意愿，发现叶类蔬菜产业发展中存在的问题及其加工流通与产业经济技术需求，为谋划、阐述及落实北京市叶类蔬菜产业定位、发展方向与战略重点提供技术支撑，也为现代农业产业技术体系北京市叶类蔬菜创新团队加工流通与产业经济功能研究室未来五年工作方向与重点的制定提供理论与实践依据。

叶类蔬菜产业涉及的主体主要分为4类。第一类是叶类蔬菜的生产个体，即农户；第二类是叶类蔬菜产业组织，包括合作社、基地、企业等；第三类是流通业者，包括批发商、经纪人和市场等；第四类是叶类蔬菜产业的政府管理部门。

3.1.2　调研方法与调研内容

（一）调研方法

（1）**实地调查研究**　考虑叶类蔬菜生产和经营不同主体的特点，本研究对于区县级相关机构采用座谈会和问卷调查的方法；对于叶类蔬菜种植户采用问卷调查与农户访谈的方法。开始调研时间为2012年6～8月，调研数据涉及的时间为2012年和2013年上半年（1～6月）。

（2）**二手资料收集与整理**　为了从多方面了解叶类蔬菜产业的发展，对二手资料进行收集和整理，主要包括统计年鉴类（《北京统计年鉴》《北京区域统计年鉴》《中国统计年鉴》《全国农产品成本收益汇编》《中国农村统计年鉴》），统计公报类（主要来源于市级及各区统计信息网站），文献资料类（主要从数据库进行检索，如中国知网、万方数据等）。

（二）调研内容

本次调研依托被调查的7个区县农业相关部门，分别以蔬菜种植农户、蔬菜合作社及相关生产经营企业等作为重点访谈对象，采取问卷调查与访谈相结合的方法，针对蔬菜种植农户叶菜种植成本收益、加工流通、制约叶菜种植的因素以及农户叶菜种植意愿等方面开展调查；针对专业合作社进行叶菜种植种类与规模，会员入社条件、合作社主要服务事项、合作社面临的问题、制约合作社运营的影响因素以及蔬菜产业经济发展过程中的迫切需求等进行调研。对调研结果主要应用图表等进行统计描述，并进而通过经济学的规范分析表述主要问题。

本报告注重二手资料收集与整理。通过各种统计年鉴和大量的文献资料，从全局的角度详细地分析北京市叶类蔬菜产业发展现状及其存在的问题，理性地提出了现代农业产业技术体系北京市叶类蔬菜创新团队加工流通与产业经济功能研究室工作方向与重点。

3.1.3 调研区域与农户样本总数

本次调研选取的区县包括设置现代农业产业技术体系北京市叶类蔬菜创新团队综合实验站的 6 个区县（昌平区、大兴区、房山区、怀柔区、密云县和顺义区）及蔬菜生产重点区——通州区。分别对区县级别相关机构的主要工作人员和每个区县的农户进行调研。涉及农户 2 105 家，行政或事业单位机构人员 23 人，叶类蔬菜种植及加工企业 54 家，农民专业合作社 41 个，种植基地 44 个（表 3-1）。

表 3-1 调研区县被调查对象分布情况

区县	被调查农户		被调查的区县机构人员		被调查的叶类蔬菜产业组织（个）		
	所在镇村	农户数（个）	所在机构	人数（人）	种植及加工企业	农民专业合作社	种植基地
昌平	昌平镇下井村 马池口镇东扎村	136	南邵农服中心 百善镇农办 马池口镇农办 阳坊镇农办	4	5		2
大兴	长子营镇河津营村	689	种植业服务中心 土肥工作站 农业技术推广站 植保植检站 蔬菜技术推广站	8	7	1	7
房山	琉璃河镇官庄村 琉璃河镇西地村	203	区种植中心	9	10	15	12
怀柔	宝山镇转年村 怀柔区公关村	209	怀柔区种植业服务中心		5	4	2
密云	臣各庄镇后集家坞村 河南寨镇套里村 北庄镇朱家湾村	136	密云县农业技术推广站		5	9	2

（续）

区县	被调查农户		被调查的区县机构人员		被调查的叶类蔬菜产业组织（个）		
	所在镇村	农户数（个）	所在机构	人数（人）	种植及加工企业	农民专业合作社	种植基地
顺义	李桥镇北河村 赵全营镇板桥村	677	龙湾屯镇农业科 赵全营镇农业科	2	7	2	1
通州	漷县徐官屯 漷县东宝安	55	通州区农业 技术推广站		15	10	18
合计	12 个乡镇 14 个村	2 105		23	54	41	44

被调研样本对象的特征是：农户中，年龄为 55 岁以上的占有 63%，45～55 岁的农户占了 34%，30～45 岁的农户占了 3%。另外，在被调研的所有种植叶菜的农户中，学历在初中以下的占 73%；高中及以上学历的占 27%（图 3－1）。叶类蔬菜种植农户普遍年龄偏大、学历偏低。

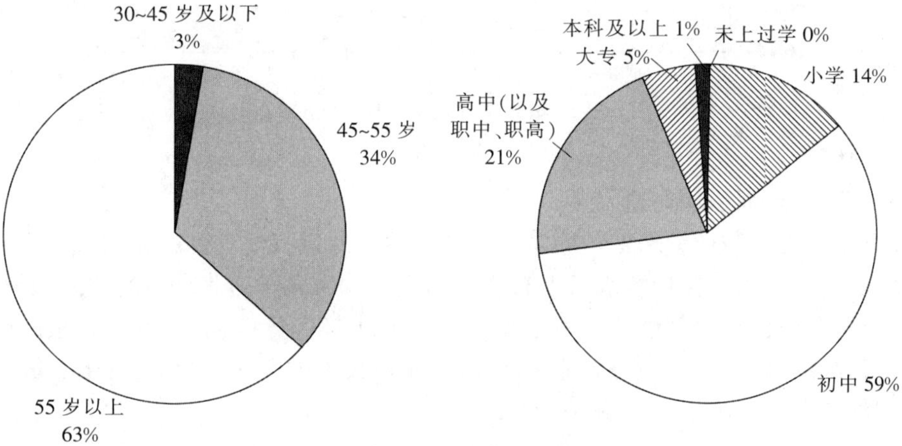

图 3－1　调研叶菜种植农户年龄组成和学历比例

3.2　被调查区县叶类蔬菜产业概况

3.2.1　被调查区县蔬菜产业概况

2011 年，被调研 7 个区县蔬菜种植面积 57 567 公顷，占全市蔬菜种植面积的 86.18%；蔬菜产量共 256.3 万吨，占全市蔬菜总产量的 86.33%。对于 7 个区县的调研数据基本能够代表全市的蔬菜产业现状（图 3－2）。

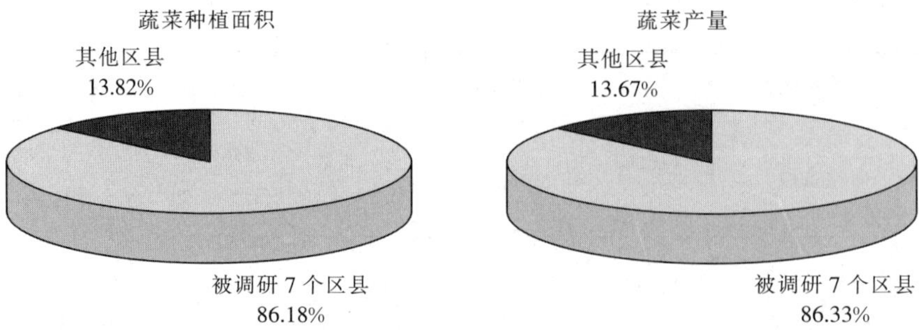

图 3-2　2011 年被调研 7 个区县蔬菜种植面积和产量占全市比重

数据来源：北京市区域统计年鉴，2012。

（一）农业在县域经济中的地位

从农业产值占 GDP 的比重来看，2011 年，7 个区县中，密云县农业所占比重最大，约为 11%左右，房山区、通州区、大兴区和怀柔区的农业比重相差不大，处在 4%～8%，顺义区和昌平区的农业比重最小，分别为 2.66%和 1.78%（图 3-3）。

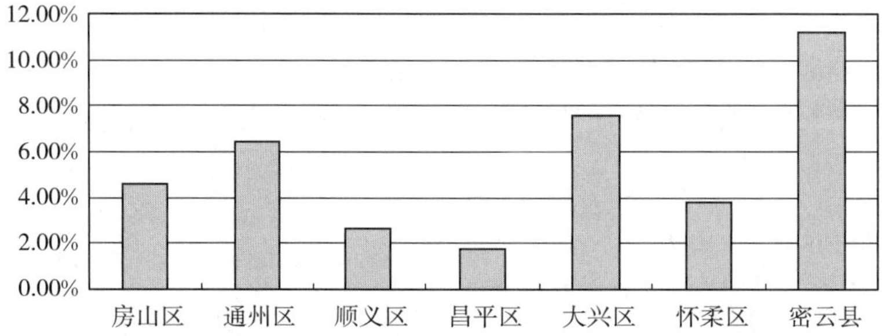

图 3-3　2011 年各区县农业产值占 GDP 的比重

数据来源：北京市区域统计年鉴，2012。

（二）蔬菜生产面积和产量

从蔬菜生产面积和产量来看，除昌平区和怀柔区外，其他 5 个区县的蔬菜产量均接近或高于 20 万吨。大兴区在种植规模上有明显的优势，大兴作为北京市的“南菜园”，其种植面积和产量在被调研的 7 个区县中位居第一，2011 年产量接近 90 万吨，全区已经形成了蔬菜、畜牧、林果等五大主导产业。通州区和顺义区的蔬菜种植面积和产量也相对较高，年产量都在 40 万吨以上（图 3-4）。

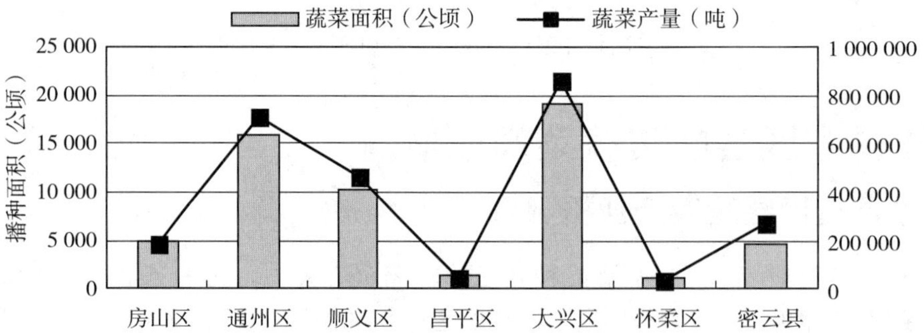

图 3-4　2011 年被调研 7 个区县蔬菜种植面积及产量

数据来源：北京区域统计年鉴，2012。

3.2.2　被调查区县叶类蔬菜生产现状

（一）叶类蔬菜占蔬菜种植面积的比重

7个区县的叶类蔬菜占其蔬菜种植面积比重差异较大。顺义区蔬菜产业以叶菜种植为主，种植面积占蔬菜种植的比重最大，超过了60%；其次为密云县，叶菜种植面积占蔬菜种植的45%；大兴区和怀柔区叶菜种植比例相近，略高于昌平区和房山区（图3－5）。

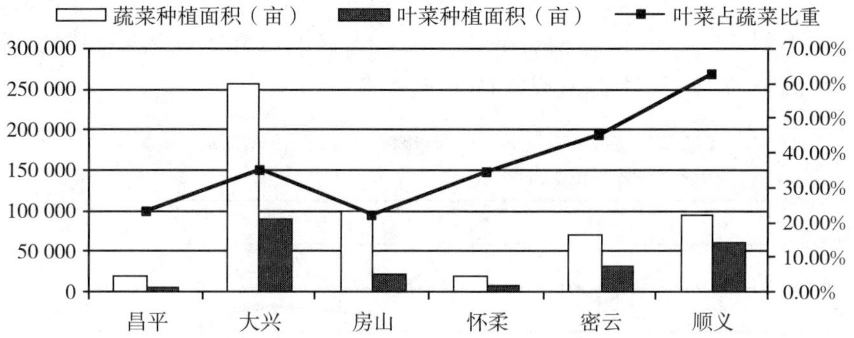

图3－5　叶菜种植面积占蔬菜种植面积的比重

数据来源：各区县调研资料整理。

（二）5种叶类蔬菜生产结构与规模

2012年，5种叶类蔬菜主产区与整体蔬菜主产区保持一致，种植区域集中在通州、大兴和顺义3个区，其他几个区县均有少量种植但差异不大。每种蔬菜都有显著的分布地区。种植生菜最多的是通州区，为25 516亩，比排名第二的大兴区多出1万亩，年总产量达到5 741.1万千克；菠菜主要分布在大兴、顺义、通州，播种面积均在4 000亩以上；油菜主要分布在大兴和顺义，播种面积均在8 000亩以上；快菜主要分布在顺义区；芹菜主要分布在通州和大兴，播种面积均在1万亩以上。7个区县内部种植的叶类蔬菜品种也不太均衡，生菜和芹菜较其他叶类蔬菜而言，播种面积更大一些（图3－6）。

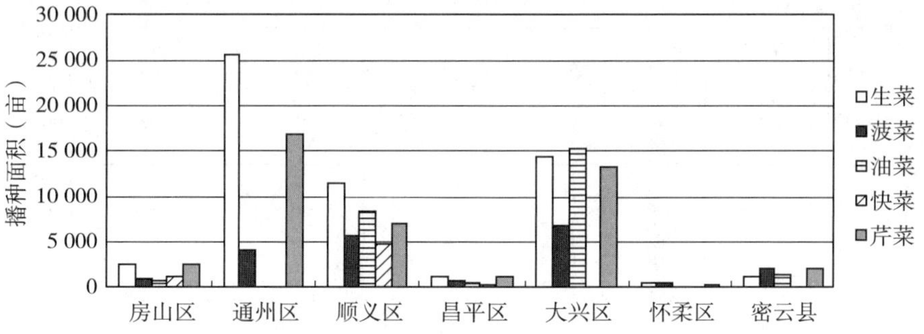

图3－6　2012年各区县五种叶菜播种面积

数据来源：各区县调研资料整理。

（三）设施叶菜种植比重

设施农业是北京新农村建设的支柱产业之一，是北京郊区农民致富的首选产业。截至2007年年底，北京设施蔬菜面积达1万～3万公顷（蔬菜种植总面积4万公顷），设施蔬菜年产值 23 亿元，占蔬菜总产值的 50%。现已初步形成了设施蔬菜生产优势区县和乡镇，主要分布在大兴、顺义、通州 3 个地区，大兴区设施蔬菜 4 600 公顷，占全市 42.5%。为进一步加快设施农业发展进程，北京市设施农业将以“两区两带多群落”空间规划布局发展建设，正在逐步形成一批区域化、专业化、规模化、标准化的设施农业生产基地和优势区域（陈春秀等，2011）。

在设施蔬菜种植方面，房山区叶菜种植 70%以上是设施种植叶菜，略高于昌平区。大兴区、密云县和怀柔区的设施种植比例大体相同，约为 40%左右。与其他区县相比，顺义区略低，不到 30%。在设施种植的类型上，大兴区以温室、大棚和中小棚并重，顺义区以大棚和温室为主，其他区县以大棚为主（图 3－7）。

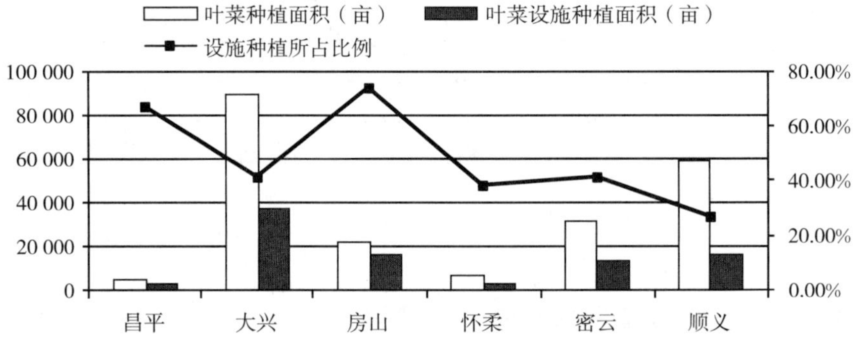

图 3－7　叶菜设施种植面积占叶菜种植比例

数据来源：各区县调研数据资料整理。

生菜在设施种植方面，除怀柔区外，其他区县的生菜种植 70%以上都是设施种植。房山区叶菜种植 70%以上；通州、房山、密云的设施生菜种植比例甚至达到 80%以上；与其他区县相比，怀柔区显著较低，不到 30%。即除怀柔区以露地生菜种植为主，其他区县的设施生菜面积均大于露地生菜面积（图 3－8）。

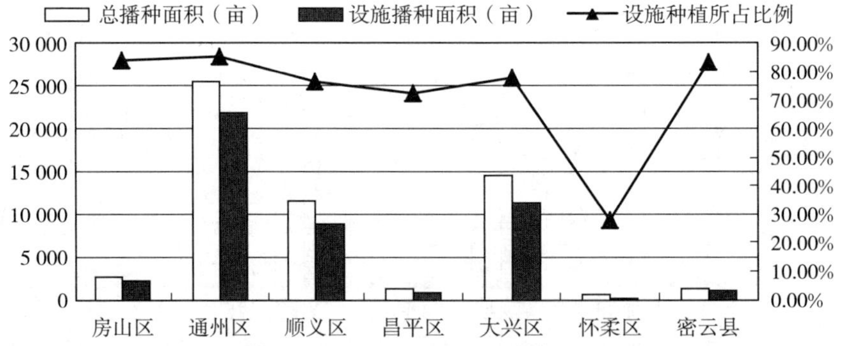

图 3－8　2012 年生菜设施播种面积占总播种面积比例

数据来源：各区县调研数据资料整理。

菠菜在设施种植方面，7 个区县的情况各异，房山、通州和大兴以设施种植为主，比例分别为 59.55%、75.77%和 76.55%；顺义、昌平和怀柔以露地种植为主，设施比例均不到 30%；密云县的露地种植和设施种植各一半（图 3－9）。

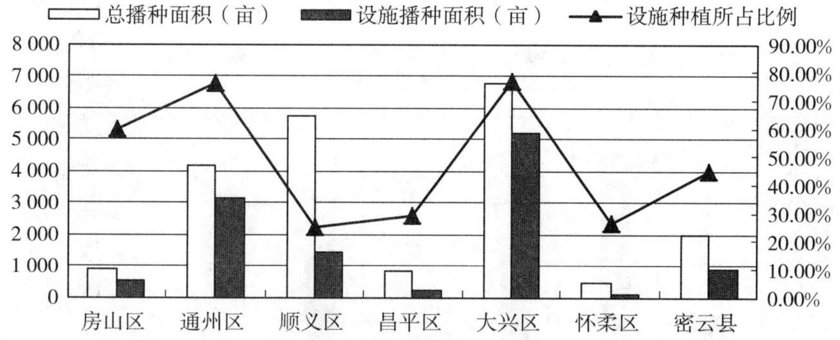

图 3－9　2012 年菠菜设施播种面积占总播种面积比例

数据来源：各区县调研数据资料整理。

油菜主要种植在大兴和顺义，其他区县不种植或较少种植，种植油菜的区县均以设施种植为主。其中，房山和密云的设施油菜种植比例均达到 80％以上（图 3－10）。

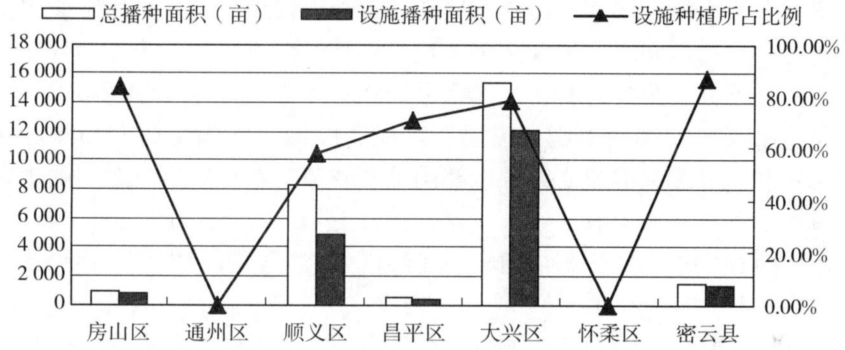

图 3－10　2012 年油菜设施播种面积占总播种面积比例

数据来源：各区县调研数据资料整理。

顺义和房山的快菜播种面积占各区县快菜总播种面积的 98％以上，2 个区县均以设施种植为主。3 个快菜种植区的设施种植比例均在 70％以上（图 3－11）。

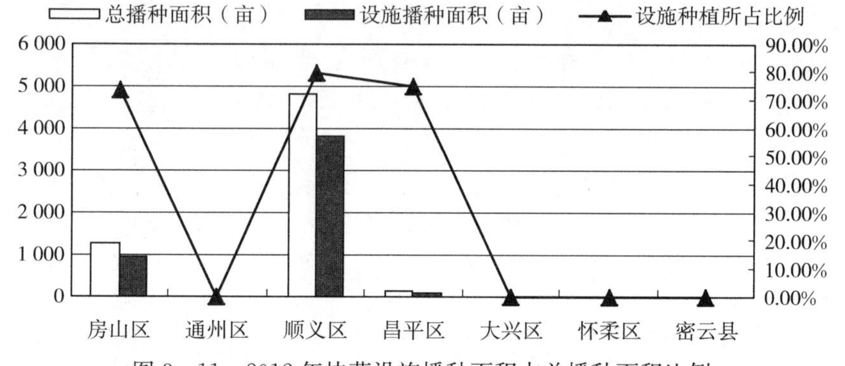

图 3－11　2012 年快菜设施播种面积占总播种面积比例

数据来源：各区县调研数据资料整理。

7 个区县的设施芹菜种植比例较为均衡，芹菜种植均以设施种植为主，其中，房山、通州、顺义和密云县的设施种植比例均达到80%以上，密云县全部为设施种植（图3-12）。

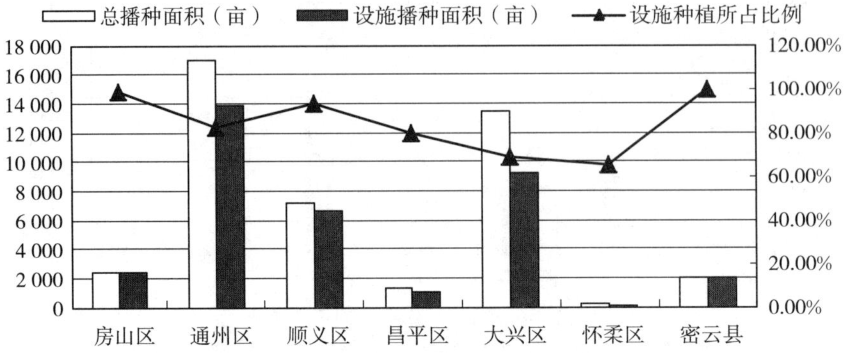

图3-12　2012年芹菜设施播种面积占总播种面积比例

数据来源：各区县调研数据资料整理。

（四）叶菜种植茬口安排情况

日光温室（冬暖大棚）蔬菜茬口安排的是否科学、合理，是日光温室能否获取较高效益的重要前提之一。据调查北方地区蔬菜的茬口安排，多为一年一大茬、两茬、三茬和多茬种植。由于栽培条件、蔬菜种类、技术水平、销售渠道等不同，其经济效益差异很大。温室大棚种植蔬菜茬口安排的原则是需要和可能高度统一（张桂梅，2013）。所谓可能，首先是所建温室和大棚创造的温光条件能够满足某些蔬菜在特定生产时间的生育要求；其次是生产者基本了解和掌握了有关生产技术；第三是有利于轮作倒茬和防病。所谓需要，一是市场需求，有稳定可靠的销售渠道；二是经济效益好，可使生产者获得比较满意的经济收入（余玲，2013）。

全年叶菜种植一般安排2～5茬，每茬叶菜价格随着市场行情而波动。表3-2、表3-3为昌平区5种叶菜的茬口时间、价格和种植品种情况。

表3-2　2012年昌平区茬口安排情况

蔬菜种类	主要茬口：从播种（或定植）到开始收获所经时段	不同茬口的平均价格：（元/500克）	主要种植品种
生菜	11月12日～翌年1月20日	3.49	美国大速生
	8月17日～10月12日	1.21	射手101
	9月20日～翌年2月1日	4.19	皇帝
	10月23日～翌年3月6日	4.69	美国大速生
	10月23日～翌年3月6日	4.41	射手101
菠菜	8月10日～10月29日	1.39	夏播王
	10月23日～翌年2月3日	4.25	京菠3号
油菜	7月4日～8月6日	3.33	夏帝
	8月27日～9月22日	1.16	夏帝
	9月30日～11月14日	1.47	冬妃
	10月23日～12月22日	3.08	冬锦1号
	12月23日～翌年3月6日	3.18	冬锦1号

（续）

蔬菜种类	主要茬口：从播种（或定植）到开始收获所经时段	不同茬口的平均价格：（元/500克）	主要种植品种
快菜	10月23日～12月22日	2.71	盛丰快菜
	12月23日～翌年3月6日	2.5	盛丰快菜
芹菜	9月20日～翌年1月26日	0.93	文图拉
	10月29日～翌年3月6日	1.84	文图拉

数据来源：根据调查数据整理。

表3-3　2012年大兴区茬口安排情况

蔬菜种类	主要茬口：从播种（或定植）到开始收获所经时段	不同茬口的平均价格：（元/500克）	主要种植品种
生菜	10月30日～翌年2月1日	1.2	美国大速生
	4月10日～5月10日	1.3	美国大速生
	5月15日～6月15日	0.5	辛普森
	7月1日～8月3日	1.2	辛普森
	8月15日～9月28日	1.4	美国大速生
菠菜	10月30日～翌年3月6日	0.85	京菠1号、京菠3号
	4月3日～5月10日	1	哈利姆
	7月10日～8月10日	2.8	京菠1号、京菠3号
	8月15日～9月15日	1.8	京菠1号、京菠3号
	9月18日～10月24日	0.9	京菠1号、京菠3号
油菜	10月9日～翌年1月13日	0.69	华冠
	1月15日～3月21日	0.8	华冠
	3月～5月	0.4	华冠
快菜	/	/	/
芹菜	2月3日～5月20日	0.8	/
	6月15日～11月	0.5	/

数据来源：根据调查数据整理。

3.2.3　被调查区县叶类蔬菜经营流通现状

（一）叶菜经营是多数被访户主要收入源，生菜供应规模和效益较高

（1）**多数被访农户以叶类蔬菜为主要收入来源**　在典型的被调查区县，叶类蔬菜从业人员以45岁以上夫妇为主；叶类蔬菜经营的年收入占家庭总收入的比例高达80%以上，其中65%的被调查种植户，家庭年收入平均在3万元及以下；超过一半的农民以生产销售叶类蔬菜为家庭主要收入来源。

（2）**总体上北京市场生菜供应量和价格优势均高于芹菜**　全市主要叶类蔬菜（生菜和芹菜）的上市价格和供应量看：生菜在1～4月和9～11月属于上市量和价格均较高的季

节，这是生菜种植户愿意生产且收益较高的茬口。芹菜在 5～9 月表现出量高价低特征。综合来看，1～4 月和 10～12 月是叶类蔬菜价格相对较高的季节，5～9 月则因天气较暖，蔬菜可供应种类较多，属于价格低迷时节。由于生菜上市量和价格优势明显高于芹菜，使之成为近年京郊区县叶菜生产的大规模品种（图 3－13、图 3－14）。

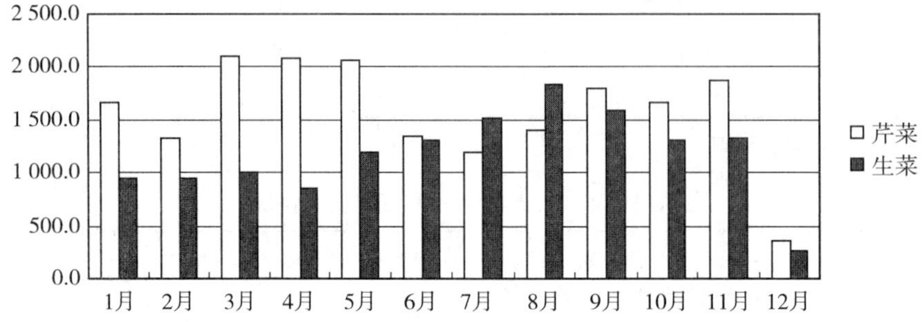

图 3－13　2010 年北京市场主要叶类蔬菜不同月份上市量比较（单位：万千克）

资料来源：北京农村年鉴，2011。

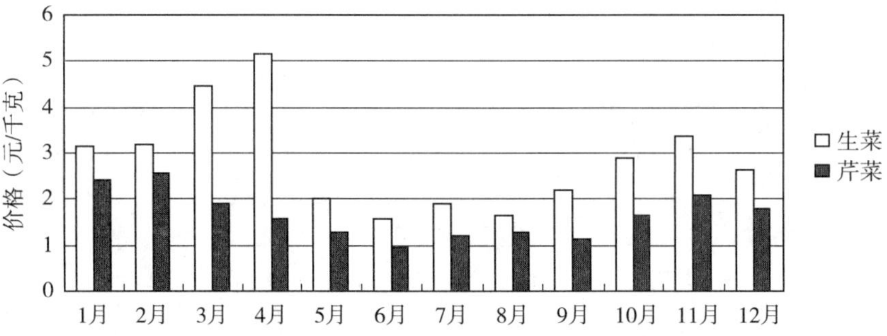

图 3－14　2010 年北京市场主要叶类蔬菜不同月份批发价格比较

资料来源：北京农村年鉴，2011。

（二）被调查区县的叶类蔬菜流通渠道，以批发商收购所占比例最高

总体上北京大部分自产农产品和 95％以上的外埠蔬菜，主要经批发商进入市场，分销到全市数千家超市、社区菜店等销售终端而形成便捷的销售网络，成为保障市民蔬菜需求的主渠道。发展趋势上，农超对接、产销一体、高端配送、观光采摘乃至电子商务等新型流通模式正逐步受到关注。

相对果菜等其他类蔬菜而言，因叶类蔬菜具有水分含量相对高、不耐贮藏运输和易腐烂等特性，客观上对渠道的扁平化要求更迫切。调查显示，北京 7 个被调查区县，叶类蔬菜的销售渠道以批发商收购所占销量的比例最高，达到 52％。集贸市场和经纪人收购次之，农户直接销售到超市与食堂等渠道的份额较少。虽然北京作为大都市，在外就餐人数较多，饭店和食堂等集团消费终端对叶类蔬菜的需求量相对较高，但种植户受时间、运输工具和市场开拓能力等多方限制，独自向饭店、食堂销售叶菜的比例并不高，超市和饭店食堂共占农户总销量的 7％，与市民在饭店食堂的叶菜消费量不成正比。虽然集贸市场销量也较大，但到集贸市场的销售基本是菜农自行组织，菜农同样受时间、运输工具等制约而影响销量。

（三）被调查区县叶类蔬菜采后流通存在高损耗率、高流通成本问题

我国蔬菜采后损耗严重，国家农产品保鲜工程技术研究中心的研究显示，我国果蔬产品从田间采收到餐桌，损失率可高达25%～30%，而发达国家的果蔬采后损失率普遍控制在5%以下。其中，美国的果蔬在保鲜物流环节的损耗率更是仅有1%～2%（孙洪磊，2008）。因叶菜叶表面积大、水分含量高、组织脆嫩，与其他根茎类及果菜等蔬菜商品相比，采后易失水、易受机械伤，呼吸旺盛，呼吸产热大。因此，叶菜具有更强的易腐性，并易发生老化、黄化、萎蔫、脱帮和腐烂等现象，使其损耗非常严重，加速产品品质劣变，给贮运、销售上市等环节带来了极大的困难（刘才宇等，2011；周山涛，1998）。

随着人们生活水平的日益提高，人们对绿色食品、无公害食品及深加工蔬菜等蔬菜产品的需求也越来越大。但目前绝大部分叶菜均未经任何加工处理后便散列销售，超市也只简单包扎。这使叶类蔬菜采后流通存在高损耗率、高流通成本的严重问题。蔬菜销售处于被动地位。为了改善叶类蔬菜产品采后损耗大，最大限度地满足消费者对叶类蔬菜新鲜度的要求，叶类蔬菜采后损耗率研究具有十分重要的意义。

3.3　叶类蔬菜产业经济问题分析

为了全面了解北京市叶类蔬菜产业现状，探讨制约北京市叶类蔬菜产业发展的瓶颈问题，通过问卷、座谈会和农户访谈等方式对大兴、房山、怀柔、通州、昌平、顺义和密云7个区县开展了需求调研，调研对象包括蔬菜规模生产基地、生产加工企业技术负责人和当地农户。本节重点以此次调研数据结果为实例，对北京市叶类蔬菜生产问题、经营问题、流通问题、采后处理及贮藏加工问题和产业支持政策问题（图3－15）进行理论分析，为进一步解决北京市叶类蔬菜加工流通与产业经济问题提供依据。

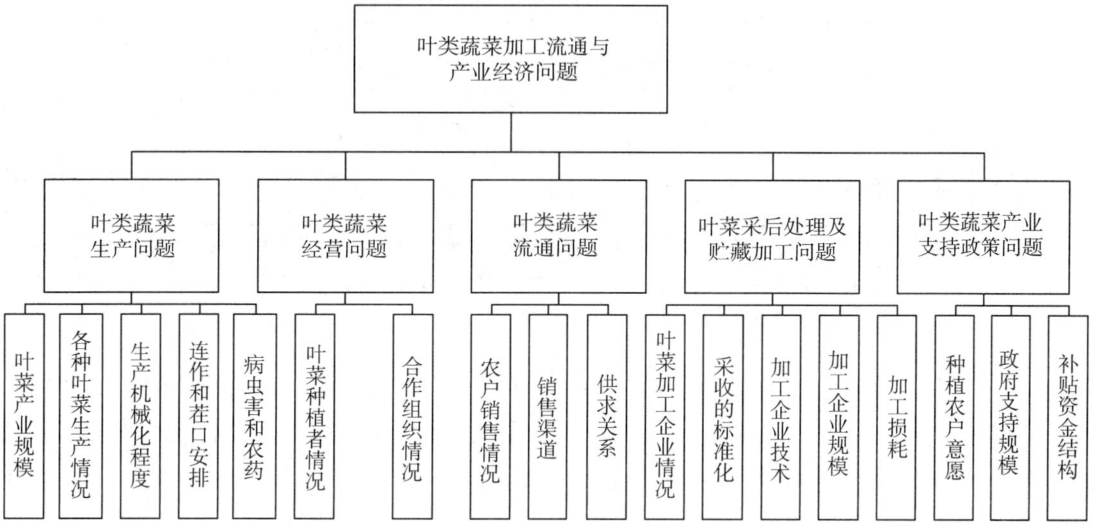

图3－15　叶类蔬菜加工流通与产业经济问题分析图

3.3.1 叶类蔬菜生产问题

（一）叶类蔬菜产业生产规模偏小且呈下降趋势

由于受到耕地、劳动力等资源禀赋的限制，与周边省、直辖市相比，北京市叶类蔬菜产业生产规模偏小。2010 年，北京蔬菜种植面积为 67.5 千公顷，天津为 84.9 千公顷，河北为 1 138.6 千公顷，山西为 228.5 千公顷，内蒙古为 263.6 千公顷，辽宁为 430.2 千公顷，吉林为 245.5 千公顷，黑龙江为 184.5 千公顷。在华北和东北地区，北京市蔬菜种植面积最小，仅为河北省的 5.93%。相应地，北京市蔬菜产量也呈现类似的规律，仅为河北省的 4.28%（图 3-16）。

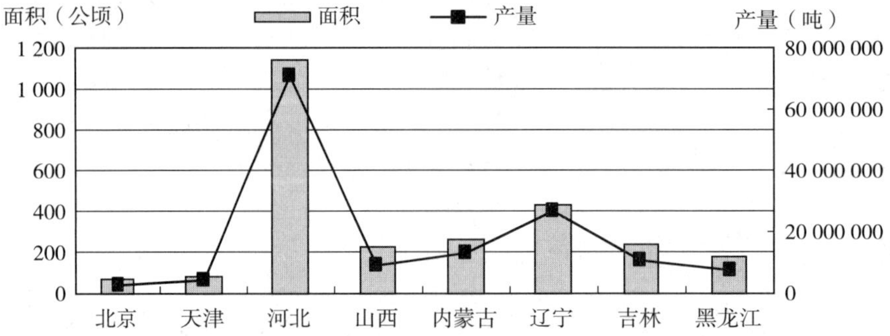

图 3-16　2010 年东北和华北地区蔬菜种植面积和产量情况

1999 年以来，北京市蔬菜种植面积呈现递减的趋势。1999—2002 年，北京市蔬菜种植面积呈现小幅递增趋势，2002 年达到最大值，为 122.1 千公顷；而 2002—2010 年，北京市蔬菜种植面积呈现递减趋势，2010 年达到 12 年来蔬菜种植面积的最小值，为 67.5 千公顷，仅为 2002 年的 55.28%（图 3-17）。

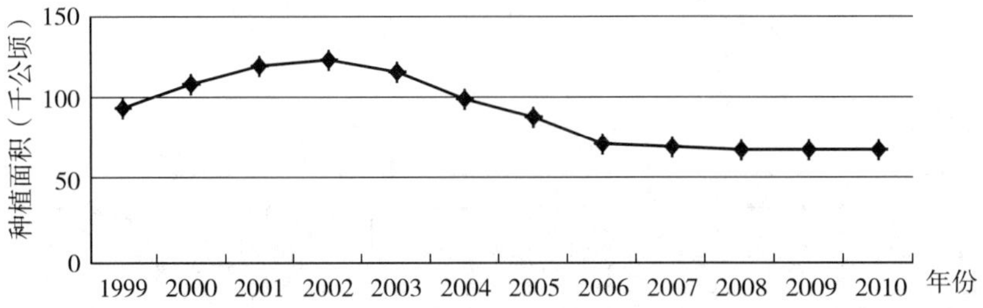

图 3-17　1999—2008 年北京市蔬菜种植面积情况

数据来源：中国农村统计年鉴，2011；新中国农业六十年统计资料。

从各区县的种植面积情况看，2006—2010 年种植面积呈现下降趋势的有 7 个区县：朝阳区、丰台区、海淀区、顺义区、昌平区、门头沟区、延庆县，即已超过一半的区县蔬菜种植面积在减少（图 3-18）。

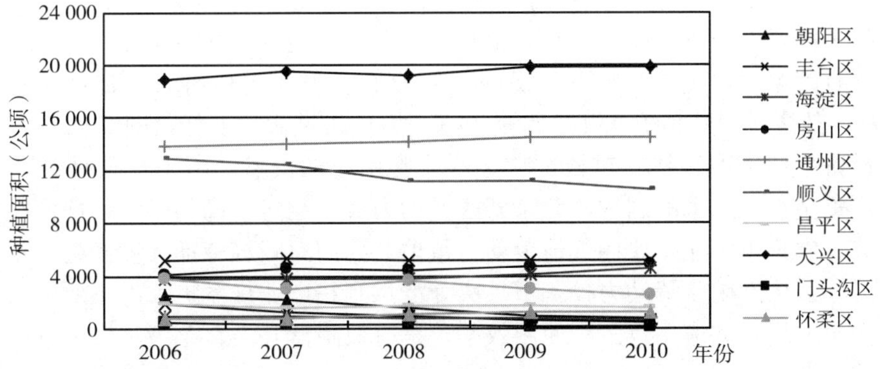

图 3－18　2006—2010 年北京市各区县蔬菜种植面积变化情况

数据来源：2007—2011 年北京区域统计年鉴。

（二）叶类蔬菜种植比重较大但其生产效率低

2011 年北京市分品种蔬菜种植面积差异较大，叶类蔬菜、果蔬、茎菜、根菜、食用菌、花菜和其他蔬菜种植面积所占比例分别为 36%、27%、5%、4%、3%、2%、23%（图 3－19）。可以看出，叶类蔬菜种植面积所占的比重最大，所占比例超过 1/3；其次是果菜，茎菜、根菜、食用菌和花菜种植面积所占的比重相对较小。

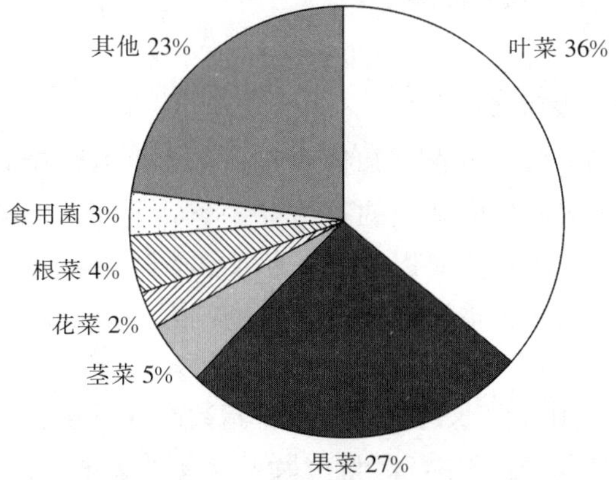

图 3－19　2011 年北京市分品种蔬菜种植面积结构

数据来源：北京市农业局、综合试验站调研报告。

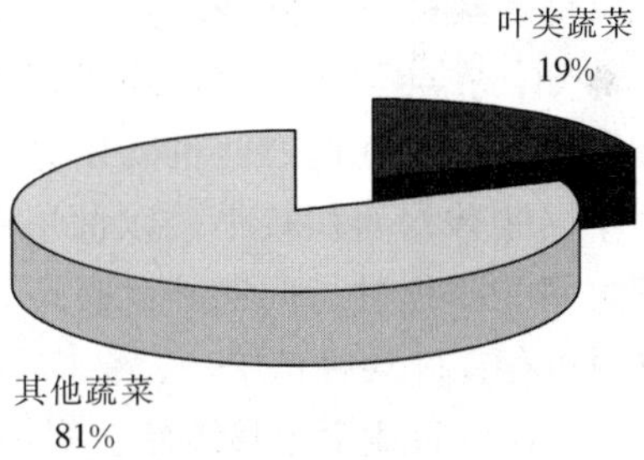

图 3－20　2011 年北京市叶类蔬菜产值占蔬菜总产值比重

但是，从 2011 年北京市叶类蔬菜产值占蔬菜总产值的百分比可以看出，叶类蔬菜种植面积虽然较大，但其产值所占比例不高，占蔬菜总产值的 19%（图 3－20）。这一数据显然与其种植面积不成正比例关系，说明叶类蔬菜生产效率不高。目前北京市设施蔬菜生产正处于规模报酬递增的阶段，而露地蔬菜生产则恰恰相反，再加之北京市设施蔬菜生产在全国各地区中具有一定的比较优势，而露地蔬菜生产并没有比较优势，因此合理调节设施和露地蔬菜生产的规模，可以从整体上提高北京市蔬菜产业的生产效率（孟阳等，2012）。

（三）叶类蔬菜栽培技术不规范，机械化程度低，劳动效率低

调查显示，农户育苗技术不规范，育苗和催芽方式主要来自农民自己的经验，缺少科学的

依据和标准化的规范技术，造成蔬菜出苗率相差较大。尤其是农户缺乏有机蔬菜生产知识与技术。部分农户主要用于棚室倒茬时种植，生产一茬叶菜，收获后种植果菜类等其他蔬菜。

农户自有蔬菜园农机情况调查有效问卷为 33 份，基本上所有农户都会在农忙时租用 1 天拖拉机，其余时间叶菜生产几乎完全依靠人力，机械化程度低（图 3－21）。只有个别农户设施设备采用小型手扶旋耕机、喷雾器等常用小型机械。由于叶菜是劳动密集型产业，受生产资金投入水平的制约和北京郊区劳动力成本相对较高的影响，即使在叶菜生产的农忙时节，农户也不愿意雇佣其他劳动力帮忙，因而对减轻劳动强度和应用小型机械的需求较高。叶菜生产中，劳动力投入不足成为严重制约产业规模扩大的主要因素之一。如何推广扩大小型机械的应用范围和使用效率，是有效降低叶类蔬菜劳动密集程度而需要研究解决的重要课题之一。

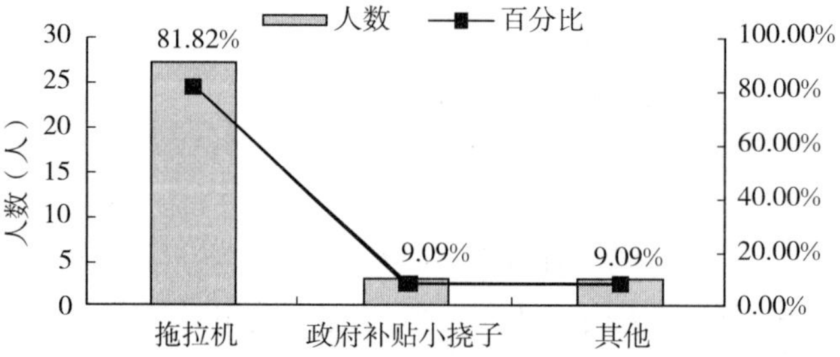

图 3－21　调查区县农户自有蔬菜园农机具机情况

数据来源：根据调查数据整理。

（四）叶类蔬菜连作严重，茬口安排不合理，管理效率低

北京市叶类蔬菜温室栽培生产的主要茬口有 2 个，冬春茬和秋冬茬。在 2 个主要茬口之间，部分菜农会利用温室地块进行越夏栽培。塑料大棚栽培的茬口有 2 个，大棚春提早栽培和大棚秋延后栽培。两种栽培方式生产的叶类蔬菜主要以生菜、芹菜和普通白菜等为主。中小拱棚栽培面积较小，以种植芹菜为主。露地栽培以种植白菜为主，大多数农户会在大棚之间的露地进行同期叶菜栽培。

同时也存在叶菜种植单一、结构不平衡，加上叶菜生长速度快、复种指数高，重茬、连作现象严重，导致蔬菜生长缓慢、病害（菌核病）严重发生，产量下降甚至绝收。表 3－4 显示的是被调查区县部分农户茬口安排实例，显然第 2 茬和第 3 茬产量较低，且其茬口总收入也更低，说明农户茬口时间安排存在严重问题。

表 3－4　农户茬口安排不合理实例

蔬菜种类	茬　　口	总销量（千克）	茬口总收入（元）
生菜	3 月上旬至 4 月上旬	1 500	2 500
	5 月下旬至 6 月中旬	500	250
	7 月中旬至 8 月上旬	500	300
	8 月下旬至 9 月下旬	750	1 000
	10 月下旬至 11 月下旬	1 000	2 000

数据来源：根据调查数据整理。

农户茬口时间安排不合理导致茬口总收入的降低，部分原因也是由于叶类蔬菜价格的季节波动较大而种植农户信息不对称造成的。图 3－22 是根据新发地农产品交易网公布的 2011 年每月 15 日生菜中间价格整理的，可以大致反映北京市每月生菜价格的波动情况。从图 3－22 中可以看出，1 月、2 月、3 月、4 月、9 月和 12 月是生菜价格较高的月份，价格都在 1 元/500 克以上。表 3－4 中第 2 茬和第 3 茬生菜上市的时候刚好赶到的是生菜价格偏低的月份。

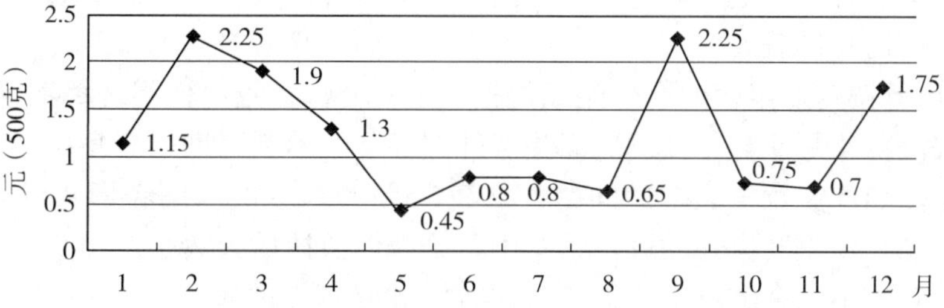

图 3－22　2011 年 1～12 月北京市月生菜价格变动情况

数据来源：新发地农产品交易网。

根据房山区调查，被抽查的 23 户琉璃河镇官庄村民农户反映的情况较好，蔬菜种植品种与茬口安排比较合理，叶类蔬菜生产收益普遍较高。官庄村整个村子的温室建造时间、结构及种植的茬口、种类、品种相差不大，每栋温室 0.6～0.7 亩，一般 8 月下旬结球生菜播种，9 月底定植，11 月下旬收获。正好赶在生菜价格较高的 12 月上市。下茬为越冬的番茄，9 月下旬育苗，12 月上旬定植，育大苗定植，5 穗果，3～5 月采收或留侧枝二茬延续栽培至 8 月。

房山区以叶菜—果菜这种栽培模式为主，连作种植表现不明显。而以叶菜生产为主的大兴区，被抽查的农户基本上以单一种植生菜为主，一年种植 5～6 茬，连茬种植现象严重，较少地进行休耕或轮作，病虫害日趋严重，有的农户被迫改种其他作物。

（五）病虫害防控与农药使用不当，存在生态环境安全隐患

调查农药使用情况的有效问卷为 27 份，平均每人每年耗费的农药为 1.225 千克，花费 278 元，每年施用农药 4～5 次。而被调查农户大多数防病虫害意识较差，防控技术落后，采取发生后防治措施，病虫害防治主要依靠化学农药。而且一旦病虫害发生又难以正确识别病虫害种类，不会准确选择合理的农药，只能把多种高毒高效农药大剂量、齐施用。这样既错过了防治的最佳时机，又污染环境，导致产品有毒物残留量超标，引发环境污染与产品安全问题。

调查还发现，有些农民甚至是不管有无病虫害，周期性施药。而对于高温闷棚、杀虫灯、防虫网、黄板、生物天敌、性诱剂、抗病品种、管理措施等无害化防治技术基本没有接触。

3.3.2　叶类蔬菜经营问题

（一）单独生产经营主体农户文化程度偏低，年龄偏大，影响新技术的推广应用和扩散效力

调研小组对大兴、房山、怀柔、通州和密云农户的受教育程度和年龄以问卷调查的结果显示：45～60 岁的农户占总数的 61%，所占比例最大；其次为 31～44 岁的农户，占 33%。两个年龄段的人数占总人数的 94%。文化程度为初中的农户占总数的 59%；初中以下学历的人数占总数的 73%。

调查中发现，即使选择的被调查者是叶菜种植经验丰富、表达能力相对较高的蔬菜从业者，在调研人员与其沟通的过程中，仍存在对调查问题理解困难、表达不清和沟通交流不畅通等问题。因此，在以后的需求培训、科技成果推广等过程中，必须结合农民的实际文化水平和理解能力等情况使用有效的书面和口头语言，以达到预期沟通效果，促进农业新技术的推广应用和扩散效力。

（二）从事叶菜生产经营的合作组织规模较小，合作社辐射作用发挥不足

北京市农民蔬菜专业合作社发展面临着外部环境的不利因素，自身存在着生产规模过小、生产成本高和产业竞争力弱的问题（魏巍，2013）。本次以问卷形式调研的叶菜专业合作社和“公司＋农户”模式的合作组织中，绝大多数社员人数小于 200 人。合作组织普遍面临规模相对较小、资金不足、运营时间较短和经营经验不足、管理不够规范等问题。例如，各合作社对会员加入需要的条件定义比较模糊，缺乏诸如“有价值观、科学观；有团队精神；身体健康；重合同守信用；同一种行业（种植）；热爱农业发展”等现代管理理念和组织精神。

关于是否加入合作社，共调查了房山区琉璃河镇官庄村、大兴区长子营镇河津营村、密云县太师屯镇后南台村等 5 个村、通州区漷县镇东定安村等 9 个村和怀柔区宝山镇转年村等 6 个村共 85 位农户，超过一半的农户加入合作社，但合作社示范辐射作用发挥不足。农户的生产经营行为仍然分散，并且叶菜的销售依然以小农户为主，85%的农户通过批发商收购进行销售，无法实现规模效益。同时，由于成交价格完全取决于供求状况，价格波动较大，增加了蔬菜经营风险。同时，这又使得农户经营行为存在很大盲目性，在市场竞争中很难形成优势，进而影响了菜农收入的进一步提高。有的合作社只保留形式，在生产、技术指导、销售方面没有发挥作用，导致农户蔬菜种植积极性下降，种植户减少。

3.3.3 叶类蔬菜流通问题

（一）农户叶菜销售渠道较单一、集中，部分农户叶菜销路不畅

由于叶类蔬菜生产时间短，不耐储运，农户采收后最多储存 1～2 天，如果不能及时卖出，将严重影响农户的收入。在叶菜种植农户销售情况的调查问卷中，关于叶菜销售问题，有 54%的农户存在叶菜滞销的情况。调查发现，农户销售渠道较多，但选择比较集中，高达 60%的农户选择在家等待批发商上门收购（图 3－23）。这说明农户销售渠道开拓能力相对较弱，在销售链条环节处于被动地位，进而会带来滞销问题。

对不耐贮藏而产后深加工又跟不上的叶菜而言，农户自主销售时，卖难问题是困扰多数零散种植户的明显问题。如何实现由生产到市场的“惊险一跳”，仍是摆在北京郊区不少自主销售的叶菜生产者面前的一道鸿沟。密云一些蔬菜合作社虽有带动农户闯市场的作用，但其对农户的带动力和产品的市场销售能力，与农户待售的生产量相比，仍远不能满足农户的畅销需求。

通州区和密云县的农户叶类蔬菜销售现状相对较为严峻，密云县缺少带领农户有效闯市场的蔬菜加工企业、龙头企业和营销能力较强的农民专业合作社是导致销售困难的重要原因之一。

怀柔区因为建有天毅裕隆农副产品批发市场，大兴区开发连锁超市、青春路市场等批发零售场所，并有多个社区菜市场、便民菜店、集贸市场等销售点和蔬菜加工企业，蔬菜销售渠道相对比较丰富和通畅。两区县中，被调查者中仅有不到1/3的人认为存在滞销，“卖难”问题不明显，农户的叶菜滞销问题相对不突出。

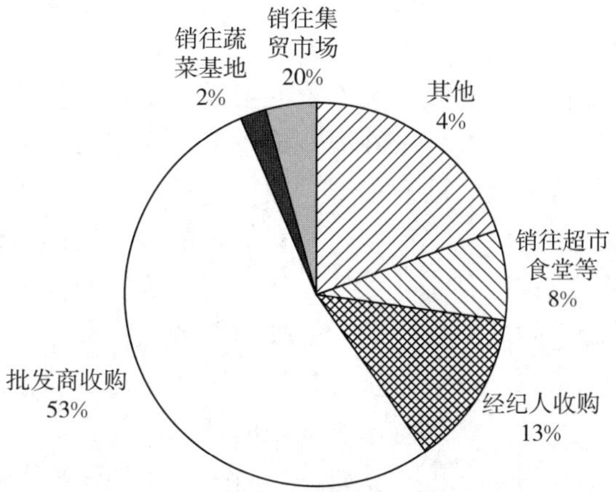

图 3－23　调查区县叶菜种植农户销售情况

数据来源：根据调查数据整理。

（二）农户获取市场信息滞后，导致叶类蔬菜供求关系失衡

在被调查的农户中，超过半数农户表示叶菜信息获取不足或相对滞后。菜农得到的种植信息通常来源于市场，而叶菜种植受市场价格因素影响明显。由于叶菜生产周期相对较长，因此改变种植品种往往滞后于市场需求，在一定时期内，叶菜上市季节与品种结构雷同，造成区域蔬菜过剩与产品短缺状况并存。

调研小组对房山区琉璃河镇官庄村农户种植的主要叶菜种类进行了调研，有效问卷为22份，其中有19名农户种植生菜，占总数的86％，且种植的蔬菜多在12月中下旬收获。这说明农户由于信息滞后，不了解市场行情，对于蔬菜种植种类具有趋同性，蔬菜集中在年初上市。

3.3.4　叶类蔬菜采后处理及贮藏加工问题

我国蔬菜加工企业多数规模较小，总体缺乏具有强大竞争力的大型名牌企业或企业集团，企业竞争力弱、产品单一，经济效益不高[①]。目前，北京市加工配送企业近百家，加工配送蔬菜总量近6亿千克，配送总额12.5亿元。从调查情况来看，多数蔬菜加工企业的规模偏小，加工中采用的技术较单一，加工损耗率较高。由于叶类蔬菜本身不易储藏加工的特点，损耗率高也是难免的。本研究实证分析所采用的数据通过抽样调查北京市大型蔬菜加工企业。调查对象为大兴区、顺义区和通州区、房山区等8个区县的具有代表性的大型蔬菜加工企业。选取其作为比较对象，能够真实反映出北京市蔬菜采后现状及其存在问题。经调研结果总结分析，叶类蔬菜采后处理及贮藏加工主要存在以下几方面问题：

（一）叶类蔬菜采后处理及加工程度低，造成资源浪费，环境污染

我国蔬菜采后产业落后，蔬菜深加工量还不足全国蔬菜总产量的10％，由调查可知，

① 资料来源：国家团队蔬菜加工2010年度报告。

目前叶类蔬菜在田间采摘后，大多未经任何采后及商品化处理便直接运往加工配送中心或销售地，因此而引起的浪费及污染极为严重。以进入社区菜摊的叶类蔬菜为例，由于未经加工处理、叶类蔬菜不耐贮藏及易受机械损伤引起腐烂变质的特点，运至社区的叶类蔬菜成品率较低，大量叶类蔬菜垃圾带入城市，既浪费运输资源又污染环境。因此，如何提高叶类蔬菜采后处理程度，减少各环节运输成本，将初加工前移至田间，意义重大。提高叶类蔬菜采后处理程度，将初加工前移至田间，既可以降低从田间出发的第一次运输成本，还可以将废弃菜叶直接弃于田间作为肥料，减少环境污染，同时还可以提高叶类蔬菜产品质量和降低因未经采后处理引起的高损耗率。

从北京市调查企业数据中可以看出，目前北京市叶类蔬菜加工产品形式较为单一，主要的产品形式只有初级加工的托盘菜。只有少数几家生产鲜切菜与冻干蔬菜及速冻叶菜。被调查的23家企业中只有5家生产非即食的鲜切菜，1家生产即食鲜切菜，鲜切菜是目前蔬菜加工企业计划增加的主要生产品种。

目前房山区有两家蔬菜加工企业：北京南河北星农业发展有限公司和北京凯达恒业农业技术开发有限公司。两家蔬菜加工企业主要从事采后初加工，对叶类蔬菜的深加工数量较少，加工损耗率为25%～30%。叶菜加工能力相对薄弱。

被调查的大兴区2个叶菜加工企业是北京博瑞兴泽技术开发有限公司和北京青圃有机农业专业合作社。北京博瑞兴泽技术开发有限公司加工的叶类蔬菜仅限于芹菜，但相对于北京青圃有机农业专业合作社加工过程的损耗率处于较低水平（仅为20%）。北京青圃有机农业专业合作社加工菠菜过程中的损耗率较高，高达50%（表3-5）。

表3-5　被调查叶菜加工企业情况

企业名称	生产规模（千克）	叶菜生产规模（千克）	叶菜种类	加工过程中的损耗率（%）	加工、储运过程中的主要技术需求
北京南河北星农业发展有限公司	6 000	3 000	生菜 油菜	30 25	1～4℃冷藏运输 全程冷链技术
北京凯达恒业农业技术开发有限公司	500万	50万	芹菜	25	低温库
北京青圃有机农业专业合作社	40万	15万	生菜 油菜 菠菜 芹菜	30 30 50 30	速冻
北京博瑞兴泽技术开发有限公司	10万	2万	芹菜	20	保鲜制冷

数据来源：根据调查数据整理。

对于叶菜加工，四家企业采用的都是低温冷藏等技术，对于保证质量、降低损耗来说，是远远不够的。另外，顺义区深加工情况较好，2011年顺义区蔬菜采后商品化处理量达到了3.5万吨，处理率达到了4.48%。蔬菜贮藏量达到了2万吨，贮藏率达到了2.54%。总体上，如何延长叶菜保鲜期，提高叶菜产后深加工程度，仍受各种技术和资金等条件限制，进而成为困扰叶菜产业链向后有效延伸的主要发展瓶颈之一。

（二）叶菜平均加工得率低

所调查企业都反映，叶类蔬菜贮藏期短，从生产、加工、销售流通的储藏及运输过程中的各环节都有不同程度的损耗，损耗率依储运条件不同，从 20%～35%，严重影响经济效益。损耗率受调研企业管理水平、测量标准等因素影响，5 种叶菜在加工环节的平均得率从小到大依次为菠菜、生菜、油菜、芹菜、快菜。菠菜得率仅为 70.3%，这说明其在贮运环节中的损耗程度较大。此外，生产规模较大的甘蓝损耗程度相对较低，加工得率可达 80%以上，这可能与其球结状结构，不易受污染有关（图 3－24）。

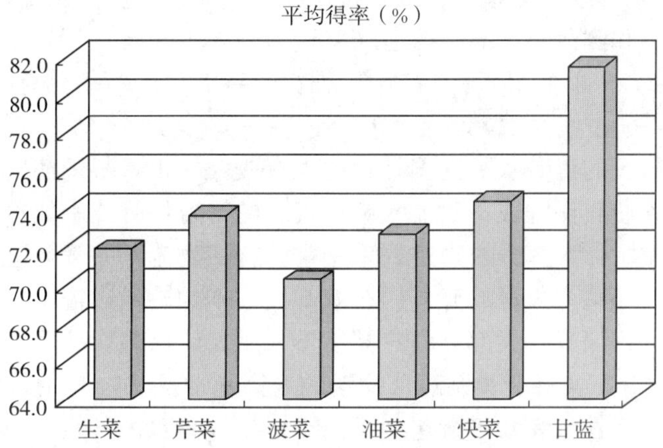

图 3－24　5 种叶菜平均得率情况

资料来源：根据实地调研总结整理。

（三）叶菜加工产品形式较为单一

北京市叶类蔬菜加工产品形式较为单一，主要的产品形式主要有初级加工的托盘菜、捆装菜，只有少数几家生产鲜切菜与冻干蔬菜及速冻叶菜。调查的 23 家企业，其中只有 5 家生产非即食的鲜切菜，1 家生产即食鲜切菜，鲜切菜是目前蔬菜加工企业计划增加的主要生产品种。

产品加工形式所占比例由大到小依次为托盘蔬菜、捆装菜、鲜切菜（非即食）、鲜切菜（即食）、蔬菜汁。其中初加工产品托盘叶菜与捆装叶菜所占加工形式比例最大，两者之和共计 83%。鲜切菜是深加工叶菜的主要产品形式。所调查的 23 家企业中有 8 家生产蔬菜汁，生产速冻蔬菜与冻干蔬菜，蔬菜脆片的企业各 1 家（图 3－25）。

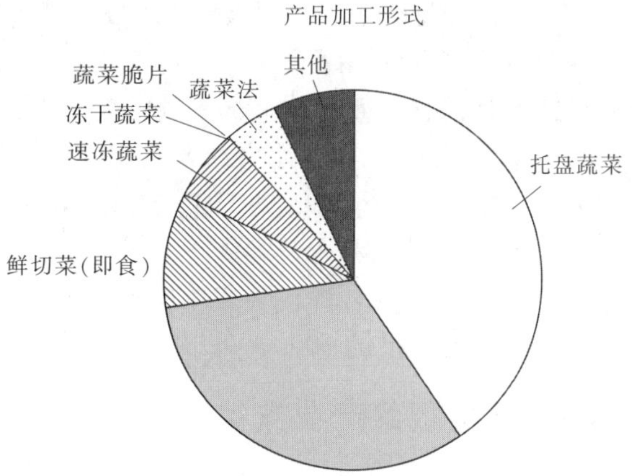

图 3－25　北京不同叶菜加工产品形式结构

资料来源：根据实地调研总结整理。

（四）叶菜生产过程自动化程度低

目前，蔬菜加工行业整体自动化水平较低。所调查企业中，对于托盘菜、捆装菜，90%以上的企业自动化程度为零。只有少数几家生产鲜切菜的企业在切割环节实现了间歇式地自动化生产，实现了半自动化生产。蔬菜加工行业，尤其是叶菜的加工与生产，整体自动化水平低，人力成本大幅度增大。

调研的多个企业反映，每逢节假日尤其春节期间，在岗工作人员数量及可招聘的临时工数量大幅度下降，而产品需求量大幅度提升，生产能力远远不能满足供应的需求。经常是总经理带领中层干部亲自进入加工车间工作以完成订单。目前随着工人工资的逐年增加，人工成本占蔬菜加工产品的总成本比例也在不断上升。

（五）流通环节未形成冷链体系，保鲜技术缺乏，无效物流比例高

发达国家的食品和鲜活农产品冷藏运输率达到80%～90%，其农产品损耗率只有5%左右，在美国只有2%～3%。但目前我国鲜活农产品冷藏运输率只有10%左右，损耗率在20%～35%，与发达国家差距较大。

由于目前我国居民的消费水平与国外相比也有较大差距，每天消费的新鲜叶类蔬菜销售价格不能太高，致使其保鲜成本不能太高，现有的有效保鲜技术如冷藏、气调也难以普遍应用。在运输过程中，大部分农户选择采用常温普通物流，并没有进行冷链运输及采后及时预冷。绝大多数蔬菜商户都放弃采用有效却高成本的冷藏运输，少数商户会选用盖棉被、加冰块的方法进行保鲜，大部分商户甚至不采用保鲜措施。

所调查企业中，3家实行会员制蔬菜配送的生产基地反映，开始时使用有硬度对叶菜有一定保护作用的一次性包装盒进行包装，由于成本较高改为塑料袋包装，改包装后的贮运蔬菜其外观商品性大大下降。尤其到了夏秋季高温时，使用普通车配送的蔬菜严重萎蔫。

所调查企业中只有8家企业拥有450米^{3}以上规模的冷库及冷藏运输车，5家企业拥有450米^{3}以下规模的冷库，10家企业甚至无冷库。由于缺乏冷链，叶菜从生产、加工、销售流通的储藏及运输过程中的各环节都有较大程度的损耗，依储运条件不同，损耗率从20%～35%左右。由于缺乏完整的冷链流通体系，不易保藏的叶菜货架期很短，夏天1天左右，冬天2～3天。在这种情况下，即使叶菜整个产业体系拥有较高的生产种植标准及规范，也无法保证产品的质量及得率，大量产生废弃物并严重影响叶菜的经济效益。

以出口蔬菜及外运蔬菜为例，由于放弃采用冷链体系，其包装主要采用泡沫保温箱加冰的形式进行保鲜，冰占总重量比例较大。以调查的新发地外运菜心为例，每箱约20千克，其中菜重约12千克，冰重约8千克（两层菜两层冰），而且为避免冻伤菜，每层冰上下均铺一层报纸，对菜有污染。成本核算如下：泡沫保温箱10元/个；冰两袋，4千克/袋，2元/袋，合计4元；装箱人工费2元/箱；胶带2元/箱，即包装费共计17元。菜收购价15元/12.5千克，即包装成本略高于蔬菜收购成本。同时，在运输费用中，由于冰的重量约占菜箱总量的40%，可以认为40%是无效物流。

3.3.5 叶类蔬菜产业支持政策问题

关于叶菜种植农户希望得到政府支持情况调研，有效问卷为81份。从调查结果来看，在希望得到的政府支持方面，农户一般希望政府在农药化肥补贴、直接补贴到户、技术指导和培训方面予以更多支持。其中选择两项补贴的人数最多，为74%。调查中，农户来自政府的经济补贴一般为机械补贴（2 000 元），而平均每年的物资成本（种子、化肥、农药、有机肥、塑料薄膜等）以及水电费为 1 500～2 500 元/亩，年总成本约为 10 000 元/亩。另外，关于每亩补贴多少钱农户会继续种植的调查，有效问卷为 60 份。计算结果显示农户希望平均补贴 2 531 元/亩，其中最高的补贴金额为 10 000 元，可见政府补贴力度远不能满足农户的需求（图 3 - 26）。

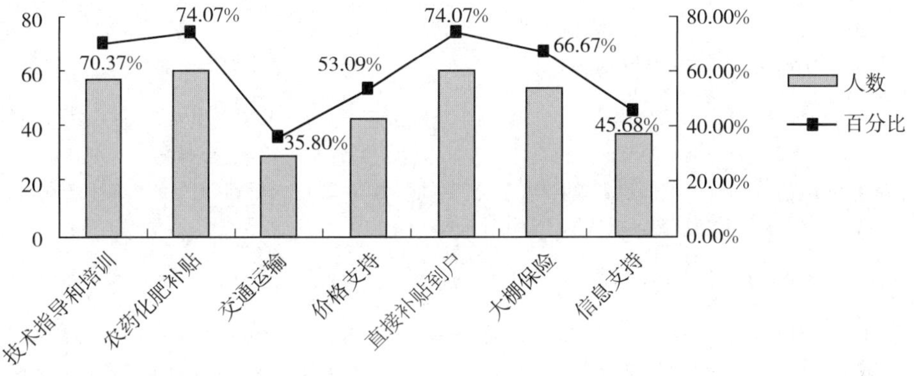

图 3 - 26 调查区县叶菜种植农户希望得到政府支持情况

数据来源：根据调查数据整理。

大兴区调查实例：建园成本 15 000 元左右，建园人工 3 000 元左右（已使用 8 年，预计再使用 10 年，折合每年 1 000 元），每年新增维护费用 3 000～4 500 元（平均 3 750 元），物资成本 2 000（种子化肥农药及水电费），农忙时雇人一般 4 800（80 元/天 * 2 人 * 30 天），年总投入成本约为 10 550 元。每个棚的年收入平均 1 万元左右，共 5～6 个棚，年总收入为 5 万～6 万元，产投比为 4.73～5.69[①]。

近年来，为贯彻落实国务院 40 号文关于“大力发展农业生产、稳定农副产品供应”的精神，各地纷纷采取措施，从 3 个方面加大蔬菜生产扶持力度：一是发放蔬菜生产补贴，二是增加蔬菜生产投资，三是实施蔬菜生产奖励。北京对“两区两带多群落日光温室和大棚建设项目”按中高档温室每亩 1.5 万元，简易温室 1 万元，钢架大棚 0.4 万元进行补贴；对“百村万户一户一棚工程”按中高档温室每亩 4 万元；简易温室 2 万元；钢架大棚 1.5 万元进行补贴。表 3 - 6 为我国各地支持蔬菜生产措施一览表（中华人民共和国国家发展和改革委员会），从表 3 - 6 中蔬菜生产支持措施可作为北京叶类蔬菜产业支持政策的参考。

表 3 - 6 各地支持蔬菜生产措施一览表

省 份	措 施
北京	对设施农业尤其是蔬菜生产加大补贴力度，保供稳价。对“两区两带多群落日光温室和大棚建设项目”按中高档温室 1.5 万元/亩，简易温室 1 万元/亩，钢架大棚 0.4 万元/亩进行补贴；对“百村万户一户一棚工程”按中高档温室 4 万元/亩，简易温室 2 万元/亩，钢架大棚 1.5 万元/亩进行补贴

① 资料来源：综合试验站调研报告。

（续）

省 份	措 施
天津	财政对新型节能温室每亩建筑面积补贴 7 000 元，普通温室补贴 4 200 元，钢骨架塑料大棚补贴 2 500 元，普通塑料大棚补贴 1 200 元；市级财政对现代农业示范园每年各安排 1 000 万元扶持资金，连续三年在市级扶持资金的基础上，各区县也都出台了相应的配套扶持政策
河北	进一步抓好蔬菜生产，将蔬菜示范县由 15 个增加到 24 个，每个示范县补贴 1 500 万元。石家庄市政府投入 1 000 万元加大蔬菜基地的建设
辽宁	省政府安排 14.8 亿元资金用于扶持设施农业发展，预计今年末全省设施蔬菜面积将达到近 900 万亩。省、市、县财政按照 4∶3∶3 的比例，对每个 50 亩以上的设施蔬菜小区给予 10 万元的补贴，鼓励发展设施小区建设。对在工商部门注册 2 年以上，带动农户 200 户以上、经营状况好的蔬菜生产专业合作社，给予 13 万元的政策扶持资金，扶持生产合作社发展
吉林	投入棚膜蔬菜建设专项资金 2 000 万元
上海	新增绿叶菜专项生产补贴，对常年种植的绿叶菜给予“夏淡”期间专项生产补贴，补贴额度为每亩 80 元，由市财政承担；加大农资综合补贴力度，对 2 亩以上的蔬菜生产主体，补贴标准从每亩 60 元提高到每亩 76 元；决定今后三年，市级财政安排不少于 50%的合作社项目资金扶持蔬菜专业合作社；对年配送净菜销售额在 500 万元以上的专业合作社、龙头企业奖励 5 万元，销售额在 1 000 万元以上的奖励 10 万元，销售额在 2 000 万元以上的奖励 15 万元
江苏	紧急安排 1 亿元蔬菜生产补贴，用于鼓励利用冬闲农田，促进设施蔬菜生产，扩大冬种、设施蔬菜种植面积
浙江	杭州出台了叶菜功能区建设意见，增加投入 1 000 万元，直接用于市区叶菜功能区基地及周边蔬菜基地建设；宁波决定扩种 4 000 亩青菜种植基地
安徽	淮南动用价格调节基金 200 万元，用于“菜篮子”工程项目
山东	扶持建设国家级蔬菜标准园 42 个、省级蔬菜标准园 100 个
广东	近期将安排省级价格调节基金 5 000 万元，重点扶持规模化蔬菜种植基地大棚建设和农副产品批发市场冷库等储备设施建设
四川	成都从价调基金中安排 1.5 亿元农业产业化专项资金外，还安排了 5 000 万元用于扶持副食品发展补贴；广元财政投入 8 500 万元，扶持 40 万亩蔬菜生产基地建设，其中 3 500 万元用于扶持 4 200 亩蔬菜大棚建设；眉山财政投入 200 万元，专项扶持东坡区万亩核心蔬菜示范基地建设
贵州	省财政安排 4 860 万元支持蔬菜和马铃薯等重点农产品生产建设。贵阳财政安排 2 000 万用于粮油肉菜等农副产品应急调控
陕西	实施百万亩设施蔬菜工程。省里补助资金 2.5 亿元，其中日光温室每亩补贴 1 200 元，设施大棚每亩补贴 750 元。实行设施蔬菜“银保富”政策。每亩设施蔬菜标准日光温室大棚需缴纳保费 400 元，其中财政部门承担 280 元
甘肃	省财政已筹措 500 万元实行“以奖代补”，专项用于兰州和其他市州政府所在地的蔬菜育苗和大棚生产。另外，平凉政府提前启用 2011 年的蔬菜发展基金 100 万元，重点支持蔬菜育苗和大棚建设；张掖对集中连片新建高标准日光温室，每座给予 2 年期贴息贷款 5 万元，连片新建钢架大棚，每座给予 2 年期贴息贷款 1 万元

（续）

省份	措施
宁夏	自治区政府对中部干旱和南部山区日光温室、大中拱棚、小拱棚建设每亩分别补贴 3 000 元、1 000 元和 200 元；同时安排财政专项资金 1 791 万元，主要用于专业合作经济组织提升生产和运销能力，促进蔬菜生产流通主体规范化和标准化
青海	省财政投资 4 700 万元资金与国家现代农业项目捆绑使用，在西宁附近建设冬暖式温室。西宁和海东地区流转土地 5 万亩耕地，其中 2 万亩用于建设冬暖式温室

资料来源：中华人民共和国国家发展和改革委员会 http：//www.sdpc.gov.cn/xwfb/t20101207 _ 385045.htm.

3.4　叶类蔬菜产业经济技术研究需求

为了深入了解近年来北京叶类蔬菜加工流通与产业经济技术需求，本次调研重点对北京郊区 7 个主要区县叶类蔬菜生产、经营、流通、采后处理及贮藏加工和产业支持政策等方面的技术需求情况进行了调研。调研范围遍布各主要区县的综合试验站、企业、基地、合作者和农户等。本节从理论和调研数据两个方面整体上对北京市的技术需求情况作了进一步分析，为北京市叶类蔬菜产业持续发展提供强有力的技术支撑。

3.4.1　叶类蔬菜产业经济技术需求调查数据分析

从农户视角和机构视角两方面，依据调查问卷数据，重点对影响叶类蔬菜生产经营的因素及产业经济研究需求进行分析。

（一）农户视角的影响蔬菜获利的因素

关于影响蔬菜生产经营获利的相关因素，以下根据对农户的调查问卷中设计的一级影响因素和二级影响因素分别进行分析。此次调查有效问卷为 58 份，按照打分排序方式，分数越低视为越重要。以下是从农户视角进行汇总分析。

（1）一级影响因素　从表 3－7 可以看出，农户回答的影响蔬菜生产经营获利的相关因素，若按重要程度排序，农户将成本收益因素视为最重要因素，其次为市场流通因素，政策法规因素紧随其后，最后是关键技术因素与经营组织因素。市场流通因素和政策法规因素的分数很接近，在某种意义上来说，也可以认为所列因素对农民来说基本同等重要。

表 3－7　农户回答制约叶类蔬菜一级影响因素排序

排序	一级影响因素	分值
1	成本收益因素	2.47
2	市场流通因素	3.00
3	政策法规因素	3.02
4	关键技术因素	3.16
5	经营组织因素	3.40

数据来源：根据调查数据整理。

（2）二级影响因素　为了对一级影响因素进行具体分析，调查问卷中又把5个一级影响因素下面分别设计了二级影响因素。

根据对农户的调查结果，在前述一级影响因素中，农户把成本收益因素放在第一重要的位置。通过二级影响因素的调查可以看到，在成本收益因素中，叶菜销售价格低最重要，其次设施种植成本高、叶菜的比较利润低和物质费用成本高等的顺序；在市场流通因素中，农户认为关键的是优质叶菜不能实现优价的问题，其次是缺乏市场供求和价格信息等；政策法规因素中，农户认为政府支持少的问题最重要，其次是蔬菜质量安全监管严格问题；关键技术因素中，农户认为病虫害防治技术最重要，其次是设施设备技术等；经营组织因素中，农户认为叶菜种植类型抉择难度大的问题最重要，其次是叶菜采后处理能力不足问题（表3-8）。

表3-8　农户回答的制约叶类蔬菜二级影响因素排序

排序	成本收益因素	市场流通因素	政策法规因素	关键技术因素	经营组织因素
1	叶菜销售价格低	优质叶菜不能实现优价	政府支持少	病虫害防治技术	叶菜种植类型抉择难度大
2	设施种植成本高	缺乏市场供求和价格信息	蔬菜质量安全监管严格	设施设备技术	叶菜采后处理能力不足
3	叶菜的比较利润低	叶菜市场价格波动大	政府支持领域不合格	水肥技术	缺乏合作社等集体组织
4	物质费用成本高	叶菜运输能力有限	政府监管不规范不严格	育种和繁育技术	合作社不能很好地发挥作用
5	劳动力成本高	—	政府支持导致不公平竞争	栽培技术	—
6	缺乏经营资金	—	环境保护投入提高经营成本	采后处理与加工技术	—
7	耕地资源少	—	法规相对于北京以外地区严格	—	—
8	银行贷款困难	—	执法相对于北京以外地区严格	—	—
9	土地租金价格高	—	保护标准难以达到要求	—	—
10	私人借贷利润高	—	政府政策变动大环境	—	—

数据来源：根据调查数据整理。

（二）区县机构视角的叶类蔬菜产业经济研究需求

为便于制定叶类蔬菜加工流通与产业经济研究任务，调研团队同时对各区县机构的叶类蔬菜加工流通与产业经济研究需求进行了调研。调研的有效问卷为17份。

根据对各区县17位叶类蔬菜产业相关机构人员的实际调研可以看出，选择很需要的超过10人次，包括以下6项：蔬菜产业发展品种的优势和劣势，即哪些品种的蔬菜在北京生产更有优势；叶类蔬菜产业的技术经济效益，如何促进叶类蔬菜产业化经营和产业链增值；北京叶类蔬菜在北京市场的自给率和变动，北京叶类蔬菜产业可持续发展，如何使政府出台有利于蔬菜产业发展的政策。可以初步判断上述6项可以作为叶类蔬菜产业经济近期研究的重点任务。每一项都有超过一半的人选择很需要，说明叶类蔬菜加工流通与产业经济研究需求空间很大（表3-9）。

表3-9　相关机构人员回答的制约叶类蔬菜加工流通与产业经济研究需求

序号	项　目	不需要	较需要	很需要	说不好	合计
1	叶类蔬菜产业发展的优势和劣势		8	9		17
2	蔬菜产业发展的品种的优势和劣势，即哪些品种的蔬菜在北京生产更有优势		5	12		17
3	叶类蔬菜优势产业带（或者优势产业区）形成的影响因素与集聚效应	1	6	10		17
4	叶类蔬菜产业的技术经济效益		5	12		17
5	如何促进叶类蔬菜产业化经营和产业链增值	1	5	11		17
6	蔬菜质量安全管理的市场主体行为与政府监管机制		7	10		17
7	蔬菜的品牌化和营销策略以及消费者行为		7	10		17
8	北京市蔬菜产业发展的支持政策评估和未来政策调整	1	6	10		17
9	北京产叶类蔬菜在北京市场的自给率和变动	1	5	11		17
10	北京叶类蔬菜产业可持续发展		4	13		17
11	如何使政府出台有利于蔬菜产业发展的政策		3	14		17

数据来源：根据调查数据整理。

3.4.2　叶类蔬菜产业经济技术需求的理论分析

（一）叶类蔬菜生产技术需求

（1）**病虫害防治技术需求**　病虫害防治要坚持“预防为主，综合防治”的植保方针，生物防治、物理防治与化学防治相结合，试验低毒低残留农药，科学用药和精准施药，降低化学农药使用量，生产无公害绿色食品。

在制约叶菜种植技术因素排序中，病虫害防治技术排在最重要的地位。调查显示，生产者对病虫害的认识不足，没有引起高度重视，其中叶菜类的细菌性病害更鲜为人知，同时需求有机蔬菜生产技术中的植保技术，叶类蔬菜根结线虫等土传病害防治技术，针对常见的危害大及难防控的病虫害防治技术，非化学防治技术，病虫害监控预警技术，合理安排插口防治病虫害技术，高温闷棚、杀虫灯、防虫网、黄板、生物天敌、性诱剂、抗病品种、管理措施等无害化防治技术等。

（2）**设施设备技术需求**　由于叶菜是劳动密集型产业，受生产资金投入水平的制约和北京郊区劳动力成本相对较高的影响，即使在叶菜生产的农忙时节，农户也不愿意雇佣其他劳动力帮忙，因而对减轻劳动强度和应用小型机械的需求较高。调研中设施设备情况如下：

1）根据设施病虫防治实际需要，推进研制开发现代施药器械，棚室、土壤处理机械等，实现成熟器械、专利技术产业化，制定相关技术产品的使用、维修、维护技术规范，组织相关产品示范应用。

2）农户蔬菜生产机械化程度较低，主要是人工作业。设计、开发适合设施生产的小型农业机械、设备，降低劳动强度和生产成本。调研中涉及的农户需求的农机有旋耕机、播种机、覆膜机、移栽机、中耕机。

3）叶菜生产基地基础设施投入不足，设施配套不够，很难适应叶菜产业发展的需要。

（3）**育种和繁育技术需求** 根据联合调研小组调研的结果，发现目前菜农种植的品种仍然为传统的西芹品种，如文图拉、高优它等，均为国产种子。其来源也只限于昌平推广站销售部，少数单位来源于市蔬菜中心和北方种业市场。香芹等名优品种少，不知道品种的来源和潜在的市场在哪里。由于农户对品种特殊性状具有一定的需求，希望能够普遍提高叶类蔬菜的抗病性，多培育一些耐抽薹、耐热性强的紫色生菜品种以及耐热性强、抗病性强的紫色油菜品种。育种单位，应大力挖掘新品种资源和地方特色资源，引进与市场和气候适应的优良品种，形成春夏秋冬生产的系列品种，从抗病性、抗寒性、耐热性等指标选择品种，丰富北京叶菜的种类。育苗时温度控制，夏季育苗难，发芽率不高且育苗技术不规范，多凭经验进行。为了保证种苗的一致性，加大育苗标准化体系建设，相关机构部门须制定技术规程，试验示范，达到品种统一、种苗统一、整齐度一致。

（4）**水肥技术需求** 调研中出现肥水管理没有根据叶类蔬菜的需肥、需水特性制订相应的管理措施，各种植户肥水管理凭经验，灌溉量、灌溉次数不定，肥料种类、施用量差异大的现象。

（5）**栽培技术需求** 在蔬菜生产中菜农栽培管理技术落后，产量效益低，导致出现大量闲置设施，菜农对栽培技术培训需求日益增加，如茬口安排、栽培的关键节点、反季节栽培新技术及新品种的配套栽培技术等。调研中各区县农户需要的栽培技术有：①合理安排茬口技术；②标准化的育苗和催芽技术；③有机蔬菜生产技术；④反季节栽培新技术及新品种的配套栽培技术；⑤滴灌、膜下管灌、地膜、高垄栽培等节水栽培技术。

从栽培方式上，顺义区避开蔬菜品种的正常栽培季节和市场供应期，采用特殊栽培技术种植蔬菜，从而提高效益。主要为：①早春为补充北京空缺市场，农户采取高效栽培模式，叶类、果类搭配种植，效益可观，每个棚亩收入3万元以上。如杨镇焦各庄村日光温室早春（2～4月）先种植两茬叶类蔬菜小萝卜、芹菜，第三茬种番茄，第四、第五茬又改种叶类蔬菜。②露地种植叶类蔬菜，早春采取小拱棚双层覆盖方式，可提早上市20天左右。③订单种植叶类蔬菜，如生菜，全年均可种植，设施6～10茬，露地3～5茬。

（二）叶类蔬菜经营技术需求

（1）**生产管理技术需求** 由于传统生产模式、生产习惯和个人知识的限制，生产者往往只重视棚室内的病虫防治、清除植物残株以及棚室内杂草等，对于田园整体来说，管理仍然落后。对待植物残体：乱堆、乱放、乱扔；生产中摘除的病叶、病果和病枝随地乱扔，产后带许多病菌、害虫的植株残体也随地堆放，使病虫自由传播，循环为害，给病虫的繁殖、孳生和避难提供了有利场所特别是对一些寄主范围广泛（如烟粉虱）的病虫起到了推波助澜的作用。另外，同一棚室内往往种植多种蔬菜，也给病虫的防治人为制造了困难。

（2）**产业化经营需求** 2006年11月1日，《中华人民共和国农产品质量安全法》开始实施，这意味着建立以生产源头控制为主，从地头到市场，产、供、销一体化的蔬菜质量安全控制体系（生产体系、监管体系）已是当务之急。就北京这一蔬菜消费大市场而言，发挥市场在产业发展中的带动引导作用，鼓励发展超市连锁集团（社区连锁便民菜场）＋农民专业经济合作组织（加工配送企业）＋农户的新型农业产业化经营模式，建立以市场为导向，实施订单制、品牌制的产、供、销一体化蔬菜流通体系，将是北京蔬菜产业的发展趋势。这不仅是实现蔬菜质量安全可追溯的需要，也是实现蔬菜产业健康发展、优质优价，调动菜农安全生产积极性的需要①。调查中农户蔬菜生产种植分散，生产规模小，消费意识差且缺乏科学的商品化处理知识和技术。他们大多是自售和批发商收购，极少将蔬菜包装向超市出售，影响了蔬菜产品的商品化程度，导致农户在农产品市场竞争力缺乏。

（三）叶类蔬菜流通技术需求

调研小组对农户在叶菜生产中遇到的困难进行了调查，被调查者中选择销售困难的农户占总数的 66%（图 3－27）。据调查，部分农户未加入合作社也不参加技术培训，导致信息不通畅、叶菜销售渠道单一，使得农户在销售过程中处于被动地位。掌握适当的销售技巧对于农户增收有着重要的意义。

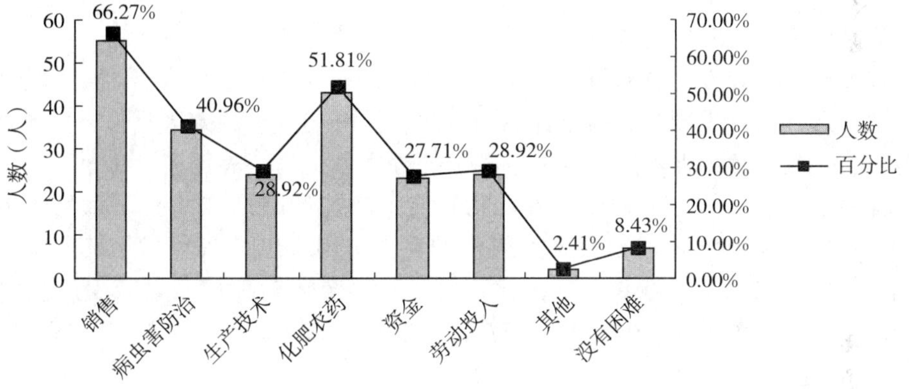

图 3－27　农户在叶菜生产中遇到的困难

数据来源：根据调查数据整理。

（四）叶类蔬菜采后处理及贮藏加工技术需求

目前，我国蔬菜种植面积约占世界蔬菜种植面积的 35%，蔬菜年产量占世界蔬菜总产量的 40%。但由于蔬菜产业加工和贮运设备落后，采收损耗率高达 25%～35%，而发达国家只有 5%；我国农产品产后产值与采收自然产值之比为 0.38∶1，而美国与日本分别为 3.7∶1 和 2.2∶1。发达国家 70%以上的蔬菜都经过加工，所造成的浪费和污染较小，综合利用的效益较高。

蔬菜保鲜期长短受蔬菜采前采后两因素影响。蔬菜保鲜期长短不仅取决于采后的包装、加工、防腐等处理，还受土壤成分含量、天气情况、采收日期等采前因素的影响。我国蔬菜产量虽大，但长期以来仅重视采前育种、栽培、病虫害的防治，却忽视采后处理及贮运加工。我国果蔬每年损失率为 25%～30%，产值约 750 亿元人民币，据有关部门保守的估计，果蔬采后的腐烂损耗，几乎可以满足 2 亿人口的基本营养需求。由此看出，我

① 资料来源：高丽朴、陶志强、陈连武．北京蔬菜配送现状及发展．中国蔬菜，2007（7）：40－42。

国蔬菜的采后处理工作需受到高度重视，只有更好地进行采后处理和贮运加工工作，才能减少劳动力，降低成本，提高效率。

（1）**制定叶类蔬菜采收及贮运规范** 在产量不变的前提下，提高叶类蔬菜的经济效益及附加值是目前需要研究的重要课题。目前缺乏叶类蔬菜的采收、贮运规范，致使叶菜在采收及运输环节中损耗严重，降低了经济效益。制定相应的采收及贮运规范可大大减少叶类蔬菜的损耗率，提高叶类蔬菜的品质及产品得率，提高经济效益。

（2）**制定叶类蔬菜产品分级标准** 目前叶类蔬菜缺乏分级标准，无论菜品质量如何，都按均价销售，致使优质不优价。制定相应的叶类蔬菜产品分级标准，可推动叶类蔬菜产品的品质提升，提高行业的竞争水平。

（3）**提高蔬菜加工自动化程度，降低人工成本** 目前蔬菜加工企业的自动化程度低，应提高高新技术的应用，不断提高智能化、自动化。提高产品的科技含量水平，从而降低对人力的依赖程度，又可产生较大的社会效益与经济效益。开发或选择适合叶菜清洗、切割、消毒、沥水、包装等加工过程的自动化设备。尤其是适合小、微规模生产使用的自动或半自动化包装设备以实现叶菜加工的连续化生产。特别注意，对于叶类蔬菜来说，需综合考虑在提高效率的同时要使其不受机械损伤破坏其营养价值。

（4）**选择合适包装方式及保鲜技术，延长保鲜期** 针对叶类蔬菜品种、抗压性不同，在贮运过程中选择适合不同叶类蔬菜保鲜的有效的保鲜剂、包装方法及包装材料，对蔬菜产品进行包装，延长蔬菜保鲜期、降低叶菜损耗程度，提高产品得率。

（5）**提高蔬菜产品的加工程度及商品化程度，增加产品形式** 我国蔬菜产量虽然很大，但加工比例不及10%，速冻及脱水蔬菜也主要应用于出口蔬菜。北京市应加强对蔬菜的深加工，使蔬菜上市标准化、规格化，使产品安全运输和贮藏，减少产品的机械损伤。增加蔬菜的商品化程度，使其外观整洁，易挑选，避免大量蔬菜垃圾进城，既影响城市环境卫生又造成很大浪费。

3.5 本章小结

本章主要依据对北京市7个区县蔬菜产业（特别是叶类蔬菜产业）发展实际调研的数据资料，实证分析了被调查区县叶类蔬菜产业发展现状，比较了不同区县叶类蔬菜产业发展的不同特点，系统分析了北京市叶类蔬菜产业发展的经济问题及其关键影响因素与技术需求。

（1）调查结果表明，北京市叶类蔬菜产业经济发展面临的主要问题包括：①叶类蔬菜产业的集约化程度低；②叶类蔬菜生产经营的组织化程度低，价格波动大，收益不稳定；③叶类蔬菜销售渠道不畅；④叶类蔬菜综合经济效益较低。

（2）调研分析表明，北京市叶类蔬菜产业发展技术需求为：①找出并解决影响主要叶类蔬菜成本收益的关键点；②提高“公司（包括合作社）＋农户”的产业一体化和组织化程度，带动农户解决卖难问题；③促进“公司（包括合作社）＋农户”的产业一体化组织的发展，在帮助其熟悉消费市场特征的基础上，选择适宜的目标市场并确立正确的市场定位策略。

第四章　叶类蔬菜生产技术现状及技术需求分析

本章研究数据来源于实地调研，调研内容主要包括设施蔬菜种植技术和设施蔬菜信息技术，在调研时考虑蔬菜生产和经营的特殊性，对蔬菜种植户采用问卷调查与农户访谈相结合的方法，调研时间在2012年6～8月，2013年4月，7月，11～12月。调研区域选择山东寿光市和北京市，调研样本分别为42份和32份，农户分布在寿光的孙集镇（三元朱村、石门董村、周家村）、稻田镇（西稻田村、张营村、张中村、西刘营村）和寿光蔬菜产业集团的种植生产基地中的农户及在北京市昌平区、大兴区、房山区、怀柔区、密云县、顺义区和通州区。

4.1　蔬菜种植技术推广应用现状分析

4.1.1　播种与苗期管理技术

（一）播种前对种子的处理

在播种前，对种子处理的农户占到67.86%，其余农户不对种子作任何处理（直接播种）或者购买幼苗。浸种是农户处理中的重要方式，浸种主要采用温水浸种，有利于出芽；其次药液浸种和药剂拌种在播种前，同样重要，均占到对种子处理的农户42.86%，其主要目的是催芽、预防病虫害等；对种子进行激素处理和机械处理在蔬菜生产中不常用，这主要是蔬菜种子的本身属性决定的（图4-1）。

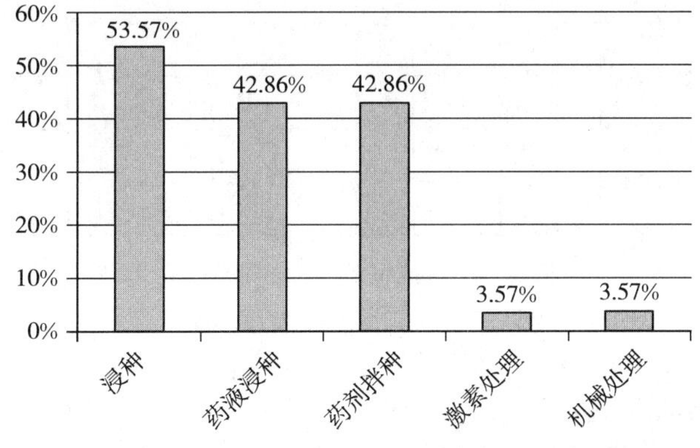

图4-1　播种前对种子处理措施构成

（二）播种方式

除了一些购买幼苗的农户外，农户在播种蔬菜时，主要选择撒播方式播种，占调查农户的78.60%。从实际情况了解到，由于蔬菜种子偏小，撒播是最为方便，省时省工。但是也有一部分农户为了提高蔬菜发芽率，便于管理幼苗等，会选择相对较为费工的条播和穴播（图4－2）。

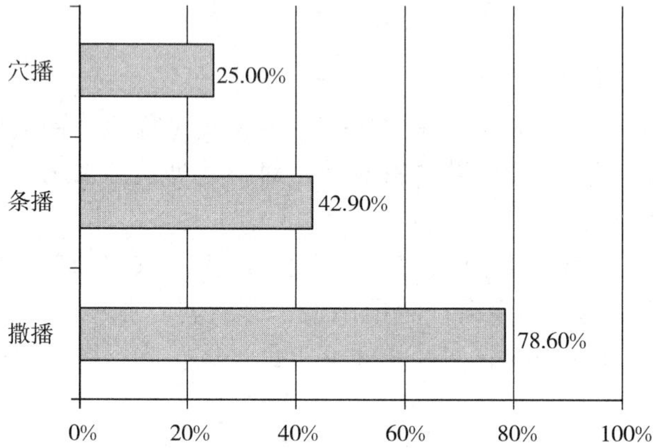

图4－2　播种方式构成

（三）播种时遇到过的不利条件

病虫害是农户在播种蔬菜时遇到的最多不利条件，占到64.29%，这是农户播种时最主要的障碍。其次是冬天出现的低温和夏天出现的干热风在播种蔬菜时比较常见，分别占到53.57%和46.43%，霜冻占的比例相对较小，还有其他情况包括夏天的高温高湿，导致播种在发芽前发霉烂种，也是蔬菜播种时遇到的不利条件（图4－3）。

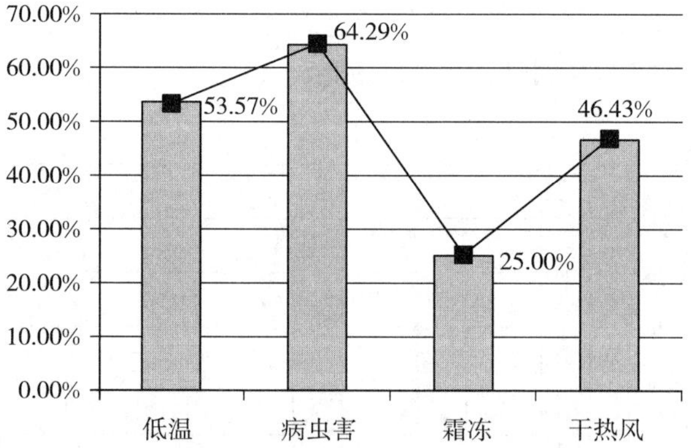

图4－3　播种遇到不利条件

（四）出苗期遇到的问题

沤根，又称黑根，在苗期出现情况最多，有89.3%的农户遇到过这类问题。烂种和出苗不齐也是较常见的问题，分别有75%和78.6%的农户有过问题。“戴帽”出土和老化苗在蔬菜出苗期间，遇到的相对不是很多，均只有42.9%的农户遇到过（图4－4）。

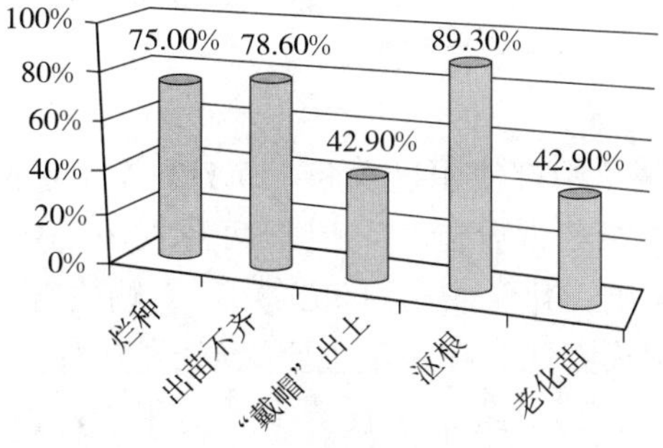

图 4－4　出苗期遇到不利条件

4.1.2　病虫害防治技术

（一）农户使用农药依据

一般农户使用农药依据是根据自己经验、药物说明书和技术人员指导。根据自己经验和药物相关说明书是农户使用农药的主要依据，均占到 53.57%；也有一部分农户在当地技术员的指导下使用农药，占到 50%（图 4－5）。

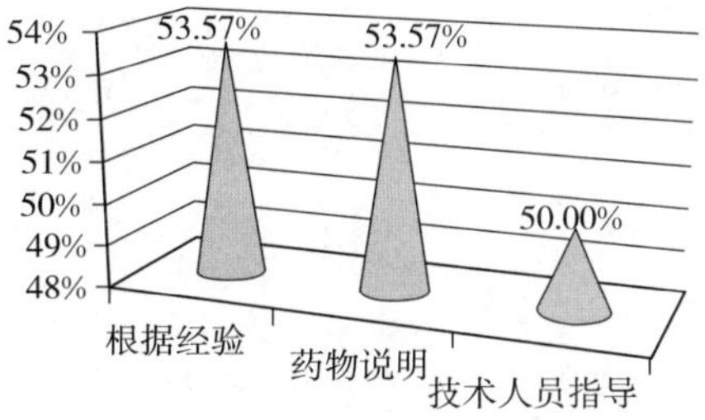

图 4－5　农户使用农药依据

（二）病虫害防治方法

喷打农药目前还是病虫害防治的主要实用技术，有 89.29%的农户使用过；其次在防治虫害方面，防虫网和黄板使用较为常见，分别占到 85.71%和 82.14%；在防治病害方面，主要采用高温闷棚和选用抗虫病的新品种，分别占到 60.71%和 57.14%；在实际调研中发现，杀虫灯在蔬菜种植中不实用，采用的较少，仅占到 32.14%；采用生物天敌防

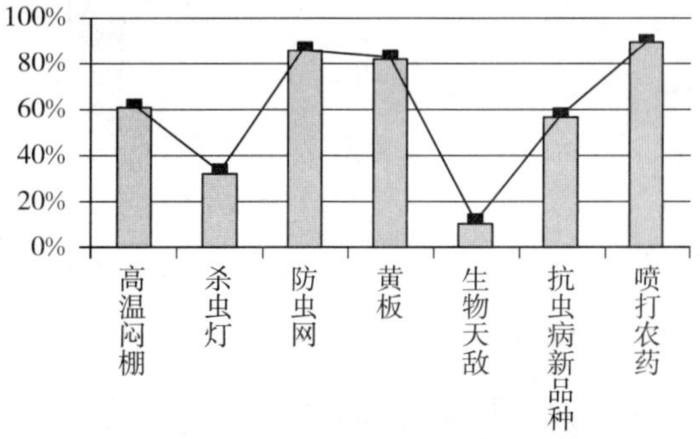

图 4－6　病虫害防治措施构成

治方式，在蔬菜种植中，更少见（图4-6）。有96.43%的农户能够诊断常见的蔬菜病虫害，但是特殊病虫害还需要专业技术员指导。

（三）使用农药和除草情况

有93%的农户在种植蔬菜中都使用过农药，而只有7%的农户从未使用过农药，保证蔬菜的质量。多数农户两种农药混合施用，但是两种农药施用比例因农户不同而差异很大。施用农药整体情况呈现出：化学农药（55%）>生物农药（38%）（图4-7）；主要原因：化学农药见效快、购买方便。在蔬菜主要除草措施中包括喷打农药的化学除草方法和人工除草方法，由于除草农药对蔬菜生长有很大的影响，因此主要呈现出：人工除草（71%）>化学除草（29%）（图4-8）。

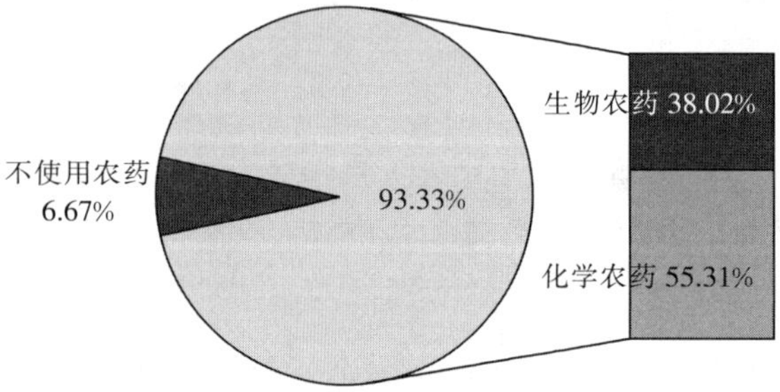

图4-7 农户使用农药类型构成

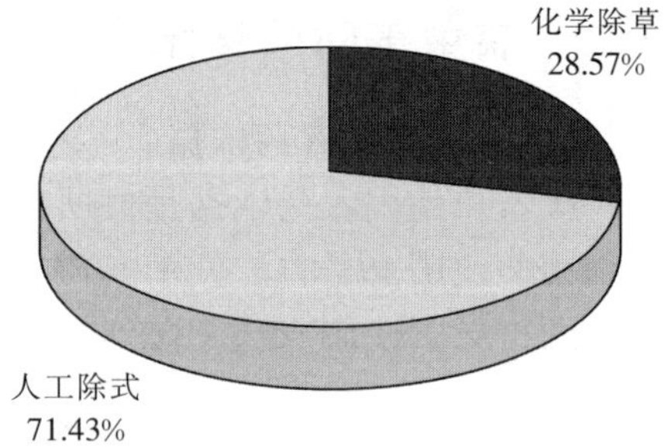

图4-8 农户采取除草措施构成

4.1.3 栽培技术

（一）降温措施和灌溉方式

放风是农户给温室降温的主要方式，占到89.29%。其次用遮阳网（太阳网）避免阳光直射，从而降低温室内温度，也是其主要降温方式，占到78.57%。雾喷和水循环降温措施使用相对较少，仅占到28.57%。另外，在实际生产中，农户根据实际生产也会采取其他降温措施，包括甩泥浆、甩石灰浆等（图4-9）。在灌溉方式方面，主要是以漫灌为主，占82.10%，其次是滴灌和喷灌，分别占到37.50%和25.00%（图4-10）。

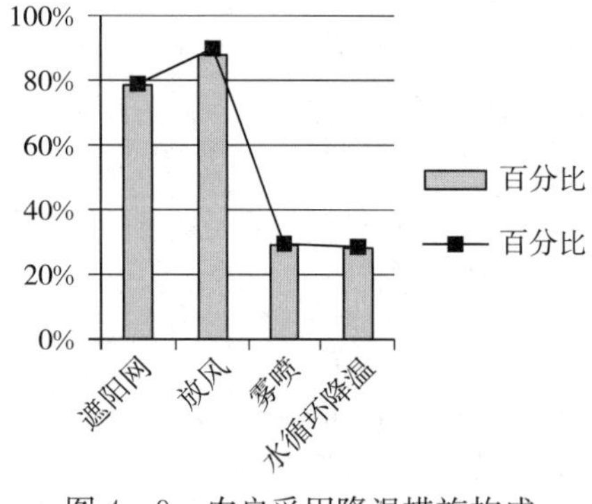

图4-9 农户采用降温措施构成

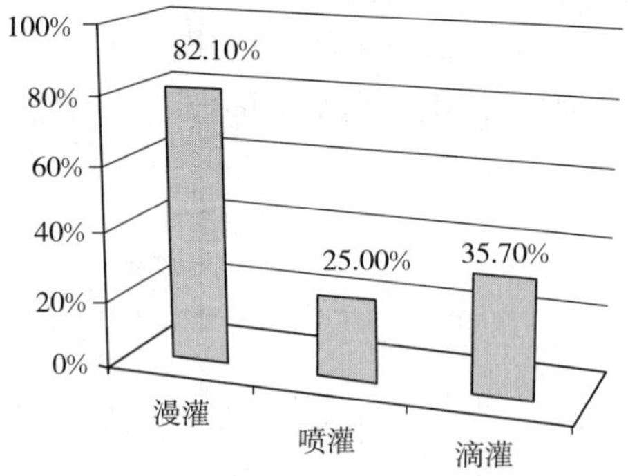

图4-10 灌溉方式构成

（二）肥料类型、施肥方式及施肥依据情况

农户使用的肥料主要包括有机肥料和无机肥料这两种，有机肥料主要以农家肥及政府补贴发放的有机肥料为主，主要是作为底肥用；无机肥料主要包括复合肥、尿素等，主要是生长中施用，也可作为底肥。以有机肥为主要肥料和以无机肥为主要肥料的农户比约为1∶3。在施肥方式方面，主要是以水冲施肥为主，占到64.00%；其次埋肥和撒肥也占到重要相当大的比例，分别占到57.00%和46.00%；向叶面喷肥在蔬菜生产中也很重要，占到36.00%（图4-11）。另一方面，在农民施肥依据上，最主要还是以本身种植经验施肥为主，占到绝对优势，为75.00%，其次辅有感观施肥和测土配方施肥，分别占到25%和17.86%（图4-12）。

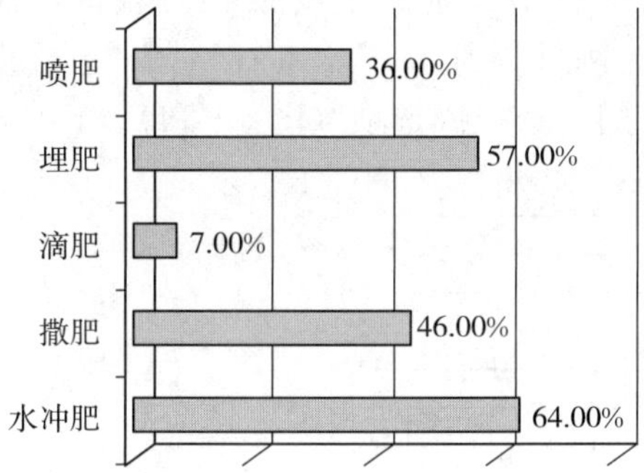

图4-11　施肥方式构成

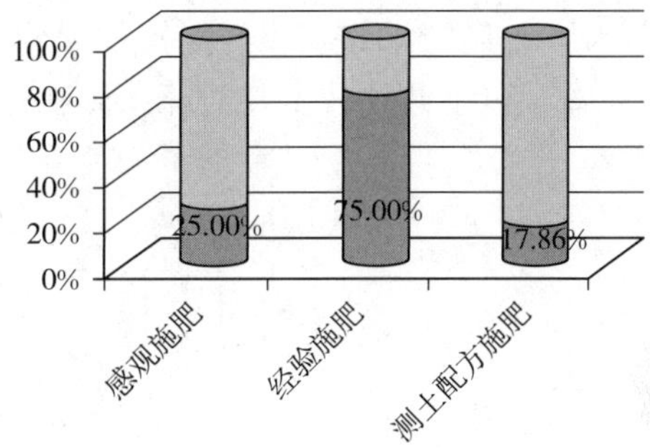

图4-12　施肥依据构成

防治病虫害及连作方面，农户全部都用过轮作休耕（换种）方式，其中还有46.43%的农户以喷打化学农药作为辅助作用。

4.2　基于蔬菜生产层面的农户技术采纳意愿分析

（一）农户对不同属性技术采纳意愿

目前，农户最需要的技术是病虫害防治技术，这是所有技术中对农户来说最重要的，占到78.57%；农户对市场信息需求强烈，占到76.86%，主要包括销售、生产要素（质

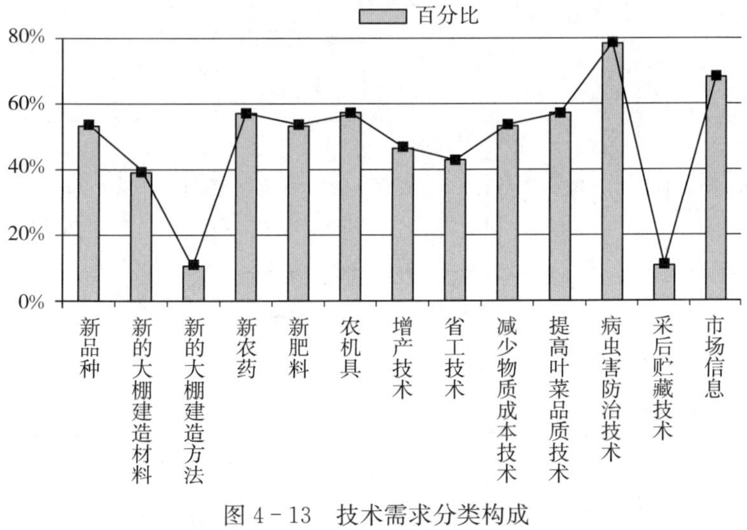

图4-13　技术需求分类构成

量和价格）相关方面的信息；占到50%～60%的技术，有新品种、新农药、新肥料、减少物质成本技术、农机具、提高蔬菜品质技术6种；40%～50%的技术需求仅有两种，分别是增产技术和省工技术，分别占到46.43%和42.86%；农户对新的大棚建造材料需求主要表现在农膜方面；新的大棚建造方法和采后贮藏技术对农户来说相对于其他技术，需求较低（图4-13）。

（二）农户对生产技术需求类别重要性

在蔬菜生产中，农户最看重的是病虫害防治技术，占到绝对重要性位置，达到总数的53.57%；其次是育种和繁育技术，占到25.00%；栽培技术的重要性相对较低，仅为10.17%；水肥技术和采收与保鲜技术分别已很少比例只占到3.57%和7.14%；设施设备技术相对于以上几种技术，对蔬菜影响较小，没有用户选择该选项（图4-14）。

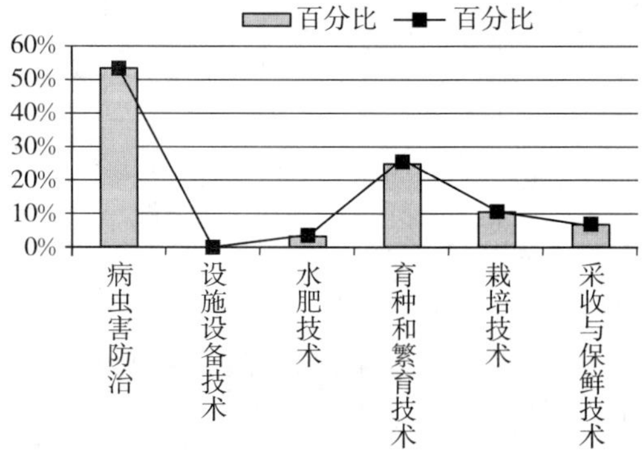

图4-14　农户目前最需要的技术类别构成

（三）农户解决在生产中遇到问题的途径分析

农户在蔬菜生产中，遇到问题，首先选择靠自己经验解决问题，这是最为有效快速的解决途径，占到92.86%；政府技术人员指导、培训和观摩是农户解决问题的主要外来依靠，均占到70%以上；50%技术人员之间的有找科技示范户或种植大户请教、靠政府技术人员来指导和看电视、报纸途径；农户对网络、专业农业公司依赖性不强，对于解决生产问题帮助不大，仅占到3.75%和10.71%（图4-15）。

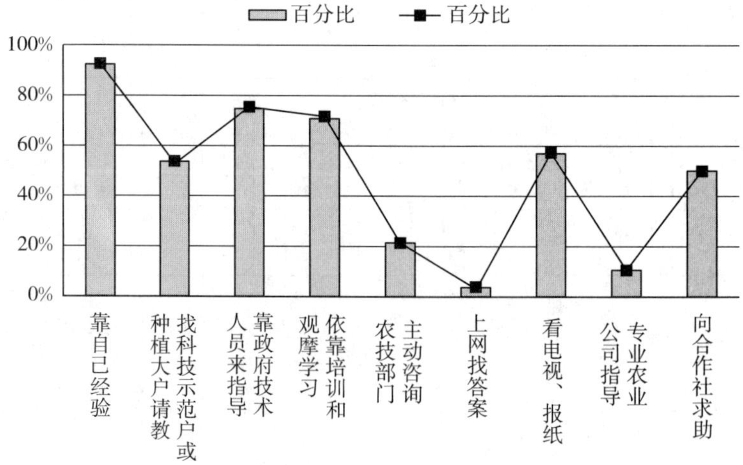

图4-15　农户解决生产中问题途径构成

4.3　设施蔬菜信息技术应用现状及技术采纳意愿分析

4.3.1　设施蔬菜信息技术概念及发展的必要性

设施蔬菜信息技术是近年发展起来的一种高效智能型农业技术，它是在普通设施蔬菜的基础上，结合现代传感器技术，自动控制技术，计算机技术，通信技术等发展起来的。设施蔬菜信息技术结合多个学科领域知识，主要包括现代农业生物学、环境科学、计算机控制与管理科学等（唐静，2011），主要应用于环境温度、湿度、二氧化碳浓度、土壤营养成分监控，病虫害防治、合理肥效控制等蔬菜生产环境监控及生产管理方面。设施蔬菜信息技术主要划分为为信息感知技术、信息传输技术、信息处理技术和信息集成技术（图 4－16）。

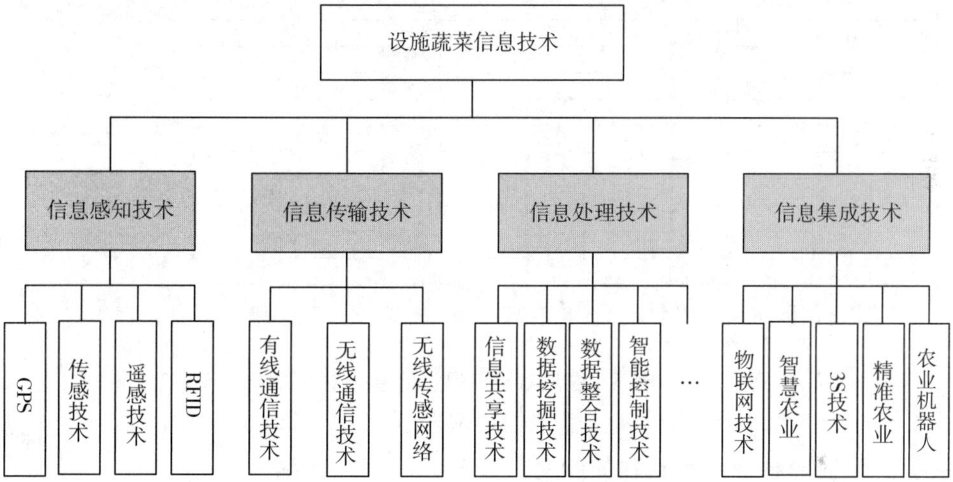

图 4－16　设施蔬菜信息技术分类

设施蔬菜信息技术的使用可以提高蔬菜产量和品质，提高土地、肥料、水和农药等资源的利用率，还可以节约劳动力、保护生态环境、改善劳动环境和耕作方式。因此，发展我国设施蔬菜信息技术是十分必要。首先发展设施蔬菜信息技术是我国蔬菜发展的现实选择。我国国情主要表现为人口大，土地相对较少，同时有效耕地和水资源短缺是我国发展蔬菜生产的最大制约因素。由于人口持续增加，城镇化和工业化步伐的加快，蔬菜供给压力也会越来越大，同时对蔬菜的品质要求也在逐渐增加。设施蔬菜信息技术生产改变了传统蔬菜种植模式，实现环境监测和自动控制，有效地提高蔬菜产量质量并保护生态环境，顺应了我国基本国情。其次，发展设施蔬菜信息技术是现代农业的重要内容，设施蔬菜信息技术是农业信息化发展的一部分，同时也是发展现代农业的重要内容。设施蔬菜信息技术可以有效提高劳动生产率、土地产出率和资源利用率。可以看出，设施蔬菜信息技术应用潜力大，机遇良好，同时也要有科学地引导，正确地生产应用。

4.3.2　设施蔬菜信息技术现状分析

（一）设施蔬菜信息技术普及率低

根据调查结果统计，温室信息技术普及率较低，仅占到 28.38%。采用温室信息技术的农户主要是参加农业专业合作社和示范基地的农户，而普通农户采用该技术较少。这些技术采用者采用信息技术多数是由政府推广示范，主动使用技术实现农业生产信息化较为鲜见。

（二）设施蔬菜信息技术使用状况评价低

通过对寿光市农户的走访和调查，不难发现，农户对温室信息技术使用状况评价较低，由图 4-17 可知，农户对当前温室信息技术使用状况评价低的原因体现在多个方面，其中最主要的是有 46%农户认为当前温室信息系统不稳定，技术不成熟；其次是有 44%农户认为，周围没有农户使用，他们不敢使用，这是对该技术不信任的结果；增产效果不明显和技术复杂难学也是其重要的原因；其他原因包括有的农户不愿意使用温室信息技术，对该技术具有排斥心理，有的则认为温室信息技术没有用。

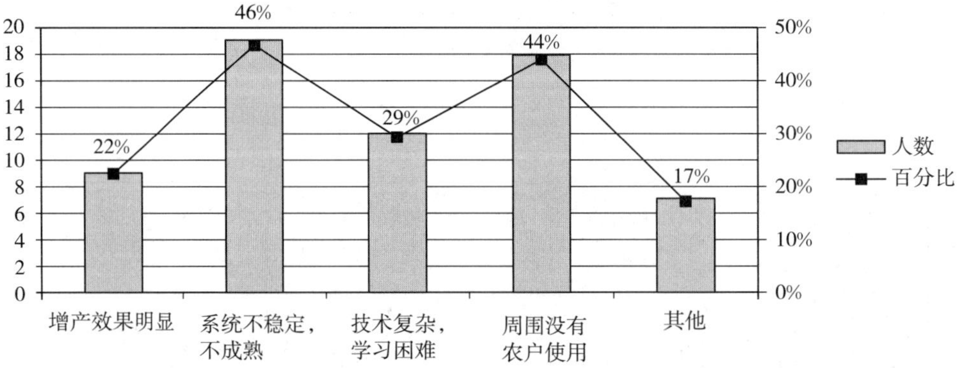

图 4-17　农户对当前温室信息技术的评价

数据来源：根据调查数据整理。

（三）设施蔬菜信息技术存在问题多

由于温室信息技术还在不断研发和改善之中，实施使用中难免会存在一定的问题，通过调查发现实际生产中遇到的常见问题都比较集中。由图 4-18 可知，当前温室信息技术存在的主要问题有信息不稳定、采集信息不准确、设备寿命短、设备故障多等，其中有 66%的农户认为采集的信息不准确，这也是目前存在的最大问题，其次是信息不稳定，占到 61%。

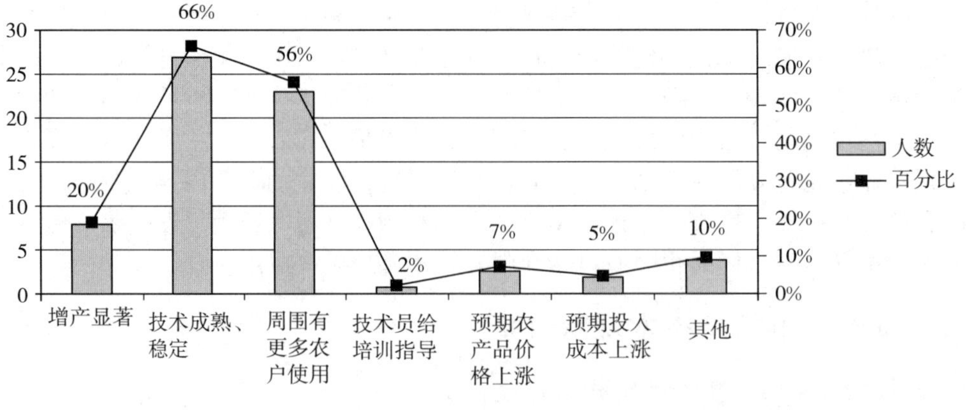

图 4-18　促进农户使用温室信息技术的原因

（四）设施蔬菜信息技术应用潜力大

通过访谈得知，农户对于新技术还是比较好奇，很愿意尝试使用，但由于多种原因限制，致使他们目前还没有使用温室信息技术。由图 4－19 可知，体现最明显的是有 66％的农户认为当温室信息技术成熟、稳定时，他们会使用该技术；其次有 56％的农户认为要是周围有更多的农户使用，他们也会使用该技术；其他的影响则较少，包括增产显著、预期成本上涨等。

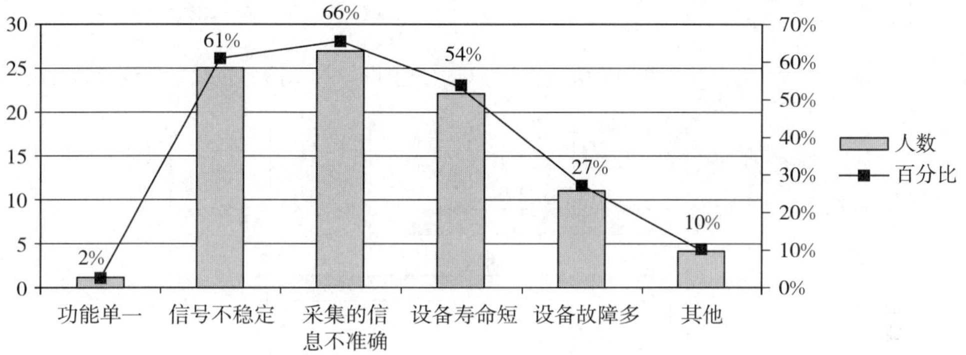

图 4－19　温室信息技术存在的问题

4.3.3　面向现代农业的设施蔬菜信息技术需求分析

蔬菜生产一般是以家庭为单位的小农生产和以组织为单位的规模生产为主，其中以家庭模式生产经营是传统的生产形式，也是蔬菜生产的主要形式，但是随着社会的发展，以组织为核心的生产经营模式快速发展起来。农户和组织是设施蔬菜信息技术的使用终端，他们的采纳意愿和反馈信息对于分析设施蔬菜信息技术推广扩散有着重要作用。

（一）基于农户视角的技术采纳意愿分析

在北京市各个区县的蔬菜种植中，仅有 34.62％的农户使用过一些信息技术，但是这些技术种类有限，一般仅限于温湿度传感器，使用气体传感器、视频监控追溯系统等较少。并且这些农户使用温室信息技术多数是属于政府推广试用，真正自己主动购买，实现其蔬菜生产信息化的少之又少。但是有 95.65％的农户时常关注农业技术信息，这对于信息技术推广来说非常重要。

从图 4－20 中可以看出绝大多数农户认为信息技术还是很重要的，而只有不到 9％的农户认为一般和不重要，说明农业信息技术推广潜力巨大。与此同时，有 56.52％的农户反映获取相关信息渠道狭窄、相关信息较少，导致信息很难获得（图 4－21）。在信息技术主要优势方面，多数农户认为最大优势是节约劳动力，占到 82.60％；方便管理也是其重要优势，占到 52.17％；提高产量和降低物质成本相对优势较低，分别占到 26.08％和 17.39％；在实际调研中发现，农户感觉信息技术前期投入大、增加投入成本（图 4－22）。

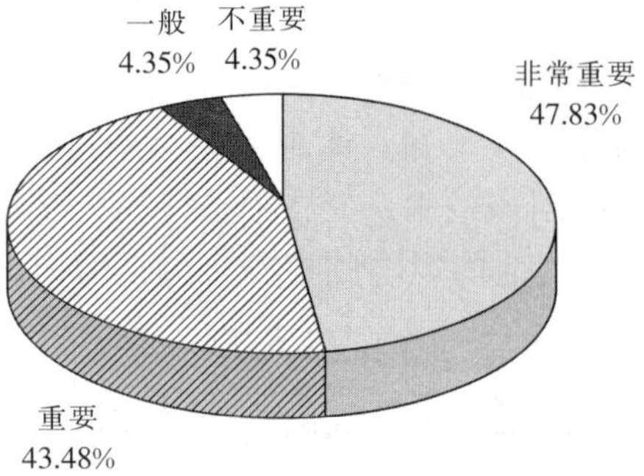

图 4-20　农户对信息技术重要性认知构成

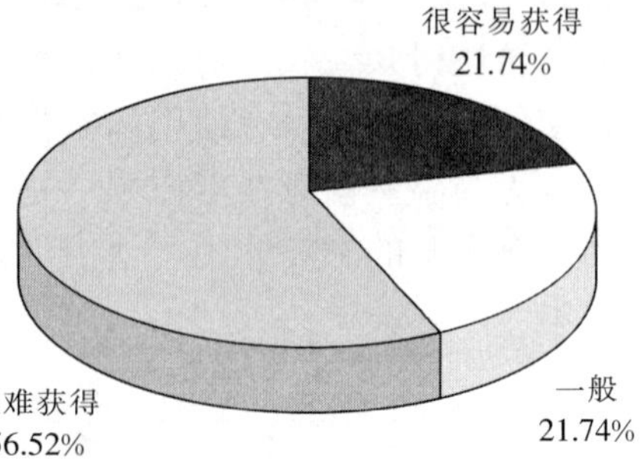

图 4-21　信息获取难易程度认知构成

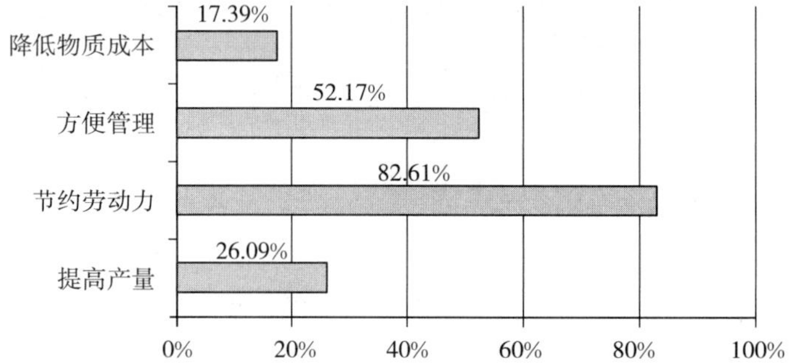

图 4-22　农户对信息技术优势认知构成

（二）基于组织视角的技术采纳意愿分析

(1) 合作社针对设施蔬菜信息技术的需求，包括以下几个方面

①各个合作社使用信息技术的农户数参差不齐，差距较大。最少一个合作社就 2 户使用该技术，但是社员户总数达到 150 户，只占到 1.3%，相反，最多有的合作社达到 100%。就总体分析，合作社平均使用信息技术的农户数为 51 户，合作社中使用信息技术的农户率为 51.01%。

②合作社推广信息技术使用面积存在差异。最少一个合作社就有 5 亩，而该合作社覆盖面积达到 1 500 亩，却只占到 0.3%，与此同时，而有的合作社是推广覆盖率达到 100%。从总体情况看，每个合作社平均使用信息技术的面积 239.58 亩，合作社中使用信息技术的面积覆盖率为 36.57%。

③合作社针对设施蔬菜信息技术开展观摩培训讲座人次不同，有大有小，形式各异。最多一个合作社培训 780（人・次），而最少只有 3 次，甚至有一部分合作社没有培训。在培训形式上，主要是以集中授课培训为主，以现场讲解培训、发放使用说明资料等为辅，但是在实际培训中，现场讲解培训效果最好，也最受农民喜欢和接受。

④针对设施蔬菜信息技术，政府资金支持覆盖率达到 55.56%，从调查中可以明显看出，由政府支持的合作社的信息技术使用率明显高于没有政府支持的合作社。

⑤总体反映使用难度较大，农户感觉操作过程复杂，容易出现问题，担心不会操作等。

投入成本较高，从调查数据看，总体反应投入较大，短时间内很难见到效益，一般都是由政府补贴或免费推广试用，真正自己主动出资使用的较少。

(2) 生产基地、龙头企业针对设施蔬菜信息技术的需求，包括以下几个方面

①生产基地和龙头企业在投入成本和使用面积差距较大。生产基地均投入成本 100.7 万元，均使用面积达到 88.47 亩，而龙头企业相对较好，均投入成本较大，达到 485.95 万元，使用面积也相应较大，为 213.23 亩。

②针对继续增加投入力度方面也存在显著差异。有 15%的生产基地不愿意继续增加对技术的投入，愿意继续增加投入的均再投 62.78 万元。龙头企业在愿意继续增加投入的与生产基地几乎相同，达到 88.89%，但是均再投是生产基地均再投的 6 倍，达到 372.5 万元。

（3）不同属性组织的技术需求特征

①合作社。希望能够使用一些操作简单，实用省力化机械，对温室结构能够进行改造，完善功能配置。

②生产基地。增加自动检测、自动施肥等省力化机械；降低成本，提高数据准确性，减少设备故障率；尽快提高信息化水平。

③龙头企业。农业种植产业是一项投资大、制约于自然气候、见效慢、收益小的行业；信息技术更是投资成本大，回收期过长；企业自身投入资金压力很大，希望政府给予大力支持；希望可以嫁接或集成更多的先进技术，提高信息化水平。

4.4　叶类蔬菜节水灌溉技术推广扩散及其效益评估

4.4.1　节水技术理论

（一）采用蔬菜节水灌溉技术原因

在蔬菜灌溉过程中，从水的消耗原因来看，一方面是在引水、输水、配水、灌水等环节中出现了消耗，由于蔬菜并没有利用到这部分水，所以这种消耗成为非生物性水消耗；另一方面，是蔬菜的根系从土壤中吸水、传输、蒸腾等过程中的消耗，这部分称为生物性水消耗（国亮，2011）。

节水技术主要目的是试图尽量减少非生物性和生物性水消耗。

（二）蔬菜节水灌溉技术概念界定

在广义上节水灌溉是根据蔬菜需水规律及气候自然条件，最大限度提高利用降水和灌溉水效率，获取最佳的经济效益、社会效益、生态环境而采取的多种高效用水的灌溉方法、技术措施和制度的总称。

狭义的蔬菜节水灌溉技术是减少在输水和配水过程中出现渗漏蒸发损失和在田间灌水过程中出现的深层渗漏损失，这样可以提高灌溉效率、使更多的灌溉水能达到田间地头的工程措施的总和（国亮，2011）。

（三）蔬菜节水灌溉技术原理

节水灌溉技术包括了对各种水资源，如地表水、地下水、灌溉回归水、经过处理以后的污水以及土壤水和大气水等的充分、合理地利用，以提高水的利用率，实现蔬菜高产而采取的技术措施。节水灌溉既包括灌溉过程中的工程节水措施，也包括其他与此有关能提高蔬菜灌溉水利用率的其他措施，如农艺节水和用水管理等（孙伟，2012）。

（四）蔬菜节水技术分类

蔬菜节水技术可分类为：工程节水技术、农技节水技术、生物节水技术和管理节水技术（国亮，2011；孙伟，2012）。工程节水技术可分为：地下灌溉、地上灌溉和输水技术；

农技节水技术可分为：田间覆盖技术、田间耕作技术、坐水种技术和水肥耦合技术；生物节水技术可分为：使用化学试剂节水、使用抗旱品种节水和非充分灌溉节水；管理节水技术可分为：土壤水分监测技术、作物需水量的测定技术、确定合理的灌溉制度和测量灌溉水（表 4-1）。

表 4-1　蔬菜节水技术分类表

<table>
<tr><td rowspan="12">工程节水技术</td><td rowspan="2">地下灌溉</td><td colspan="2">渗灌技术</td></tr>
<tr><td colspan="2">地下滴灌技术</td></tr>
<tr><td rowspan="5">地上灌溉</td><td rowspan="2">地面灌溉技术</td><td>波涌灌溉技术</td></tr>
<tr><td>膜上灌水技术</td></tr>
<tr><td rowspan="3">设施化灌溉技术</td><td>喷灌技术</td></tr>
<tr><td>滴灌技术</td></tr>
<tr><td>微喷灌技术</td></tr>
<tr><td rowspan="5">输水技术</td><td rowspan="3">渠道防渗技术</td><td>混凝土防渗技术</td></tr>
<tr><td>渠道衬砌浆砌石</td></tr>
<tr><td>铺设防渗膜</td></tr>
<tr><td rowspan="2">管道输水技术</td><td>高压输水管道</td></tr>
<tr><td>低压输水管道</td></tr>
<tr><td rowspan="4">农技节水技术</td><td colspan="3">田间覆盖技术</td></tr>
<tr><td colspan="3">田间耕作技术</td></tr>
<tr><td colspan="3">坐水种技术</td></tr>
<tr><td colspan="3">水肥耦合技术</td></tr>
<tr><td rowspan="3">生物节水技术</td><td colspan="3">使用化学试剂节水</td></tr>
<tr><td colspan="3">使用抗旱品种节水</td></tr>
<tr><td colspan="3">非充分灌溉节水</td></tr>
<tr><td rowspan="4">管理节水技术</td><td colspan="3">土壤水分监测技术</td></tr>
<tr><td colspan="3">作物需水量的测定技术</td></tr>
<tr><td colspan="3">确定合理的灌溉制度</td></tr>
<tr><td colspan="3">测量灌溉水</td></tr>
</table>

4.4.2　节水技术推广理论

（一）节水灌溉技术扩散概念

技术扩散是指一个从技术使用密度或浓度大的地方向小的地方传播。广义的概念包含蔬菜新技术、新产品、新耕种管理方式、新观念等多个方面。蔬菜节水灌溉技术扩散是指节水灌溉技术通过特定渠道，在某一区域内或广大农户中的传播过程，表现为农业新技术的采用并持续使用过程。其结果是，节水灌溉技术为尽可能多的受众所掌握并使用，从而发挥出了其应有的经济、社会和生态效益。

（二）节水灌溉技术扩散系统概念

技术扩散是新技术随着时间和空间的变化而不断伸展、扩大应用范围的过程，是一个涉及技术、经济、政策、企业、社会等众多因素的复杂系统。所有这些影响蔬菜节水灌溉技术扩散的因素之间是相互关联、相互影响的，将这些相互关联、相互影响的众多要素组成的复杂系统，称之为蔬菜节水灌溉技术扩散系统。

（三）节水灌溉技术扩散系统构成

节水灌溉技术扩散系统由四部分构成：扩散客体、扩散主体、扩散渠道和扩散环境（国亮，2011）（图 4－23）。

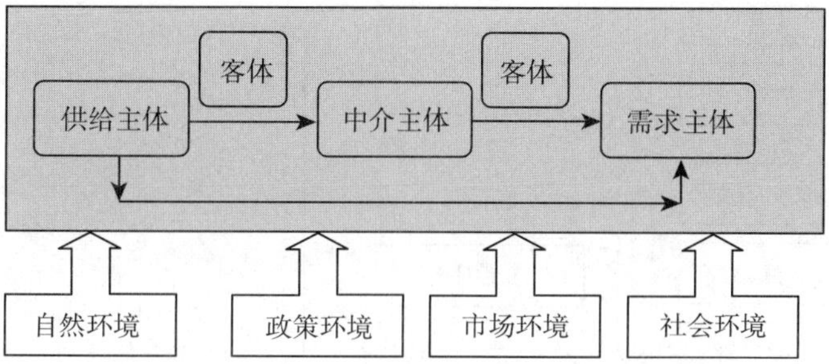

图 4－23 节水灌溉技术扩散系统构成示意图

扩散系统的客体是指蔬菜节水灌溉技术本身；扩散系统的主体包含技术供给主体、需求主体和中介主体三部分；扩散渠道是指潜在需求者获取新技术的途径，包括大众传媒、人际交流网络和中介扩散机构；扩散系统的环境包括自然环境、政策环境、市场环境和社会环境。

（四）节水灌溉技术扩散过程

技术扩散过程大体可以划分为 3 个阶段：

第一阶段，节水灌溉技术首次采用阶段；

第二阶段，节水灌溉技术初步扩散阶段；

第三阶段，节水灌溉技术广泛采纳阶段。

在上述 3 个阶段中，节水技术能逐步扩散的前提是新技术的节水效果、增产增收、节劳节能效果显著、技术适应性强，若不满足技术扩散的这些自然条件，单纯依靠行政推广行为，即使在初期能到达较大的扩散范围，但最终该项节水灌溉技术扩散就会中止，农户的采纳行为甚至还会倒退（国亮，2011）（图 4－24）。

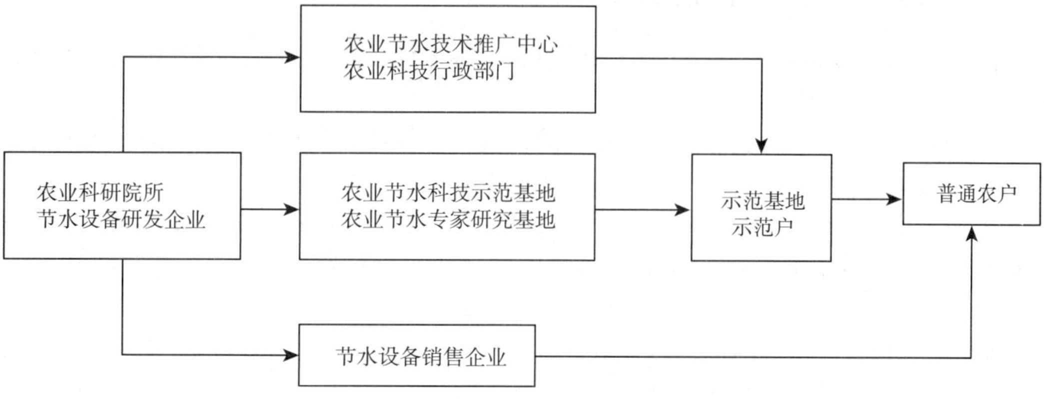

图 4－24 节水灌溉技术扩散过程示意图

（五）节水灌溉技术推广扩散影响因素

总的来说，影响农业节水灌溉技术扩散的因素很多。但概括起来主要有以下几方面：节水灌溉技术自身因素、自然环境因素、农户自身因素、水价因素和政策因素（国亮，2011）。影响因素详见图 4－25。

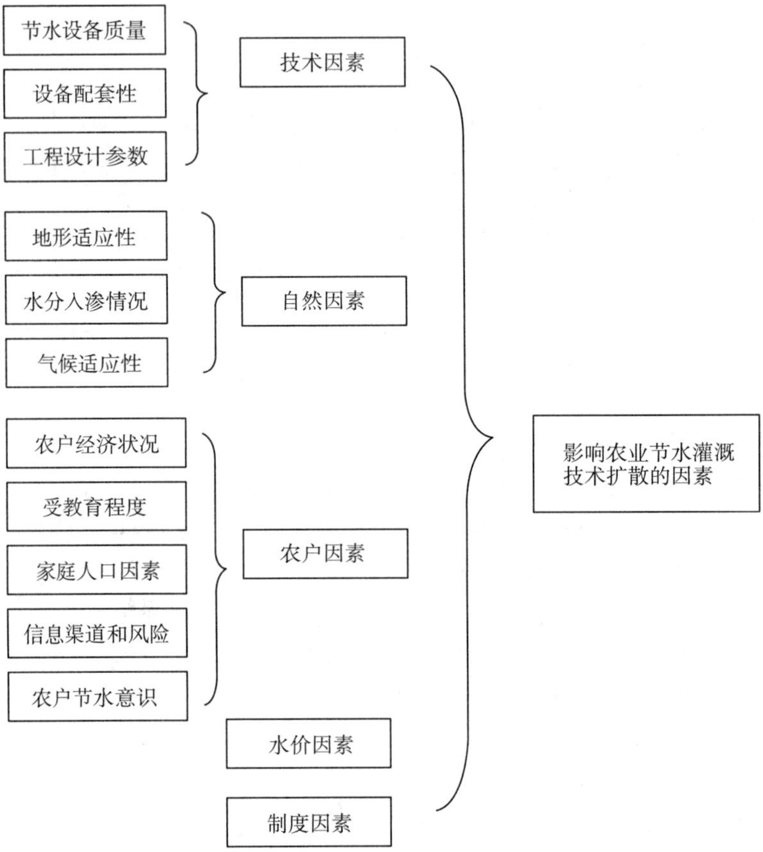

图 4－25　影响节水灌溉技术扩散的因素

4.4.3　节水技术效益评估模型

节水综合效益包括社会效益、经济效益和生态环境效益，三者之间既相互促进又相互制约。

结合从定性和定量角度对三者所建立的评价指标体系，节水综合效益的分析评价采用4个层次的数学模型进行综合评判（何淑媛等，2008）。

第一层为总目标层，即农业节水的综合效益；第二层为定性指标和定量指标；第三层包括社会指标、资源指标、经济指标和生态环境指标；第四层为 21 个具体指标（图4－26）。

根据上文构建的节水灌溉综合效益评价指标体系，可构建节水灌溉评价模型进行节水灌溉综合效益评价研究，具体步骤为：

第一步，定性指标的量化；

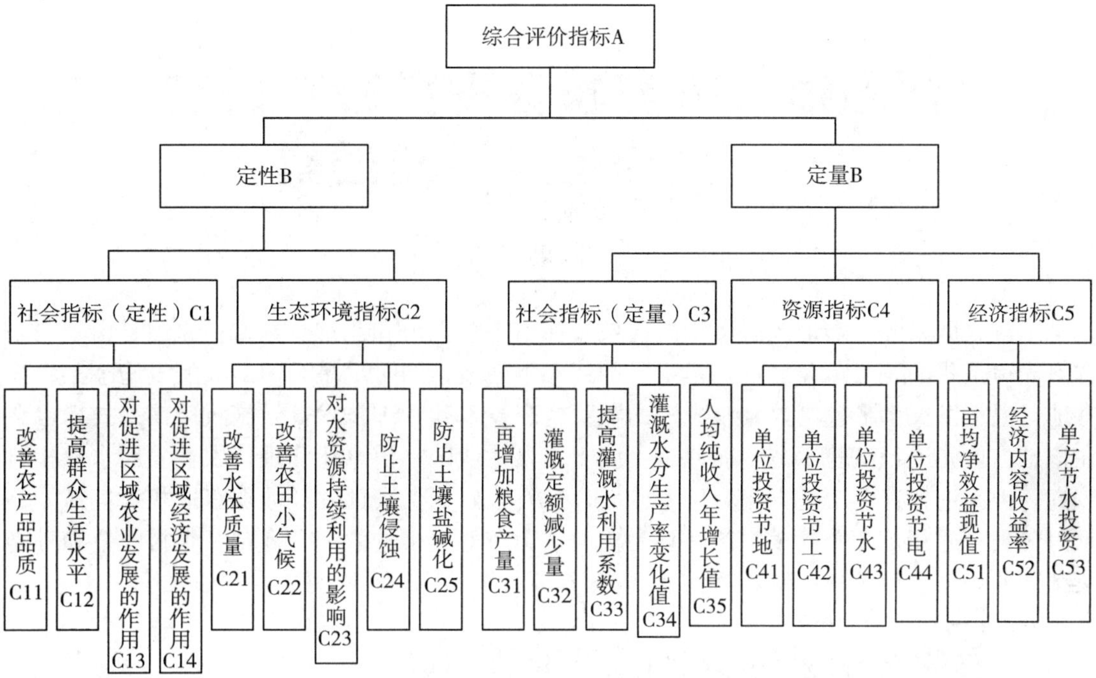

图 4-26　节水灌溉综合效益评价指标体系结构框架

第二步，定量指标的无量纲化；

第三步，权重的确定；

第四步，综合评判数学模型的建立。

4.5　本章小结

本章详细分析了设施蔬菜种植技术推广应用现状及技术需求，调查分析设施蔬菜信息技术应用现状及面向现代农业的北京设施蔬菜信息技术需求分析，主要研究结论如下：

（1）设施蔬菜种植技术推广应用现状分析结果表明：种子处理的农户占到 67.86%，撒播是主要播种方式，病虫害是农户在播种蔬菜时遇到的最多不利条件，根据自己经验是农户使用农药的主要依据，均占到 53.57%，喷打农药目前还是病虫害防治的主要实用技术，化学农药使用大于生物农药，人工除草为主。放风是农户给温室降温的主要方式。农户使用的肥料以无机肥料为主农户最需要的技术是病虫害防治技术，遇到问题，首先选择靠自己经验解决问题，这是最为有效快速的解决途径，占到 92.86%。

（2）目前信息技术现状是普及率低、种类有限、使用状况评价低、存在问题多、价格高等，但是多数农户和组织还是认为信息技术对叶菜生产很重要，技术需求潜力大，有很大推广空间。

第五章 叶类蔬菜生产技术采纳行为及其影响因素

本章数据来源于实地调研，调研区域选择山东寿光市和北京市，选择原因是由于山东省寿光市是我国著名蔬菜之乡，是主要的蔬菜生产地，同时也是全国最大的设施蔬菜生产基地，温室发展水平较高，具有先进的蔬菜生产技术和管理技术，设施蔬菜信息技术也会在该地方首先进行试验示范；而北京是属于较发达地区，信息化和现代农业发展水平相对较高；因此选择这两个地方作为调研区域，具有很好的代表性并且数据获取相对容易。北京以顺义、通州等7个叶菜主产区县为代表，山东寿光市选取2个乡镇7个村农户和寿光蔬菜产业集团种植大户调研，时间从2012年6月至2013年12月。

5.1 农业技术采纳行为的理论基础

5.1.1 农业技术采纳行为概念界定

农业技术采纳行为就是生产者对某项技术的选择、接受行为，也就是农户了解、思考、认可和掌握某种农业技术，同时在生产实践中应用的变化的整个过程（李孟华，2012）。生产者采纳新的技术、方法、技能、观点的行为和决策，而放弃传统生产方式，主要是为了满足生产实际的需要。由于农业生产的自身特点，农户采纳技术行为有着几个特点（满明俊，2010）：多样性、动态性、风险性和周期性。多样性主要表现在农业技术种类多、农户之间也有显著差异，在采纳技术时，不同的农户对同种技术采纳方式不同，或同一个农户对不同农业技术采纳的组合类别有所不同。动态性主要是指农户农业技术采纳行为发生不是一次性的，农户对新技术会有认识、了解、试用、采纳、反馈等环节，不断对以前的行为进行修正，呈现出动态变化的过程。当然，农户在采纳农业新技术时，会有一定的风险性。由于农户采纳新技术时，要对以前的生产方式进行改变，这种改变会受到多种因素的影响，结果很难预料，可能会达到预期增加收益的目的，也可能会存在新技术的使用失败。农业技术采纳也会像别的技术扩散一样，是一个长期过程，需要经过扩散、成熟、衰落等发展环节，根据技术需求，又有新技术出现，从而总体会呈现出一定的周期性。

5.1.2 农业技术扩散

农业技术采纳是农业技术推广的结果，而农业推广的核心基础是农业技术扩散，农业技术采纳动机更是农业技术推广的动力源泉，而农业技术采纳过程则是农业技术推广应用的必要环节，农业生产者行为的改变则是受农业技术推广过程中多种因素的影响。因此，从这4个方面进行理论研究对于采纳技术影响因素分析至关重要。

Esser（1999）认为技术接受主要涉及主体、对象和环境因素，他们之间相互作用导致技术采纳的结果。在技术扩散系统中，多个主体之间相互影响，同时受到复杂的环境因素交叉作用，共同决定着技术最终扩散效果。农业技术扩散系统是农业技术采纳行为的基础，可以用图 5－1 来表示（满明俊，2010）。

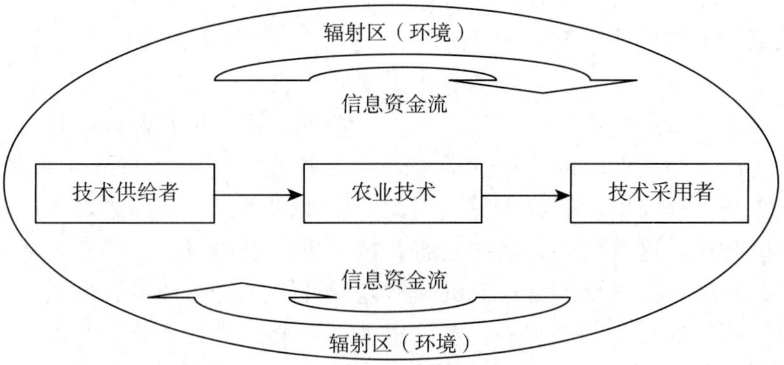

图 5－1 农业技术扩散系统

如图 5－1 所示，技术供给者是技术提供的源泉，技术采用者是技术的使用终端，两者之间通过信息资金流（技术扩散渠道）实现无缝对接，同时受周围环境促进或阻碍技术扩散影响，各个关键要素之间相互作用，共同支撑着技术扩散系统。

一般农业技术在推广扩散的整个周期内，会呈现出“S”形曲线，直观地展示了技术从推广示范到成熟的整个过程（任晋阳，1998）。在图 5－2 中，横坐标表示时间，纵坐标表示以创新采用累计数量（或累计百分数）。由“S”形扩散曲线的斜率可以得出技术在各个时间的扩散速率，最终画出一条常态分布曲线来表示技术扩散速率与时间的关系。

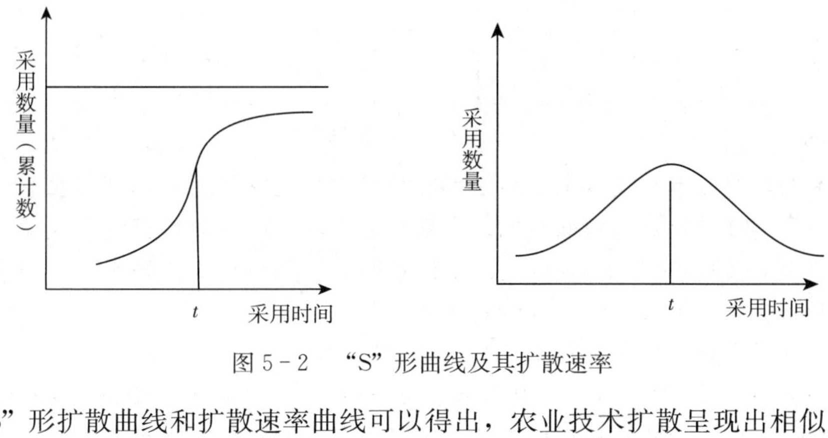

图 5－2 “S”形曲线及其扩散速率

由“S”形扩散曲线和扩散速率曲线可以得出，农业技术扩散呈现出相似的规律，即阶段性、时效性、交替性（靳淑平，2009）。阶段性规律表现为在农业技术扩散具有鲜明的阶段特征，在不同阶段农业技术扩散速率和扩散效果均不同；时效性规律主要反映出农业新技术在特定时期内会优势较为明显，超过期限就会失去竞争力；交替性规律表现为农业新技术推广扩散，将会取代旧技术，在某个时间，又有符合当下需求的新技术出现，周而复始，交替前进。

在农业创新技术扩散中，受到多方面的因素影响，主要包括：第一是生产者特征，包括户主的年龄、性别、受教育程度、性格等，由于户主在家庭做决策时有着绝对的权力，家庭生产经营情况和户主自身的特征有着重大关系，农户在采用农业创新技术时，往往是户主一人决定，因此户主对采纳技术不容忽视；第二是农户家庭特征，目前农业生产主要还是以农户家庭为单位的个体生产经营方式，家庭劳动力受教育平均水平、农业生产规模、劳动力数量、家庭经济水平、农业收入占家庭总收入的比重、家庭社会地位、家庭社会关系等均会对家庭采用农业新技术时产生重要影响；第三是农业创新自身属性，包括技术复杂性、适用性、稳定性、经济性和效果等，农业技术创新目的是提高农业生产效率、提高农业生产水平、提高生产者收入等，因此，农业创新技术推广中，生产者首先会对这些因素进行分析对比，这些属性直接决定着新技术推广成功与否。第四是环境因素，包括自然环境和社会环境，技术推广有一定的地域差异性，受自然环境影响较大；社会环境一般是指生产者所处到的社会发展水平、经济水平、社会价值观、政府政策、农业技术推广服务体系、农业专业合作社等。第五是其他因素，是指在农业新技术推广中产生一定影响，但是不在上述范围之内的因素。

5.1.3 农业技术采纳动机分析

农户个体的技术选择行为是在多个因素共同作用下，做出正确选择的结果。一般认为，在现有生产水平下，农户在实际生产中，产生技术需求，随后转换为技术需求动机、最终促使农户做出技术采纳行为（李艳芬，2010）。整个过程表示如图 5－3 所示：

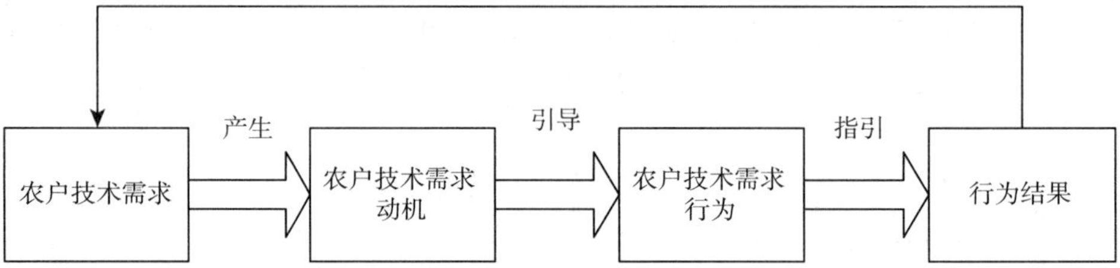

图 5－3　技术采纳动机流程

采纳技术的学习成本与技术采纳后所得收益是农户决定是否采纳某项农业新技术的主要原因。农户采纳技术是具有双面性的，在获取较大收益的同时也存在着风险，如果农户认为采纳某项农业新技术后会有很好的经济效益时，一般来说对该技术具有很强烈的采纳意愿，很可能就会直接导致采纳行为的发生。

牵引力和诱导力是农户采纳技术的两大动力源泉，两者相辅相成，共同推动农户持续采纳新技术（吴敬学等，2008）。牵引力是由农户对经济效益的追求而产生的动力，是一种主观能动性的表现，而诱导力则是由技术环境所产生的一种客观动力。正是由于这两者在其他多种因素的影响下，共同推动新技术不断交替被采纳，具体动力作用关系可用图 5－4 表示。

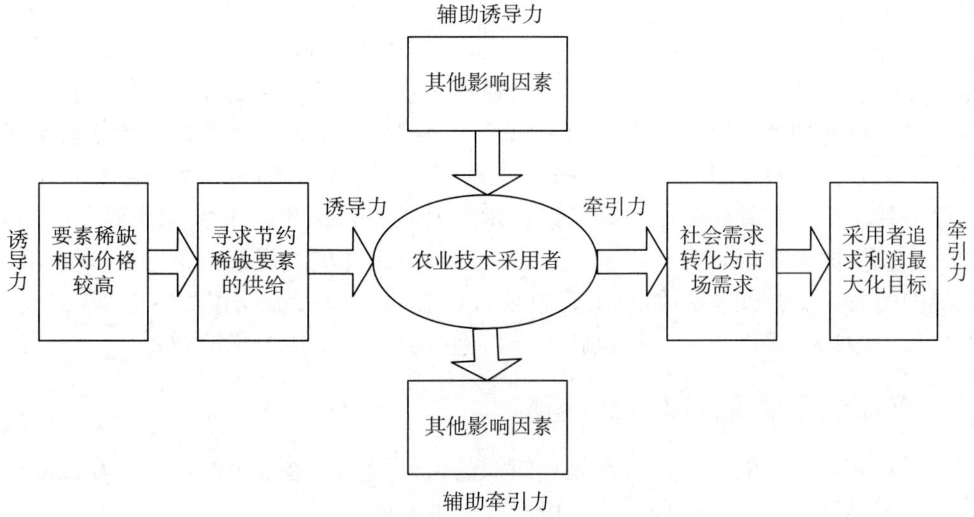

图 5-4　农户技术采纳的动力分析图

5.1.4　农业技术采纳过程作用机理分析

罗杰斯在创新扩散理论方面有着深入研究，他认为农业技术采纳分为五个环节，依次为认知、说服、决定、实施和确认，具体如图 5-5 所示。

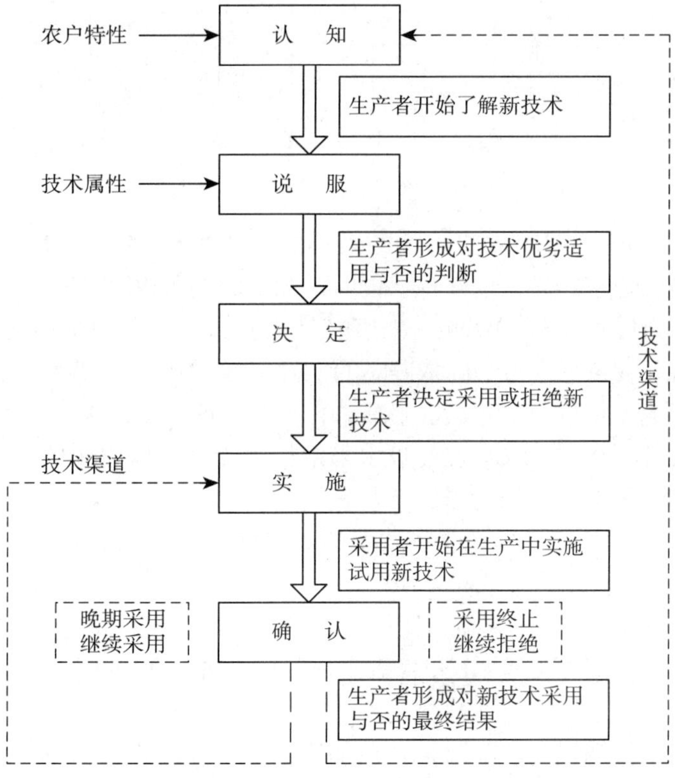

图 5-5　生产者的技术采纳过程

根据技术采纳过程作用示意图，可以详细分析生产者在每个阶段所做决策过程及影响因素（冯建英，2013）。第一阶段，农业新技术刚刚被农户得知，有了感性认知；第二阶段，感兴趣的农户开始尝试通过不同的信息渠道，获取技术相关属性，通过对技术的分析和比较，得出技术相关优势和劣势；第三阶段，根据分析结果并判断是采用新技术还是不采纳该技术；第四阶段，对于决定采纳技术的农户来说，首先通过小规模或小范围试用新技术，验证其在生产实际的效果，判断该技术是否符合自己生产的实际需要；第五阶段，农户根据小规模试验效果，进行下一步决策：继续使用并扩大规模或拒绝继续使用。在这期间对周围的农户影响很大，如果试验效果好，会起到带头示范作用，周围农户积极采纳；如果试验效果不好，其他农户也就不会再进行尝试，直接拒绝该技术。

5.1.5 农业生产者行为改变分析

农民在农业生产中的行为在有计划和组织的条件下是能够改变的，但是在改变行为期间会有一定的难度并且这个过程需要一段时间采纳有效（图 5－6）（刘宏，2012）。

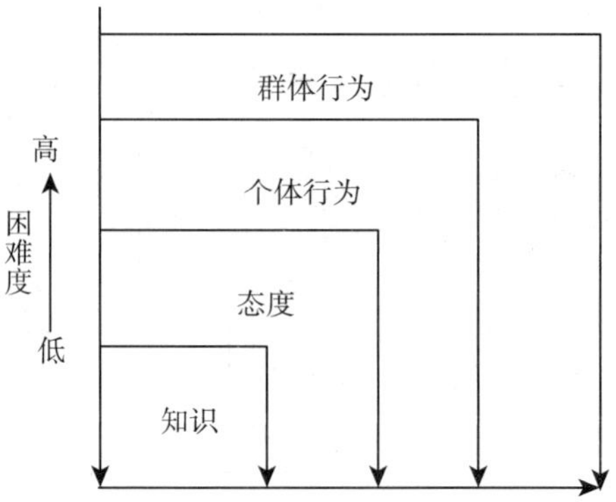

图 5－6　农户行为改变理论分析

由图 5－6 可以知道，改变农户行为的最难的是群体行为，而知识是最容易改变的。一般农户通过各种渠道很容易获取知识，同时对知识的认可也是比较快；但是在认可知识后，受多种因素以及固有思想的影响，态度转变需要充分的信息并且能够使农户相信理由，相对较为困难；在改变态度后，农户的行为不一定改变，这需要提供相应满足条件；当个体行为改变形成一定规模时，就会形成群体行为的改变。总之，行为改变是循序渐进的过程，难易程度各不相同。农户农业技术采纳行为受多种因素影响，可以分为两大类，即促进采纳的驱动力和抑制采纳的阻碍力。

社会学家文莱认为人的行为时可以改变的，这种改变过程及其影响因素可以用公式（5－1）来表示：

$$B=f(P, E) \qquad \text{公式 (5-1)}$$

公式（5－1）中，B 代表行为，P 代表个体特征，即内部因素；E 代表环境特征，外部因素。

由公式（5－1）可知，在内部因素和外部因素共同作用人的行为会发生改变，因此，要改变农户采纳农业新技术行为，首先要找出能够影响其行为改变的内部因素和外部因素，然后根据需要改变内部因素和外部因素中的一个，或者同时改变，实现对农户技术采纳行为的特定改变。

5.2　农户对设施蔬菜信息技术采纳行为差异分析

5.2.1　不同地区的采用率差异分析与是否采用技术农户的特征比较

（一）不同地区的采用率差异分析

设施蔬菜信息技术的采用率是指已采用该技术的农户数与调查样本总数的百分比。根据调查结果统计分析，设施蔬菜信息技术普及率较低，仅占到28.38%，不同地区采用率存在较大差异（表5-1）。山东省寿光市技术采用率为35.71%，比北京市采用率高16.96个百分点。在访谈中进一步发现，采用设施蔬菜信息技术的农户主要是参与专业农业经济组织的农户，主要包括参加农业专业合作社和示范基地的农户，而一般普通农户采用该技术比较少。这些技术使用者采用信息技术多数是由政府推广示范或免费试用，主动使用技术实现农业生产信息化较为鲜见。根据农业技术扩散原理，技术供给者已经将理论知识转变成具体的设施蔬菜信息技术，是属于农业创新成果，但是目前正处在投入阶段，也就是试验示范期，很多农户不了解甚至不知道信息技术，因此设施蔬菜信息技术是采用率低的一个主要原因。这种现象也印证了理性小农理论在设施蔬菜信息技术推广扩散中的存在性，目前设施蔬菜信息技术的投入较大，农户很难有足够资金支付购买，同时农户受传统生产技术使用的惯性，加之新技术并不会像别的生产资料在短期内投入产出效果那么明显，因此农户更倾向于将资金投入到化肥和农药等传统的高效技术上。访谈发现，有部分农户认为信息技术可有可无，对蔬菜生产并不是很重要。如果政府提供大量补贴或免费试用，他们很愿意采用实验，但是如果政府没有支持，他们不会主动去了解使用，而是继续采用传统的蔬菜生产技术。

表5-1　设施蔬菜信息技术采用率

地区	总户数	采用技术户数	采用率
山东寿光	43	15	34.88%
北京	32	6	18.75%
合计	74	21	28.38%

（二）是否采用信息技术农户的特征比较

采用设施蔬菜信息技术和未采用设施蔬菜信息技术农户的特征如表5-2所示。从户主年龄来看，采用信息技术的户主平均年龄比未采用信息技术户主平均年龄小3.28岁，分别是45.28岁和48.56岁。年龄结构主要以31～44岁的中青年和45～60岁的中老年为主，这是因为18～30岁年龄段的青年主要是在上学、上班或外出打工，很少留在家里从事蔬菜种植，从而导致了样本年龄结构分布相对较为集中，这也符合实际情况。从受教育程度的分布来看，文化程度均比较偏低，采用信息技术农户受教育水平略高于未采用信息技术农户受教育水平，分别为3.24和2.95，主要集中在初中层次，这是由于年龄结构分布特点和农业生产性质决定的。从家庭收入结构来看，采用信息技术家庭蔬菜收入占家庭总收入的比重为 0.76，略低于未采用温室信息技术家庭蔬菜收入占家庭总收入的比重 0.07。从种植规模来看，采用信息技术农户种植蔬菜规模为 5.68，而未采用温室信息技术农户种植蔬菜规模为 4.23。种植规模分布特征与前人（Anne，Shannon & Paul，2005；崔宁波，2008）的研究结果一致。由于农户从事蔬菜种植年限越长，其种植经验比较丰富，但是这也导致生产者墨守经验而对新技术产生抵触，从而阻碍了农户采纳新的技术，因此，调查结果呈现出未采用信息技术农户比采用信息技术农户平均种植蔬菜年限较长，分别是 4.51 和 3.65。

表 5-2　是否采用信息技术农户的特征

地　　区	变量赋值	采用信息技术	未采用信息技术
户主年龄	实际年龄	45.28	48.56
户主受教育水平	文盲=1；小学=2；初中=3；高中=4；5=大专及以上	3.24	2.95
家庭收入结构	蔬菜收入占家庭总收入的比重	0.76	0.83
种植规模	蔬菜种植面积（亩）	5.68	4.23
种植年限	蔬菜种植年数（年）	3.65	4.51

注：各项数值为农户的均值。

5.2.2　农户采用设施蔬菜信息技术行为的动因分析

（一）农户对采用信息技术前考虑的因素排序

农户采用农业新技术前都会考虑多种因素，这些因素对农户是否采用技术有着重要的影响作用。同样，农户采用信息技术前考虑因素众多，但是也有明显分布特征（表 5-3）。由表可知，农户对设施蔬菜信息技术采用前考虑因素有一定相似性，很多农户认为投入成本、家庭经济水平以及技术风险分别依次为采用设施蔬菜信息技术前考虑最多的因素的前三位，这也与满明俊（2010）、林毅夫（2008）、汪三贵（1996）等对农户技术采用动机的分析相一致。投入成本是农户采用信息技术首要考虑的因素，这是由于以家庭为单位的农户生产经营模式，资本相对有限，采用技术成本的高低对农户自身乃至整个家庭影响很大，一般农户很难有大量富余资金支付高投入。同样，可以看出，农户在考虑自身因素外，政府支持也占到 52.70%，说明农业新技术的推广和应用，政府扮演着重要的角色。由于农户自身资本及承担风险能力有限，他们更希望政府可以出台相关政策，给予资金和技术服务的帮助。

表 5-3　农户采用信息技术前考虑因素排序

项目	投入成本	家庭经济水平	技术风险	政府支持	技术难易程度	其他
排序	1	2	3	4	5	6
农户数	50	45	42	39	24	15
比例（%）	67.57	60.81	56.76	52.70	32.43	20.27

备注：比例为选择对应影响因素的农户数占样本总数的百分比。

（二）农户获取信息技术的信息渠道排序

从表 5－4 可以得出，农户获取信息技术的信息渠道依次为农机推广部门、农业合作经济组织、示范户、亲邻好友、广播电视、科技资料，这与前人研究大体相一致（盛颖慧，2010）。相对于其他行业，农业收益率相对低、周期长，以利益最大化为核心的企业针对农业技术推广服务的相对较少，因此，政府农技推广机构就成为农业技术宣传的主要载体。另外，农机推广部门代表着政府实施相关政策措施的执行者，在农户心中有着很高的威信和信任度。随着农业生产方式的转变和新型农业生产经营模式的出现，农业合作经济组织在农业实际生产中占据着越来越重的地位，是农户获取相关信息和技术服务的重要主体。除了上面两种以组织形式为农户提供全面系统信息外，以个体为主的示范户和亲邻好友也是传播信息的重要渠道，分别占到 33.78％和 28.38％。这说明设施蔬菜生产主要是以单个农户家庭为主体，他们在生产中相互借鉴和交流经验，以提升自身的生产能力。以广播电视和科技资料为主的信息传播渠道起到辅助宣传作用，分别占到 20.27 和 17.57。获取信息渠道主要还是以传统形式为主，由于农户自身文化水平和技术认知有限，不能很好利用现代信息传播渠道，通过手机和网络获取相关技术信息，这样提醒相关农业技术服务部门或机构，要把相关农业技术信息通过农户最常获取信息渠道传播，达到最好推广应用效果。基于以上结论，进一步分析可以得出，农户获取信息技术的信息渠道分类排序为：组织渠道＞个体渠道＞传播媒介＞现代传播渠道。

表 5－4　农户获取信息技术的信息渠道排序

项目	农机推广部门	农业合作经济组织	示范户	亲邻好友	广播电视	科技资料	其他
排序	1	2	3	4	5	6	7
农户数	42	30	25	21	15	13	10
比例（％）	56.76	40.54	33.78	28.38	20.27	17.57	13.51

（三）农户采用信息技术的决策依据

结合农户获取信息技术的信息渠道分析和表 5－5 可以得出，农户采用信息技术的决策依据和农户获取信息技术的信息渠道呈现正向关系。农户采用信息技术的决策依据中，政府推广占据主要部分，达到 61.90％，其次是合作社安排，占到 23.81％。一般技术接受采用分为主动接受和被动接受两部分，政府推广和合作社安排对农户来说是属于被动接受，这两项在设施蔬菜信息技术的决策依据里总共占到 85.71％，而基于主观能动性的主动接受的决策依据只占到 14.29％，主动接受主要包括亲邻好友介绍、外地学来、看宣传介绍。在设施蔬菜信息技术采用接受方面，被动接受大于主动接受，这现象也说明设施蔬菜信息技术还没有在农户心里形成必要的生产技术，他们对于信息技术的认知还处于初级阶段，没能充分发挥主观能动性，还需要加大宣传范围和深度。

表 5－5　农户采用信息技术的决策依据排序

项目	政府推广	合作社安排	亲邻好友介绍	外地学来	看宣传介绍	合计
排序	1	2	3	4	5	
农户数	13	5	3	1	1	21
比例（％）	61.90	23.81	14.29	4.76	4.76	100.00

（四）农户对采用信息技术后担忧的因素排序

从表 5-6 可以发现，技术效果小是农户对采用技术后担忧最主要的因素，一般来说，所有农户在采用新技术的目的都是提高产量，提高经济效益，如果采用新技术的效果很小，不符合农户采用新技术的最初愿望，这也是农户最担心的原因。一般人都会认为，信息技术、自动化等相关技术都会和高科技紧密联系在一起，需要知识丰富、学历高的人才能涉及使用。这就给农户释放一种信号，由于农户自身的文化水平不高，他们很担心不会使用，不能很好发挥新技术的效果，从而造成浪费。近年来，由政府牵头推广的很多农业新技术，基于种种主观和客观的原因，导致后续技术服务匮乏，但是农户需要技术指导、设备维护、技术更新等一系列后期服务，最终这些技术以失败而告终。当初农户投入大量资金和人力，希望可以提高效益、增加收入，这样一来，不但没有达到目的，反而削弱了农户自身的经济实力，这是农户比较担心的因素。设施蔬菜信息技术是随着信息技术、物联网技术、自动化等技术兴起的，目前技术还在研发试用阶段，没有传统的农业生产技术成熟，农户担心这些新技术不稳定，容易出错，影响农户正常生产。例如："温室娃娃"是一款自动温湿度采集器，并定时发送农户手机上，农户根据这些信息可以实时掌握温室内的环境情况，从而做出相应的措施。在调查中，有农户反映，如果温室娃娃由于自身损坏而发送错误的信息给农户，这对蔬菜生产影响很大，甚至导致减产。同时，农民还是比较关心价格变化，这是由于根据"理性小农"理论，农户生产农产品想最大可能地获取利润，由于农资市场出现价格不稳定，造成农户购买生产要素时价格不统一，也使农产品的收益率有所差异，因此农户对新技术价格变化还是比较敏感。

表 5-6 农户采用信息技术后担心因素排序

项目	技术效果小	不会使用	技术服务	容易坏	价格变化	其他
排序	1	2	3	4	5	6
农户数	53	43	42	35	30	15
比例（%）	71.62	58.11	56.76	47.30	40.54	20.27

5.3 设施蔬菜信息技术采纳行为影响因素分析

5.3.1 农户采纳设施蔬菜信息技术行为影响因素理论框架

农户技术采纳行为是属于农户经济行为的一种，对农户经济行为研究分为 3 种：第一种是"理性小农"理论，是由舒尔茨提出的，该理论把农民看做是理性的经济人，他们生产的目的就是实现利益最大化（刘宏，2012）。第二种是现代决策理论学派的代表人西蒙，他认为人的知识和能力都是有限的，价值观和目标观念在其做决策时是被内部因素和外部的随机因素共同限制的，人的经济行为是"有限理性"的。第三种是原苏联经济学家切亚诺夫提出"自给小农学说"，他们从事农业生产不是以获取最大利益为目的的商业行为而是满足家庭自给（周未，2010）。

前人做了很多关于农户采纳农业技术影响因素方面的研究。从以往研究结果来看，农户采纳不同类型的农业技术的意愿和采纳行为存在显著差异（朱明芬等，2001），导致这些差异的影响因素也是随着技术接受主体和环境的不同而有所差异（Sall 等，2000、

2010；Marc et al.，2012；乔翠霞，2012；冯建英，2013）。同时，也有研究学者将农户采用农业技术的影响因素分为内部影响因素和影响农户决策的外部影响因素（靳淑平，2009；姜明房，2009；盛颖慧，2010；刘宏，2012）。以农户自身特征和家庭特征为主要因素分析农户采纳行为所受到的内部影响，而以推广服务、农民合作组织以及新农村建设、经济环境、政府政策等方面为主要因素分析农户采纳行为所受到的外部影响。

（一）农户采纳行为的内部影响因素分析

内部因素一般是指农民自身的因素，即农户个体特征及农户家庭特征，反映了农户自身的禀赋，主要包括农户的性别、年龄、受教育水平、政治面貌、家庭收入、家庭劳力状况、种植规模、种植年限、生产专业程度、个人偏好、主要社会关系等（靳淑平，2009）。本研究主要关注的特征包括生产者年龄、文化程度、蔬菜生产年限、蔬菜生产规模、生产专业程度等。对于不同技术或环境，同一个因素影响程度有所差异，甚至相反。

（二）农户采纳行为的外部影响因素分析

同样，外部因素对农户采纳行为有着重要影响，一般农户行为的发生取决于内部因素和外部因素的共同作用结果。

本研究主要关注的外部因素有环境因素、信息变量、农业合作社、政策因素等。环境因素主要是指农户所处的社会环境，这里主要关注农户周围采纳设施蔬菜信息技术的人数所占比例。农户技术采纳行为受到社会、文化、个人特征、心理、资金、技术等众多因素的影响，不同的农户在个人内在因素（个人特征和心理）和外部环境因素（社会、文化、政策）共同作用下，产生了不同的技术采纳行为。但是农户在采用农业技术时，一般都会有从众心理，周围农户采纳现状很大程度上影响着农户技术采纳行为。

（三）研究假说

基于以上的分析本文提出以下假说：

H_1：农户自身特征的差异会影响农户对设施蔬菜信息技术采纳的行为。

H_2：农户家庭特征会对农户采纳设施蔬菜信息技术的行为习惯产生重要影响。

H_3：技术特征变量对农户采纳设施蔬菜信息技术的行为习惯产生重要影响。

H_4：其他外部因素会对农户采纳设施蔬菜信息技术的行为习惯产生重要影响。

（四）农户对设施蔬菜信息技术采纳的研究框架

基于农业技术扩散、技术采纳动机、农业技术采纳过程和农业生产者行为改变理论，并结合蔬菜生产的特殊性，构建了农户对设施蔬菜信息技术采纳的研究框架（图5－7）。

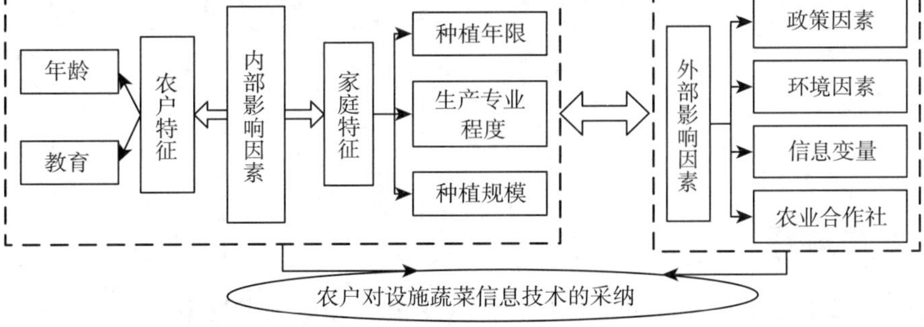

图5－7　农户对设施蔬菜信息技术采纳的研究框架

从研究框架可以看出，农户对设施蔬菜信息技术的采用受到农户特征、家庭特征、政策因素、环境因素、信息变量、农业合作社 6 个维度因素的影响，共有 9 个因素变量。农户的年龄和文化程度是农户最基本的特征，同时对于技术采纳有着重要影响；对于农户来说，蔬菜是以家庭为生产单位进行种植，家庭的一些固有特征对于技术接受就显得特别重要，往往是技术采纳与否的关键所在；对于生产者来说，外部环境为他们提供相关信息，是他们了解和认识技术的主要形式；周围农户采纳设施蔬菜信息技术的所占比例是属于环境因素，环境因素可以分析与周围环境相互依赖的作用关系；农业合作社是个体农户参加农业经济合作组织的主要形式，用于衡量农户所处的社会经济环境对设施蔬菜信息技术的采纳行为影响，用农户是否参加农业合作社作为计量模型指标；由于设施蔬菜信息技术现处于推广示范阶段，政策因素对技术推广扩散起到决定作用，引入该变量具有实际意义。

5.3.2 农户对设施蔬菜信息技术采纳的理论模型

由于农户设施蔬菜信息技术采纳行为的结果只有两种情况：采纳和未采纳，同时变量是离散而非连续的，因此二元 Logistic 方法用于构建设施蔬菜信息技术采纳模型比较好（William，1997），并且这种模型根据前期数据可以很好预测农户对新技术采纳的概率（满明俊，2010）。

构建农户对设施蔬菜信息技术采纳模型如公式（5－2）所示：

$$y = f(x) \quad \text{公式（5－2）}$$

x=（农户户主特征，农户家庭特征，环境因素，信息变量，农业合作社，政策因素）其中，在以上模型中，y 表示农户对设施蔬菜信息技术的采纳行为，而 x 表示影响技术采纳的各种因素。

很多学者已经将二元 Logistic 方法用于农业新技术的采纳行为研究（唐博文等，2010；Mare et al，2012；冯建英，2013），基于他们研究成果，本研究也使用二元 Logistic 概率函数模型构建农户对蔬菜设施信息技术的采纳模型，因变量定义为：

$$y=\begin{cases}1，\text{农户已采纳设施蔬菜信息技术}\\0，\text{农户未采纳设施蔬菜信息技术}\end{cases} \quad \text{公式（5－3）}$$

农户已采纳蔬菜设施信息技术行为发生的概率为 p_i，而农户未采纳蔬菜设施信息技术的概率为 $1-p_i$，则可以用公式分别将这两个行为发生概率表示：

$$p_i = \frac{e^{\beta_0+\beta_1x_1+\cdots+\beta_nx_n}}{1+e^{\beta_0+\beta_1x_1+\cdots+\beta_nx_n}} = \frac{e^{\beta_0+\sum_{i=1}^{n}\beta_ix_i}}{1+e^{\beta_0+\sum_{i=1}^{n}\beta_ix_i}} \quad \text{公式（5－4）}$$

$$\ln\left(\frac{p_i}{1-p_i}\right) = \beta_0 + \sum_{i=1}^{n}\beta_ix_i \quad \text{公式（5－5）}$$

5.3.3 变量解释

根据理论框架分析，采纳模型中有一个因变量 y 和 9 个自变量 x，它们所表示的含义以及预期对农户设施蔬菜信息技术采纳的影响预期方向如表 5－7 所示。

表 5－7　各影响因素的变量解释及预期作用方向

变量	代码	定　义	预期方向
因变量			
是否采用设施蔬菜信息技术	y	采用＝1，未采用＝0	
(1) 农户特征			
年龄	x_1	30 岁及以下＝1，31～40 岁＝2，41～50 岁＝3，51～60 岁＝4，60 岁以上＝5	＋/－
受教育水平	x_2	未上过学＝1，小学＝2，初中＝3，高中（职高、中专）＝4，大专及以上＝5	＋
(2) 农户家庭特征			
种植年限	x_3	2 年以内＝1，2～5 年＝2，5～10 年＝3，10 年以上＝4	＋/－
种植规模	x_4	以蔬菜种植总面积来衡量，单位为亩	＋
生产专业程度	x_5	蔬菜生产收入占家庭收入比重 20％及以下＝1，21％～40％＝2，41％～60％＝3，61％～80％＝4，80％以上＝5	＋/－
(3) 环境因素	x_6	农户周围采用数量，没有＝1，很少＝2，一半＝3，较多＝4，都在使用＝5	＋
(4) 信息变量	x_7	很难获得＝1，一般＝2，很容易获得＝3	＋
(5) 农业合作社	x_8	参加＝1，未参加＝0	＋
(6) 政策因素	x_9	非常不支持＝1，比较不支持＝2，中立＝3，比较支持＝4，非常支持＝5	＋

表 5－8 表示农户设施蔬菜信息技术采纳的因素变量的统计分析结果，从表 5－8 可以看出，农户以中年为主，主要分布在 31～50 岁年龄段，还可以看出自身特征的另一个受教育水平偏低，小学和初中学历的人多。农户家庭特征中，不同的种植户从事蔬菜种植的年限差异显著，主要以 2～5 年和 5～10 年两个年限段为主；蔬菜种植规模受家庭影响比较大，最小的是 0.4 亩，而最大的达到 13 亩，总体来看种植规模较小，平均为 3.14 亩；从事蔬菜生产的专业化程度较高，蔬菜生产收入占家庭总收入的平均比重在 50％以上，甚至有些家庭收入全部来源蔬菜生产，达到 100％。在外部环境因素中，环境因素均值低至 1.82，农户周围使用设施蔬菜信息技术的农户很少，有些周围都没有采用，总体采纳率很低；信息变量的均值为 1.58，农户获取设施蔬菜信息技术的信息总体来说不是很流畅，经常出现很难获得情况，获取信息渠道较少，且来源可信度较低；农户参加农业合作社的比例还不足一半，情况不容乐观，表现不是很积极；政府相关政策对设施蔬菜信息技术推广扩散有着决定性影响，但是由表 5－8 看出政策因素并没有发挥其在农业新技术中的重要作用，农户对此认可度不高。

表 5-8　农户关于设施蔬菜信息技术采纳模型中各变量的描述性统计（$n=74$）

变　量	最小值	最大值	均　值	标准差
年龄	1	5	2.96	1.24
受教育水平	1	5	2.45	1.12
种植年限	1	4	2.45	0.91
生产规模	0.4	13	3.14	2.21
生产专业程度	1	5	3.86	1.2
环境因素	1	4	1.82	0.91
信息变量	1	3	1.58	0.74
农业合作社	0	1	0.4	0.49
政策因素	1	5	3.53	1.06

5.3.4　模型估计结果

用 SPSS 软件对数据进行二元 Logistic 回归操作，得出各个因素的多个统计学系数，估计结果如表 5-9 所示。

表 5-9　模型估计结果

自变量	B	S.E.	Wald	df	Sig.	Exp（B）
年龄***	−0.540	0.600	3.629	1.000	0.007	0.719
受教育水平	0.288	0.770	0.140	1.000	0.709	1.333
种植年限*	−0.023	0.813	2.962	1.000	0.094	1.509
生产规模	0.003	0.003	0.574	1.000	0.437	1.012
生产的专业程度	−0.612	0.562	1.184	1.000	0.276	0.542
环境因素***	2.626	0.893	8.646	1.000	0.003	13.815
信息变量**	1.770	0.840	4.436	1.000	0.035	5.872
农业合作社*	2.307	1.225	3.548	1.000	0.060	10.043
政策因素**	1.695	0.856	3.915	1.000	0.048	5.444
Constant	−13.873	5.502	6.358	1.000	0.012	0.001

备注：***，** 和 * 分别表示在 1%，5%和 10%的显著性水平下显著。

在表 5-9 中，Wald 值与 Sig. 的值呈负相关关系，Sig. 值就是统计出的 P 值，当 Sig. 值较小说明该变量比较显著，设施蔬菜信息技术采纳行为的影响越大，当 Sig.<0.1 时，也就是该变量在 10%水平上显著时，认为该变量的显著水平是可以认可的。按照这一标准来判断，在模型中生产者的年龄、种植年限、环境因素、信息变量、农业合作社、政策因素 6 个变量对农户的设施蔬菜信息技术采纳行为影响是显著的，受教育水平、生产规模、生产的专业程度 3 个变量则不显著。

根据表 3-9 所示，农户设施蔬菜信息技术采纳行为的 Logistic 模型可以用公式（5-6）表示，具体为：

$$\begin{aligned}\text{Logit}(p) &= \ln\left(\frac{p}{1-p}\right) = \beta_0 + \beta_1 x_1 + \cdots + \beta_k x_k \\ &= -13.873 - 0.540x_1 - 0.023x_3 + 2.626x_6 + 1.770x_7 + \\ &\quad 2.307x_8 + 1.695x_9 \end{aligned} \qquad \text{公式（5-6）}$$

由公式（5-6），可以得出农户设施蔬菜信息技术采纳行为发生的概率如公式（5-7）所示：

$$p(y=1) = \frac{e^{\ln(\frac{p}{1-p})}}{1+e^{\ln(\frac{p}{1-p})}} = \frac{e^{-13.873-0.540x_1+\cdots+1.695x_9}}{1+e^{-13.873-0.540x_1+\cdots+1.695x_9}} \qquad \text{公式（5-7）}$$

同样，可以得出农户设施蔬菜信息技术采纳行为不发生的概率如公式（5-8）所示：

$$p(y=0) = \frac{1}{1+e^{\ln(\frac{p}{1-p})}} = \frac{1}{1+e^{-13.873-0.540x_1+\cdots+1.695x_9}} \qquad \text{公式（5-8）}$$

5.3.5　估计结果分析与讨论

（1）**农户特征**　由估计结果可以看出，农户特征中的年龄变量在1%显著水平下作用显著，且回归系数为负数，而农户特征中的另一个变量受教育水平没有通过显著性水平检验。说明年龄越大的农户，越不愿意采纳设施蔬菜信息技术，这主要是由于年龄越大的农户，他们传统生产经验由于长时间积累而非常丰富，但是这也导致生产者墨守经验而对新技术产生抵触，接受新鲜事物越慢，对于农业新技术的接受越困难，更加习惯使用常规蔬菜生产技术，从而阻碍了农户采纳新的技术。这就很好解释了年龄偏大的农户对设施蔬菜信息技术这种新技术的采纳意愿不强烈，前人也有相似的研究结论（唐博文，2010；冯建英，2013）。受教育水平农户设施蔬菜信息技术采纳行为影响不显著，这与一般认识不同，一般认为受教育水平较高的农户，他们认识、学习和使用的能力相对较强，对农业新技术更加了解，很容易迈过技术壁垒，从而更愿意越容易采纳新技术。出现这一反常现象可能是由于蔬菜种植特殊性所致，受教育水平高的农户，考虑事情会更加全面、细致，在做决策时，把采用新技术所遇到的困难和风险考虑的比较多，这样往往会阻碍他们快速决策，影响采纳行为的发生。

（2）**农户家庭特征**　在农户家庭特征所有变量中，仅有生产种植年限一个变量对农户设施蔬菜信息技术采纳行为影响显著，而另外两个因素变量生产规模和生产的专业程度则影响不显著。生产种植年限的在10%水平下显著，且系数为负，这说明生产种植年限对农户设施蔬菜信息技术采纳行为发生有阻碍作用，主要是由于农户生产蔬菜的时间较长，他们往往都有自己的一套理论和方法，可以很熟练的从事生产并且还有一定的优势感，假如采纳设施蔬菜信息技术，会导致生产方式的改变，他们需要很长时间来适应改变，从而表现出种植年限会抑制新技术的推广扩散。生产规模和生产专业程度这两个变量具有潜在的关联性，往往生产规模较大的农户，收入相对来说就比较多，很可能是家庭的主要经济来源，就表现为生产专业程度较高；根据“理性小农”理论，生产专业程度较高的农户，蔬菜生产是他们家庭的主要经济来源，为了实现利益最大化，他们会通过提高规模效益来实现。从另一个角度分析，种植规模大的农户一般都是趋向实现规模化生产，而设施蔬菜信息技术的最主要优势恰好就是实现自动化生产，这就促进农户对设施蔬菜信息技术的采纳；但是生产专业程度较高的农户，他们对因改变生产方式而带来风险的承受能力较低，这就会抑制农户设施蔬菜信息技术采纳行为的发生。从这两个角度综合来看，种植规模和生产的专业程度之间相互影响，从而导致这两个变量在该模型中影响程度不大。

（3）**环境因素** 环境因素变量的 P 值为 0.003，回归系数为 2.626，且在 1%水平下显著，说明周围农户采纳行为对设施蔬菜信息技术采纳行为有显著影响，并且是正向关系。这主要是因为大部分农户由于自身资本和抵御风险有限，他们大多数不会成为农业新技术的早期采用者，他们会根据别人试用效果来决定自己是否采用。当别人试用效果较好时，他们就会自己“试用”；当别人试用效果不好时，他们就避免了因试用失败而带来的损失，这种现象也是由以家庭为单位进行蔬菜生产所决定，是实现利润最大化的表现。因此，在农业新技术推广初期，要加大示范作用，引导农户参观考察由新技术带来的良好效果，同时重视示范户在农业新技术推广中的宣传作用。

（4）**信息变量** 信息变量的 P 值为 0.035，回归系数为 1.770，说明信息变量显著影响农户设施蔬菜信息技术的采纳行为，并且有正向促进作用，这与前人研究相一致（冯建英，2013；郭晶，2007）。信息变量在设施蔬菜信息技术推广扩散系统中，发挥着纽带作用，是技术源头（技术提供者）与技术使用终端（技术接受者）的沟通桥梁。农户往往是先通过了解新技术相关信息来对技术有个感性认识，信息的准确性和完整性决定着农户是否继续深入了解技术，发挥着至关重要的作用。但是在统计量描述中，可以看出目前信息提供还不是很充分，影响农户对设施蔬菜信息技术的采纳。一般农户获取农业信息的渠道有多种，诸如：邻居好友、科技资料、广播电视、手机信息、网络信息、农业技术培训、农技市场、政府推广等，但是调查结果显示，农户获取信息的渠道较狭窄，主要渠道是广播电视和农机推广部门，致使其掌握信息有限，不能较好满足农民对设施蔬菜信息技术的信息需求。

（5）**农业合作社** 农业合作社的系数为 2.307，Exp（B）为 10.043，且在 10%水平上显著，说明参加合作社可以促进农户设施蔬菜信息技术采纳行为的发生，即有助于技术推广扩散。一方面，一般技术推广部门或企业首先会与合作社联系，提供较为准确的信息，参加合作社的农户可以获取较多关于新技术的信息，能够完善对技术的认知，同时可以有更多机会观摩别人的试验效果。另一方面，合作社是农业经济合作组织，是由几个到几百个农户参与组成，实力相对农户个体来说较为强大。由合作社提供免费试用或部分补贴，分担了农户前期大量资金投入压力和降低了用户对生产方式改变有可能带来的风险。

（6）**政策因素** 政策因素变量的回归系数为 1.695，且通过 5%显著水平的检验，说明政策因素对农户设施蔬菜信息技术采纳行为发生有促进作用。由于设施蔬菜信息技术的推广仍然处于起步阶段，政府又是农业技术推广的重要一部分，政府发挥相关职能作用显得尤为重要，往往决定着技术推广扩散的成败。在调查中，农户谈到最多的就是政府政策因素，农户希望得到一些政府政策支持，不仅要有相应的资金补贴，还要得到技术指导培训和维护农资市场价格稳定，希望得到农产品价格支持者高达 85%。

5.4 本章小结

本章首先分析了农业技术扩散、技术采纳动机、农业技术采纳过程和农业生产者行为改变等基础理论，构建农户设施蔬菜信息技术采纳行为因素理论框架，最后建立农户设施蔬菜信息技术采纳模型分析了设施蔬菜信息技术采纳行为的影响因素。结论如下：

（1）设施蔬菜信息技术普及率较低，仅占到 28.38%，寿光市采用率为 35.71%，比北京市采用率高 16.96 个百分点，设施蔬菜信息技术采纳和未采纳的农户特征之间有着明显差异；投入成本是技术采纳前农户考虑主要的因素，农户获取相关信息渠道较为单一，政府推广是技术推广的主要方式，农户使用技术后最担心的是技术效果小。

（2）基于农业技术扩散、技术采纳动机、农业技术采纳过程和农业生产者行为改变理论建立了农户设施蔬菜信息技术采纳模型，估计结果显示：在所有变量中有 6 个变量在 1%，5%和 10%不同显著性水平下显著，模型整体效果较好。

（3）在模型自变量中，生产者的年龄、生产种植年限对农户的设施蔬菜信息技术采纳行为有负向影响，而农业合作社、政策因素、环境因素、信息变量产生正向作用，受教育水平，生产规模和生产的专业程度则不显著。

第六章　叶类蔬菜生产技术效率测评及其技术改进路径

技术效率是衡量生产者对现有技术的利用程度，技术效率值的高低直接反映了生产者目前的生产水平。本章首先对技术效率的概念、研究方法和理论模型进行分析，在此基础上，构建计量模型对叶类蔬菜生产技术效率及其影响因素进行全面分析和探讨，最后，提出了基于技术效率提升的叶类蔬菜生产技术推广应用战略路径，对发展叶类蔬菜生产技术提供有力的理论依据和指导。

6.1　技术效率理论与评价方法

6.1.1　技术效率基础理论

技术效率的定义最早是由 Farrell 从成本投入角度在 1957 年提出的，他认为在生产条件不变的情况下，合理配置资源，最优要素组合生产时所用的成本与实际要素投入成本的比值。这种定义在当时被广泛认可，并不断完善和改进，学者 Leibenstein 于 1966 年也给出了技术效率的定义，他认为技术效率就是在生产要素及其组合比都不变的情况下，生产者能够获得的实际收益与理想状态下能够获得最大收益的比值，这是从产出角度下的定义。很快这种定义也被众多学者认可，从表面上看这两种定义方式不同，其实他们实质都是表示当下生产技术效率与最优状态下技术效率的比值，是技术水平在现有生产条件下所发挥的作用程度。

在技术效率（TE）的定义中，其取值是在 0 和 1 之间，当技术效率小于 1 时，说明技术效率未达到技术有效，即在现有条件下，没有充分发挥技术优势，表现为每个生产单位是在理想状态的生产前沿面以下，有着明显的技术效率损失，与生产前沿面的差值即为技术效率还可以提升的空间；当技术效率等于 1 时，说明在现有生产水平下，技术已经得到充分发挥，表现为技术有效，这是理想状态，这是生产所要发展改进的目标，但是在实际生产中，由于受到多种因素的影响，往往达不到技术有效，但是可以通过技术改进或合理配置生产要素，尽量减少技术效率损失。

基于以上对技术效率概念界定的基础上，现对叶类蔬菜生产技术的技术效率做出如下定义，就是当叶类蔬菜生产技术在不变化时，生产者在现有技术水平下，生产叶类蔬菜能够得到最大收益或要素投入成本最小的程度。

6.1.2　SFA 与 DEA 评价方法的比较与选择

目前最常用的技术效率测算方法主要有随机前沿生产函数（SFA）方法与数据包络分

析（DEA）方法，他们均是从每个生产单位的投入和产出角度进行效率分析，在得出每个生产单元效率的同时还可以计算整个样本的效率。SFA 和 DEA 两种方法，在测算技术效率方面，他们两者之间有许多异同点，又有各自的优缺点和适应性（表 6－1），因此，根据自己所研究的对象及其特点可以选择合适的一个分析方法。

表 6－1　SFA 与 DEA 对技术效率测算的比较

项　　目	随机前沿生产函数（SFA）	数据包络分析（DEA）
是否参数方法	是	否
方法范畴	经济计量方法	数学规划方法
生产函数的界定	以回归分析为基础，估计结果依赖生产函数和随机项的概率分布	不要求事先界定生产函数，无需假设无效率分布
对于随机因素的考虑	考虑随机因素的影响	忽略随机因素的影响
技术效率影响因素	可以直接测评	不能直接测评
适用对象	多投入单产出	多投入多产出

根据表 6－1 对数据包络分析和随机前沿生产函数的比较，我们可以得出以下几条结论（史君卿等，2008；孙媛，2013；冯建英，2013）：

第一，随机前沿生产函数是属于参数方法，而数据包络分析是属于非参数方法，参数方法和非参数方法最主要的区别就是否事先确定生产函数的形式，使用参数方法时要对生产函数形式进行验证，判断该形式是否符合应用领域。

第二，SFA 方法是一种经济计量方法，具有统计学方面的特性，可以通过多种参数进行各种检验；而 DEA 方法是一种数据规划方法，只需要算出预期结果，不需要别的模型检验，使用起来相对较为简单。

第三，SFA 以回归分析为基础，估计结果依赖生产函数和随机项的概率分布，而 DEA 不要求事先界定生产函数，无需假设无效率分布。

第四，SFA 方法可以直接得出技术效率，并且可以进一步区分统计误差项与管理误差项，同时找出影响技术效率的因素及其作用效果；而 DEA 方法不能直接算出技术效率，并且忽略样本个体之间的特殊性，因此 DEA 和 SFA 测算的技术效率有时并不一致。

第五，DEA 特别适用于多投入多产出的决策单元，而 SFA 方法常用于多投入单产出方面。

综合以上分析，叶类蔬菜生产的产出为叶类蔬菜产品，而投入涉及多个投入要素，包括土地成本、劳动力成本、物质与服务费用等，同时为了直接测算出技术效率、投入要素冗余程度和影响技术效率的因素及其作用效果。因此，本研究选择随机前沿生产函数方法更适合对叶类蔬菜生产技术效率进行测算并找出影响因素。

6.1.3　随机前沿分析模型基础

由于确定随机前沿生产函数的缺点，艾格纳、洛夫尔和施密特（Aigner，Lovell and Schmidt，1977）以及穆森和布勒克（Meeusen and Van Den Broeck，1977）分别提出了随机前沿生产函数模型（史君卿等，2008；冯建英，2013），见公式（6－1）：

$$y_i = f(x_i;\beta)\exp(v_i - u_i), i = 1,2,\cdots\cdots n. \qquad 公式（6－1）$$

其中，y_i 代表第 i 个生产单元的产出，x_i 代表该生产单元的投入，β 为待定参数。误差项 $v_i - u_i$ 由两部分组成，其中 v_i 为随机扰动项，可正可负，服从 $N(0,\sigma v^2)$ 且 $v_i \in iid$，因此，随机前沿生产函数围绕着模型的确定部分上下变动；非负随机变量 u_i 表示由于技术非效率所引起的误差，仅对某些生产单元具有影响；v_i 与 u_i 相互独立。

在这以后，这种方法在计量经济学中应用广泛，也作出了进一步发展，其中现在应用最广的就是拜特斯（Battese）和库利（Coelli）两人的合作研究成果。他们俩在 1992 年和 1995 年分别提出了 BC（1992）和 BC（1995）两个模型，BC（1992）和 BC（1995）的函数形式依次如公式（6－2）和公式（6－3）：

$$y_i = \beta x_i + (v_i - u_i), i = 1,2,\cdots\cdots n. \qquad 公式（6－2）$$

$$y_{it} = \beta x_{it} + (v_{it} - u_{it}), i = 1,2,\cdots\cdots n.$$

$$m_{it} = Z_{it}\delta \qquad 公式（6－3）$$

在上式中，个变量与公式（6－1）中定义相同。BC（1992）模型能够处理各种截面数据同时可以计算多种技术效率（平均技术效率以及每个个体的技术效率）。库拜克（Kuinbhakar，1991）以及斯蒂文森（Stevenson）等人明确提出，可控因素变量和随机因素变量组成技术非效率函数。拜特斯（Battese）和库利（Coelli）在 1995 年根据这个思想，进一步发展了 BC（1995）模型。该模型不仅可以及时整体及个体的技术效率，还可以找出因素对技术效率影响程度。另外，拜特斯（Battese）和库利（Coelli）根据这两个模型，开发了技术程序软件 Frontier，专门用于计算技术效率和影响因素，使得 SFA 技术在实践中得到广泛的应用，目前流行软件版本为 Frontier4.1，这也是本文计算时所用的工具。

在随机前沿生产函数方法中，主要的生产函数形式有：

线性函数 $y = \beta_0 + \sum_{n=1}^{N}\beta_n x_n$

柯布—道格拉斯函数 $\ln y = A_0 + \sum_{n=1}^{N}\beta_n \ln x_n, A_0 = \ln\beta_0$

二次函数 $y = \beta_0 + \sum_{n=1}^{N}\beta_n x_n + \frac{1}{2}\sum_{n=1}^{N}\sum_{m=1}^{N}\beta_{mn} x_n x_m$

正规化二次函数 $y = \beta_0 + \sum_{n=1}^{N-1}\beta_n\left(\frac{x_n}{x_N}\right) + \frac{1}{2}\sum_{n=1}^{N-1}\sum_{m=1}^{-1}\beta_{mn}\left(\frac{x_n}{x_N}\right)\left(\frac{x_m}{x_N}\right)$

超越对数函数 $\ln y = \beta_0 + \sum_{n=1}^{N}\beta_n \ln x_n + \frac{1}{2}\sum_{n=1}^{N}\sum_{m=1}^{N}\beta_{mn}\ln x_n \ln x_m$

广义里昂惕夫 $y = \sum_{n=1}^{N}\sum_{m=1}^{N}\beta_{mn}(x_n x_m)^{1/2}$

常数替代弹性（CES）$y = \beta_0 \left(\sum_{n=1}^{N}\beta_n x_n^r\right)^{1/r}$

线性形式和柯布—道格拉斯形式都是一阶灵活的，而其他的均为二阶灵活函数的形式，在实际应用中，我们通常更倾向于那些二阶灵活函数的形式。然而，要增加其他灵活性是有成本的——存在更多要估计的参数，而且这会引起经济计量上的困难（例如，共线性）。因此，在使用随机前沿生产函数方法时，要根据应用领域确定一种最为合适的方法进行使用。

6.2　计量模型构建与实证数据

6.2.1　数据来源与测算

本章研究数据来源于实地调研，调研内容主要包括农户个体基本信息、家庭基本信息、叶类蔬菜（生菜、油菜、快菜、菠菜和芹菜）生产成本收益及政策补贴和叶类蔬菜生产技术（一般生产技术、信息技术和生产技术）。在调研时考虑叶类蔬菜生产和经营的特殊性，对叶类蔬菜种植户采用问卷调查与农户访谈相结合的方法，调研时间在2014年7～10月。调研区域选择北京市，调研选取的区县包括设置现代农业产业技术体系北京市叶类叶类蔬菜创新团队综合实验站的5个区县（昌平区、房山区、怀柔区、密云县和顺义区）及叶类蔬菜生产重点区——通州区。叶类蔬菜创新团队综合实验站和部分田间学校协助调研，调研样本涉及叶类蔬菜种植农户119户，样本来源32个乡镇，37个村（表6-2和图6-1）。

表6-2　2014年调研样本乡镇分布情况

区县	被调查农户	乡　镇	被调查的叶类蔬菜产业组织（个）
昌平	15	马池口、南郡、百善、兴寿、崔村、城北、昌平	6
房山	34	琉璃河、石楼、长阳、城关、窦店乡、长阴镇、石楼、阎村、良乡、周口店	9
怀柔	15	北房、杨宋	3
顺义	28	杨镇、李桥	2
通州	10	潡县、潞城、宋庄、西集、永乐店、于家务	13
密云	7	西田各庄、河南寨、密云镇、北庄、太师屯镇	5
合计	119	32	38

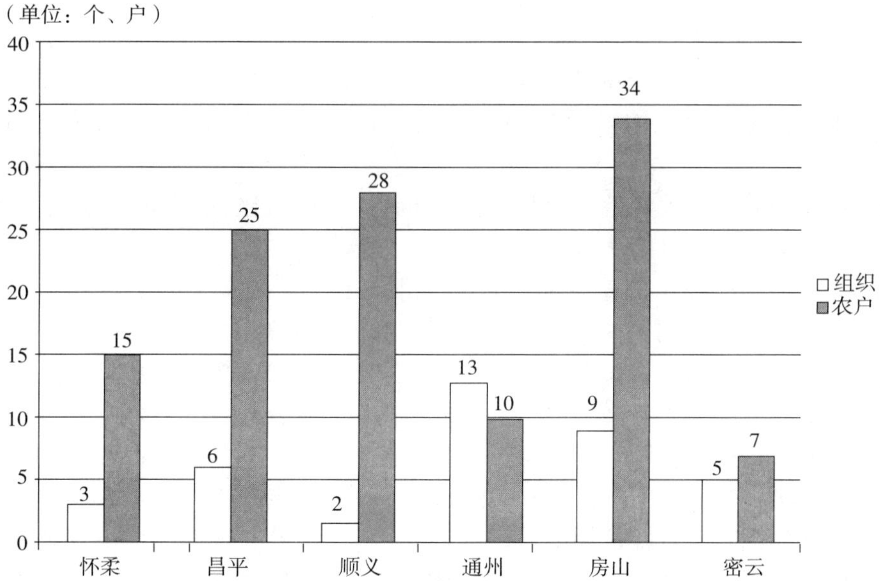

图6-1　2014年调研样本区县频率分布情况

本章数据均来源于实地调研数据，由于调研的基本数据是以亩作为生产面积单位，为了便于研究和分析计算，本文同前人研究一样，也把亩作为测算技术效率生产面积的单位（崔宁波，2008；李俊英等，2009；张领先等，2013；冯建英，2013）。

本章数据测算采用 Coelli 等人开发的 Frontier 4.1 软件，这是一款专门用于技术效率测算和分析的软件。

6.2.2 变量选取与说明

（1）前沿生产函数变量的选取与说明 近年来，“绿色叶类蔬菜”、“有机叶类蔬菜”等词汇较为流行，充分说明了叶类蔬菜作为主要的经济作物，不仅产量重要，同样品质不容忽视，对叶类蔬菜价格影响较大。因此叶类蔬菜的产量并不能真正反映叶类蔬菜生产的技术发挥水平，为了更准确测算技术效率，本文将根据前人研究经验，把产量与价格的乘积，即生产总产值作为产出变量，单位为元/（亩·年）（姚增福，2010；冯建英，2013；张领先，2013）。

在本研究中，以每亩物质与服务费用（除去肥料）、每亩肥料成本、每亩劳动力成本（人工成本）及每亩土地成本作为投入变量。将肥料成本单列出来，主要用于专门测算肥料成本投入对生产者技术效率的影响，这是因为在叶类蔬菜生产过程中，肥料施用量较大，对叶类蔬菜产量和品质都有着重要作用（龚月，2010）。同样，投入要素变量也会考虑价格因素，选择相应的成本作为计算依据，单位均为元/（亩·年），在与产出变量保持一致同时计算结果也会更加贴近实际生产。从以上分析中，我们可以选择下面 4 个投入成本作为计算指标，具体如下：

物质与服务费用（M）：指除了所消耗的肥料之外，其他所有投入的各项物质费用总和，主要包括种苗费、机械费、水电费、和其他费用，单位：元/（亩·年）。

肥料成本（F）：指叶类蔬菜生产消耗的肥料费，包括化肥（氮肥、磷肥、钾肥、复混肥和其他化肥）和有机肥，单位：元/（亩·年）。

劳动力成本（L）：指叶类蔬菜在整个生产过程中消耗的劳动力成本，包括雇工成本和自用工成本（自家人工成本按照当地人工费用进行折算）两部分，单位：元/（亩·年）。

土地成本（S）：包括流转地租金和自营地折租（对不付费的土地按照流转价格进行了成本折算），单位：元/（亩·年）。

（2）叶类蔬菜生产技术效率影响因素的选取与说明 已有相关研究表明（亢霞等，2005；曹暕，2005；李谷成等，2008；全炯振，2009；李然，2010；孙致陆，2013），影响农业生产技术效率的因素有很多，主要包括农户人力资源及资金等要素禀赋情况、农户生产行为、政府政策、经济社会发展水平、自然环境与气候条件等。农户的技术效率是一个内生变量，受多种外生性因素的影响，主要有技术特征、生产条件、经济发展水平、政策因素、生产者自身禀赋等宏观因素和微观因素等，研究者们一般是结合研究对象的特征对以上不同方面的因素进行筛选和细化，然后将其代入效率损失函数中测算各个因素对技术效率的影响程度（冯建英，2013）。在微观因素方面，农户的人力资本因素和家庭禀赋因素是最重要的影响因素（Chiang 等，2004；寇荣等，2008；李谷成等，2008）。因此，基于以上分析，本研究结合叶类蔬菜生产技术的特点，主要从农户个人人力资本、家庭禀赋和生产条件3个微观因素方面确定了叶类蔬菜生产技术效率的影响因素。

6.2.3　实证模型构建

（一）模型构建

基于随机前沿生产理论，本文以BC模型为基本模型构建了形式较为灵活的超越对数生产函数，具体生产函数形式如公式（6－4）：

$$\begin{aligned}\ln Y_i &= \beta_0 + \sum_{n=1}^{4}\beta_n \ln x_n + \frac{1}{2}\sum_{n=1}^{4}\sum_{m=1}^{4}\beta_{mn}\ln x_n \ln x_m \\ &= \beta_0 + \beta_1 \ln M_i + \beta_2 \ln F_i + \beta_3 \ln L_i + \beta_4 \ln S_i + \beta_5(\ln M_i)^2 + \beta_6 \ln M_i \ln F_i + \\ &\quad \beta_7 \ln M_i \ln L_i + \beta_8 \ln M_i \ln S_i + \beta_9(\ln F_i)^2 + \beta_{10}\ln F_i \ln L_i + \beta_{11}\ln F_i \ln S_i + \\ &\quad \beta_{12}(\ln L_i)^2 + \beta_{13}\ln L_i \ln S_i + \beta_{14}(\ln S_i)^2 + V_i + U_i\end{aligned} \quad \text{公式（6－4）}$$

公式（6－4）中，Y为产出，即叶类蔬菜的产值合计，M为除去肥料外的其他物质与服务费用，F为肥料成本，L为劳动力成本，S为土地成本，各个成本和产出的单位都统一为：元/（亩·年）。V和U分别假定为：$V \sim N(0, \sigma v^2)$，$U \sim N(mi, \sigma u^2)$。

当公式（6－4）中所有的平方项和交叉项系数都为0时，该模型就变成如公式（6－5）所示的较为常见C－D模型：

$$\begin{aligned}\ln Y_i &= \beta_0 + \sum_{n=1}^{4}\beta_n \ln x_n \\ &= \beta_0 + \beta_1 \ln M_i + \beta_2 \ln F_i + \beta_3 \ln L_i + \beta 4 \ln S_i\end{aligned} \quad \text{公式（6－5）}$$

在超越对数生产函数中，由于各种投入要素相互作用和相互影响，估计结果往往不能很好反映生产要素与产出之间的准确关系。生产函数模型中各投入要素（解释变量）的系数不能直接反映投入与产出的关系。但是利用估计结果可以间接算出投入要素与产出之间的关系，这就需要用生产弹性（e）来表示（公式6－6）

$$e_i = \partial \ln Y / \partial \ln x_i = \beta_i + \sum_{j=1}^{4}\beta_i \ln x_j \quad \text{公式（6－6）}$$

在公式（6－6）中，Y是每亩叶类蔬菜的产值合计，x代表除肥料外物质与服务费用、土地成本、劳动力成本和肥料成本，具体如公式6－7所示：

$$\begin{cases} e_M = \beta_1 + \beta_5 \ln M + \beta_6 \ln F + \beta_7 \ln L + \beta_8 \ln S \\ e_F = \beta_2 + \beta_6 \ln M + \beta_9 \ln F + \beta_{10} \ln L + \beta_{11} \ln S \\ e_L = \beta_3 + \beta_7 \ln L + \beta_{10} \ln F + \beta_{12} \ln L + \beta_{13} \ln S \\ e_S = \beta_4 + \beta_8 \ln M + \beta_{10} \ln F + \beta_{12} \ln L + \beta_{14} \ln S \end{cases} \quad \text{公式（6－7）}$$

叶类蔬菜生产的技术效率受到多方面因素的影响，基于农户个人人力资本、家庭禀赋和生产条件3个方面，构建我国技术效率损失函数：

$$\begin{aligned}M_i = {} & \delta_0 + \delta_1 AGE + \delta_2 EDU + \delta_3 TIME + \delta_4 COOP + \delta_5 ECO + \delta_6 TRAIN + \\ & \delta_7 SCALE + \delta_8 SUBSIDY + \delta_9 DROUGHT\end{aligned} \quad \text{公式（6－8）}$$

公式（6－8）中，M表示效率损失，其他为解释变量，各变量的含义和赋值见表6－3。

表 6-3 叶类蔬菜生产技术效率影响因素变量说明

序号	变量	含义	取值方法、单位及说明	选择理由
1	*AGE*	生产者的年龄	1=20～30 岁，2=31～40 岁，3=41～50 岁，4=51～60 岁，5=61 岁以上	反映农户个人人力资本
2	*EDU*	生产者的受教育水平	1=小学以下，2=小学，3=中学，4=大专及以上	反映农户个人人力资本
3	*TIME*	种植年限	从事叶类蔬菜生产的年限，单位：年	反映人力资本和生产条件
4	*COOP*	是否参加合作社	1=是，2=否	反映生产条件
5	*ECO*	生产专业程度	叶类蔬菜生产收入占家庭经济收入的比重	反映家庭禀赋
6	*TRAIN*	是否参加技术培训	1=是，2=否	反映人力资本和生产条件
7	*SCALE*	叶类蔬菜种植规模	以实际叶类蔬菜种植面积为准，单位：亩	反映生产条件
8	*SUBSIDY*	是否得到资金补贴	1=是，2=否	反映生产条件
9	*DROUGHT*	所在区域干旱级别	1=正常或湿涝，2=轻旱，3=中旱，4=重旱，5=特旱	反映生产条件

对于各个变量而言，当系数为正时，表示该变量的增加会引起效率损失，即对技术效率的提高具有负向作用；当系数为负时，表示该变量的增加会引起效率损失的减少，即对技术效率的提高具有正向作用。

技术效率损失函数各变量的描述性统计如表 6-4 所示，从表可以看出，农户以中年为主，主要分布在 41～50 岁年龄段，且受教育水平偏低，小学和初中学历居多。农户家庭特征中，种植年限根据不同的农户差距很大，有的达到了数十年，而有的仅为几年；蔬菜种植规模受家庭影响比较大导致不同农户的种植规模差距也很大，最小的是 0.15 亩，而最大的达到 50 亩，总体来看种植规模较小，平均为 5.76 亩；从事蔬菜生产的专业化程度较高，平均水平达到了 0.79，并且各个农户之间差距不大。蔬菜生产收入占家庭总收入的平均比重在 50%以上，甚至有些家庭收入全部来源蔬菜生产，达到 100%。在生产条件因素中，参加合作社农户刚好是总样本的一半，参与比例不是很高，同时参加培训农户占到 65%，主要培训叶菜栽培技术、病虫害防治、测土方施肥技术、无公害蔬菜、高产、肥料施用等。得到政府资金补贴的农户仅占 19%，往往这些补贴并不是直接对叶菜种植进行补贴，调研区域干旱不是很严重，但是有个别地方已经达到重旱地步。

表 6-4 技术效率损失函数各变量的描述性统计

变量	最小值	最大值	均值	标准差
AGE	1	5	3.31	0.91
EDU	2	5	2.97	0.80
TIME	1	40	14.85	9.81
COOP	0	1	0.5	0.50
ECO	0.14	1	0.79	0.24

（续）

变量	最小值	最大值	均值	标准差
TRAIN	0	1	0.65	0.48
SCALE	0.15	50	5.76	8.00
SUBSIDY	0	1	0.19	0.39
DROUGHT	1	4	1.70	0.77

（二）假设检验：随机前沿生产函数的检验

假设检验：

原假设（H_0）：生产函数模型是 C－D 生产函数，即所有解释变量的二次项系数均为 0；

备选假设（H_1）：生产函数模型是超越对数生产函数，即：

H_0：从 β_5 到 β_{14} 这 10 个参数 β 全为 0；

H_1: 以上 10 个 β 至少有一个不为 0。

$$LR=-2\{\ln[L(H_0)/L(H_1)]\}=-2[\ln L(H_0)-\ln L(H_1)]$$

（公式 6－10）

其中，L（H_0）、L（H_1）分别表示原假设（H_0）和备选假设（H_1）（即所设模型）情况下对数似然函数的估计值。χ 当给定检验水平 α 时，若 LR 的自由度为 K，则将 LR 与临界值进行比较：如果 $LR>\chi_{\alpha 2}$（K），则拒绝零假设；如果 $LR<\chi_{\alpha 2}$（K），则接受零假设。

6.3　技术效率测算结果与分析

6.3.1　随机前沿生产函数估计结果

（1）生产函数形式的确定　运用 Frontier4.1 软件，对 C－D 生产函数和超越对数生产函数都进行了测算如表 6－5 所示。由检验结果可知，假设 H_0 被拒绝，说明假设研究我国叶类蔬菜生产中的技术效率应该使用超越对数生产函数形式较好。同时，超越对数生产函数中各个投入要素产出弹性是可变的，更符合实际情况，而 C－D 生产函数是不变。基于以上原因，本研究采用了较为灵活的超对数生产函数形式。

表 6－5　生产函数假设检验结果

零假设 H_0	对数似然值	LR 值	临界值（α=0.05）	检验结果
H_1 备选模型	15.356			
H_0：$\beta_5=\beta_6=\cdots\cdots\beta_{14}=0$	−8.569	47.85	18.307	拒绝原假设

（2）随机前沿生产函数估计结果　表 6－6 表示生产函数的估计结果，就表中的参数估计值而言，$\ln M$、$\ln F$、$\ln L$、$\ln S$ 系数为正表示对叶类蔬菜产出具有正效应，即增加投入会带来产出的增加；为负则表示对叶类蔬菜的产出具有负效应，即增加投入不会带来产出的增加；参数估计值的绝对值越大说明与产出的相关性越高。$\ln M\times\ln F$、$\ln M\times\ln L$、 lnM×lnS、lnF×lnL、lnF×lnS、lnL×lnS 6 个交叉项的系数的符号代表的是 4 种要素之间的交互作用，系数为正，说明这两个投入的增加不仅能增加各自的份额，还会带来额外的附加，若系数为负则导致相反的效果。

从表 6-6 中可以看出，t 检验是使用双侧检验，在叶类蔬菜模型中的 14 个解释变量中，有 9 个变量通过了 t 检验，分别在 1%、5%和 10%的水平上显著，其中 σ^2 和 γ 也在 1%水平上显著，总体来说是一个比较好的估计。γ 的值为 0.870 4，这表明在复合扰动项中技术非效率项的影响起重要作用，而随机误差项的影响相对较小。

表 6-6　超对数随机前沿生产函数的估计结果

变量	系数符号	系数	标准差	t 值
常数项	β_0	3.210 6	4.024 5	0.839 5
ln$M$	β_1	−1.310 6*	0.210 8	−1.307 6
ln$F$	β_2	−3.046 8	0.076 4	−0.876 5
ln$L$	β_3	6.057 5**	0.306 6	2.127 4
ln$S$	β_4	−0.864 7	0.005 6	−1.129 4
(ln$M$)^2	β_5	−0.624 7**	0.047 4	−2.004 2
ln$M$×ln$F$	β_6	2.377 2**	0.307 2	1.758 4
ln$M$×ln$L$	β_7	0.216 7***	0.345 7	2.954 2
ln$M$×ln$S$	B_8	−2.047 4	0.304 5	−1.012 4
(ln$F$)^2	B_9	0.056**	0.037 1	−2.004 5
ln$F$×ln$L$	β_{10}	−0.301 4	0.587 1	−1.224 8
ln$F$×ln$S$	β_{11}	0.452 7***	0.520 1	3.014 5
(ln$L$)^2	β_{12}	−0.301 2	0.104 5	−1.064 1
ln$L$×ln$S$	β_{13}	−0.854 2*	0.254 5	−1.032 8
(ln$S$)^2	β_{14}	0.317 1*	0.023 7	1.784 5
σ^2		0.204 7***	0.073 7	6.043 1
γ		0.870 4***	0.345 5	8.204 6

备注：*** 表示在 1%水平上显著，** 表示在 5%水平上显著，* 表示在 10%水平上显著。

根据计算公式（6-6），并利用前面得到的估计结果，可计算出叶类蔬菜生产中各种投入要素的产出弹性，结果如表 6-7 所示。

表 6-7　各投入要素的产出弹性

变量	M	F	L	S
产出弹性值	−0.085 9	−0.152 4	−0.082 6	0.268 4

由表 6-7 可以看出，叶类蔬菜的物质费用（除肥料外）、肥料成本和劳动力成本的产出弹性为负，土地成本投入的产出弹性均为正，表明在叶类蔬菜生产中物质费用、肥料成

本和劳动力成本存在不同程度的冗余。

物质费用（除肥料外）投入的产出弹性为负，即表明目前叶类蔬菜生产中物质服务费用投入过量的现象较为突出，盲目的增加无助于提高叶类蔬菜的产值，对产出存在负面影响。一方面可能是由于很多地方叶类蔬菜生产还是以露地种植为主，展现为粗放型生产模式，仅仅依靠增加物质服务成本来提高产值，同时受自然环境的影响比较大，有时投入大量物质成本，由于某种自然灾害而导致产量下降，最终不能提高产值。同时在叶类蔬菜生产中，由于管理问题而存在物质服务费用的浪费，不能完全有效利用。因此，在叶类蔬菜生产中物质服务成本会呈现投入冗余，建议应大量和发展精细生产模式，走节能高效发展之路。

肥料成本投入产出的弹性绝对值在所有产出弹性为负中最大，即肥料成本投入在所有投入生产要素中冗余是最大。近年来，随着农业生产要素市场化的发展，各种品种和效果的肥料大量涌入农资市场，叶类蔬菜生产者会盲目大量使用这些肥料，以期提高产量，造成肥料投入过剩。现在叶类蔬菜发展以“绿色叶类蔬菜”为主，过量施肥、尤其肥料，不仅会造成生态环境恶化，还会导致叶类蔬菜品质下降，最终表现为增加肥料投入，会降低产值。因此，建议减少肥料使用。

劳动力成本产出弹性为负，这表明农户在叶类生产过程中的劳动力投入可能过多；但考虑到的受访农户在自有劳动投入之外还有雇工，因此，造成劳动力投入的产出弹性为负数的主要原因可能在于计算劳动力投入时无法衡量劳动力的质量，存在夸大劳动力投入的可能性，并且伴随着劳动生产率及产值的提高，技术和资本的投入在一定程度上替代劳动力投入，这也导致劳动力投入对叶类蔬菜产值呈现出负向效应（孙致陆，2013）。

土地成本投入的产出弹性也均为 0.268 4，是唯一的一个生产要素投入弹性为正，表明增加土地投入有助于提高生产者的技术效率水平。但是由于可用耕地面积有限，不可能一味地依靠增加土地面积来提高产量，出现粗放式生产，这就需要通过种植结构调整实现土地资源在多种叶类蔬菜品种间的优化配置，同时加强制定出台土地流转、土地承包、土地补贴等方面政策。总之，不能盲目加大投入，应该从内部挖掘潜力提高生产技术效率，例如：科学管理、使用先进技术、资源合理配置等。

6.3.2　技术效率测评结果与分析

（1）叶类蔬菜生产技术效率整体分析　从表 6－6 看出，叶类蔬菜生产平均技术效率为 0.667 4，整体水平不高。这表明，在现有的技术水平、生产规模和投入水平下，如果提高生产的技术效率，最大还可以将整体水平提高 33.26%，另外从标准差和变异系数可以看出，不同样本间生产技术效率有着明显的差异。

表 6－8　2011—2012 年我国叶类蔬菜生产技术效率

有效样本 N	平均技术效率	最小值	最大值	标准差	变异系数
119	0.667 4	0.196 8	0.953 2	0.158 3	0.237 2

（2）**叶类蔬菜生产技术效率分布**　由图 6－2 可以看出，叶类蔬菜生产技术效率分布最集中的区间是 0.7～0.8，其次是 0.6～0.7，这两个区间分布的样本占总体的 50％以上。可见，大多数生产者的技术效率水平都高于 0.6，这些生产者的技术效率都比较高，生产中的技术无效率较少。技术效率水平低于 0.5 的生产者占总体比例约为 16.81％，这个群体生产中技术效率损失较多，应努力挖掘内部潜力、提高生产者对技术的掌握水平、发挥技术潜力、提高生产效率。技术效率大于 0.8 的群体占总体的 17.65％左右，这部分生产者的生产水平比较接近生产前沿面，比较充分地发挥了技术的潜力，可以考虑通过技术进步、引入新的技术、从而进一步提高生产水平。

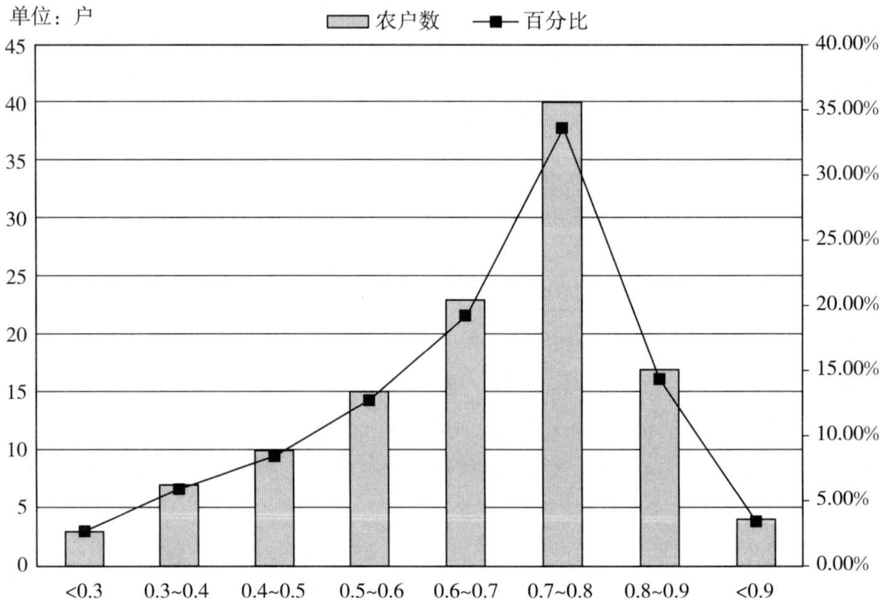

图 6－2　叶类蔬菜生产技术效率分布

6.3.3　技术效率的影响因素分析

利用 Frontier 软件中的 TE EFFECTS MODE 函数，测算效率损失函数中各个参数对技术效率的影响程度和方向，结果如表 6－9 所示。

表 6－9　效率损失函数估计结果

变量	系数符号	系数	标准差	t 值
常数项	δ_0	−0.125*	−0.259	1.328
AGE	δ_1	0.368**	0.289	2.184
EDU	δ_2	−0.564**	0.406	−1.832
TIME	δ_3	−0.203	0.562	1.854
COOP	δ_4	−0.043**	0.309	−0.116

（续）

变量	系数符号	系数	标准差	t 值
ECO	δ_5	−0.026	0.236	−0.646
TRAIN	δ_6	−0.134***	0.373	2.391
SCALE	δ_7	−1.287***	0.107	3.361
SUBSIDY	δ_8	−0.259	0.304	0.217
DROUGHT	δ_9	0.032*	0.137	1.292

注：*** 表示在1%水平上显著，* 表示在10%水平上显著。

生产者接受技术培训和种植规模在1%的显著水平下影响显著，生产者受教育水平、生产者年龄、参加合作社在5%显著性水平上作用显著，所在区域干旱级别在10%显著性水平上作用显著，叶类蔬菜生产收入占家庭经济收入的比重、从事叶类蔬菜栽培的年限和政府资金补贴的作用不显著；其中，生产者的受教育水平、参加合作社、生产者接受技术培训和种植规模对技术效率提高是正向影响，而生产者的年龄和所在区域干旱级别是负向影响。

生产者的年龄的系数为正，表明其对技术效率有显著的负向影响，即生产者年龄越大、效率损失越多、技术效率水平越低。可能的主要原因是，由于叶类蔬菜种植是劳动密集型产业，在种植过程中需要大量劳动力，年龄变量在一定程度上反映了农户的身体状况，年龄越大，越容易表现劳动力不足现象；此外，年龄越大的农户对新知识和新技术的理解和接受能力以及对于各种信息的获取能力也往往会趋于减弱。

受教育水平的系数为负，表明受教育水平的提高会引起效率损失的减少，即对技术效率的提高有正向促进作用。这可以解释为受教育程度越高的农户，更容易接受和采用新品种、新生产技术、新管理方法，对新技术吸收、消化和掌握的能力更强，速度更快。受教育程度越高，对外部环境变化的适应能力更强，会更主动通过各种渠道获取有关市场、政策等方面的信息，从而适时调整生产，获得更好的经济效益。同时教育具有正的外部性，受教育程度较高的林业劳动者不仅能提高自己应用现代林业科技知识的能力，而且还可以通过农户间的相互影响作用激励更多农户进行人力资本的投资。受教育水平越高的生产者，生产水平也就更高，因而技术效率损失小。

参加合作社系数为−0.043，且在5%水平下显著，说明参加合作社对技术效率的提高有正向促进作用。参加合作社的农户可以获取较多关于新技术的信息，能够完善对技术的认知，同时可以有更多机会观摩别人的试验效果。由合作社提供免费试用或部分补贴，分担了农户前期大量资金投入压力和降低了用户对生产方式改变有可能带来的风险。但是对技术效率具有正效应但强度非常小，可能是由于目前虽然我国农村各地都成立了各种各样的农村经济合作组织，但是有很多合作组织只是挂牌、并没有实质运作、也就没有发挥在产前、产中和产后技术服务的合作社功能（张翠娥、万江红，2011），同时现有的农业合作组织或农业企业规模偏小、资金和人才短缺、内部管理不规范、组织比较松散，会员与经济组织之间联系不够紧密，没有形成真正的利益共同体，参与市场竞争和抵御市场风险的能力较弱，对农户生产并没有很大的实质性帮助，导致农户参加合作社的积极效果不明显。

农户参加技术培训和叶类蔬菜种植规模均在1%水平下显著，且系数均为正。说明组织农户进行生产技术培训对提高技术效率具有积极作用，生产技术培训有利于帮助农户提高掌握、应用和改良技术的能力。叶类蔬菜作为一种技术要求较高的农业生产，单靠农户自身经验积累难以解决类似于新品种育苗、大棚温度、湿度控制、新的病虫害防治等难题，组织专家或种植能手进行技术指导和经验交流，更有利于农户学习、掌握和应用新技术。叶类蔬菜种植规模越大，越容易实现科学化管理与生产，更加注重资源优化配置，从而表现出规模越大技术效率越高的现象。

所在区域干旱级别系数为正，说明越干旱的地区叶类蔬菜生产技术效率越低。这主要原因是叶类蔬菜主要是以水分为主，在生产种植过程中需要吸收大量的水作为补充，但水分不足时，就阻碍叶类蔬菜生长，直接导致产量及品质下降。但是从系数值可以看出其对叶类蔬菜生产的影响较小，这是由于在北京地区多数叶类蔬菜生产是以设施生产为主，设施内部有较为完备的灌溉系统，因此，外部干旱情况对设施内部影响较小。

叶类蔬菜生产收入占家庭经济收入的比重、从事叶类蔬菜种植的年限和政府资金补贴对叶类蔬菜生产技术效率提高的作用不显著。叶类蔬菜生产收入占家庭经济收入的比重系数为正，但是作用不显著，原因可能是一部分农户除了种植叶类蔬菜外，还从事其他高附加值农业的生产，同时由于所选择的样本位于经济发达的北京地区，农户的非农就业机会多。农户可以通过“干中学”不断摸索积累经验，具有独特的种植模式和经验，形成固定的种植模式并排斥先进的种植技术及理念；另一方面，种植年限较短的农户，由于自己缺乏经验而会向多方请教经验，同时这些人往往是较为年轻，利用先进的生产技术及理念弥补经验上的不足，这就表现为种植年限对技术效率影响不显著。从资金补贴系数来看，政府的资金补贴有助于叶类蔬菜生产技术效率的提高，但是并不显著。主要原因是由于政府扶持资金总额有限，导致相关扶持政策尚未实现对所有农户的全覆盖，从调查中可以看出得到政府资金补贴的农户很少，直接用于叶类蔬菜生产的补贴更少。但从实际调查来看，农户还是希望得到政府的资金补贴，这些扶持政策的实施确实有利于促进生产技术效率的提高。

6.4 基于技术效率提升的设施蔬菜信息技术推广应用战略路径

为了把握蔬菜生产技术效率提升所面临的问题、探寻设施蔬菜信息技术发展的对策，从发展战略角度，根据前面对蔬菜生产技术现状和技术需求，运用二元 Logistic 模型对设施蔬菜信息技术采纳和本章用 SFA 方法对蔬菜生产技术效率进行定性与定量相结合分析。分析结果表明，蔬菜生产技术效率提升战略路径是：要积极推广采用较为先进的设施蔬菜信息技术作为技术效率提升的主要发展方向，即利用先进技术优势，克服目前劣势，核心是选择基于设施蔬菜信息技术的技术效率提升战略路径。

6.4.1 设施蔬菜信息技术发展路径选择的意义

随着现代信息技术、自动化技术、物联网技术等的迅速发展，农业信息技术在我国农业生产中得以大量出现和应用（张潜，2009；李伟，2009；陈广庆等，2010；李琳等，2012），作为一种资源节约型的高效农业技术，生产智能化已成为当今世界各国展示农业科技发展水平的重要标志。当前，我国发展现代农业面临着资源紧缺与资源消耗过大的双重挑战。我国人均占有水资源只有世界平均水平的四分之一，农业用水占总用水量的70%，灌溉水利用率为47%，同时消耗了世界25%的化肥和30%的农药，但肥、药利用率则不足35%，浪费严重（刘佳，2013）。因此认识发展设施蔬菜信息技术的战略性和重要性，对于开展设施蔬菜信息技术相关工作具有重要的现实意义。

6.4.2　设施蔬菜信息技术推广扩散机制

设施蔬菜信息技术发展是一个由多个主体参与、多个涉及因素、多重交叉关系组成的庞大复杂农业工程系统。由图6－3可知，在设施蔬菜信息技术服务体系中，涉及主体主要包括设施蔬菜信息技术、农户、政府部门和研究单位，如高等院校、科研单位等。作为蔬菜生产者，同时也是技术最终使用者的农户，在内部和外部影响因素共同作用下，对是否采用技术做出最终的决策。研究单位根据理论基础和实际需求，研究设施蔬菜信息技术，在农户使用技术以后，会反馈相应信息，如技术产品质量、稳定性、准确性、方便使用等优缺点。然后研究单位再根据这些信息，对技术进行完善和改进。政府部门是农业新技术研发应用推广的重要一环，但是政府部门不能直接对设施蔬菜信息技术发生作用，他们用规定制度、出台政策等宏观调控手段达到对技术的间接作用。当然政策本身也不能对技术产生相应作用，但可以通过对研究单位的资金投入、农业人力资本水平的提高、科技的推动、农户补贴、提供服务等方式，改变农业生产要素配置的环境，提高农业生产投入要素的转化效率，从而影响蔬菜生产技术效率。由于该系统是属于社会的一部分，因此设施蔬菜信息技术的发展环境对该系统产生重大影响，主要包括发展设施蔬菜信息技术所必须的经济、社会、政治和人文环境。

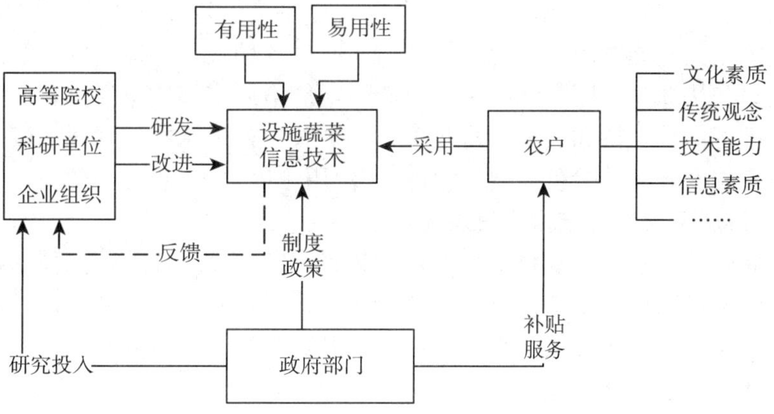

图6－3　设施蔬菜信息技术推广扩散机制图

6.4.3　设施蔬菜信息技术发展对策

（一）提高设施蔬菜信息技术的有用性和易用性

技术的有用性和易用性是技术特征的主要两个方面，这是衡量农业技术的重要指标。

技术有用性反映农户对技术效用的感知，而技术易用性则反映农户对技术操作难易的感知（郑小平，2008；张京京，2009）。设施蔬菜信息技术的研发应以实用作为导向，坚持满足农户实际生产需求，提高信息系统稳定性和精确性，降低价格，提高简便易用性，从而提高技术效率。

（1）**提高技术产品的稳定性和精确性** 设施蔬菜信息技术的实施是为了节约劳动力，减少种植风险，增加经济效益。但是就目前情况而言，采集信息的不准确和技术的不成熟是目前存在的主要问题。为此，今后应加强信息感知技术设备的研发，在研发过程中，应该通过多次标定、校正、实验，提高信息传感技术的稳定性和精确性；加快完善信息系统的开发，提高设备系统的稳定性、可靠性和成熟度，提高设备检测结果的准确度。

（2）**提高技术产品的轻简化程度** 由农业生产者自身决定，他们更倾向与使用技术简单易学、可操作性强和效果明显的农业新技术。因此，在研发产品过程中，要基于农户视角，充分考虑农户使用的方便性和快捷性，不断完善和改进技术，从而降低农户采用新技术的技术壁垒和障碍，同时还有充分考虑生产中的实际可使用性。

（二）加快推进设施蔬菜信息技术的推广应用

（1）**完善服务体系，加大推广示范** 由于设施蔬菜信息技术正处于推广示范阶段，完善的售后服务体系是成功推广的前提基础，加大推广示范是成功推广的有力保证。因此，需要建立健全具有层次分明的售后服务体系，具体表现为“政府—研究单位—基础服务组织—生产者”，其中以政府为主导、研究单位为技术支撑、基层服务组织为基础、生产者为核心。同时要充分发挥信息资源在农业生产技术扩散中的重要作用，在兼顾传统宣传途径基础上，充分利用现代信息传播渠道，通过手机和网络提供相关技术信息，提高生产者对技术的认知水平；加强与地方龙头企业、专业合作社等农业合作经济组织的合作，起到带头示范的作用，进一步扩大设施蔬菜信息技术的影响。

（2）**加强政府作用，采取惠农政策** 我国设施蔬菜信息技术的推广仍然处于起步阶段，政府应发挥相关职能作用，各地相关部门要通过各种宣传媒体和媒介扩散设施蔬菜信息技术的影响力和认知度。同时保障种植生产要素价格稳定和质量保障，适当地直接补贴到农户；加强推行信贷支持和资金扶持政策，减少农户在采用新技术时的资金风险；为推广设施蔬菜信息技术开辟“绿色通道”，真正实现用于民，惠于民。

（三）营造设施蔬菜信息技术良好发展环境

（1）**健全制度，制定农业农村信息化相关政策** 结合设施蔬菜信息技术推广的实际需要，加快建立健全我国设施蔬菜信息技术政策法规体系，制订鼓励和推动设施蔬菜信息技术推广的各项政策，如人才政策、采购政策、投融资政策等。研究制订设施蔬菜信息技术推广相关标准体系，建立健全相关工作制度。

（2）**引导社会各界参与设施蔬菜信息技术推广** 设施蔬菜信息技术推广涉及多个主体、多个渠道和多种形式，是一个系统复杂的工程。根据设施蔬菜信息技术发展服务体系作用机理可以得出，政府主动引导各类主体，生产者和研究单位积极参与，形成一个多元化的技术推广扩散体系；政府加大投资力度，同时拓宽资金注入渠道，积极鼓励个人、集体、企业和其他组织进行投资，共同推动设施蔬菜信息技术推广。

（四）提升农民所需的基本素质

农户的基本素质对设施蔬菜信息技术的采用和使用有着重要的影响，同时也决定着农户在生产蔬菜时的技术效率，因此，提升农民所需的基本素质，刻不容缓。主要从培训和引导两个方面着手。

（1）**重视培训，培养当代新型农民**　重视培训内容和方式，采取生动形象的培训方式向农民讲授政策法规、先进科技技术、实用技术和蔬菜产业等内容，真正培养有文化、懂技术、会管理的当代新型农民；同时利用已有培训条件组织实施一系列设施蔬菜信息技术推广服务培训，对于涉及各类政府人员及推广服务体系进行责任分工，重点利用对当地种植大户或农业生产能手进行提前培训，充分带动周边农户，形成多元化形式开展对广大农民的设施蔬菜信息技术应用知识培训。

（2）**注重引导，全面提升农民基本素质**　由于农民自身文化水平普遍不高，对于农业新技术和先进管理认识不足，导致设施蔬菜信息技术推广障碍重重。政府、企业和其他组织应该积极主动地引导农户学习科学文化知识，加大农业新技术的宣传示范，定期培训，从多种角度综合提升农民所需的基本素质。

6.5　本章小结

通过对技术效率基础理论分析和技术效率评价方法的比较，构建叶类蔬菜生产技术效率评价及分析影响因素模型，并提出基于技术效率提升的设施蔬菜信息技术推广应由战略路径。主要研究结论如下：

（1）超越对数生产函数测算结果表明，叶类蔬菜种植中存在着显著的技术效率损失。叶类蔬菜生产的平均技术效率为0.667 4；叶类蔬菜生产技术效率呈现近似正态分布，分布最集中的区间是0.7～0.8，其次是0.6～0.7，这两个区间分布的样本占总体的50%以上。

（3）对各投入变量计算产出弹性，除肥料成本的产出弹性为正之外，其他四项成本投入的产出弹性均为负，表明在叶类蔬菜生产中存在着投入过量的现象，盲目继续增加投入是非理性的生产行为，并不能显著提高生产单元的技术效率。

（4）生产者的受教育水平、参加合作社、生产者接受技术培训和种植规模对技术效率提高是正向影响，而生产者的年龄和所在区域干旱级别是负向影响，叶类蔬菜生产收入占家庭经济收入的比重、从事叶类蔬菜栽培的年限和政府资金补贴的作用不显著。

（5）在设施蔬菜信息技术服务体系中，涉及主体主要包括生产技术、农户、政府部门和研究单位，如高等院校、科研单位等。提出如下建议对策；提高设施蔬菜信息技术的有用性和易用性，搭建设施蔬菜综合信息服务平台，推进设施蔬菜信息技术的推广应用，推进设施蔬菜信息技术的推广应用，提升农民所需的基本素质。

第七章　叶类蔬菜生产成本收益时空特征分析

本章从时间和空间两个维度，分析北京蔬菜种植的成本收益的空间特征。成本收益主要从全国视角和北京内部视角两个方面对北京蔬菜种植成本收益进行区域间、不同蔬菜品种间、不同组织模式间的对比分析。

蔬菜产品的生产要实现利益最大化，所以成本及收益要实现平衡，故合理核算，科学投入，减少和节约成本，提高经济效益是菜农追求的目标，也是保证供求率的要求（刘学芳，2010）。对露地黄瓜、露地菜椒、露地茄子、露地番茄和露地大白菜 5 种蔬菜的生产成本和收益变动情况进行具体分析，深入了解不同品种蔬菜各项生产费用及其所占比例，总结北京市蔬菜种植的经济规律，寻找提高经济效益的途径。

7.1　蔬菜种植成本收益构成的理论基础与空间统计分析方法

7.1.1　蔬菜种植的成本收益构成的理论基础

蔬菜生产过程中，所耗费的全部社会劳动分为物化劳动和活劳动两部分。物化劳动是指生产过程中所耗费的各种生产资料，如种子、农药、化肥、设施等；活劳动是指生产过程中所耗费的生产者的劳动。物化劳动和活劳动是形成产品生产成本的基础。因此，蔬菜生产成本的高低主要受到投入物价格、用工数量和劳动力工资水平的制约。蔬菜种植成本可分为生产成本和总成本。

（一）蔬菜种植的生产成本

生产成本是指生产过程中为生产该产品而投入的各项资金（包括实物和现金）和劳动力的成本，反映了为生产该产品而耗费的除土地外其他各种资源的成本。若用 C_1 和 V_1，分别表示计入蔬菜种植生产成本中直接物化劳动和活劳动消耗，用 C_2 和 V_2 分别表示计入蔬菜种植生产成本的间接的物化劳动和活劳动消耗，则蔬菜种植产值 W 可表示为：

蔬菜种植产值 $W=(C_1+C_2)+(V_1+V_2)+M$

＝直接物质费用＋间接物质费用＋人工成本＋净利润

＝蔬菜种植生产成本＋净利润

（1）**直接费用**　包括种子费、化肥费、农家肥费、农药费、农膜费、租赁作业费、燃料动力费、技术服务费、工具材料费、修理维护费及其他直接费用。

（2）**间接费用**　包括固定资产折旧、税金、保险费、管理费用、财务费用和销售费用。

（3）**人工成本**　指生产过程中直接使用的劳动力的成本。包括雇工费用和家庭用工折价两部分。用工数量指生产过程中生产者（包括其家庭成员）和雇佣工人直接劳动的天数。用工数量使用“标准劳动日”为计量单位。标准劳动日指一个中等劳动力正常劳动8小时的工作量。

（二）蔬菜种植的总成本

蔬菜种植总成本是指蔬菜种植过程发生的全部支出，包括蔬菜种植生产成本、土地成本。其中生产成本中含有与蔬菜种植活动有关的流动资金的借款利息。这样，蔬菜种植总成本不仅包括了蔬菜种植过程中所消耗的所有物化劳动（C）和活劳动（V），而且也包括了所用土地的价格。如果用 M_1、M_2 分别表示土地成本、利润，则蔬菜种植价值 W 可表示为：

$$\begin{aligned}\text{蔬菜种植价值 } W &= C+V+（M_1+M_2）\\ &=（C+V+M_1）+M_2\\ &=\text{蔬菜种植总成本}+\text{净利润}\end{aligned}$$

（三）农产品收益

农产品收益是指农产品生产经营的经济效益，一般可以通过净利润和现金收益两种方式来表示。其中，净利润是指农产品产出值减去生产过程中投入的资本、劳动力和土地等全部生产要素成本后的余额，反映了农产品生产中消耗的全部资源的净回报。而现金收益是指农产品产出值减去为生产农产品而发生的全部现金和实物支出后的余额，反映了生产者生产该农产品所得到的实际收入。因此，农产品的收益高低取决于农产品的生产成本，销售价格和产量（柴斌锋，2005）。

7.1.2 蔬菜生产成本收益 ARCGIS 空间统计分析方法

ARCGIS 10 中的空间统计工具箱包含用于分析空间分布、模式、过程和关系的统计工具。尽管空间统计和非空间统计（传统统计方法）在概念和目标方面可能存在某些相似性，但空间统计具有独特性，因为它们是专门为处理地理数据而开发的。与传统的非空间统计分析方法不同，空间统计方法是将空间（邻域、区域、连通性和其他空间关系）直接融入到数学中。可以使用“空间统计”工具箱中的工具对空间分布的显著特征进行汇总（例如，确定平均中心或总体方向趋势）、识别具有统计显著性的空间聚类（热点/冷点）或空间异常值、评估聚类或离散的总体模式以及建立空间关系模型。

空间自相关工具同时根据要素位置和要素值来度量空间自相关。在给定一组要素及相关属性的情况下，该工具评估所表达的模式是聚类模式、离散模式还是随机模式。该工具通过计算 Moran′s I 指数值、z 得分和 p 值来对该指数的显著性进行评估。

空间自相关分析被广泛用于经济现象的区域差异研究当中。测量基于要素位置和属性值的空间自相关，即研究空间中，某个空间单元与其周围的单元之间，就某种特征，通过统计方法，进行空间相关性程度的计算，以分析这些空间单元在空间上分布现象的特性。也就是说，空间自相关研究的是不同观察对象的同一属性在空间上的相互关系。空间自相关分析中的 Moran′s I 指数可以反映数据在空间上的集中或分散程度。Moran′s I 统计量是基于邻近面积单元上变量值的比较。如果研究区域中邻近面积单元具有相似的值，统计指示正的空间自相关，正的空间相关代表相邻地区的类似特征值出现集群趋势；若邻近面积单元具有不相似的值，则表示可能存在强的负空间相关（李子良等，2010；陈斐等，

2004；王臻等，2010；Amelin，1992；刘敏等，2012；Ding，Fotheringham，1992）。

（一）全局空间自相关

全局空间自相关（Global Moran′s I）是对属性值在整个区域的空间特征的描述。全局空间自相关可以用来衡量区域间整体上的空间关联与差异。其计算公式如下：

$$I=\frac{n\sum_{i=1}^{n}\sum_{j=1}^{n}W_{ij}S_{ij}}{\delta^2\sum_{i=1}^{n}\sum_{i=1}^{n}W_{ij}} \quad \text{公式（7-1）}$$

其中，$S_{ij}=(x_i-\overline{x})(x_j-\overline{x})$ 为协方差，即相邻区域单元的值与整体均值之差的叉积。表示空间对象之间属性的相似性。x_i 表示空间对象（点或面）的属性取值，x_j 表示另一空间对象（点或面）的属性取值。总体方差：

$$\delta^2=\frac{\sum_{i=1}^{n}(x_i-\overline{x})^2}{n} \quad \text{公式（7-2）}$$

I 的取值范围在－1～1，I＜0 时，代表负相关；I＞0 时，代表正相关，I＝0 时，表示无相关。I＝－1（或 1）时，表示有很强的负（或正）相关性。

相应的检验公式为：

$$Z(I)=\frac{I-E(I)}{S_{E(I)}} \quad \text{公式（7-3）}$$

其中，$E(I)=-\frac{1}{n-1}$ 为期望值，即不存在空间自相关性的系数值。

$$S_{E(I)}=SQRT\left[\frac{N^2\sum_{ij}w_{ij}^2+3(\sum_{ij}w_{ij})^2-N\sum_i(\sum_j w_{ij})^2}{(N^2-1)(\sum_{ij}w_{ij})^2}\right]$$

公式（7-4）

检验公式中的 Z 即为检验统计量，当 $Z>0$ 时，代表空间对象呈聚集模式；$Z=0$ 时，呈独立随机模式；$Z<0$ 时，呈空间分散模式。

空间自相关（Global Moran′s I）工具将返回五个值：Moran′s I 指数、预期指数、方差、z 得分和 p 值。z 得分和 p 值是统计显著性的度量，z 值与 p 值的对应关系如表 7-1 所示：

表 7-1　z 得分和 p 值对应关系表

z 得分（标准差）	p 值（概率）	置信度
＜－1.65 或＞＋1.65	＜0.10	90%
＜－1.96 或＞＋1.96	＜0.05	95%
＜－2.58 或＞＋2.58	＜0.01	99%

（二）局域空间自相关

局域空间自相关是区别于全局空间自相关，其主要分析局域空间自相关是度量某区域和其周边的空间差异程度及其显著性，以便于发现数据间的空间异质性。本研究的局部空间相关性主要通过局部莫兰指数（Anselin Local Moran′s I）、Gi 指数来测定。

（1）**局部莫兰指数——聚类和异常值分析**　使用 Anselin Local Moran′s I 统计量来识别具有统计显著性的热点、冷点和空间异常值。根据权重数据点集，对大量相似点和异质点进行聚类，即计算 Anselin Local Moran′s I 指数，以衡量局部的空间关联和空间作用。计算公式如下：

对于第 i 个区域单元，Moran's I LISA 定义为：

$$I_i = \frac{(x_i - \bar{x})}{S^2}\sum_{j,j=1}^{n} w_{ij}(x_j - \bar{x}) \qquad \text{公式（7-5）}$$

$$S^2 = \frac{1}{n}\sum_{i=1}^{n}(x_i - \bar{x})^2, \bar{x} = \frac{1}{n}\sum_{i=1}^{n} x_i \qquad \text{公式（7-6）}$$

且 $i \neq j$，在完全随机的假定下，I_i 的理论平均值为 $E(I_i) = -W_i/n-1$，各区域单元的 Z 值按下面的方法计算：

$$z[I_i] = \frac{I_i - E[I_i]}{\sqrt{Var[I_i]}} \qquad \text{公式（7-7）}$$

$$Var[I_i] = \left(\sum_j w_{ij}\right)^2 \frac{\left[n - \frac{\sum_i z_i^4}{\left(\sum_i z_i^2\right)^2}\right]}{(n-1)} + \sum_{k\neq i}\sum_{h\neq i} w_{ik}w_{ih} \frac{\left[2\frac{\sum_i z_i^4}{\left(\sum_i z_i^2\right)^2} - n\right]}{(n-1)(n-2)} - \frac{\left(\sum_j w_{ij}\right)^2}{(n-1)^2} \qquad \text{公式（7-8）}$$

该工具可使用输入要素类中每个要素的以下属性创建一个新的输出要素类：Local Moran′s I 指数、z 得分、p 值和聚类/异常值类型（COType）。如果 I 为正，则要素值与其相邻的要素值相近，如果 I 值为负值，则与相邻要素值有很大的不同。如果要素的 z 得分是一个较高的正值，则表示周围的要素拥有相似值（高值或低值）。输出要素类中的 COType 字段会将具有统计显著性（0.05 的显著水平）的高值聚类表示为 HH，将具有统计学显著性（0.05 的显著水平）的低值聚类表示为 LL。简而言之，HH 表示区域自身和周边地区的值均较高，二者的空间差异程度较小；LH 表示区域自身值较低，周边地区较高，二者的空间差异程度较大；LL 表示区域自身和周边地区的值均较低，二者的空间差异程度较小；HL 表示区域自身值较高，周边地区较低，二者的空间差异程度较大。

（2）**Gi 指数——热点分析（Getis-Ord Gi*）**　此工具用于识别具有统计显著性的高值（热点）和低值（冷点）的空间聚类。与 Moran′s I 相比，它的优势在于能够探测整个研究区域内是否存在热点和冷点。在空间聚集分析中，较高的值的局部聚集称为热点，而较低的值彼此靠近所形成的局部聚集则称为冷点。计算公式如下：

$$G(d) = \frac{\sum\sum w_{ij}(d)x_i x_j}{\sum\sum x_i x_j}\text{，其中 } i \neq j \qquad \text{公式（7-9）}$$

其中，x_i，x_j 是单元 i 与 j 的属性，$w_{ij}(d)$ 是通过距离函数或者说距离标准为 d 的邻接函数来确定的权重，如果区域单元 i 与 j 之间的距离小于 d，权重 $w_{ij}(d)$ 就等于 1，否则就等于 0。一般来说，相邻值越大，决定 $G(d)$ 统计量大小的分子就相对越大；相邻值越小，分子就越小，得到相对较小的 $G(d)$ 值，表明低值与低于平均水平的值空间关联。因此，G（d）统计量能够探测高值（热点）和低值（冷点）的聚集。

7.2 北京市蔬菜种植成本收益时间特征分析

农产品成本的经济实质，就是生产资料消耗的价值和劳动者为自己创造的那部分价值（相当于劳动报酬）的货币表现。蔬菜生产成本要素包括蔬菜生产过程中所耗费的全部社会劳动分为物化劳动和活劳动。其中物化劳动指生产过程中所消耗的各种生产资料，如种子、农药、化肥、设施等。活劳动指生产过程中所耗费的生产者的劳动。因此，蔬菜生产成本的高低主要受投入物价格、用工数量和劳动力工资水平的制约。

由2007—2012年《全国农产品成本与收益资料汇编》分类数据标准可知，目前我国蔬菜种植业存在着两种不同的蔬菜种植方式：露地蔬菜和设施蔬菜。由于数据来源的限制，北京蔬菜生产数据中2006—2011年数据都能连续获取到的蔬菜只有露地番茄、露地黄瓜和露地大白菜。因此，本文对北京市这3种蔬菜的生产成本和收益变动情况进行对比分析，总结北京蔬菜产业成本收益时间变化特征。

本文选择分析总成本、生产成本、物质与服务费用、人工成本、土地成本、主产品产量、主产品产值、净利润与成本利润率等几个指标对北京露地黄瓜、露地番茄和露地大白菜进行每亩成本与收益情况分析。2006—2011年北京这3种蔬菜的生产成本收益情况如表7-2所示。

表7-2 2006—2011年3种蔬菜的生产成本收益情况

单位：亩

品种	项目	2006年	2007年	2008年	2009年	2010年	2011年	平均
露地番茄	总成本（元）	1 742.49	1 997.57	2 012.58	2 596.85	3 194.85	3 754.39	2 549.79
	生产成本（元）	1 599.12	1 880.91	1 871.15	2 429.85	3 012.71	3 467.04	2 376.80
	物质与服务费用（元）	564.99	818.19	973.45	1 237.94	1 519.36	1 606.06	1 120.00
	人工成本（元）	1 034.13	1 062.72	897.70	1 191.91	1 493.35	1 860.98	1 256.80
	土地成本（元）	143.37	116.66	141.43	167.00	182.14	287.35	172.99
	主产品产量（千克）	4 733.40	4 172.30	4 525.40	4 337.52	4 453.22	4 656.52	4 479.73
	主产品产值（元）	2 530.76	5 522.47	6 228.01	4 298.73	4 154.29	7 496.59	5 038.48
	净利润（元）	788.27	3 524.90	4 215.43	1 701.88	959.44	3 742.20	2 488.69
	成本利润率（%）	45.24	176.46	209.45	65.54	30.03	99.68	104.40
露地黄瓜	总成本（元）	1 488.93	1 833.37	1 615.42	2 579.59	3 257.46	3 955.42	2 455.03
	生产成本（元）	1 345.45	1 709.46	1 480.45	2 294.84	2 865.93	3 671.67	2 227.97
	物质与服务费用（元）	397.31	850.38	750.15	1 131.35	1 369.79	1 844.13	1 057.19
	人工成本（元）	948.14	859.08	730.30	1 163.49	1 496.14	1 827.54	1 170.78
	土地成本（元）	143.48	123.91	134.97	284.75	391.53	283.75	227.07
	主产品产量（千克）	3 542.10	3 770.70	4 070.90	3 431.72	4 145.53	5 491.44	4 075.40
	主产品产值（元）	2 480.47	3 819.18	4 235.95	4 085.49	6 062.57	7 976.58	4 776.71
	净利润（元）	991.54	1 985.81	2 620.53	1 505.9	2 805.11	4 021.16	2 321.68
	成本利润率（%）	66.59	108.31	162.22	58.38	86.11	101.66	97.21

（续）

品种	项　　目	2006 年	2007 年	2008 年	2009 年	2010 年	2011 年	平均
露地大白菜	总成本（元）	500.11	741.93	876.30	901.58	1 255.35	1 237.05	918.72
	生产成本（元）	386.15	608.54	734.57	733.28	1 007.76	986.99	742.88
	物质与服务费用（元）	228.98	378.16	428.50	436.1	555.35	530.87	426.33
	人工成本（元）	157.17	230.38	306.07	297.18	452.41	456.12	316.56
	土地成本（元）	113.96	133.39	141.73	168.30	247.59	250.06	175.84
	主产品产量（千克）	5 762.00	5 390.50	5 385.00	5 068.2	4 694.35	7 221.20	5 586.88
	主产品产值（元）	757.15	2 902.22	2 836.19	1 371.85	4 161.40	1 511.08	2 256.65
	净利润（元）	257.04	2 160.29	1 959.89	470.27	2 906.05	274.03	1 337.93
	成本利润率（%）	51.40	291.17	223.66	52.16	231.49	22.15	145.34

7.2.1　总成本及其构成的变动

图 7－1、图 7－2、图 7－3 给出了 2006—2011 年露地番茄、露地黄瓜和露地大白菜每亩总成本及及其构成变动情况。根据图 7－1 整体来看，3 种蔬菜每亩总成本趋于上升，相对于 2006 年，2011 年 3 种蔬菜每亩总成本提高幅度分别为露地黄瓜（166%）、露地白菜（147%）、露地番茄（115%），总成本增长速度过快。露地番茄和露地黄瓜每年的总成本较为接近，明显高于露地大白菜。露地大白菜每亩总成本保持在 1 500 元以下。露地黄瓜和露地番茄的每亩总成本变化趋势一致，在 2006—2008 年变化较为平稳，2008 年之后迅速增加，在 2011 均达到最高水平 3 754.39 元（露地番茄）和 3 955.42 元。

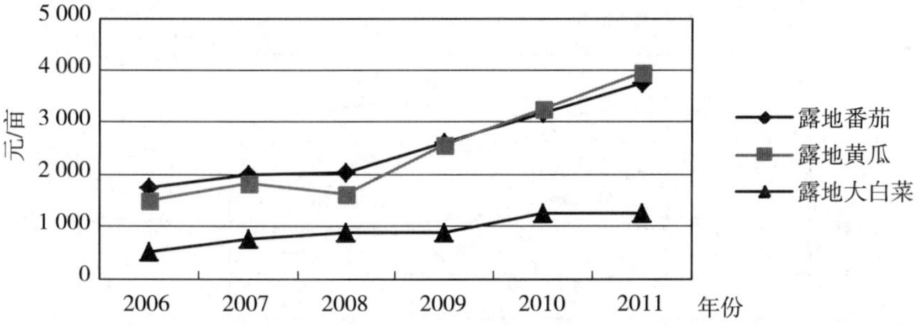

图 7－1　2006—2011 年不同种类蔬菜的总成本情况

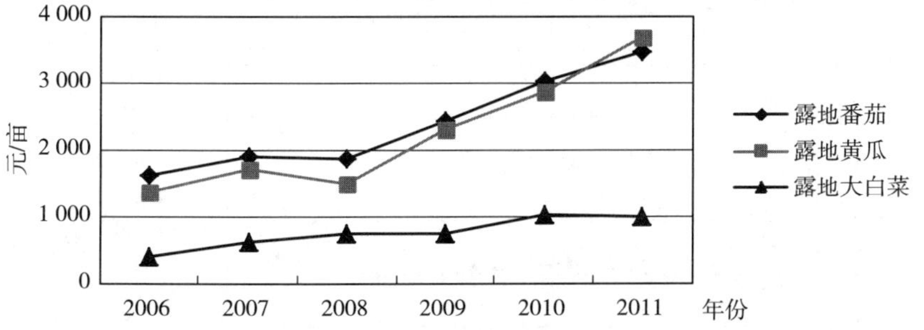

图 7－2　2006—2011 年蔬菜种植的生产成本变化趋势

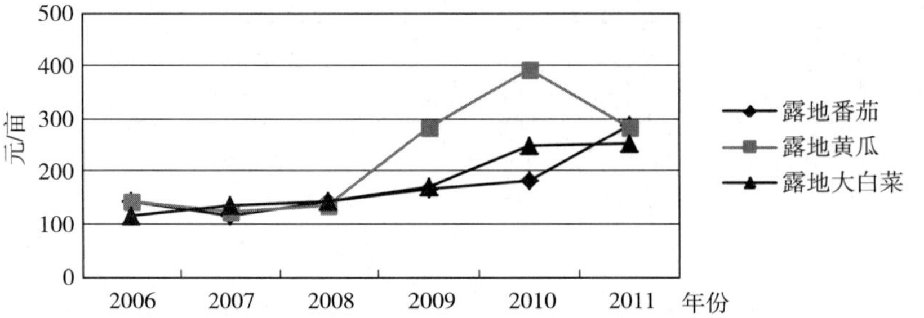

图 7-3　2006—2011 年蔬菜种植的土地成本变化趋势

从绝对量来看，3 种蔬菜的生产成本在 2006—2011 年间呈现上升趋势，其变动趋势与总成本变动趋势相一致。与生产成本不同，土地成本在 2008 年之前均保持在每亩 150 元以内，2008 年之后，才表现出明显的上升趋势，到 2011 年均达到每亩 250 元以上。特别是露地黄瓜，相对于 2008 年，其 2010 年的土地成本提高 190%，达到历年最高值 391.53 元/亩。

从相对量来看，生产成本是蔬菜每亩总成本的主体部分，其所占比例保持在 77%～95%。露地大白菜的生产成本所占比例在量上与露地黄瓜和露地番茄有明显的不同，以 85%为分割线，露地大白菜保持在 85%以下，另外两种蔬菜保持在 85%以上，所以露地大白菜的土地成本所占比例高于露地番茄和露地黄瓜。从生产成本所占比例的变化趋势来看，均呈现从上升到下降的波动过程。反观土地成本所占比例，均有从下降到上升的波动过程。但是与 2006 年相比，2011 年生产成本占比与土地成本占比水平基本相当（图 7-4、图 7-5）。

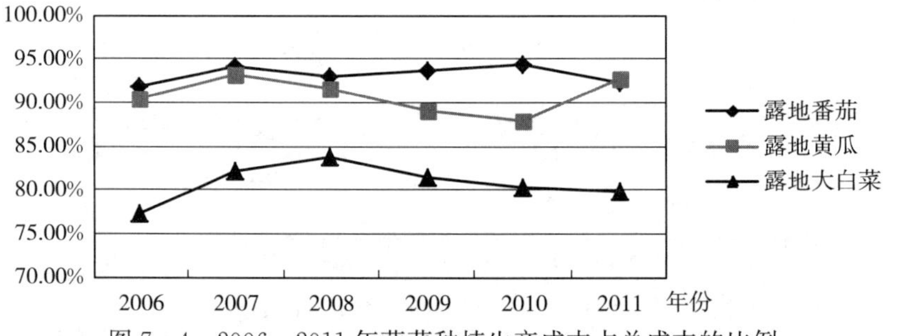

图 7-4　2006—2011 年蔬菜种植生产成本占总成本的比例

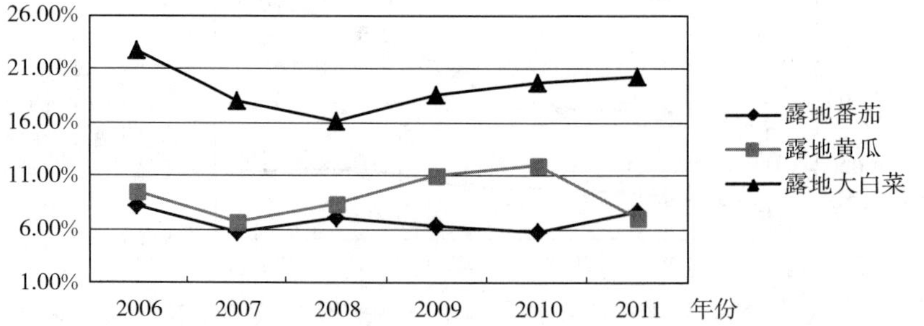

图 7-5　2006—2011 年蔬菜种植土地成本占总成本的比例

7.2.2　生产成本构成的变动

为了深入了解蔬菜每亩总成本及其变动情况，本文对 3 种蔬菜的生产成本及其构成进行了分解分析。将生产成本分解为物质与服务费用和人工成本。

从绝对量来看，物质与服务费用和人工成本整体上表现出上升趋势（图 7－6、图 7－7）。相对于 2006 年，2011 年 3 种蔬菜的物质与服务费用上升幅度分别为 364％（露地黄瓜）、184％（露地番茄）、132％（露地大白菜）。其中露地黄瓜和露地番茄在 2011 年达到最大值 1 844.13 元/亩和 1 606.06 元/亩，露地大白菜在 2010 年达到最大值 555.35 元/亩。蔬菜生产是一种典型的劳动密集型产业，人工成本是构成蔬菜生产成本的重要组成部分。3 种蔬菜的人工成本在 2011 年均达到最高值，分别为 1 860.98 元/亩（露地番茄）、1 827.54 元/亩（露地黄瓜）、456.12 元/亩（露地大白菜）。露地黄瓜和露地番茄的人工成本在 2008 年有一个明显的拐点，在 2008 年之后迅速上升，2011 年相对于 2008 年的增长幅度分别为 107％（露地番茄）和 150％（露地黄瓜），同样这个拐点也出现在生产成本的变化特征上。

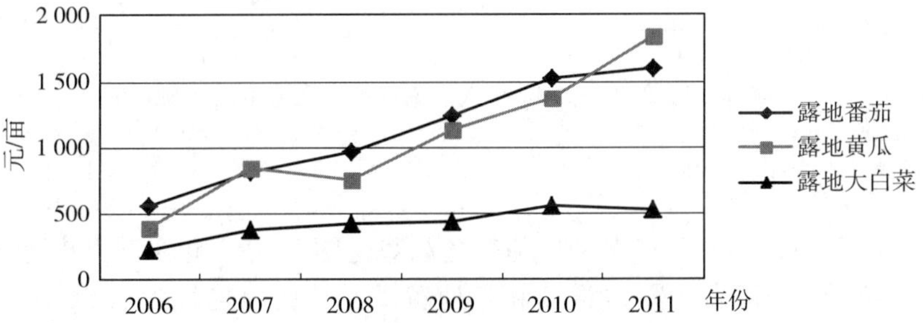

图 7－6　2006—2011 年蔬菜种植的物质与服务费用变化趋势

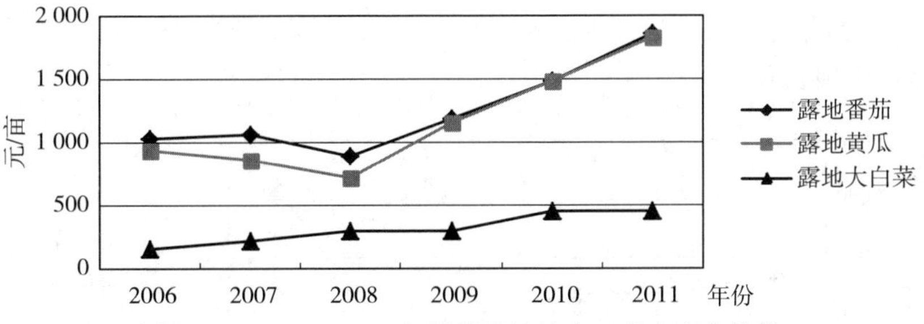

图 7－7　2006—2011 年蔬菜种植的人工成本变化趋势

从相对量来看，生产成本的物质与服务费用和人工成本两项，有接近各自约占 50％的变化趋势。露地大白菜的物质与服务费用占比从 2006 年的 59％下降到 2011 年的 54％。露地黄瓜的物质与服务费用占比从 2006 年的 30％上升到 2007 年的 50％之后，一直保持在 50％左右的水平线上。类似的，露地番茄的物质与服务费用占比从 2006 年的 35％上升到 2008 年的 52％之后，一直保持平稳变化。相反地，露地大白菜的人工成本占比从最初的 40％上升到 2011 年的 46％。露地黄瓜和露地番茄的人工成本占比分别在 2007 年和 2008 年有一个下降的拐点（图 7－8、图 7－9）。

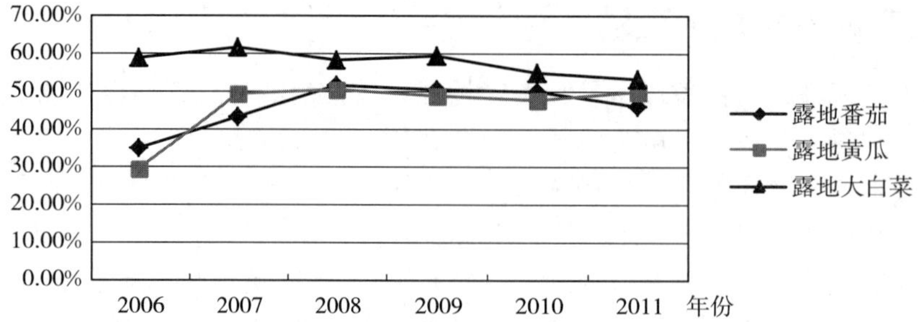

图 7-8　2006—2011 年物质与服务费用占生产成本的比例

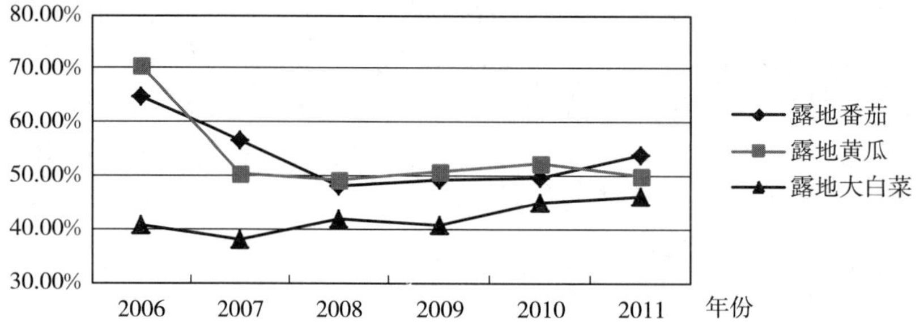

图 7-9　2006—2011 年人工成本占生产成本的比例

7.2.3　产量与产值的变动

2006—2011 年每亩主产品产量和产值变化趋势见图 7-10 和图 7-11。露地大白菜的每亩主产品产量历年来都高于露地番茄和露地黄瓜。其变化趋势为从 2006 年（5 762 千克/亩）到 2010 年（4 694 千克/亩）一直在下降，2011 年（7 221 千克/亩）的主产品产量迅速增加。露地番茄每亩主产品产量保持在 4 000～5 000 千克/亩。露地黄瓜的主产品产量在 2009 年的最低值（3 432 千克/亩）上升到 2011 年的最高值（5 491 千克/亩），并在 2011 年超过露地番茄。

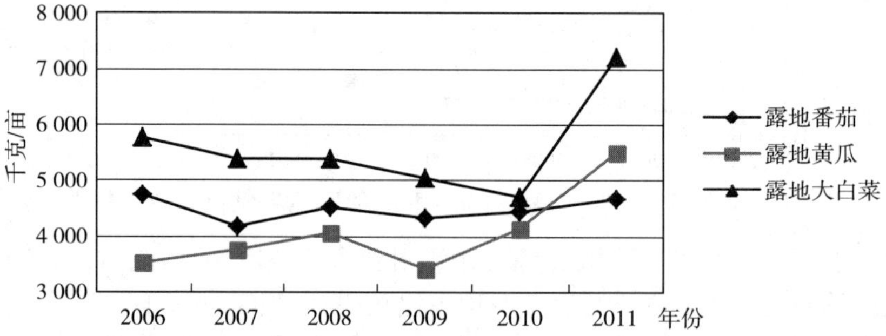

图 7-10　2006—2011 年主产品产量变动

3 种蔬菜历年的每亩主产品产值波动剧烈，可能是受市场价格波动的影响较大。从数量上来看，虽然露地大白菜单产水平最高，但亩均产值却明显低于露地番茄和露地黄瓜。从侧面反映出来露地大白菜的平均价格是最低的。从变化趋势上来看，在 2006—2011 年，

3 种蔬菜的每亩主产品产值均表现出从上升到下降再到上升的过程。其中露地黄瓜和露地番茄均从 2006 年的 2 400 元/亩增加到 2011 年的接近 8 000 元/亩。露地大白菜的每亩主产品产值在 2006 年仅有 757 元/亩，在 2007 年迅速增加到 2 902 元/亩（增幅 283%），在 2010 年达到最高值 4 161 元/亩。值得注意的是 2011 年，在露地大白菜的单产达到最大值 7 221 千克/亩时，每亩主产品产值仅有 1 511 元/亩，折算下来平均价格为 0.2 元/千克。即 2011 年露地大白菜的市场行情很不好，严重影响其收益。

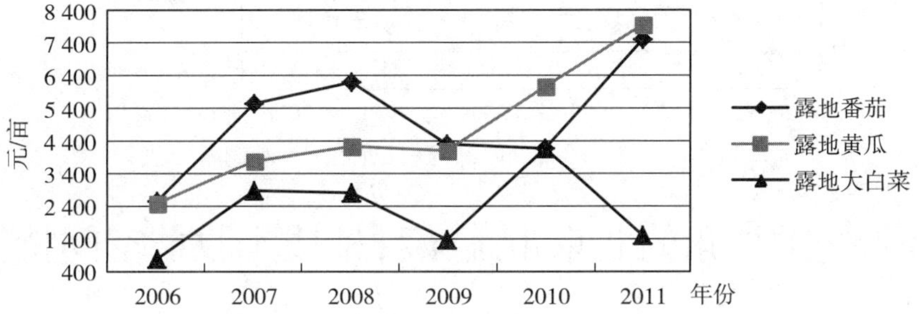

图 7－11　2006—2011 年主产品产值变动

7.2.4　利润变动

净利润指产品产值减去生产过程中投入的现金、实物、劳动力和土地等全部生产要素成本后的余额，反映了生产中消耗的全部资源的净回报。图 7－12 为每亩蔬菜净利润变动情况。净利润的变化趋势与产值的变化趋势一致。3 种蔬菜的净利润变化较为剧烈，在 257 元/亩到 4 215 元/亩之间波动。其中露地大白菜每亩净利润在 2006 年、2009 年和 2011 年均在 500 元/亩以下，2007—2008 年维持在 2 000 元/亩左右，在 2010 年接近 3 000 元/亩。露地黄瓜的每亩净利润整体上呈现增长的趋势。其值从 2006 年的 1 000 元/亩增长到 2011 年的 4 000 元/亩。露地番茄的每亩净利润在 2008 年有一个上升的峰值，从 2006 年的每亩不到 1 000 元增加到 2008 年的每亩超过 4 000 元，但是之后持续下降到 2010 年的 959 元/亩，到 2011 年又回升到 3 742 元/亩。

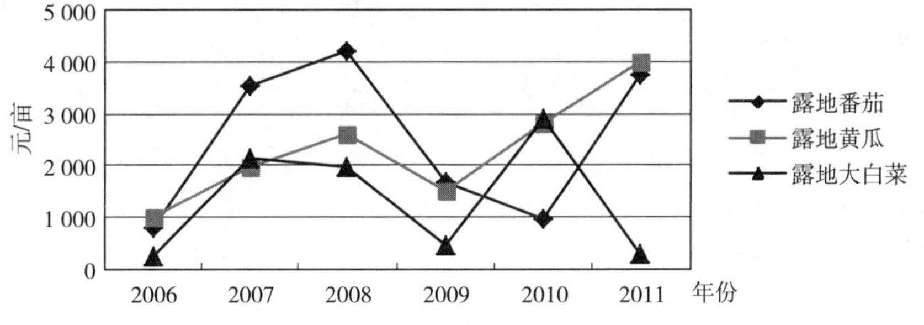

图 7－12　2006—2011 年每亩蔬菜种植净利润变动

成本利润率为净利润与总成本的百分比，反映生产中所消耗全部资源的净回报率。衡量蔬菜种植效益的最好指标是成本利润率。成本利润率的波动趋势与净利润波动趋势一致。其中露地大白菜的成本利润率波动幅度最大。最高时能达到 291%（2007 年），最低时只有 22%（2011 年）。露地黄瓜和露地番茄的成本利润率在 2008 年均达到最高值

162%和 209%（图 7－13）。成本利润率与净利润的分析表明，蔬菜种植的收益变动受产值变动的影响比受成本变动的影响更大，市场价格的波动加大了蔬菜收益的不稳定性。

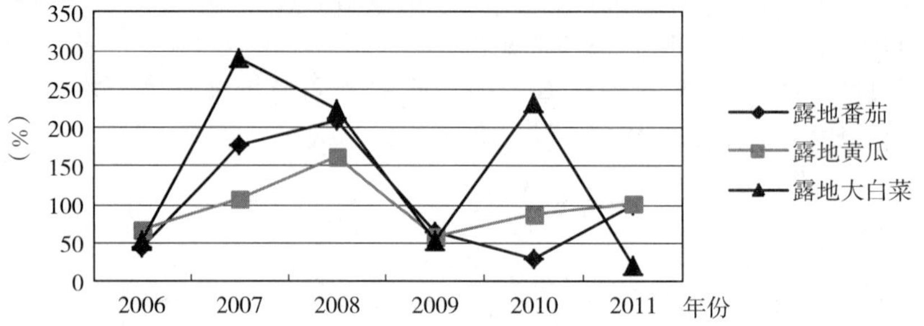

图 7－13　2006—2011 年每亩蔬菜种植成本利润率变动

7.3　基于全国视角的北京市蔬菜种植成本收益空间特征分析

为了从全国角度分析成本收益的整体情况、地区之间的差异，以及从全国视角衡量北京蔬菜种植成本收益的水平，主要采用 ARCGIS 空间统计分析方法中的热点分析，同时借助 ARCGIS 的空间可视化功能，对 2011 年我国蔬菜产业成本收益进行分析。

7.3.1　基于全国视角的蔬菜种植成本收益空间统计分析

采用 2011 年全国 34 个大中蔬菜生产城市的蔬菜种植平均数据，进行成本收益的对比分析。并通过 ARCGIS 空间统计分析，找出成本收益的空间分布规律。表 7－3 为 2011 年 34 个大中蔬菜生产城市的成本收益情况。

表 7－3　2011 年各城市蔬菜生产成本收益情况

单位：亩

城市	成本					利润			
	总成本（元）	生产成本（元）	物质与服务费用（元）	人工成本（元）	土地成本（元）	主产品产量（千克）	主产品产值（元）	净利润（元）	成本利润率（%）
北京	4 503.39	4 182.08	2 461.88	1 720.20	321.31	5 002.42	8 430.14	3 926.75	86.44
大连	9 130.15	8 746.81	4 324.10	4 422.71	383.33	7 140.50	14 841.73	5 711.59	62.15
福州	3 340.80	3 063.30	1 435.50	1 627.80	277.50	2 918.99	6 501.29	3 160.49	95.83
广州	2 387.95	2 293.62	868.68	1 424.93	94.33	2 928.52	13 948.87	11 560.92	489.64
海口	2 823.38	2 660.61	1 256.48	1 404.13	162.77	2 582.69	4 675.03	1 851.66	45.64
杭州	6 036.34	5 611.34	2 292.83	3 318.51	424.99	3 062.39	13 004.62	6 968.28	116.65
济南	2 949.45	2 673.92	1 340.58	1 333.33	275.53	4 170.27	6 521.55	3 572.10	102.82
南京	5 397.09	5 027.05	2 432.45	2 594.60	370.04	3 951.07	8 522.48	3 125.39	58.16
宁波	4 485.46	4 206.48	1 437.86	2 768.62	278.98	2 781.73	5 794.45	1 308.99	27.14
青岛	2 820.92	2 582.17	1 256.18	1 325.99	238.76	4 599.64	7 100.63	4 279.71	132.42

（续）

城市	成本					利润			
	总成本（元）	生产成本（元）	物质与服务费用（元）	人工成本（元）	土地成本（元）	主产品产量（千克）	主产品产值（元）	净利润（元）	成本利润率（%）
上海	3 809.75	3 389.13	1 341.21	2 047.92	420.62	3 399.26	6 995.15	3 185.40	79.64
沈阳	2 914.93	2 699.49	1 614.38	1 085.11	215.43	4 245.39	5 552.46	2 637.53	72.15
石家庄	3 163.73	2 957.51	1 425.47	1 532.04	206.22	4 722.88	5 554.09	2 390.37	66.51
天津	3 021.59	2 854.19	960.97	1 893.22	167.40	4 188.17	7 312.99	4 291.40	132.61
厦门	3 325.25	2 953.03	1 986.39	966.65	372.22	4 161.86	7 771.98	4 446.73	136.11
长春	3 710.29	3 410.29	1 305.63	2 104.66	300.00	3 128.06	4 572.63	862.34	21.46
长沙	2 967.43	2 667.43	1 356.83	1 310.60	300.00	3 775.19	4 859.11	1 891.68	63.88
哈尔滨	2 836.71	2 623.97	1 472.62	1 151.35	212.74	4 012.97	5 403.78	2 567.07	90.64
合肥	3 809.35	3 509.35	1 421.55	2 087.80	300.00	4 061.11	7 446.45	3 637.10	94.05
南昌	2 225.20	2 105.20	560.33	1 544.87	120.00	3 004.83	3 402.20	1 177.00	54.16
太原	4 176.50	3 795.25	1 799.46	1 995.79	381.26	4 826.18	8 366.55	4 190.05	103.14
武汉	2 433.93	2 263.29	1 287.58	975.71	170.64	3 401.08	5 006.59	2 572.66	107.02
郑州	3 212.47	2 939.34	1 297.05	1 642.29	273.13	4 112.21	5 268.66	2 056.18	54.21
成都	3 409.31	3 066.65	1 387.59	1 679.06	342.66	3 625.24	5 643.53	2 234.22	65.82
贵阳	1 899.87	1 750.37	629.33	1 121.04	149.50	2 434.40	4 740.11	2 840.78	151.41
呼和浩特	3 273.69	3 029.86	1 502.35	1 527.51	243.83	5 305.19	7 336.27	4 062.58	117.87
昆明	2 387.45	2 144.25	1 081.34	1 062.92	243.19	4 419.19	4 382.87	1 995.42	78.68
兰州	3 181.89	2 931.64	1 379.79	1 551.84	250.25	4 333.88	7 681.38	4 499.49	114.02
南宁	3 329.49	3 101.99	1 437.99	1 664.00	227.50	3 003.19	2 953.57	−375.93	−15.85
乌鲁木齐	2 996.46	2 711.92	1 344.53	1 367.40	284.53	5 842.09	5 729.16	2 732.70	80.44
西安	2 307.34	2 104.98	898.10	1 206.88	202.36	3 778.51	3 191.22	883.88	35.95
西宁	2 639.57	2 362.41	1 190.12	1 172.30	277.16	3 720.61	4 618.83	1 979.27	64.29
银川	3 962.02	3 513.95	2 029.88	1 484.07	448.07	4 924.85	6 709.80	2 747.78	65.43
重庆	2 020.06	1 811.64	599.86	1 211.78	208.42	2 926.22	3 686.13	1 666.07	84.30
平均	3 437.92	3 168.96	1 482.85	1 686.11	268.96	3 955.61	6 574.30	3 136.40	92.20

从表 7－2 中总成本标黑数字的为高于全国平均值的量，净利润标黑数字的为低于全国平均值的量。大致上可以看出哪些地方存在成本过高或者收益过低的情况，成本过高的地区集中在北京、上海及其周边城市（见彩图 7－1）。超过一半的城市都存在收益过低，没有明显的地区集中分布情况（见彩图 7－2）。

（一）成本分析

投入成本过高并不是全国普遍现象，主要集中在东部沿海较发达城市。每亩蔬菜种植总成本高于全国平均值的城市，总成本由高到低依次为：大连（9 130.15 元/亩）、杭州（6 036.34 元/亩）、南京（5 397.09 元/亩）、北京（4 503.39 元/亩）、宁波（4 485.46 元/亩）、太原（4 176.50 元/亩）、银川（3 962.02 元/亩）、上海（3 809.75 元/亩）、合肥（3 809.35 元/亩）、长春（3 710.29 元/亩）。从总成本的分解来看，北京的物质与服务费用明显高于全国平均值，为全国平均值的 1.66 倍。大连、杭州、南京、太原等地的物质与服务费用、人工成本和土地成本均明显高于全国平均值：大连的 3 项费用与全国平均值的比值分别为 2.92、2.62、1.43；杭州的分别为 1.55、1.97、1.58；南京的分别为 1.64、1.54、1.38；太原的分别为 1.21、1.18、1.42。宁波、长春、合肥等地总成本过高是由于人工成本过高造成的，其人工成本与全国平均值的比值分别为 1.64、1.25、1.24。上海的人工成本和土地成本过高，与全国平均值的比值分别为 1.21 和 1.56。银川的物质与服务费用和土地成本过高，与全国平均值的比值分别为 1.37 和 1.67。总的来看，这些地区普遍存在人工成本过高的现象。

全局空间自相关分析表明，蔬菜种植每亩总成本在 95%以上的置信度，呈现空间聚集模式，即整体上各城市之间的总成本这一属性值具有相似性质。

局部空间自相关分析结果表明：杭州（HH）自身和周边城市的总成本值均较高，二者的空间差异程度较小；贵阳（LL）和昆明（LL）两个城市，均表现出区域自身和周边地区的总成本值均较低，并且区域自身的总成本和周边地区的空间差异程度较小。其他地区没有明显的局部空间差异（见彩图 7－3）。

通过总成本的热点分析，可以从整体上找出总成本较高和较低的地区是否存在空间上存在局部的聚集现象。总成本的热点（高成本地区）分布在包括北京在内的东部地区，冷点（低成本地区）分布在西部地区。反映出东部发达地区的投入成本高于西部地区的普遍现象（见彩图 7－4）。

（二）收益分析

全国普遍存在产出不足的现象，单位面积产量和产值低于全国平均值的城市数量约占 50%。彩图 7－5 为蔬菜种植每亩成本利润率分布图。不存在成本利润率的热点和冷点，即不存在成本利润率的高值和低值集中现象，全局空间自相关分析表明成本利润率属于空间随机分布（见彩图 7－6）。

整体上来看，全国普遍存在成本利润率不高的现象，且成本利润率的高值与低值间差距较大，最高的是广州（489.64%），其单位面积总成本和产量均低于全国平均值，但是产值却是全国平均值的 2.26 倍，即虽然在量上低投入低产出，但是价格方面却有明显的优势，使得产出利润上具有优势。成本利润率最低的是南宁，为－15.85%，属于低投入低产出，在产值方面的劣势尤其突出，亩产值只达到全国平均值的 45%。在空间上的局部差异通过局部空间自相关也可以分析出来（见彩图 7－7）。

成本利润率的局部空间自相关分析结果表明：广州（HL）自身值较高，周边地区较低，二者的空间差异程度较大；南宁（LH）自身值较低，周边地区较高，二者的空间差异程度较大。其他地区无显著的局部空间差异。

虽然北京的每亩总成本较高（4 503.39 元/亩，全国排名第 4），但是单产水平也居于全国领先水平（5 002.42 千克/亩，全国排名第 4），属于高投入高产出。但是从产出效益来看，北京并没有优势。北京的成本利润率低于全国平均值，排名 15 位，处于中等水平。北京市二三产业发达，因此其土地与劳动力等生产要素的机会成本大、劳动力成本高，导致北京农业的生产成本持续攀升，农产品成本的增长高于收入的增长，经济效益水平下降。受农业生产设施、劳动力成本高，环境保护需要的限制，北京农产品成本降低空间小，价格高于周边地区。有研究显示，北京郊区农产品综合平均成本比周边地区高出 20%左右（朱京燕，2013）。

7.3.2　北京市叶类蔬菜种植成本收益分析

我们在北京市大兴、顺义、通州、昌平、房山、怀柔和密云 7 个叶类蔬菜主要生产区县的油菜、菠菜、生菜、芹菜和快菜 5 种叶菜进行了实地调研，获得了农户家庭生产模式、中介组织带动型模式和龙头企业带动型模式 3 种组织模式的生产成本、产出、利润等数据。调研地区叶类蔬菜种植方式为设施栽培，其中以塑料大棚为主。从所调研的蔬菜生产者中选取 28 个农户，5 家合作社，5 家基地作为样本，对这几种生产组织模式进行比较分析。

（一）叶菜生产成本收益核算方法

根据国家发改委价格司编印的《全国农产品成本收益资料汇编》（2012 年）中规定的成本核算指标，蔬菜种植的总成本指生产过程中耗费的现金、实物、劳动力和土地等所有资源的成本，包括生产成本和土地成本。其中，生产成本包括物质与服务费用和人工成本。物质与服务费用包括直接费用（种子费、化肥费、农家肥费、农药费、农膜费、租赁作业费、燃料动力费、技术服务费、工具材料费、维护修理费、其他直接费用）和间接费用（固定资产折旧、保险费、管理费、财务费、销售费）。

本文结合叶菜种植过程中生产资料投入的特征对上述指标进行调整，最终选取的蔬菜生产投入核算指标以每亩为单位，包括：种子（苗）费、肥料费、农药费、农膜费、固定资产折旧费、水电费、地租费、人工费。其中人工费包括雇工费和家庭用工费，人工费用按照各区县当地劳动力价格折算。

（二）叶类蔬菜种植成本构成分析

叶菜种植总成本分为物质与服务费用、土地成本和人工成本（图 7 - 14）。每亩叶菜种植年总成本为 28 626 元，其中人工成本所占比例最高，为 80%（22 478 元）。蔬菜生产属于精细农业，需要投入大量的劳动进行种植管理。近年来，北京地区人工成本居高不下，2011 年露地大白菜每亩雇工工价达到 65.57 元，比周边的天津（63.71 元）、河北（58.64 元）和山东（57.51 元）等地的价格都高。

叶菜种植物质与服务费用分为直接费用和间接费用（固定资产折旧等）（图 7 - 15）。每亩每年叶菜种植物质与服务费用为 5 185 元，直接费用占较大的比例（67%）。直接费用中肥料费用（22%，1 241 元）、维护费用（20%，1 140 元）和种子（苗）费（13%，716 元）所占比例较高，其次是水电费和农药费。肥料的价格高是肥料费用占比最大的主要原因，农户种植叶菜肥料费用每茬在 200～400 元。2011 年，北京每亩露地大白菜化肥费用为 217.31 元，天津、河北以及山东等地分别为 117.02 元、190.39 元和 279.74 元。近几年来，用于蔬菜生产的各种生产资料的价格明显增长，导致蔬菜生产的总成本增加，菜农辛苦种菜一年，生产成本就要耗费几万元钱，这种高成本对菜农产销叶类蔬菜造成了较大压力，如果价格不理想，容易亏损。

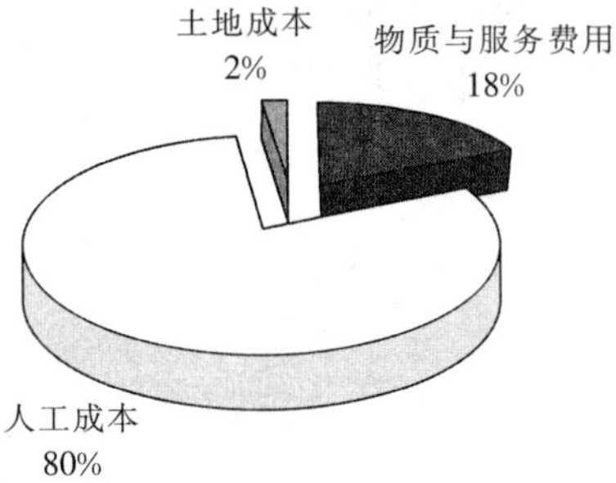

图 7－14　叶类蔬菜种植成本构成

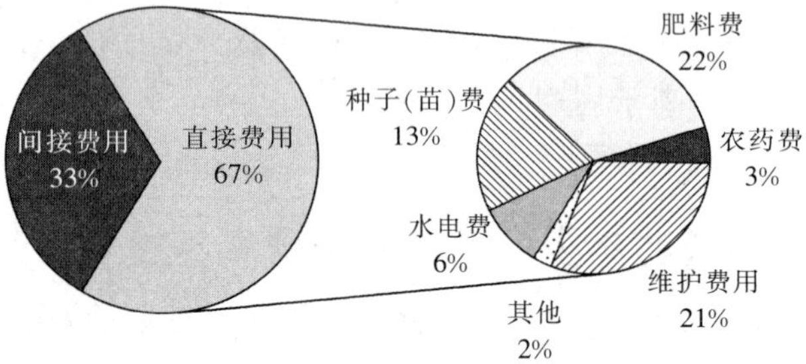

图 7－15　叶类蔬菜种植物质与服务费用构成

数据来源：根据调查数据整理。

（三）5 种叶类蔬菜生产效益比较

效益是指经济活动中劳动消耗和物质消耗与劳动成果的比较。如果生产同样数量和质量的产品，劳动消耗和物质消耗少，或者占用和消耗同样劳动和物质，劳动成果数量多、质量好，表明效益高；反之，则表明经济效益小。效益可以从不同方面考核，从而有不同的表示方式。本文主要采用叶菜每亩每年产量、总成本和销售额这 3 个指标来对比分析 5 种叶菜的生产效益。

油菜、快菜、菠菜、生菜和芹菜是北京市常见叶类蔬菜，是人们日常饮食必需品。5 种叶菜有多种种植品种，生菜可简单分为散叶和球生两种，芹菜又分为西芹、香芹及普通芹菜。调研中我们没有对叶菜的具体品种进行区分，以生产者实际种植的品种为准。

表 7－4 显示，5 种叶菜单位面积年总成本相差不大，约为 3 万元/（亩·年）。5 种叶菜成本有区别的方面主要体现在种子费、农药费、肥料费，其他费用都是根据总投入均摊的，但 5 种叶菜在种子费、农药费、肥料费方面的投入量没有太大区别，所以计算出来的总成本区别也不大。若将家庭劳动力成本计算在内，销售额略低于成本投入费用，处于亏本状态，特别是种植规模较小的农户，单位面积获得的收益不足以支付投入的人工成本，但在实际情况中，农户并不将家庭人工费用计算在成本内，所以农户家庭用工节省的现金成本在实际生产中算作收入。芹菜单位面积产量约为 3 000～5 000 千克/亩，其他 4 种叶菜的单产均在 1 000～1 500 千克/亩，而芹菜年种植茬数一般在 2～3 茬，其他几种叶菜一年能种 5～10 茬，从单位面积年总产量来看，芹菜略高。价格波动、种植方式、收获时间等都会对收益产生巨大的影响。叶菜收获的时间不同，市场价格也会不同，淡季跟旺季价格差别很大，夏天价格最低时能到 1.0 元/千克，春节价格最高时能到 8 元/千克。不同叶类蔬菜在不同的茬口安排生产、定植到采收的天数不同，其收益水平也呈现复杂多样的特征，由此给叶类蔬菜成本收益核算增加了很大难度。

表 7－4　5 种叶菜投入产出对比

单位：亩・年

项目	产量（千克）	总成本（元）	销售额（元）
油菜	8 200	33 487	24 180
快菜	8 333.5	33 349	26 067
生菜	8 431.5	29 566	29 228
菠菜	7 200	36 138	29 960
芹菜	10 481	25 861	29 412

数据来源：根据调查数据整理。

（四）不同组织模式下叶类蔬菜种植成本收益比较

农户家庭生产模式、中介组织带动型模式和龙头企业带动型模式这 3 种模式又分为多种组织形式。调研中发现北京现有的中介组织带动型模式以“合作社＋基地＋农户”与“合作社＋农户”为主，选择“合作社＋基地＋农户”这种模式站在合作社的角度分析成本收益，选择龙头企业带动型中的“公司＋基地＋农户”站在公司的角度分析成本收益。这几种模式的成本收益构成不太一样，产业化组织模式的成本构成比单纯的农户家庭经营模式更加复杂，为了保证可比性，本文挑选出共有的项目进行对比分析。

表 7－5 给出 3 种组织模式的成本收益情况，其中人工成本按当地雇工价格折算。“公司＋基地＋农户”的单位面积销售额最高，因为走高端产品路线的公司有固定的销售渠道和稳定的价格，且收购价格是普通蔬菜的 3～5 倍，但是投入成本也是最高的，这种模式属于高投入高产出模式。农户由于种植规模较小，单位面积劳动力投入量最高。由于叶菜是劳动密集型产业，受生产资金投入水平的制约和京郊劳动力成本相对较高的影响，即使在叶菜生产的农忙时节，农户也不愿意雇佣其他劳动力帮忙。在实际生产中，农户并没有将家庭劳动力计算在内，所得利润一般在收入的 50%左右，但农户经营风险较大，收入不稳定。农户的固定资产折旧费用最低，主要是因为调研涉及的农户从事蔬菜种植时间长，建棚时购买材料等成本费用较少。并且农户不注重对大棚的维护，基本上每年只在换棚膜上有投入。“合作社＋基地＋农户”处于中间水平。

表 7－5　不同组织模式成本收益对比

单位：亩・年

项　　目	农户（农户家庭生产模式）	合作社＋基地＋农户（中介组织带动型模）	公司＋基地＋农户（龙头企业带动型模）
固定资产折旧（元）	1 804	5 240	4 865
直接物质投入（元）	3 722	6 000	16 200
维护费用（元）	1 140	2 000	12 000
人工成本（人）	1.7	1.25	1
人工成本价值（元）	48 960	32 400	37 800
销售额（元）	27 769	36 940	125 000

数据来源：根据调查数据整理。

在调研中发现，设施蔬菜的亩均建棚成本与建设时间有密切的关系，建成时间越短，亩均成本越高，所以对于种植叶菜时间长的农户（20 年左右）计算出来的固定资产折旧费用较低。而且设施种植类型（塑料大棚、日光温室、简易小拱棚）不同，成本也不同。调查统计结果显示，蔬菜大棚建设的平均年限为 9 年，亩均建棚成本为 2.5 万，建棚时间最长的有 23 年，亩均建棚成本为 500～2 000 元，建棚时间最短的只有 1 年，亩均成本为 5 万。所以建棚时间和建棚类型的差异导致建棚成本差别较大。对于不同组织模式的生产者来说，一体化模式实施的年限较短，基地、企业、合作社的固定资产折旧费用就比农户高很多。

7.4　本章小结

本章采用描述性统计分析方法与 ARCGIS 空间统计方法，从时间和空间两个维度，分析了北京蔬菜成本收益时空特征。分析结果表明：

（1）在成本收益方面，北京视角的分析表明：随着蔬菜种植土地、人工、物质投入等成本的不断提高，北京蔬菜种植的总成本也逐渐提高。但是在产量方面却有下降的趋势。产值方面也随着市场价格的波动剧烈变动，收益不稳定。与全国其他城市相比，北京蔬菜种植属于高投入高产出，但是投入产出效率不高。全国视角的分析表明：投入成本过高并不是全国普遍现象，主要集中在东部沿海较发达城市。蔬菜种植每亩总成本呈现空间聚集模式，总成本的热点分布在包括北京在内的东部地区，冷点分布在西部地区。全国普遍存在产出不足的现象，单位面积产量和产值低于全国平均值的城市数量约占 50%。全局空间自相关分析表明成本利润率属于空间随机分布。

（2）叶类蔬菜是北京蔬菜种植的主要种类。叶类蔬菜以设施种植为主。生菜、快菜、油菜、菠菜和芹菜的生产地域布局，均以东南的大兴、通州和北部的顺义区为主产区。叶类蔬菜成本收益分析表明，人工成本在农民实际生产总投入中所占比例最高。不同叶类蔬菜在不同的茬口安排生产、定植到采收的天数不同，其收益水平也呈现复杂多样的特征。“公司＋基地＋农户”这种模式属于高投入高产出模式。农户家庭经营模式属于低投入低产出模式。“合作社＋基地＋农户”处于中间水平。合作社的辐射带动作用并没有很好地发挥出来。

第八章　北京市蔬菜产业生产效率测评及其时空规律

第七章的以成本收益为核心的北京蔬菜产业概况时空分析，为本章生产效率评价研究奠定了基础。在本章北京市蔬菜产业生产效率评价与时空特征分析中，选取合适的样本数据，并选取确定的蔬菜生产投入产出指标，应用DEAP2.1软件，一方面测算在全国视角上北京蔬菜生产效率所处的位置（空间特征），另一方面测算北京内部不同组织模式之间的相对效率。通过计算全国34个大中蔬菜生产城市生产效率的相对值，比较各生产决策单元的差异情况。采用AREGIS软件对各统计量进行空间自相关分析与热点分析，进一步分析生产效率的空间特征。

8.1　蔬菜产业生产效率测评模型构建

8.1.1　数据包络分析方法

生产效率评价方法主要有两种：参数方法和非参数方法。而相对参数方法，非参数方法具有以下优点：首先参数方法不需要设定具体的生产函数形式，因此可以有效地避免因函数形式设定的不合理而导致生产率测算的错误估计（姚洋，1998）。其次在测算规模效率时不需要详细的价格资料。第二，对数据的要求相对较低，可以在生产数据不很完备的情况下使用。第三，无需人为给定各指标的权重。第四，可以测算多种投入和多种产出生产系统的生产效率（周宏等，2003）。基于非参数方法的以上优点，本文采用DEA方法对北京蔬菜生产效率进行评价。

数据包络分析（Data Envelopment Analysis）简称DEA，最初由Charnes和Cooper等人于1978年开始创建，是多种学科交叉研究的一个新领域。中国人民大学的魏权龄教授对于DEA方法在国内推广起到了很大促进作用，他在相关研究中指出DEA是使用数学规划模型评价具有多个输入和多个输出的“部门”或“单位”（称为决策单元，简记为DMU）间的相对有效性（称为DEA有效）。根据对各DMU观察的数据判断DMU是否为DEA有效，本质上是判断DMU是否位于生产可能集的“前沿面”上。生产前沿面是经济学中生产函数向多产出情况的一种推广，使用DEA方法和模型可以确定生产前沿面的结构，因此又可将DEA方法看做是一种非参数的统计估计方法（魏权龄，2000）。DEA方法最基本的模型是CCR模型（基于规模报酬不变假设）和BCC模型（基于规模报酬可变假设），由CCR模型计算得出综合技术效率，BCC模型得出纯技术有效和规模效率，二者之积是综合技术效率。根据下面的公式得到CCR模型：

$$\text{MAX}h_0 = \frac{\sum_{j=1}^{q} u_j \cdot y_{jk_0}}{\sum_{j=1}^{p} v_i \cdot x_{ik_0}}$$

$$s.t.\begin{cases} \dfrac{\sum_{j=1}^{q} u_j \cdot y_{jk}}{\sum_{i=1}^{p} v_i \cdot x_{ik}} = \dfrac{u_1 \cdot y_{1k} + u_2 \cdot y_{2k} + \cdots + u_q \cdot y_{qk}}{v_1 \cdot x_{1k} + v_2 \cdot x_{2k} + \cdots + v_p \cdot x_{pk}} \leqslant 1,(k=1,2,\cdots,n) \\ u_j, v_i \geqslant 0, j=1,2,\cdots,q, i=1,2,\cdots,p \end{cases}$$

公式（8－1）

公式（8－1）中，h_0 是决策单元 DMUk_0 的效率值；i＝inputs（i＝1，2，…，p）；j＝DMUs（j＝1，2，…，n）；r＝outputs（r＝1，2，…，q），x_{ik}，y_{rk}是第k 个决策单元的投入和产出；u_j 和 v_i 是权重。如果 h_0＝1，决策单元同时达到规模和纯技术效率有效，即综合技术效率有效。适当改动其中的参数，可得到第二个 DEA 模型（BCC）用于测算纯技术效率。

使用 DEA 方法测算生产效率时有基于两种导向的测算方法可供选择：基于投入导向模型（Input-Oriented）和基于产出导向模型（Output-Oriented）。投入导向模型是研究在产出不变的情况下，使投入达到最小化的数学规划问题。产出导向模型是研究在投入不变的情况下，使产出达到最大化的数学规划问题。可基于选择的输入和输出指标的可控制性和可处理性两个方面来对两种模型进行选择。已有的研究表明无论选择哪种导向方法都不会影响计算的结果。本文根据蔬菜产业生产系统的特点，认为蔬菜生产要素的投入量较产出容易控制。鉴于此，在实证分析中我们采用的是投入导向 DEA 模型来评估北京蔬菜产业的效率问题。

8.1.2　Malmquist 指数模型

为了从动态和静态的角度综合评价蔬菜生产效率，本文对我国 34 个大中蔬菜生产城市的 2006—2011 年时间序列数据，采用基于 Malmquist 指数的 DEA 方法来动态评价不同城市的全要素生产率变动情况，并分析全要素生产率变化的两个来源（技术变化和效率变化）。Malmquist 指数利用距离函数的比率来计算投入产出效率，产出导向的 Malmquist 指数可以表示为：

$$M_i(x_s, y_s; x_t, y_t) = \sqrt{\frac{D_i^s(x_t, y_t)}{D_i^s(x_s, y_s)} * \frac{D_i^t(x_t, y_t)}{D_i^t(x_s, y_s)}}$$

$$= \frac{D_{ti}(x_t, y_t)}{D_i^t(x_s, y_s)} \sqrt{\frac{D_i^s(x_t, y_t)}{D_i^t(x_t, y_t)} * \frac{D_i^s(x_s, y_s)}{D_i^t(x_s, y_s)}}$$

$$= \text{Effch} * \text{Tch}$$

公式（8－2）

公式（8－2）式将全要素生产率变化（TFPch）分解为技术效率变化（Effch）和技术进步变化（Tch）的乘积。当规模报酬不变时，全要素生产率变动又可以分解为纯技术进步效率变化（PEch）、规模效率变化（SEch）和技术进步变化（Tch）三者的乘积。在进行实证分析之前，需要对各测算指标的经济内涵进行理论分析。全要素生产率及其分解指标的经济含义如下：

（1）**全要素生产率**（total factor productivity，TFP）　是指“生产活动在一定时间内的效率”，即总产出与全部投入要素之比，是衡量经济发展质量的重要指标或依据。它是一种包括所有生产要素的生产率测量，是反映生产效率最有效的综合指标。全要素生产率的增长（TFPch）能够以与前期相同的要素投入获得更大的产出量，从而提高经济增长的效率水平（李福柱等，2013）。全要素生产率的变化反映了生产效率的动态水平。

（2）**综合技术效率（也称经济效率）**　反映的是技术效率和规模效率的总体状况，即综合效率等于规模效率和技术效率之积。综合技术效率一般用 DEA 中的 CCR 模型进行计算。当某被考察对象的综合效率值为 1 时，称该对象是 DEA 有效的，显然只有当被考察单元同时达到技术有效和规模有效时，其综合效率才是有效的。

（3）**规模效率**　是研究生产经营规模与经济效益关系的一个重要指标，它反映的是被评价对象生产规模的有效程度，即它反映了被评价对象是否在最合适的投资规模下进行经营。如果规模效率值为 1，那么表示这种生产经营规模是有效的，也就是说被评价对象在最合适的投资规模下进行经济活动；反之则说明被评价对象的规模效率未达到最佳状态。若规模效率变化大于 1，表示存在规模报酬递增的情况，蔬菜生产更接近于最有规模，反之则反之。

（4）**技术效率**　它是指在给定一组投入要素不变的情况下，一个企业的实际产出同一个假设同样投入情况下的最大产出之比。它反映的是生产过程中现有技术利用的有效程度，即技术效率反映在给定投入的情况下各决策单元的获取最大产出的能力。若技术效率变化大于 1，则表示相对于上一年技术效率得到提升，反之表示退步。

（5）**纯技术效率**　纯技术效率是指技术的生产效能所能发挥的程度，它是指从技术效率中剔除规模效率而得到的影响生产单元效率的其他因素。它与技术效率的区别在于计算纯技术效率时考虑了要素的利用率问题。若纯技术进步效率变化大于 1，表示与上一年相比，在技术不变的情况下，技术的使用效率上升，若小于 1 则表示存在技术效率的下降。

（6）**技术进步**　技术的进步能带来生产前沿的移动，其经济含义是在不增加生产要素投入，也不改变要素投入结构的条件下，仅仅因技术的改进导致产出增加。技术进步的原因不仅包括使用先进技术、专利、工艺，还包括制度变革，比如体制改革、加入世界贸易组织、技术水平先进的跨国公司的进入等（郭艳秋，2010）。若技术进步变化指数大于 1，则表示与上一年相比，存在技术进步，若小于 1 则表明存在技术退步。

8.2　基于全国视角的北京市蔬菜产业生产效率时空规律分析

从 20 世纪 80 年代实施“菜篮子”工程以来，中国蔬菜产业得到了长足发展，目前蔬菜已是种植业中仅次于粮食的第二大农作物，成为中国农业和农村经济发展的支柱产业之一（刘芳等，2011）。目前，我国蔬菜的产量和播种面积均居世界第一，但就蔬菜生产效益而言，不但各地区蔬菜产业的发展状况存在明显差异，而且与蔬菜产业发达国家相比也存在巨大差距（卢中华，2008）。由于我国蔬菜生产主要集中在大中城市郊区及农区商品蔬菜基地（郭军华等，2011），因此重点研究我国蔬菜生产大中城市的生产效率差异和变化趋势，对合理配置农业资源，进一步提高生产效率，增加蔬菜产量和农民收益，甚至对整个产业的可持续发展均具有重要作用。北京作为特大城市，提高蔬菜生产效率，特别是增强叶类蔬菜自给能力，保障鲜嫩产品供应具有重要意义。

8.2.1 数据来源与投入产出指标选取

徐家鹏（2011）以国家发改委价格司统计的黄瓜、番茄、茄子、菜椒、圆白菜、马铃薯、大白菜 7 种大宗蔬菜为例，以各省大中蔬菜生产城市的蔬菜生产投入产出数据为样本来测算我国蔬菜生产技术效率，具有较强的代表性。并且研究我国蔬菜生产效率的文献一般不区分露地蔬菜和设施蔬菜，故本文并未按照蔬菜种植方式将数据进行分类。参考以上研究思路，本文全国视角的研究数据来源于《全国农产品成本收益资料汇编 2007—2012》(简称《汇编》)。数据中涉及的蔬菜品种包括番茄、黄瓜、茄子、菜椒、圆白菜、大白菜、马铃薯、菜花、萝卜和豆角等蔬菜，以每个城市各蔬菜统计数据平均值作为其蔬菜产业的数据，以 34 个大中城市蔬菜生产投入产出数据为样本，研究我国蔬菜生产效率具有代表性与可行性。

由于在生产效率及其评价相关概念理解上的不一，以及评价具体层面上的生产效率差异性，对生产效率评价的投入产出指标选取各异。如在种植业领域选取与“产量、产值”相关统计量作为产出指标，“劳动力、农药、灌溉、肥料、种子、农膜机械动力、土地”相关统计量作为投入指标。国内大多学者在选取评价指标时，在充分考虑各要素的重要性基础上，往往由于数据来源的限制而不得不选取某些指标，而对指标选取的系统理论分析则极少。

农业生产要素主要有 3 个：劳动力、资本和土地。蔬菜产业是多投入系统，构建科学的蔬菜产业生产效率评价指标体系，首先必须保证指标项可以全面反映蔬菜种植过程中的投入和产出，其次应考虑指标数据的可获性和准确性。以各城市为决策单元，在综合考虑以上因素的基础上，对《汇编》数据以每亩肥料费用（化肥和农家肥）、用工数量（标准劳动日）、农药费、租赁作业费（机械作业费、排灌费和畜力费）、土地成本（流转地租金和自营地折租）以及其他直接物质费用（种子费、农膜费、工具材料费）作为投入变量，以每亩主产品产量作为产出变量。

8.2.2 我国蔬菜产业生产效率时间特征分析

DEA 方法的投入导向模式是指在产出量固定的前提下对投入量进行适当调节和控制。在农业生产中，投入比产出较易控制，故本文选取投入导向的 DEA 模式进行分析。同时采用基于 Malmquist 指数的 DEA 方法结合 GIS 技术，分析 2006—2011 年时间序列数据，考察近 6 年我国蔬菜产业生产效率与技术变化的时间和空间特性。将投入产出面板数据代入软件 DEAP2.1，得到综合技术效率变化（Effch）、技术进步变化（Tch）、纯技术进步效率变化（PEch）、规模效率变化（SEch）和全要素生产率变化（TFPch）情况。

（一）全国视角的全要素生产率及其分解指数变动特征

图 8-1 表示 TFP 及其分解指数在时间序列上的变化情况，表明 TFP 的变化路径及

主要来源。6 年间各指数波动幅度较大，各指标整体上表现出 W 型变化趋势，技术效率变化在波动中呈现下降趋势，技术进步变化呈现明显的上升趋势，而 TFP 变化呈现上升趋势。即全要素生产率与技术进步变化趋势基本上保持一致。从 5 个子时期来看，全要素生产率的增长过程具有明显的阶段性特点，主要表现为总体上呈现一个上升高峰和两个下降低谷的特征。TFP 各阶段的变化情况为，2006—2007 年（−5.7%），技术退步是导致其下降的主要原因；2007—2008 年（−10.7%），2008—2009 年（+6.2%），2009—2010 年（−6.5%），受技术进步变化和技术效率变化共同作用；2010—2011 年（+13.8%），为历年最高，技术进步是原因。总之，我国蔬菜产业全要素生产率的增长显著依赖于技术进步，则提高蔬菜生产技术效率水平是未来短期内提高全要素生产率的潜在动力。

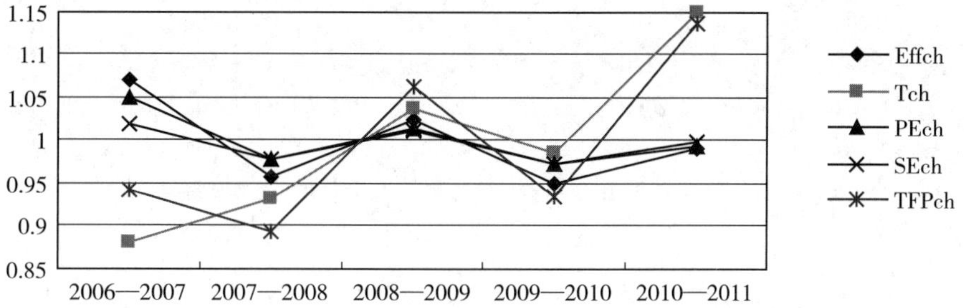

图 8 - 1　TFP 年度平均变化情况

(二) 北京与全国其他城市生产效率比较分析

各蔬菜生产城市有其独特的生产效率特征，从城市尺度分析全要素生产率分布特征，寻求改善或退步的原因，对明确各城市蔬菜生产发展方向至关重要。表 8 - 1 为各城市历年全要素生产率及其相关指数平均值。

表 8 - 1　蔬菜生产城市平均全要素生产效率指数及分解表（2006—2011 年）

城市	综合技术效率变化 (Effch)	技术进步变化 (Tch)	纯技术进步效率变化 (PEch)	规模效率变化 (SEch)	全要素生产率变化 (TFPch)
北京	0.937	0.928	0.942	0.994	0.870
大连	0.954	0.995	1.045	0.913	0.949
福州	0.969	0.983	0.956	1.013	0.952
广州	1.076	1.022	1.076	1.000	1.100
海口	1.085	0.942	1.005	1.080	1.022
杭州	0.937	0.996	0.956	0.980	0.934
济南	0.985	0.949	0.998	0.987	0.934
南京	1.050	0.979	1.037	1.013	1.029
宁波	0.942	0.916	1.013	0.930	0.862
青岛	1.119	1.004	1.084	1.032	1.123
上海	0.893	0.901	0.914	0.977	0.805
沈阳	0.985	0.923	1.000	0.985	0.910

（续）

城市	综合技术效率变化（Effch）	技术进步变化（Tch）	纯技术进步效率变化（PEch）	规模效率变化（SEch）	全要素生产率变化（TFPch）
石家庄	0.988	0.920	0.985	1.003	0.909
天津	0.998	0.920	1.000	0.998	0.919
厦门	1.159	1.027	1.058	1.095	1.190
长春	0.998	1.086	1.000	0.998	1.084
长沙	1.062	1.057	1.045	1.016	1.123
哈尔滨	0.974	0.946	0.999	0.975	0.922
合肥	1.004	0.954	1.004	1.000	0.958
南昌	1.000	1.081	1.000	1.000	1.081
太原	0.976	0.927	0.970	1.006	0.905
武汉	1.000	1.204	1.000	1.000	1.204
郑州	0.987	1.124	0.994	0.993	1.110
成都	0.973	1.005	0.951	1.024	0.978
贵阳	0.942	0.978	1.000	0.942	0.921
呼和浩特	1.000	0.956	1.000	1.000	0.956
昆明	1.055	0.962	1.042	1.012	1.015
兰州	0.940	0.921	0.963	0.976	0.866
南宁	0.890	0.973	0.929	0.958	0.865
乌鲁木齐	1.000	0.978	1.000	1.000	0.978
西安	1.120	1.122	1.115	1.004	1.257
西宁	1.000	1.094	1.000	1.000	1.094
银川	1.001	1.128	1.000	1.001	1.129
重庆	0.972	0.938	1.000	0.972	0.911
平均	0.999	0.995	1.002	0.996	0.996

（1）全要素生产率基本统计特征　如表 8-2 所示，全要素生产率改善的城市有 14 个，占总数的 41%，说明在 2006—2011 年，全要素生产率未改善的蔬菜种植城市较多。改善程度最大的为 25.7%，下降最大的是−19.5%，且相对于其他指标离散程度较大，说明我国蔬菜生产大中城市全要素生产率改善并不均匀，各城市之间差异较大；除 TFP 以外的其他指数得到改善的城市比例较为相近。

表 8-2　34 个城市全要素生产率均值基本统计特征

指标	最大值	最小值	平均值	标准差	大于 1 的城市个数	大于 1 的城市比例（%）
Effch	1.159	0.890	0.999	0.061	10	29
Tch	1.204	0.901	0.995	0.075	12	35
PEch	1.115	0.914	1.002	0.043	11	32
SEch	1.095	0.913	0.996	0.034	12	35
TFPch	1.257	0.805	0.996	0.112	14	41

彩图 8-1 为平均全要素生产率改善与未改善城市分布图。蓝色的点表示改善，红色的点表示未改善。全要素生产率未改善的城市主要分布在东部、东北部以及西南部地区。TFP 改善的城市主要分布在中部和西北部地区。

(2) 全要素生产率变化来源分析　以下对全要素生产率及其分解指数按照取得改善和未取得改善两方面来做统计分析，探讨改善与未改善的原因（表 8-3、表 8-4）。

表 8-3　全要素生产率改善来源分布

TFP 改善总数	14	比例（%）	Effch 改善总数	9	比例（%）
Effch>1	9	64	PEch>1	8	89
Tch>1	11	79	SEch>1	8	89
Effch 且 Tch>1	6	43	PEch 且 SEch>1	7	78

表 8-4　全要素生产率未改善来源分布

TFP 未改善总数	20	比例（%）	Effch 未改善总数	17	比例（%）
Effch<1	17	85	PEch<1	11	65
Tch<1	19	95	SEch<1	13	76
Effch 且 Tch<1	16	80	PEch 且 SEch<1	7	41

在 TFP 得到改善的 14 个城市中，9 个 Effch 改善，11 个 Tch 改善，Effch 和 Tch 均得到改善的只有 6 个。说明技术进步的改善是全要素生产率得以改善的主要原因；而在技术效率改善的 9 个城市中，实现了 PEch 改善和 SEch 改善的一样多，两者都改善的有 7 个。说明纯技术进步效率改善和规模效率改善对技术效率改善的贡献一样多；进一步计算可知，实现 Effch 改善但没有实现 Tch 的城市有 3 个，实现 PEch 改善但没有实现 SEch 改善的有 1 个。

在 TFP 未得到改善的 20 个城市中，17 个未得到 Tch 改善，19 个未得到 Effch 改善，Effch 和 Tch 均未得到改善的有 16 个，说明技术退步是导致我国蔬菜产业全要素生产率未改善的主要原因；在 Effch 未得到改善的 17 个城市中，11 个未得到 PEch 改善，13 个未得到 SEch 改善，两者均未得到改善的有 7 个，即规模效率未达到最优是造成技术效率未改善的主要原因。

(3) 重点城市分析　厦门的技术效率改善程度（15.9%）和规模效率改善程度（9.5%）均最高，武汉的技术进步效率改善程度（20.4%）最高，西安的纯技术进步效率改善程度（11.5%）和全要素生产率改善程度（25.7%）均最高；上海的技术进步效率未改善程度（−9.9%）、纯技术进步效率未改善程度（−8.6%）和全要素生产率未改善程度（−19.5%）均最高，南宁的技术效率未改善程度（−11.0%）最高，大连的规模效率未改善程度（−8.7%）最高；各指标均得到改善或保持不变的城市有广州、青岛、厦门、长沙、南昌、武汉、西安、西宁和银川；各指标均未改善的城市有北京、杭州、济南、上海、哈尔滨、兰州和南宁。

（三）北京及其周边城市生产效率比较分析

北京蔬菜供应过于依赖外地，本地蔬菜市场供应比例平均只在 10%左右，河北和山东是主要的外埠蔬菜供应地（赵友森等，2011），比较北京和周边城市的蔬菜生产效率差异，对于提高北京蔬菜自给率具有重要意义。2006—2011年，北京市平均TFP下降了13%，低于全国平均水平，主要是受技术退步的影响。图8-2表示北京及其周边TFP时序变动情况，各城市的值波动较大。石家庄的TFP变化呈现倒V型，天津和济南在波动中呈现下降趋势，北京在波动中呈现增长趋势。2008年天津和济南的TFP存在增长，2009年仅石家庄TFP存在增长，其他年份各城市TFP的值相对于上一年均在减少。北京蔬菜TFPch历年的值均小于1，在2008—2009年达到最小值0.768。显然，近年来北京蔬菜生产效率相对而言并没有提高。

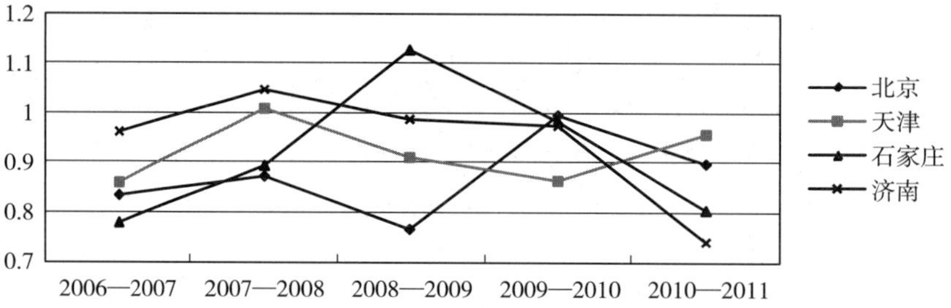

图8-2　北京及周边城市TFP年度变化情况

8.2.3　我国蔬菜产业技术效率空间特征分析

2006—2011年，综合我国蔬菜生产技术效率及其分解指数在波动中呈现下降趋势，尤其是综合技术效率值，在2011年达到历年最低，为0.828。如何改变这种技术效率下降趋势对于中国蔬菜产业的发展具有重要意义。从研究2011年中国蔬菜产业技术效率的空间分布规律着手，分析当前技术效率情况，并找出提高技术效率的途径，为有关部门指导今后蔬菜生产投入提供一定参考。

（一）2011年我国蔬菜产业技术效率评价结果

设置参数为投入导向，假设规模可变，松弛变量计算采用多阶段方法，结合CCR模型和BCC模型。将2011年的投入产出数据输入软件DEAP2.1，得到综合技术效率、纯技术效率、规模效率和规模收益情况。分析结果见表8-5。

表8-5　2011年我国蔬菜产业技术效率评价结果

城市	综合技术效率（crste）	纯技术效率（vrste）	规模效率（scale）	规模报酬
北京	0.723	0.744	0.972	irs
大连	0.621	1	0.621	drs
福州	0.633	0.772	0.82	irs
广州	1	1	1	—
海口	0.716	0.937	0.764	irs
杭州	0.444	0.509	0.871	irs
济南	0.785	0.861	0.912	irs
南京	0.687	0.701	0.979	drs

（续）

城市	综合技术效率（crste）	纯技术效率（vrste）	规模效率（scale）	规模报酬
宁波	0.625	0.974	0.641	irs
青岛	0.926	0.934	0.992	irs
上海	0.568	0.637	0.892	irs
沈阳	0.928	1	0.928	irs
石家庄	0.921	0.926	0.995	drs
天津	0.992	1	0.992	irs
厦门	1	1	1	—
长春	0.992	1	0.992	irs
长沙	1	1	1	—
哈尔滨	0.877	0.993	0.882	irs
合肥	0.667	0.675	0.988	drs
南昌	1	1	1	—
太原	0.638	0.645	0.989	irs
武汉	1	1	1	—
郑州	0.938	0.972	0.965	drs
成都	0.611	0.678	0.902	irs
贵阳	0.719	1	0.719	irs
呼和浩特	0.999	1	0.999	drs
昆明	1	1	1	—
兰州	0.735	0.829	0.886	irs
南宁	0.557	0.691	0.807	irs
乌鲁木齐	1	1	1	—
西安	1	1	1	—
西宁	1	1	1	—
银川	1	1	1	—
重庆	0.867	1	0.867	irs
平均	0.829	0.896	0.923	

（二）2011 年我国蔬菜产业技术效率空间特征

彩图 8－2 为 2011 年各城市技术效率分布图，红色的点表示非 DEA 有效，黄色的点表示 DEA 有效。总体上技术效率 DEA 有效和非有效的城市存在明显的空间聚集分布，DEA 非有效的城市主要分布在东北、华北、华东和西南地区，DEA 有效的城市主要位于西北和华中地区。技术效率值为 1 的城市占 29％，纯技术效率值为 1 的城市占 50％。从几何平均数可知，综合效率值为 0.828，其中纯技术效率为 0.896，规模效率为 0.923，说明这些城市蔬菜产业的生产技术效率和规模效率均有待提高，且纯技术效率偏低是造成 2011 年蔬菜生产技术效率偏低的主要原因。82％的城市处于规模收益不变或递增状态。

当各城市蔬菜生产处于最优规模时，蔬菜生产的绩效最高，应当保持现有的规模不变；当处于非最优状态，如果规模报酬递增，应扩大规模，以提高绩效。即整体上应适当提高我国蔬菜生产规模。

北京及其周边城市均位于技术效率非 DEA 有效区域。北京市综合技术效率、纯技术效率和规模效率全国排名分别为 23、27 和 19 位，处于规模收益递增状态，表明可适当扩大生产规模。综合技术效率值排名为：天津＞石家庄＞济南＞北京，北京市与周边城市相比处于最后一位，主要是纯技术效率值偏低引起的，表明蔬菜生产中投入要素在使用上的效率较低。针对这一现状，可通过引进一些先进的生产技术予以克服，从而提高北京市蔬菜生产的综合管理能力。

彩图 8－3 为 2011 年各城市技术效率全局空间自相关报表。全局 Moran′s I 指数约 0.05 大于 0，则表示正的自相关，即研究区域中邻近面积单元具有相似的值。Z 值为 1.67（1.65～1.96），置信度为 90%。即整体上技术效率值是相近的。

2011 年技术效率的局部空间自相关分析结果表明：乌鲁木齐（HH）和长沙（HH），均表现出区域自身和周边地区有较高的技术效率值，且自身和周边空间差异较小。技术效率的热点分析结果显示，存在局部的技术效率较高和较低值的聚集。热点分布在西南地区，冷点分布在东北地区（见彩图 8－4、彩图 8－5）。

（三）2011 年蔬菜生产要素投入冗余空间特征分析

对于纯技术效率非有效决策单元，可以通过投影分析，测算其与有效决策单元的“距离”，调整投入与产出幅度，达到提高技术的使用效率的目的。在生产过程中，要素投入的比例失衡与冗余都会导致技术效率的损失，反之，技术效率的高低也反映了要素投入的比例失衡与冗余程度。对于蔬菜种植者，在蔬菜生产过程中，投入要素比产出要素更易于控制。故本文重点从投入角度探讨怎样按比例调整投入，从而提高蔬菜生产效率。将 2011 年投入产出数据代入 DEA 模型，得到纯技术效率不为 1 的城市蔬菜生产投入冗余率（表 8－6）。

表 8－6　2011 年全国 34 个蔬菜生产大中城市蔬菜生产投入冗余率（%）

城市	土地成本（元/亩）	用工数量（天/亩）	肥料费用（元/亩）	农药费用（元/亩）	租赁作业费（元/亩）	其他费用（元/亩）
北京	25.65	25.65	34.62	53.95	25.65	25.65
大连	—	—	—	—	—	—
福州	40.25	22.82	57.37	57.84	22.82	22.82
广州	—	—	—	—	—	—
海口	6.32	6.32	57.36	60.80	67.56	6.32
杭州	49.06	49.06	81.34	49.06	49.06	50.59
济南	13.92	13.92	37.40	13.92	13.92	13.92
南京	46.90	42.76	33.55	29.86	29.86	82.55
宁波	23.83	49.85	48.43	2.56	2.56	2.56
青岛	6.65	6.65	16.76	36.12	11.91	6.65

（续）

城市	土地成本（元/亩）	用工数量（天/亩）	肥料费用（元/亩）	农药费用（元/亩）	租赁作业费（元/亩）	其他费用（元/亩）
上海	51.29	36.28	36.28	36.28	36.28	36.28
沈阳	—	—	—	—	—	—
石家庄	7.40	7.40	37.57	26.85	38.35	7.40
天津	—	—	—	—	—	—
厦门	—	—	—	—	—	—
长春	—	—	—	—	—	—
长沙	—	—	—	—	—	—
哈尔滨	0.65	0.65	0.65	0.65	6.23	12.08
合肥	37.57	32.49	53.83	46.13	32.49	32.49
南昌	—	—	—	—	—	—
太原	35.49	35.49	35.49	35.49	57.91	35.49
武汉	—	—	—	—	—	—
郑州	2.82	2.82	2.82	15.80	12.60	2.82
成都	32.24	32.24	50.17	32.24	32.24	32.24
贵阳	—	—	—	—	—	—
呼和浩特	—	—	—	—	—	—
昆明	—	—	—	—	—	—
兰州	17.06	17.06	17.06	17.06	22.02	29.70
南宁	30.89	30.89	56.08	55.90	30.89	30.89
乌鲁木齐	—	—	—	—	—	—
西安	—	—	—	—	—	—
西宁	—	—	—	—	—	—
银川	—	—	—	—	—	—
重庆	—	—	—	—	—	—
平均	12.59	12.13	19.32	16.78	14.48	12.66

总体上看，中国大中城市蔬菜生产各投入指标均存在不同程度的冗余，分别为土地成本 12.59%、用工数量 12.13%、肥料费用 19.32%、农药费用 16.78%、租赁作业费 14.48%、其他费用 12.66%。其中，肥料费用和农药费用的投入冗余度最高。

彩图 8-6 为 2011 年各城市投入冗余度分布图，黄色的点表示不存在投入冗余，红色的点表示存在投入冗余且红点越大冗余度越高。存在明显的冗余情况的城市有北京、太原、南京、合肥、上海、杭州、成都、福州、南宁和海口。这些城市多数属于东部地区，在地图上显示东部地区存在两个较明显的投入冗余城市分布聚集情况。不存在投入冗余的城市较均匀地分布在其他地区。50%的城市蔬菜生产各投入指标均存在不同程度的冗余，平均冗余度分别为土地成本 12.59%、用工数量 12.13%、肥料费用 19.32%、农药费用

16.78％、租赁作业费14.48％、其他费用12.66％。其中，肥料费用和农药费用的投入冗余度最高。北京、福州、海口、杭州、南京、上海、合肥、太原、成都、南宁等城市各投入要素均存在明显的冗余。每个存在投入冗余的城市各投入要素的冗余情况较为不一致，宁波的每亩农药费用冗余率仅为2.56％，而每亩用工数量的冗余率达到49.85％。说明我国蔬菜生产投入冗余情况较为严重，应当注意蔬菜生产中要素投入的合理配置。

彩图8－7为投入冗余度全局空间自相关报表，与技术效率的分析类似，Moran's I指数为0.07，Z值为2.26，P值为0.02，结果表明在95％的置信度上，2011年我国蔬菜生产投入冗余度呈现空间聚集模式，即各城市整体上具有相似的投入冗余值。

2011年投入冗余度的局部自相关分析结果表明，南京（HH）、上海（HH）、合肥（HH）、杭州（HH）这四个城市自身冗余度较高，且这几个城市自身与其周边的冗余度的空间差异较小。同样的现象表现在热点分析结果中，合肥和杭州等地为高冗余度局部聚集的热点地区（见彩图3－8、彩图3－9）。

北京市平均投入冗余率全国排名第10位，较周边城市冗余度突出，但是空间差异不显著。天津不存在投入冗余，石家庄的肥料费用和租赁作业费冗余较明显，济南的肥料费用冗余较多，北京的土地成本、用工数量、农药费用和其他费用投入冗余率均最高。说明北京市蔬菜生产要素投入和配置并不合理，冗余情况较明显，有很大的可节约空间。每亩土地成本、用工数量、肥料费用、农药费用、租赁作业费和其他费用可节约的幅度依次为25.65％、25.65％、34.62％、53.95％、25.65％和25.65％。造成这一现象的原因可能是北京较其他地区土地资源稀缺，人工成本及物质费用高。

各地区应针对存在投入冗余的蔬菜生产地，调整各生产要素投入量，并适当提高其蔬菜生产规模，进而提高我国蔬菜生产技术效率。

8.3　基于不同组织模式的北京蔬菜产业生产效率差异分析

农业产业化组织模式作为农业产业化的实现形式和产业配置手段，是指在农业产业一体化组织系统内，各参与主体之间相互连接和影响所构成的一种一体化组织形态、这些多元的参与主体包括企业、合作组织、农户等，他们在农业产业化组织模式中存在着某种共同利益、担任着不同角色。传统的农户家庭生产经营模式，产生以农户为基本单位的小生产与大市场的矛盾，不仅使农产品商品率难以提高，而且农业在自然风险之外又增加了市场风险，严重制约了农业生产效率的提高，并抑制了农民收入的进一步增长。为解决这些深层的矛盾，一些地方在政府的推动下，产生了许多新的产业组织方式、资源配置方式和农业生产经营方式，农业产业化也因此应运而生（张学鹏等，2011）。对北京蔬菜产业主要经营模式的生产效率进行评价，探究产业化组织模式对蔬菜生产效益的带动作用。

8.3.1　数据来源与指标选取

针对目前北京蔬菜产业主要的组织模式：农户家庭生产模式、中介组织带动型模式、龙头企业带动型模式，笔者在北京市大兴、顺义、通州、昌平、房山、怀柔和密云7个蔬菜主要生产区县的油菜、菠菜、生菜、芹菜和快菜 5 种叶类蔬菜进行了实地调研，获得了 3 种模式的生产成本、产出、利润等数据。调研地区叶类蔬菜种植方式为设施栽培，其中以塑料大棚为主。从所调研的蔬菜生产者中选取 28 个农户，5 家合作社，5 家基地作为样本，对这几种生产组织模式进行比较分析。综合考虑各种因素，选取 4 个投入指标和 2 个产出指标。4 个投入指标分别为：直接费用［元/（亩・年）］、间接费用［元/（亩・年）］、土地成本［元/（亩・年）］、人工成本［元/（亩・年）］；2 个产出指标为：产量［千克/（亩・年）］和销售额［元/（亩・年）］。针对 3 种模式，各选取 5 个样本，组成 15 个决策单元，表 8－7 为样本投入产出原始数据。

表 8－7　投入产出原始数据

组织模式	决策单元	投入				产出	
		直接费用	间接费用	人工成本	土地成本	产量	销售额
农户家庭生产模式	1	2 091	1 667	48 000	100	12 000	36 000
	2	5 084	5 000	48 000	100	10 668	26 670
	3	1 385	353	7 950	50	20 000	16 000
	4	5 050	2 500	28 800	100	24 000	48 000
	5	2 847	689	12 800	3 333	20 000	50 000
中介组织带动型模式	6	7 800	1 020	8 446	31	28 000	22 400
	7	2 525	125	9 450	100	20 000	14 000
	8	2 834	1 067	19 200	115	12 000	24 000
	9	2 835	917	14 500	100	15 000	30 000
	10	4 301	5 000	48 000	100	10 000	50 000
龙头企业带动型模式	11	4 590	1 044	4 050	300	20 000	40 000
	12	6 200	625	27 000	1 150	15 000	12 000
	13	5 000	1 150	28 800	2 500	18 000	36 000
	14	3 500	2 083	9 800	100	16 000	12 800
	15	3 502	6 000	19 200	115	10 000	25 000

数据来源：根据调查数据整理。

8.3.2　不同组织模式下蔬菜生产效率比较分析

利用 DEAP2.1 软件对以上样本数据进行分析，计算结果见表 8－8。

由表 8－8 可知，从投入产出相对效率的角度分析，在评价的 15 个样本中，综合技术效率（相对效率）值在 0.269～1。当一个决策单元的相对效率测度等于 1 时表明，要达到现有的输出至少有一种输入已无法减少，除非同时增加其他种类的输入，而在现有的输入条件下至少有一种输出已无法增加，除非同时降低其他种类的输出，即投入和产出都没有改进的必要；当相对效率测度小于 1 时，如果产出固定，则投入要素存在减少的余地，而且值越小其减少余地越大，其相对有效性越低；如果投入固定则产出要素存在增加的余地，而且值越小其增加余地越大，其相对有效性越低（崔言民等，2012）。

表 8-8　生产效率评价结果

组织模式	决策单元	crste	vrste	scale	规模收益
农户家庭生产模式	1	0.386	0.395	0.977	drs
	2	1	1	1	—
	3	0.269	1	0.269	irs
	4	0.655	0.797	0.822	drs
	5	0.468	0.488	0.958	irs
中介组织带动型模式	6	1	1	1	—
	7	0.503	0.706	0.713	irs
	8	0.684	0.713	0.96	irs
	9	0.603	0.66	0.913	irs
	10	0.985	1	0.985	irs
龙头企业带动型模式	11	1	1	1	—
	12	1	1	1	—
	13	0.714	0.773	0.924	drs
	14	1	1	1	—
	15	1	1	1	—

数据来源：根据调查数据整理。

提高蔬菜生产技术效率方面：主要是针对存在蔬菜生产技术无效（即技术效率小于1的生产者进行的。由于蔬菜生产技术效率变动是由纯技术效率变动及规模效率变动决定的，因此提高蔬菜生产的技术效率可以从两个方面入手：一是提高蔬菜生产纯技术效率，二是提高蔬菜生产规模效率。具体调整对象是蔬菜生产中的要素投入及产出规模，调整的目的在于使要素投入及产出达到蔬菜生产最佳最优状态。其中蔬菜纯技术效率的提高主要是靠提高蔬菜生产过程中要素投入的有效配置来实现的。其中最重要的目标是减少蔬菜生产过程中无效投入，即要素投入松弛量。如果某投入要素存在松弛，说明存在投入冗余，需要减去相应的松弛量。蔬菜生产规模效率的提高主要是通过生产投入产出的规模调整来实现的，如果某生产者蔬菜生产规模报酬是递增的，则应通过提高蔬菜生产投入产出规模来提高规模效率，反之，如果当前规模报酬递减，则应通过降低该地区蔬菜生产投入产出规模来提高规模效率。

根据相对效率测度结果，农户自营模式相对效率最低（平均相对效率为0.556），只有样本2达到了CCR模型有效（即同时达到了技术有效和规模有效），投入产出改进余地最大，例如在投入不变的情况下，1号农户的销售额应该增加456个单位量；龙头企业带动型模式的相对效率最高（平均相对效率为0.943），有4个样本都达到了CCR模型有效；中介组织带动型模式相对效率处于中间水平（有1个样本综合技术效率为1，平均效率为0.756）。将3种模式的相对效率从高到低排序为：龙头企业带动型模式＞中介组织带动型模式＞农户自营模式。

从规模效益角度分析，当规模收益不变（scale＝1，即规模有效）或者增加时，生产者可以通过增加投入、扩大规模来提高生产效率。对计算结果进行分析可知，规模收益递减的样本为农户自营模式中的 1 和 4，以及龙头企业带动型模式中的样本 3，主要原因是这几个样本的某些投入量存在相对较高，产出量存在相对较低；其他样本均为规模收益不变或递增，这些样本单元可以通过增加投入、扩大规模来提高生产效率。对 3 种模式的平均规模效率进行排序为：龙头企业带动型模式（0.985）＞中介组织带动型模式（0.914）＞农户自营模式（0.805）。

从技术效率和规模效率的角度，综合看来龙头企业带动型模式是最有效的模式。

8.4　本章小结

本章采用基于 Malmquist 指数的 DEA 方法，并结合 GIS 技术，进行了蔬菜生产效率的测算与时空特征分析，得出了以下结论：

（1）2006—2011 年，我国蔬菜产业全要素生产率的增长显著依赖于技术进步。包括北京以内的东部地区以及西部地区的平均全要素生产率未增长。北京市及全国半数蔬菜生产大中城市存在生产规模不合理，未达到资源优化配置。北京及周边城市历年全要素生产率变化值历年的波动较大，北京与周边城市相比 TFP 存在明显的差距，主要是技术退步造成的。

（2）2011 年，我国蔬菜生产技术效率整体上表现出弱空间聚集，投入冗余度存在显著的空间聚集。技术效率的局部空间自相关分析结果表明：乌鲁木齐（HH）和长沙（HH），均表现出区域自身和周边地区有较高的技术效率值，且自身和周边空间差异较小。技术效率的热点分析结果显示，存在局部的技术效率较高和较低值的聚集。热点分布在西南地区，冷点分布在东北地区。投入冗余度的局部自相关分析结果表明，南京（HH）、上海（HH）、合肥（HH）、杭州（HH）这四个城市自身冗余度较高，且这几个城市自身与其周边的冗余度的空间差异较小。同样的现象表现在热点分析结果中，合肥和杭州等地为高冗余度局部聚集的热点地区。

（3）要提高我国蔬菜生产技术效率除合理配置蔬菜生产中的要素投入，还应适当提高蔬菜生产规模。北京及其周边城市技术效率及冗余度存在差异，但不显著。北京技术效率未达到 DEA 有效主要是纯技术效率过低引起的，蔬菜生产处于规模收益递增状态，可重点从土地、用工、农药成本着手对投入进行调整。

（4）从生产效率分析可以看出，龙头企业带动型模式是最优的，其成本高于中介组织带动型模式，但其产出和利润是最高的。从 DEA 模型评价结果可知，龙头企业带动型模式的样本中达到 DEA 有效的比例最高。但无论哪种模式都有其自身的优点和局限性，发展模式多样的叶类蔬菜组织形式以及走更高级的产业一体化道路将是北京蔬菜产业未来的发展方向。

第九章 北京市叶类蔬菜生产经营组织模式分析

近年来，北京市大力发展蔬菜产业，走出一条与首都功能定位相契合，以市场需求为导向，以科学发展理念为指导，以现代物质装备和科学技术为支撑，以现代产业体系和经营形式为载体，以现代新型农民为主体，融生产、生活、生态、示范等多种功能为一体的现代化都市型蔬菜产业。创新农业经营体制机制是加快农业发展方式转变，促进现代农业发展的根本要求。积极推进农业经营体制机制创新，首先要加快农业生产经营组织创新。农业产业化经营是对经营体制的丰富、发展和创新，是农业结构调整的重要推动力量，也是实现农业现代化的必由之路。伴随农业产业化经营出现了龙头型、合作型、企业型模式以及多种多样的具体表现形式，使农业产业化经营有了可供选择的具体实践形式。目前我国的蔬菜产业化经营已经呈现出组织模式多样的特点，主要的经营模式如“中介企业＋农户”“合作经济组织＋农户”“农村专业技术协会＋农户”“农场＋农户”“专业批发市场＋农户”等在家庭联产承包责任制的基础上，通过“龙头”中介企业对分散的农户发挥引导、组织、服务的功能，推动经济体制和增长方式向市场经济和节约方式转变。党的十八大对“三农”发展作出了战略部署，强调培育新型经营主体，发展多种形式规模经营，构建集约化、专业化、组织化、社会化相结合的新型农业经营体系。2013 年中央 1 号文件强调，积极创新农业经营体制机制，激发现代农业活力，文件已经明确提出了中国农业生产经营的组织体系、动力机制和制度约束。这一定会激发新型蔬菜生产经营主体的创新活力，更好地促进蔬菜产业现代化发展，更好地满足人们生活水平提高对蔬菜产品更高的消费需求，更快地实现农民增收。

9.1 叶类蔬菜生产经营主体分析

北京市蔬菜产业历史悠久，在北京农村经济中占有重要的地位，长期以来在保障城市蔬菜供应和帮助农民致富方面发挥着重要作用。联产承包责任制以来蔬菜产业生产经营主体发生了较大的改变，主要体现在生产经营主体的多元化方面。通过调研发现北京市叶类蔬菜产业中所涉及的生产经营主体主要有：农户、合作社、基地、龙头企业以及一些协会组织等中介机构。

从宏观角度可将叶类蔬菜生产经营主体大体上可以分为直接经营主体和间接经营主体两大类。其中，直接经营主体主要包括 3 个类别，即农户、企业、一体化组织；间接主体包括社区性服务组织以及农民自愿组成的农民专业协会或者合作组织。

北京市叶类蔬菜生产经营主体经过了多年的发展演变从最开始的家庭联产责任承包制

下的散户生产经营为主体发展到现如今的产业化链条式中的多种表现形式。生产经营主体多样化对北京市叶类蔬菜生产起到了提高生产效率，加强管理效率以及产生规模效应等多项优势作用。

9.1.1　直接生产经营主体与间接生产经营主体

（一）直接生产经营主体分析

直接生产经营主体是指直接参与叶类蔬菜生产经营的主体，对直接主体的分析主要是对农户、企业和一体化组织进行分析（张学鹏，2011）。

（1）**直接生产经营主体——农户分析**　农户又包括基本农户、兼业农户和农业大户。基本农户是以承包经营集体耕地为主，小规模进行农业活动的农户，由于耕地面积不断减少而人口数量不断增长，承包经营农户的规模不断缩小，促使基本承包农户向兼业与专业两个方向发展，形成兼业农户与农业大户。兼业农户一方面承包经营集体的耕地，同时又有比较稳定的非农收入，其比重相当于甚至超过农业收入。农业大户则通过开发农业资源、扩大承包面积或加大投资力度集约经营，形成一定的经营规模和商品率，成为以农业为主要收入来源的种植或养殖大户，其中有的农业大户已经转变为家庭农场，过渡到企业化经营（张学鹏，2011）。

（2）**直接生产经营主体——企业分析**　传统的农业企业主要有集体农业企业和国有农业企业，近年来又兴起了家庭农场、村办农场、村服务组织（或村办企业）办农场以及各种形式的合资合作农业企业。其中，社区合作社、股份合作企业、各种形式的联合企业发展迅速（张学鹏，2011）。

（3）**直接生产经营主体——一体化组织分析**　一体化组织包括紧密型与松散型两种。紧密型组织是指农工商综合经营企业。实行内部一体化。松散型组织指企业与企业、企业与农户或农户与农户的联合体，是外部一体化。其典型形式是“公司＋农户”，是由农业企业或农业相关企业通过利益机制和契约形式与农民建立产加销联盟，企业通过资金支持、技术服务、物资扶持等形式参与农业经营活动，农户则通过承诺适时提供适用产品参与企业的原料供应（张学鹏，2011）。

（二）间接生产经营主体分析

间接经营主体主要包括3个类别：社区性服务组织、行业性服务组织以及农民自愿组成的农民专业协会或合作组织。它们为单一农户的农业生产经营提供技术、设备、信息、市场等方面的全方位服务，对各地的农业经营活动施加影响和指导，以弥补农户自身经营的局限性（张学鹏，2011）。虽然多元主体经营农业的框架初步形成，但至今没有形成强壮的基本主体。农户的经营能力有限，经营水平低下；大部分农业企业尚未实现良性循环；一体化经营尚处于起步阶段；农业专业协会合作组织有待规范。

9.1.2　家庭农场新型生产经营主体

家庭农场是当前新型生产经营主体。在北京市蔬菜产业生产经营主体中，近年来家庭农场得到大力发展。家庭农场是以农户家庭为基本组织单位，面向市场、以利润最大化为目标，从事适度规模的农林牧渔的生产、加工和销售，实行自主经营、自我积累、自我发展、自负盈亏的企业化经济实体。家庭农场早在20世纪80年代就在我国部分地区出现了，它是伴随着家庭联产承包责任制和农业适度规模经营的发展而出现的新生事物，是农户家庭组织的一种高级形式（高强等，2013）。

（一）家庭农场的特征

（1）**家庭性** 是以农户家庭作为基本组织单位和核算单位，以家庭成员为主要劳动力从事农业生产经营活动，必要时可少量雇工。这是家庭农场与集体农场、股份合作制农场等的区别所在。

（2）**适度规模性** 相对于一般分散的传统农户家庭组织，其规模有明显扩大，并力求在生产经营中获取规模经济效益。

（3）**盈利性** 它的生产经营活动以盈利为目的，追求利润最大化，在市场竞争中求生存、求发展。

（4）**企业化管理** 家庭农场除具有明晰而完善的产权外，与传统农户在农业生产经营中的最大区别，就在于实行企业化管理，注重投入产出的核算，讲求效率和效益（高强等，2013）。

（二）家庭农场的优势

（1）**农户家庭经营对农业生产力的适应性很强** 它既适应传统农业的需要，又适应现代农业的需要。现代农业客观地要求传统农业家庭经营组织转变为现代农户家庭经营组织，即企业化的农场式家庭经营组织。因此，家庭农场是对传统农户家庭经营组织改造与完善的理想模式和必然结果。

（2）**家庭农场是完善家庭承包经营的有效途径** 它保留了家庭承包经营的合理内核，继承了家庭承包经营产权激励的优点。同时，从家庭承包经营过渡到家庭农场也较为平稳，其核心主要是在稳定家庭经营的同时，通过多种方式，按经济补偿原则，将一部分土地向种田能手集中组建家庭农场，它并不像组建集体农场、股份制农场那样需要较高的组织成本和创新费用，因而是完善家庭承包经营的有效途径。

（3）**家庭农场有利于实现农业适度规模经营** 家庭农场是一种适应适度规模经营的组织形式，它有利于实现农业机械化，大幅度地提高土地的利用率、投入产出率、劳动生产率和农产品商品率，提高农业生产的科技含量、有机构成和市场竞争力。因此，逐步建立和发展家庭农场，走规模化发展的道路将是我国农业发展的必然选择。

（4）**家庭农场有利于实现农业第二次飞跃** 家庭联产承包制解放了农村生产力，实现了农业的第一次飞跃。目前，在稳定家庭承包经营的同时，逐步向家庭农场过渡，有利于优化农业资源配置，能实现农业生产规模的扩大、效益及整体水平的提高，发展和壮大集体经济，逐步将传统农业转变为现代农业，实现第二次飞跃。家庭农场制有利于实现农业企业化。家庭农场发展到一定程度之后，就会向专业化、适度规模和农工商综合经营转变，形成企业法人地位，改变传统的家长式管理，建立现代企业制度（高强等，2013）。

9.1.3 北京市叶类蔬菜生产经营主体分析

根据调研结果可知，北京市叶类蔬菜生产经营主体主要有叶类蔬菜种植户个体（即农户）和叶类产业组织（包括合作社、基地、企业等）。由于叶类蔬菜生产劳动密集型的特点，北京市叶类蔬菜生产主要以农户种植为主，叶类产业组织相对较少，家庭农场等新型生产经营主体也较少（表 9-1）。

表 9-1　北京市各区县叶类蔬菜生产生产经营主体统计表

区（县）	生产经营主体	名　　称
昌平区	龙头企业	北京市小汤山地区地热开发公司
	生产基地	北京创新百善循环农业科技有限公司
	合作社	北京红衣强农业专业合作社
	农业大户	昌平区阳坊镇东贯市村
大兴区	合作社	北京绿福产销专业合作社
		北京徐前专业合作社
		北京岱上营蔬菜产销专业合作社
	生产基地	北京凤河现代农业示范区
房山区	合作社	北京翠林花海农产品专业合作社
		北京清河绿业农产品专业合作社
		绿叶兴隆种植专业合作社
		北京后石羊蔬菜专业合作社
		北京市张谢清云种植专业合作社
		北京宾腾蔬菜种植专业合作社
		北京清河绿畔农业种植专业合作社
		北京万泉堡蔬菜种植专业合作社
		北京维海蔬菜种植专业合作社
		北京文勇爱农种植专业合作社
		北京亚泰裕隆蔬菜合作社
		北京周庄蔬菜种植专业合作社
		北京潘大蔬菜种植专业合作社
		北京嘉禾运通种植专业合作社
		北京龙康种植专业合作社
		北京泰华芦村种植专业合作社
	生产基地	北京市长水园艺农场
		北京广阳大地农业发展有限公司蔬菜基地
		大石窝镇南河绿洲蔬菜种植基地
		北京房山韩村河农业技术开发中心
		北京市房山区张坊镇张坊村蔬菜基地
	龙头企业	北京惠欣恒祥农业发展有限公司
		北京科汇大地农业科技发展有限公司
		果各庄农工商公司
		北京光辉养殖场有限公司

（续）

区（县）	生产经营主体	名　称
怀柔区	合作社	北京裕丰兴业蔬菜种植专业合作社
		宝山镇蔬菜产销合作社
		北京三山蔬菜合作社
		华茂四季
	生产基地	北京南套里蔬菜种植专业合作社
		北京静云旅游开发有限公司
密云县	合作社	北京元丰泰农业种植专业合作社
		北京格乐昭霞蔬菜种植专业合作社
		北京吉祥通山蔬菜种植专业合作社
		北京海华文景农业科技有限公司
		北京本忠盛达种植专业合作社农业标准化生产示范基地
		北京康顺达农副产品产销专业合作社
	龙头企业	北京祥和源农业科技发展有限公司
		北京市创新团队顺义区综合试验站
顺义区	合作社	北京松各庄果蔬产销合作社
		北京清河绿业农产品专业合作社
		北京翠林花海农产品专业合作社
	生产基地	北京市草厂蔬菜种植专业合作社
通州区	合作社	北京市丰农蔬菜种植专业合作社
		北京市利民食用菌专业合作社
		北京漷县徐官屯蔬菜专业合作社
		北京果村蔬菜专业合作社
		北京西田阳蔬菜专业合作社
		北京绿丰盛特色菜专业合作社
		北京杨秀店蔬菜专业合作社
		北京房辛店专业合作社
		北京西田阳蔬菜专业合作社
		北京辛店华丰蔬菜专业合作社
		北京西集果菜专业合作社
		北京果村蔬菜专业合作社
		北京苍上欣通绿源种植专业合作社
		北京兴农移民种植专业合作社
		柏庄村蔬菜园区
	生产基地	大柳树蔬菜园区
		纪各庄村

（续）

区（县）	生产经营主体	名　　称
通州区	生产基地	李辛庄蔬菜基地
		尹家河蔬菜基地
		北京永盛园农业种植中心
		北京张家湾达毅种植中心
		北京通州区马驹桥西马各庄蔬菜基地
		北京市通州区宋庄镇大兴庄村
		北京西集华商种植基地
		北京史村蔬菜基地
		北京麦田凤河农业发展有限公司
	龙头企业	北京旺生源农业发展有限公司
		北京大唐农业发展有限公司
		北京八方通盛农业科技有限公司
		北京星湖绿色生态观光园有限公司
		北京台湖艺苑园林绿化有限公司
		北京海宝蔬菜种植有限公司
		北京滆县顺通园艺场
		北京金台庄农业科技有限公司
		北京九州汇通科技有限公司
		北京阳光满园种植有限公司
		中农盛华富通（北京）农业科技发展有限公司
		北京东升方圆农业种植开发有限公司
		新美集团（北京市新美万伟农业有限公司）
		北京鑫东方建华农业发展有限公司
		北京金福艺农农业科技集团有限公司
		北京瑞正园农业科技发展有限公司
		北京碧海圆生态农业观光有限公司

（一）叶类蔬菜产业组织概况

叶类蔬菜产业组织主要以合作社、基地或者龙头企业等形式吸纳周边农户参与或以雇工的形式进行生产，这种生产经营方式不但提高了农户积极性，而且还可以有针对性地进行生产并扩大生产规模，提高规模效益，拓宽蔬菜销售渠道，间接地提高了农户收益。2013 年，7 个主产区县叶类产业组织调查统计共有 121 个，其中合作社为 28 个，基地为 58 个，龙头企业为 35 个（表 9－2、图 9－1）。通州、房山和大兴 3 个区产业组织数相对较高，分别为 44 个、31 个和 26 个，表明其叶类蔬菜产业组织化程度较高。

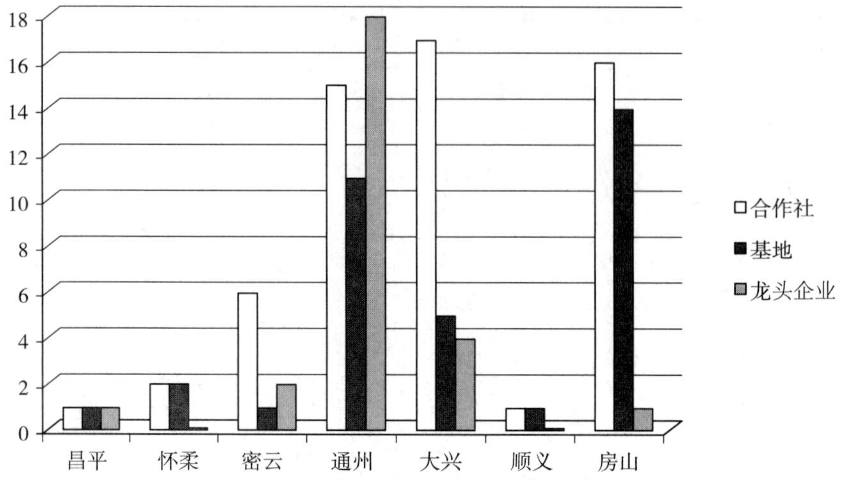

图 9－1　各区县叶类蔬菜生产合作社、基地和龙头企业统计图

表 9－2　各个区县叶类蔬菜合作社、生产基地及龙头企业分布情况

区县	合作社	基地	龙头企业	小计
昌平	1	1	1	3
怀柔	2	2	0	4
密云	6	1	2	9
通州	15	11	18	44
大兴	17	5	4	26
顺义	1	1	0	2
房山	16	14	1	31
合计	28	58	35	121

（二）叶类蔬菜产业组织辐射力分析

北京市叶类蔬菜生产经营主体中，合作社、生产基地和龙头企业在生产经营过程可以利用其自身优势带动周边农户发展，通过吸纳周边农户加入产业化经营组织而发展辐射带动作用。从区县的角度，叶类蔬菜产业组织化程度较高的通州、房山和大兴 3 个区，因为

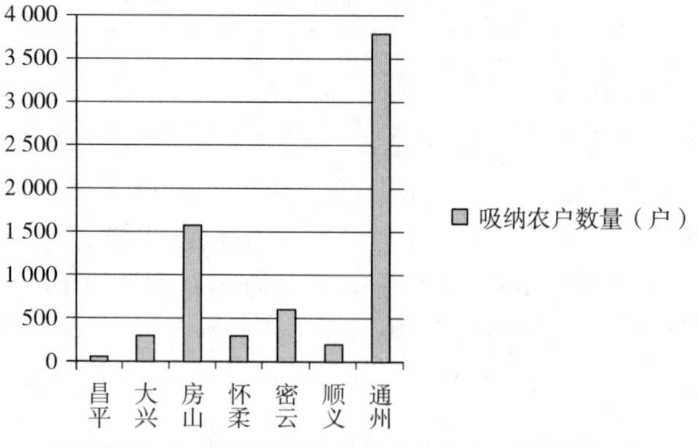

图 9－2　各个区县叶类蔬菜产业组织吸纳农户图

其产业组织数相对较高，合作社、生产基地和龙头企业吸纳农户较多，分别为 3 805 户、1 576 户和 300 户，每个合作社、生产基地及龙头企业对周边农户的辐射带动作用也比较大。密云县和怀柔区叶类蔬菜产业组织虽然较少，但合作社、生产基地和龙头企业吸纳农户相对较多，分别为 613 户和 300 户（图 9－2、表 9－3）。

表 9－3　各个区县叶类蔬菜产业组织吸纳农户情况

区（县）	合计（户）	合作社吸纳农户（户）	生产基地吸纳农户（户）	龙头企业吸纳农户（户）
昌平	46	46		
大兴	300	283	150	
房山	1 576	1 125	631	
怀柔	300	330		
密云	613	343	285	96
顺义	198	168		
通州	3 805	966	565	2 546

从叶类蔬菜产业组织的角度，合作社、生产基地和龙头企业吸纳农户数量不同，分别为 3 261 户、1 631 户和 2 642 户，所占比例分别为 43％、22％和 35％。其中合作社和龙头企业吸纳农户数量较多，而生产基地吸纳农户数量较少。

北京叶类蔬菜生产经营过程中以合作社为核心的组织模式下吸纳农户较多，辐射带动作用突出。龙头企业虽然在带动周边农户的方面不及合作社带动幅度大，但是龙头企业在生产经营过程中会以雇工的形式解决部分农民就业问题，发挥辐射带动作用。

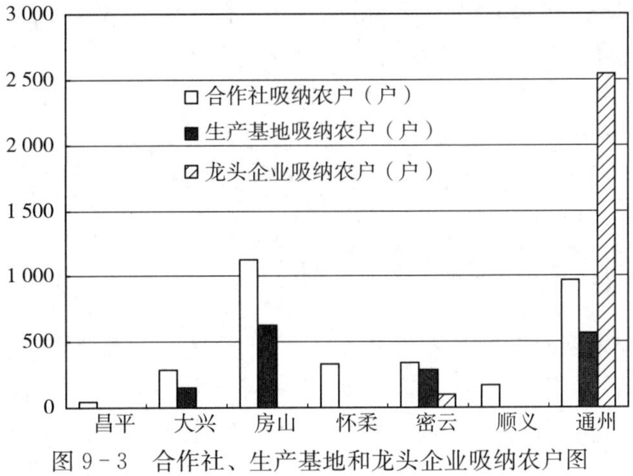

图 9－3　合作社、生产基地和龙头企业吸纳农户图

（三）叶类蔬菜产业组织特点分析

（1）**龙头企业发展特点**　所有制形式趋向多样化。过去，北京市农业产业化经营龙头企业大都为国家所有或集体所有的大型农业企业或农产品流通企业。近几年，随着个体私营经济的快速发展和外国资本大量进入农业生产、加工和流通等领域，一些民营企业、股份制企业、私营企业和中外合资、外国及中国港、澳、台的独资企业也已成为产业化经营中的主要力量。所有制形式的多样化发展给产业化龙头企业注入新的生机与活力。

市场意识不断增强。北京市许多龙头企业正在利用首都的市场优势，借鉴国际大中型企业的发展经验，实现大规模、高速度、高起点、跨越式发展（赵乐，2005）。

资本运营意识日趋增强。以市场为导向，实行产业经营与资本经营相结合，企业改制、改组与改造相结合，通过联合控股、参股等各种途径，构建起了适应市场经济要求的现代企业机制。顺鑫农业通过公司上市和配股，从资本市场筹得资金近 7 亿元，探索出了一条规模化经营、超常规发展的新路子。

科技创新能力逐渐增强。龙头企业依靠科技创新，逐渐加大对科技人才的引进和研发中心的建设，加强新产品的研究和开发。产业化龙头企业中已有 33%的规模以上龙头企业建立了专门的研发机构，有 7%的龙头企业成为省、部级认定的高科技企业。

农业龙头企业实力增强。龙头企业是农业产业纵向一体化经营的组织载体，把认为截断的农业社会再生产各环节的内在联系重新连续起来，进一步拉长了农业产业链条。

（2）**合作社的发展特点** 农业合作社稳步发展。全市统计在册的各类农民专业合作经济组织达到 1 473 个，加入合作经济组织的农户 42.6 万户，占全市农户总数的 32%，加入合作经济组织的农户比未加入的农户户均增收 1 670 元。郊区农民专业合作经济组织发展呈现出了稳步推进的发展态势。农民专业合作经济组织逐步规范，管理水平进一步提高，合作领域进一步拓宽，市场意识不断增强，涌现出很多合作经济组织（赵乐，2005）。

农民合作组织覆盖面广。把分散的小规模农户直接组织起来以“集团军”的心事共同进入社会化大市场，有利于促进农业市场结构由过度竞争向垄断竞争的转变，是提高农业市场集中度进而校正农业弱质性的根本途径。

（3）**生产基地发展特点** 生产基地在三大主体中处于灵活带动作用，既可以和合作社连接也可以和龙头企业连接起来组成多样的生产经营模式。北京市叶类蔬菜生产基地以大面积种植蔬菜为主，具有高度规范化组织生产，与龙头企业连接可以实行企业化管理，提高生产效率，拓宽销售渠道，增收创收。与合作社连接可以带动周边农户，形成规模化生产。目前北京市生产基地规模较大，产品突出无公害等多项品牌效应，在生产基地的基础上形成大型观光园和生态园，大力发展蔬菜观光旅游产业是北京市蔬菜生产基地发展的趋势所在。

9.2 蔬菜产业经营组织模式分析

北京市蔬菜产业发展对全国具有垂范作用，研究北京市蔬菜产业化发展现状与特点，意义重大。分析表明，目前北京市蔬菜产业化发展取得了显著的成绩，各种类型的组织模式蓬勃发展，经营效益显著提高，龙头企业实力不断增强，农民合作组织覆盖面进一步拓宽。今后，要继续强化北京市农业产业化发展水平，为都市型现代农业的发展和新农村建设提供产业基础。

9.2.1 蔬菜产业经营组织模式概念界定

蔬菜产业化是一种组织制度的创新，这一过程主要表现为蔬菜产业的一体化过程。按照参加主体在经济利益和组织结构上的紧密程度及在发展上的地位，北京市蔬菜产业生产经营组织模式可以分为不完全一体化和完全一体化。

（一）不完全一体化

不完全一体化就是指通过合同的方式将农业生产资料工艺、农产品生产、加工及运销等环节上的农业产业化组织结合到一起，签订合同的双方都是独立的经济组织或法人。合同签订后每个组织仍然保持其在经济上的独立性（张学鹏，2011）。

契约模式：指独立的农产品生产经营单位，如农业企业、食品加工企业、农产品批发和销售商，通过与农户签订合同规定农产品的生产品种、数量、质量规格、供货时间、价格水平以及生产的技术服务等，以契约为纽带来链接各种农业产业化组织的模式。契约模式通过契约明确约定了农业产业化参与各方的责任、权力和利益，从而有利于实现缔约各方的共赢。契约模式具体可以如下分类：

（1）按缔结合同关系的不同主体可分为：龙头企业带动型、中介组织带动型、农产联带动型和专业市场带动型（张学鹏，2011）。

①龙头企业带动型：公司＋农户、公司＋基地＋农户。

②中介组织带动型：公司＋协会＋农户、公司＋合作社＋农户。

③农产联带动型：农产联＋公司＋农户。

④专业市场带动型：专业市场＋农户。

（2）按合同的形式或性质可分为：隐性契约关系和显性契约关系（张学鹏，2011）。

①隐性契约关系：龙头企业、中介组织和农户在产权上是相互独立的经济实体，合作双方（多方）依靠信誉、风俗习惯、地域关系以及其他社会关系建立和维持的一种经济合作关系。公司对农户的产品采取买断方式，产品价格随市场变化而变化。公司或中介组织对农户通过开展技术培训、技术服务，提供价格相对优惠的农业生产资料，建立起比较稳定的合作关系。这是目前许多龙头企业与农户在初始阶段进行合作的普遍形式。

②显性契约关系：指农业产业化经营主体在平等、自愿、互利的前提下，通过签订各种合同形成的一种合作关系。

（3）按企业与农户的利益联结方式可分为：保证价型契约关系、保护价型契约关系、“市场保护价＋优惠服务”型契约关系和返利型契约关系（张学鹏，2011）。

①保证价型契约关系：保证价契约是指企业与农户签订按保证价收购的契约。保证价的基准是生产成本＋平均利润，以保证企业和农户都赚得利润。通过签订按保证价格收购契约，签约农户的利益就有了保证，企业所需原料也有了稳定的来源。

②保护价型契约关系：市场保护价是指企业与农户按一定标准核定保护价格，作为收购最低基准收购价格。当市场价高于保护价时，按市场价收购，但当市场价低于保护价时，按保护价收购。

③“市场保护价＋优惠服务”型契约关系：企业除了与农户签订保护价收购契约，还优惠供应种苗、技术、信息等服务。

④返利型契约关系：企业拿出一部分加工、流通环节的利润以各种方式返还给农户。

（二）完全一体化

完全一体化是指将农业生产连同与其相关联的农业产前和产后部门纳入同一个经济组织中，实行统一管理和经营（张学鹏，2011）。

（1）**外生龙头一体化**　是指以投资者主导的厂商通过股份制、股份合作制等方式，以资本为纽带，将龙头企业与农户紧密结合起来，把农业的产加销或供产销各个环节一体化为同一个产权组织的农业产业化组织模式。由于龙头企业主要受工业和商业资本控制，与农户在利益上相对独立，所以称其为外生龙头一体化模式。

（2）**内生龙头一体化** 是指以合作社为龙头的纵向一体化农业产业化模式，即以农村合作经济组织为龙头，以互助合作为纽带，通过合作社创办加工企业、营销公司等组织，联系和维系各种农业产业化组织的模式。由于合作社与农户之间利益上的一致性，因此可以被看做是内生龙头纵向一体化模式。

内生龙头纵向一体化农业产业化模式的运作方式是“合作社＋公司”。基本做法是根据市场经济发展的客观要求，培育各种合作经济组织，当合作经济组织发展到一定规模并拥有相当经济实力时，由合作经济组织直接建立产前、产中或产后龙头企业，或由合作经济组织牵头，发展到社员投资入股创办加工项目，一次带领农户进入产业化轨道。

国内已有内生龙头一体化模式的表现形式：政府主导型、能人主导型、公司主导型协会、专业合作社。

9.2.2 北京市蔬菜生产经营组织模式现状

随着我国蔬菜产业的发展，蔬菜生产的组织模式逐渐转变，目前已呈现出组织形式和经济类型多样的特点。从产业链角度，根据参与者主体结构，可将我国农业产业一体化经营划分为5种模式：专业市场带动型（专业市场＋农户、专业市场＋基地＋农户），主导产业带动型（主导产业＋农户），现代农业综合开发区带动型（开发集团＋农户、农业园区＋农户），“龙头”企业带动型（公司＋农户、公司＋基地＋农户、公司一体化等），中介组织带动型（农专协、合作社＋农户）（吕美晔，2009）。根据实地调研，本文总结出北京叶类蔬菜产业主要的组织模式，并对不同模式的成本收益和生产效率进行分析。

目前北京蔬菜生产经营组织模式主要有3种：农户家庭生产模式、中介组织带动型模式、龙头企业带动型模式。

（一）农户家庭生产模式：农户

20世纪80年代初期我国开始在农村推行家庭联产承包责任制，这种制度使得以农户家庭生产为中心的生产模式成为我国最广泛存在的农业生产组织模式。在家庭联产承包责任制下生产经营的主体是农户。在进行农业生产时农户家庭内部形成自然分工、内部协作，并以家庭为单位参加集体和社会性分工、交换和协作。农户生产组织基本是一级决策，由家长主持，形成统一思想，决策反应快，随机性强，可以统一安排生产、经营、对外关系、消费等。在分配上，经济利益不是分配的唯一标准，利益原则、伦理原则、消费需要等是互补的，具有很大的伸缩性（崔言民等，2012）。

（二）中介组织带动型模式：合作社＋农户、合作社＋基地＋农户、公司＋合作社＋农户

中介组织带动型是指主要以社会合作经济组织、专业化合作经济组织、供销合作社等为中介，带动农户从事专业化、标准化和规模化生产，将生产、加工、销售有机结合起来，实施一体化经营。农民专业合作社模式是近年来发展较快的一种农业生产组织模式。依合作社模式的核心组织是合作社（部分地区也叫协会等）。合作社是通过将分散的、势力较小的农民组织起来，通过从事约定的生产经营活动，运用合作剩余，为入社的农民谋取经济利益，按社员的交易额来实现利润返还（吕美晔，2009；崔言民等，2012）。截至2012年3月底，全国登记注册的合作社达55.23万家，入社农户达4 300万户，约占全国农村人口总数的17.2%（李治宏，2013）。

（三）龙头企业带动型模式：公司＋农户、公司＋基地＋农户、公司＋合作社＋农户

龙头企业带动型是以公司或集团企业为龙头，重点围绕一种或几种产品的生产、加工、销售，通过与生产基地或农户有机地结合，形成“风险共担，利益共享”的产业化组织。这种类型的产业化组织模式实质就是前文提出的公司企业组织模式。这种类型的组织模式可以细分为“公司＋农户”“公司＋基地＋农户”“公司＋中介组织＋农户”“公司一体化”等多种形式。其中“公司＋农户”是我国农业产业化早期使用的一种组织模式，其适合企业规模较小，农户相对集中的地区性的农业产业，而其最大的问题在于企业与农户在链接时往往会出现双方违约行为，交易双方都很难对另一方进行有效的制约，为此在这个基础上又出现了“公司＋基地＋农户”的组织模式（吕美晔，2009）。

北京本土农业产业化龙头企业不断壮大。近两年，北京市通过推进农业企业规模化、资本化、国际化发展，促进了龙头企业做大做强。截至目前，北京市市级以上龙头企业达到142家，其中国家重点龙头企业38家。市级以上龙头企业固定资产总额750亿元，销售收入2 998亿元，其中100亿元以上的4家、50亿元以上的10家、10亿元以上的20家。全市已有顺鑫农业、三元食品、东方园林、大北农等10家农业上市企业，有40家注册在乡（镇）村区域内、与农业产业关联紧密的涉农上市企业。2011年，龙头企业实现创汇153.1亿美元（朱京燕，2013）。

9.2.3　北京市叶类蔬菜产业经营模式分析

（一）北京市叶类蔬菜产业经营模式概况

被调查区县北京市叶类蔬菜产业经营模式主要有10种类型：公司＋基地＋农户、公

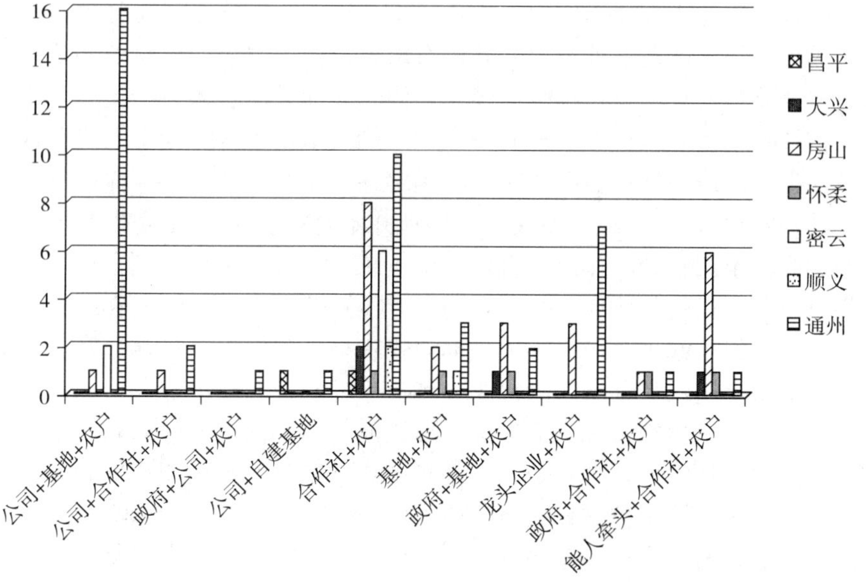

图9－4　北京市叶类蔬菜生产经营组织模式统计图

司+合作社+农户、政府+公司+农户、公司+自建基地、合作社+农户、基地+农户、政府+基地+农户、龙头企业+农户、政府+合作社+农户和能人牵头+合作社+农户，其中合作社+农户、公司+基地+农户、龙头企业+农户和能人牵头+合作社+农户4种产业经营模式较多，分别为30个、19个、10个和9个（表9-4、图9-4）。

表9-4　北京市叶类蔬菜生产经营组织模式统计表

区县	公司+基地+农户	公司+合作社+农户	政府+公司+农户	公司+自建基地	合作社+农户	基地+农户	政府+基地+农户	龙头企业+农户	政府+合作社+农户	能人牵头+合作社+农户
昌平	0	0	0	1	1	0	0	0	0	0
大兴	0	0	0	0	2	0	1	0	0	1
房山	1	1	0	0	8	2	3	3	1	6
怀柔	0	0	0	0	1	1	1	0	1	1
密云	2	0	0	0	6	0	0	0	0	0
顺义	0	0	0	0	2	1	0	0	0	0
通州	16	2	1	1	10	3	2	7	1	1
合计	19	3	1	2	30	7	7	10	3	9

（二）北京市叶类蔬菜产业经营模式分类

根据在北京市叶类蔬菜产业经营模式中发挥核心作用的叶类蔬菜生产经营主体不同，10种类型叶类蔬菜产业经营模式可以分为3种类型：龙头企业带动型、合作社带动型和政府等中介组织带动型。

（1）**龙头企业带动型**　“公司+基地+农户”“公司+合作社+农户”“公司+自建基地”“龙头企业+农户”这4种类型都属于龙头企业带动型。该类型主要以龙头企业为产业组织模式的核心，龙头企业组织上下游进行生产销售，实施企业化管理运营，运行高效且带动效应显著。怀柔区北京静云旅游开发有限公司属于“公司+自建基地”模式，龙头企业带动，雇佣周边农户从事蔬菜生产经营，同时增加农民收入。

（2）**合作社带动型**　“合作社+农户”和“能人牵头+合作社+农户”这两种类型属于合作社带动型。调研中发现目前北京市叶类蔬菜产业经营模式中合作社类型仅仅属于简单的“合作社+农户类型”，绝大多数的合作社并不直接从事叶类蔬菜生产经营，主要还是起到一个中介和组织管理的作用。合作社负责统一管理、组织培训、统一销售，帮助社员拓宽销售渠道以形成规模效应。当然，这种叶类蔬菜产业经营模式在很大程度上将以往的分散种植户统一组织起来，可以大大提高生产积极性和销售便利性以及规模效应。

（3）**政府等中介组织带动型**　除以上2种类型外，还存在少数一些以政府或其他中介组织为核心的产业经济组织模式。据调查，以政府为核心的产业经营组织模式大多是一种发挥示范效应的组织模式。这种产业经营组织模式在新技术推广应用、管理模式创新等方法作用显著，起到很好的示范带动效应。

针对不同区县进行生产模式归类：

昌平、大兴区：昌平区主要是以“公司+自建基地”为主要的产业模式。大兴区以

“政府＋基地”与“能人牵头＋合作社＋农户”两种产业组织模式为主。

房山区：房山区叶类蔬菜产业经营模式较多，“公司＋基地＋农户”“公司＋合作社＋农户”“合作社＋农户”“政府＋基地＋农户”“政府＋合作社＋农户”和“能人牵头＋合作社＋农户”6种模式均有。

怀柔区：怀柔区是以“合作社＋农户”“政府＋基地＋农户”“龙头企业＋农户”“政府＋合作社＋农户”以及“能人牵头＋合作社＋农户”为主要组织模式。

密云县、顺义区：密云县以“公司＋基地＋农户”和“合作社＋农户”为主要组织模式。顺义是以“公司＋基地＋农户”为主要组织模式。

通州：通州的模式最为复杂多样，其中数量最多的是“公司＋基地＋农户”。

北京市叶类蔬菜生产经营产业化的发展过程中除了上述的传统组织模式外，通过调研我们也发现了很多创新模式的存在，主要是家庭式生产并结合网络销售的形式，和大型龙头企业的电子商务形式，在互联网日益普及的今天，家家户户都已经习惯网络采购，并且网络销售和超市市场销售之间的差异性越来越小，又加之网络销售电子商务的模式具有低成本购物且足不出户获得大量的信息等优势，因此越来越受到广大消费者的接受和喜爱。基于同样的市场机理，北京市叶类蔬菜产业化过程中也出现了个别由家庭自我生产并将其优质蔬菜进行网络销售。昌平区阳坊镇东贯市村有一位种植大户，他没有参加合作社或者其他形式的产业化组织，但是他就利用自己拥有的20个蔬菜大棚精心培育，主要生产快菜、油菜和芹菜等时鲜蔬菜并将产品通过网络进行销售。昌平区范围内采取自送的方式，如果要进入北京市区则使用飞康达快递最晚第二天就可以到达消费者手中。这样的方式不但提高了销售效率，还很大程度上开拓了销售渠道对于模式角度来说是一项很大的创新。在调研过程中，也发现很多龙头企业在产业链条中都会有利用电子商务去销售的方式，在传统上的收购加工和配送的基础上或者生产配送的基础上加之以电子商务的形式。随着我国网络技术的发展，通过网络进行购物、交易、支付等的电子商务模式发展迅速。电子商务凭借其低成本、高效率的优势，不但受到普通消费者的青睐，还有效促进中小企业寻找商机、赢得市场，已成为我国转变发展方式、优化产业结构的重要动力。

（三）北京市叶类蔬菜产业组织模式典型分析

（1）**吉祥通合作社**　密云县西各庄乡卸甲山村的吉祥通合作社在组织模式上虽然属于“合作社＋农户”的简单组织形式，但是其特色在于合作社不仅仅为社员提供农机、种子、化肥等服务，除此之外合作社还主动联系收购企业。当天下午，收购企业就会将第二天需要的蔬菜数量及种类通知给合作社管理人员，管理人员立刻将其作为任务并结合各个社员每家每户的种植情况进行分配，第二天一早社员就会在合作社办公室前集合，听从分配，依照分配的数量和种类各自进行上交蔬菜，然后统一交由收购企业的运输车队进行销售，合作社还会统一核算各户收入并及时进行销售款项的发放。这样的组织模式看上去是简单的，但是就效率而言却是高效的。合作社和社员之间没有书面的约定，只是通过口头契约的形式链接在一起，通过上缴很少一部分的管理费，却通过集合优势扩宽了销售面，这样农户不用再为蔬菜销售的问题发愁，也不用为有菜而运不出去的问题发愁，他们可以集中精力去种植蔬菜，规模化优势凸显出来，真正起到为农户创收益的作用。

（2）**北京康顺达农副产品产销专业合作社**　位于密云县河南寨镇平头村的这个合作社

是属于典型的“公司+合作社+农户”的组织形式，在公司的带领下连接好几个合作社，合作社又连接周边农户进行生产，拥有自己的生产基地和观光园，不但在蔬菜生产产销方面做到前列，而且还在季节中穿插观光旅游的项目，是公司+合作社+农户模式下的先进示范基地。

(3) 北京本忠盛达种植专业合作社农业标准化生产示范基地 该合作社位于密云县，属于“合作社+农户”的组织模式，成立于2010年，占地规模达到300亩，生产蔬菜主要销往小汤山超市和顺义市场、密云市场及怀柔市场。他在最初建立时期是通过将2个小型的合作社收购并进行企业化管理，上游农户通过土地入股的形式与该合作社利益联结起来，也有部分雇工来完成基地的生产工作。在对农户蔬菜的收购方面较市场价格大概高出20%左右。除了企业化管理外，合作社还会给社员提供产销一体化服务、生产技术服务、农资服务等一系列服务，统一的生产标准统一的收购标准下使得蔬菜生产可以保质保量又可以规模化生产销售。这样的模式组织中生产效率可以提高，并且销售渠道也得以拓宽。

(四) 北京市叶类蔬菜产业经营模式发展趋势分析

(1) 通过调研发现北京市叶类蔬菜产业的发展还是较为迅速的，基本上从以往的散户经营发展到现如今主要以合作社、生产基地和龙头企业为核心的各类组织模式和个别以家庭为核心的产业大户，在不同的条件下发挥着不可或缺的作用，北京市在地理环境等自然条件上都具备良好的培育蔬菜的条件，而且就国家对北京市蔬菜产业的投入来说相较全国是非常欣喜的，设施蔬菜比重很大，以资本密集型技术的温室大棚为主，在个别的区县我们看到了非常现代化的生态园，他们集观光旅游生产为一体在带动周边农户的同时创造优势效应。北京蔬菜产业具有地理上的优势，北京周边省份有独特的城郊优势，可以做到当天蔬菜当天销售，保证蔬菜周年生产和供应使得产量和销量全年达到较为稳定的水平。

(2) 利用北京高校及科研院所的研发水平，可以在较为便利的时机得到完备技术的推广和应用，对全国蔬菜产业来说属于前驱者起到示范和带头作用。

(3) 但是，我们同样发现一些问题的存在，目前蔬菜产业才刚刚起步，很多组织模式尚不全面，带动主体的核心作用并不突出，其中合作社就存在规模小带动力不足的问题，相较合作社来说企业化生产就高效许多，他们带动部分农户走企业化管理的道路可以有效地帮助农户增收增产。

(4) 在今后的产业化发展道路上，应该积极规范合作社等带动主体，加强农户集中生产的意识提高农业技术的覆盖度使蔬菜生产真正走上产业化道路，真正走向现代化。

9.3 北京市叶类蔬菜产业经营模式运行机制

9.3.1 与上游供应商的链接方式

北京市叶类蔬菜产业经营组织中龙头企业、合作社或生产基地与最大的上游供应商的链接方式主要有签订销售合同、签订生产和销售合同、上游供应商参股和口头契约4种类型。其中，昌平区是以签订销售合同为主要的方式来保持与上游的供应商的联系；大兴区是以签订销售合同和上游供应商参股两种方式与上游供应商保持联系；房山区以口头契约与签订生产和销售合同为主要利益联结形式；怀柔区主要有签订销售合同、签订生产和销售合同与口头契约 3 种方式；密云县主要有签订销售合同和签订生产和销售合同两种方式；对于顺义来说，在顺义的龙头企业由于是内生龙头一体化的典型代表，它不吸纳农户，是自己雇工完成生产的方式运作，所以在此没有对于他与上游供应商之间连接方式的研究；通州区主要是口头契约和签订销售合同两种方式（图 9－5、表 9－5）。

表 9－5　北京市叶类蔬菜生产主体与上游供应商链接方式统计表

区（县）	签订销售合同（%）	签订生产和销售合同（%）	上游供应商参股（%）	口头契约（%）	其他（%）
昌平	100				
大兴	50		50		
房山	10	40		50	
怀柔	33.3	33.3		33.4	
密云	50	50			
顺义					
通州	32.26	16.13		38.71	12.9

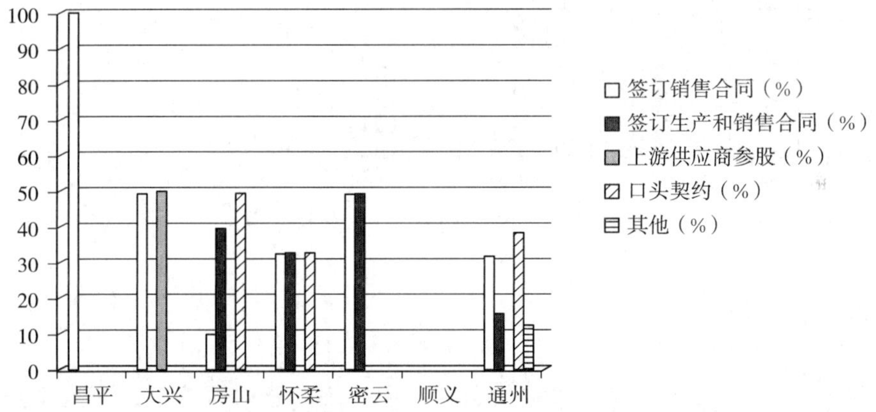

图 9－5　北京市叶类蔬菜生产主体与上游供应商链接方式统计图

9.3.2　与下游供应商的链接方式

龙头企业、合作社或者生产基地与最大的下游供应商的链接方式主要有 4 种：签订销售合同、签订生产和销售合同、上游供应商参股和口头契约。据被调查的产业组织中，昌平和大兴两个区是以签订销售合同为主要方式；房山区有口头契约、签订生产和销售合同以及签订销售合同 3 种方式，其中口头契约与签订生产和销售合同所占比例较大，两者合计达到 90%；怀柔区是以口头契约和签订销售合同两种方式为主，其中口头契约占到 66.7%；密云县主要方式是签订生产和销售合同，所占比例为 50%，其次是签订销售合同，所占比例为 33.3%；通州区以口头契约和签订销售合同两种方式为主，所占比例分别达到了 41.7%、33.3%。多种多样的利益联结机制保障了北京叶类蔬菜产业生产经营健康发展（图 9－6、表 9－6）。

表 9－6　北京市叶类蔬菜生产主体与下游供应商链接方式统计表

区县	签订销售合同（%）	签订生产和销售合同（%）	下游供应商参股（%）	口头契约（%）	其他（%）
昌平	100				
大兴	100				
房山	10	40		50	
怀柔	33.3			66.7	
密云	33.3	50			16.7
顺义					
通州	33.3	13.9	2.8	41.7	8.3

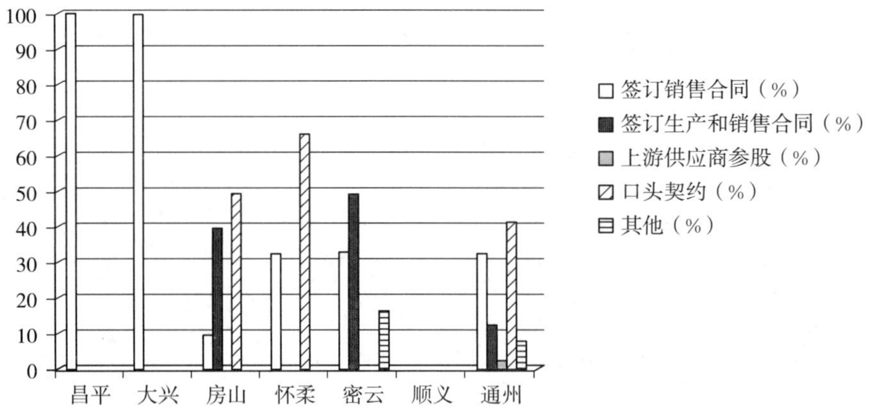

图 9－6　北京市叶类蔬菜生产主体与下游供应商链接方式统计图

9.4　本章小结

（1）在产业化经营方面，蔬菜生产专业合作社、基地已经成为北京蔬菜生产的重要载体。目前北京蔬菜生产的组织模式主要有农户家庭生产模式、中介组织带动型模式、龙头企业带动型模式 3 种模式。

（2）北京市叶类蔬菜生产经营主体主要有叶类蔬菜种植户个体（即农户）和叶类产业组织（包括合作社、基地、企业等）。北京市叶类蔬菜生产主要以农户种植为主。叶类蔬菜产业组织主要以合作社、基地或者龙头企业等形式吸纳周边农户参与或以雇工的形式进行生产。

（3）从区县的角度，叶类蔬菜产业组织化程度较高的通州、房山和大兴 3 个区，合作社、生产基地和龙头企业吸纳农户较多；从叶类蔬菜产业组织的角度，合作社和龙头企业吸纳农户数量较多，而生产基地吸纳农户数量较少。被调查区县北京市叶类蔬菜产业经营模式主要有 10 种类型，其中合作社＋农户、公司＋基地＋农户、龙头企业＋农户和能人牵头＋合作社＋农户等 4 种产业经营模式较多。

（4）北京市叶类蔬菜产业经营组织中龙头企业、合作社或生产基地与最大的上游供应商的链接方式主要有签订销售合同、签订生产和销售合同、上游供应商参股和口头契约 4 种类型。龙头企业、合作社或者生产基地与最大的下游供应商的链接方式主要有 4 种：签订销售合同、签订生产和销售合同、上游供应商参股和口头契约。

第十章　叶类蔬菜流通模式及损耗率分析

叶类蔬菜富含类胡萝卜素、叶绿素、无机盐、维生素 B、维生素 C、维生素 A、钙、铁等多种营养元素，具有较强的抗氧化、抗衰老、防癌、提高机体免疫能力等作用。但与其他蔬菜商品相比，叶类蔬菜采后损耗极严重，易腐、易黄化、脱帮，易受机械损伤且贮藏期短，给贮藏、运输、销售等物流环节带来了极大的困难。在对叶菜进行保鲜，控制采后损耗率之前，亟待解决的是应摸清北京市叶类蔬菜主要采后问题现状、叶类蔬菜采后各环节损耗率现状，以便进一步研究叶类蔬菜采后损耗原因及影响因素。研究叶类蔬菜的采后各环节损耗率、损耗原因及影响因素，不仅可以延长叶菜的货架期，避免因不熟悉叶类蔬菜采后损耗规律而导致叶类蔬菜大量腐烂，还可以避免、减少因采后加工、贮运不当产生的损耗，保证叶菜品质、风味，以满足各种消费群体需求，并减少资源浪费及城市垃圾，以得到预期经济效益。为了改善叶类蔬菜产品的易腐、损耗大，最大限度地满足消费者对叶菜营养及口感、新鲜度等的要求，研究叶类蔬菜采后损耗率、叶类蔬菜采后损耗原因及其影响因素，控制叶类蔬菜采后损耗具有十分重要的意义。

10.1　叶类蔬菜流通模式及其存在问题分析

蔬菜流通是蔬菜从生产领域向消费领域的转移过程，是蔬菜的商流、物流和信息流的有机统一（金艳清，2008）。鲜活的叶类蔬菜不耐贮运特征更明显，因而，叶类蔬菜的流通与其生产者及中间商的经营绩效关系更密切。北京市作为特大城市，消费者对叶类蔬菜的需求量也很大，在农产品大市场和大流通格局下，外埠叶类蔬菜从四面八方运销到北京，使得北京的叶类蔬菜生产经营者面临一定的竞争压力和流通及销售风险。提高叶类蔬菜的供求对接效率，对提升北京市叶类蔬菜的渠道控制率和应急保障能力，提升北京本地叶类蔬菜市场竞争力，具有重要意义。

本研究基于对北京蔬菜批发市场、农贸市场、超市以及农户等不同渠道主体的调研，分析了北京市场叶类蔬菜的渠道结构、主要流通模式及其各自优劣势，并提出了相应的参考建议。

10.1.1　蔬菜供应链概况

（一）我国蔬菜供应链简介

蔬菜供应链是指蔬菜沿着种植户、加工企业、配送中心、批发商、零售商以及消费者等运动的网络链条，它涵盖了一切从“供应商的供应商”到“客户的客户”之间有关最终产品或服务的形成和交付的业务活动（邵自银，2009；刘玉朋等，2013）。蔬菜供应链上的每个参与者对于叶菜采后损耗率都具有决定性作用。

（1）**种植户**　种植户是叶菜生产与经营的主体，其生产的叶菜品质及采收环节对采后的蔬菜保鲜期及损耗率均有很大影响。因此，首先了解种植户环节叶菜采后损耗率是控制采后损耗、保证叶菜新鲜优质品质，延长叶菜货架期的重要前提。

（2）**合作社**　合作社在蔬菜生产过程中发挥重大作用，合作社惠农利民，增加种植户收入，解决种植户生产管理、产品销售、质量监管难题。为种植户提供技术培训、新产品示范与推广的平台（王从亭，2009）。带动种植户形成标准化、专业化、区域化种植，实现育苗集约化、统防统治、统一供苗、加工、销售。不仅能够进一步提高蔬菜产品质量和产量，还保证了蔬菜生产的标准化管理，提高了蔬菜生产的组织化程度和生产技术水平。合作社也是联系种植户与加工厂企业的枢纽，因此，了解合作社环节叶菜采后损耗率至关重要。

（3）**贩运商**　贩运商是指将农产品由生产者所在地或批发市场运往其他市场的交易者（熊志云，2006）。因叶菜采后质量受到贩运过程中运输条件等因素影响，因此，贩运商是叶菜采后重要环节之一。

（4）**市场**　批发市场为叶菜销售提供了交易场所，我国农产品流通的主流渠道（杨广宁，2009）。经调查，2010 年我国有 4 500 家农产品批发市场，70%以上的农产品均经过批发市场进入百姓的菜篮子，因此，批发市场是蔬菜采后的重要环节之一。

（5）**加工厂**　随着人们生活水平的提高，深加工蔬菜产品越来越受到大家的关注，因此加工厂在蔬菜产业中的地位越来越重要。但目前我国蔬菜的采后损失率高达 50%，附加值低，经济效益不高。我国蔬菜加工业与发达国家相比仍然相对滞后，在蔬菜产业化进程中也是最为薄弱的环节。我国的农产品加工产值不足农业总产值的 30%，而美国已占 74%，日本、法国也均在 70%以上，差距非常明显。近年来我国蔬菜加工企业虽然也已经具备了一定的加工技术和较大的生产规模，但是大多数规模较小，总体缺乏具有强大竞争力的大型名牌企业，企业竞争力弱。另外，我国蔬菜加工产品工艺水平不高、产品单一，加工程度低、简单加工蔬菜产品多于深加工产品，初级产品多于深加工产品（韩冰，2011）。

（6）**超市**　超市是实现叶菜销售的重要环节，由于叶菜的鲜度控制难、并受管理及销售手段的制约，致使叶菜在超市环节损耗严重。蔬菜是超市经营的关键，在整个超市生鲜部极其重要。因此，蔬菜的质量和价格就成为生鲜经营商品质量、价格以及形象最重要的评价标准。蔬菜销售有相当大的难度及跨度，并且有很强的专业性。尤其是叶菜，由于叶菜本身相对于一般蔬菜具有更强的物化性能，怕磕碰，水分易丧失，易腐烂、萎蔫变黄，不易保鲜，品质非常容易受到影响。现阶段蔬菜产品不适宜的采收、储运、加工以及流通方式的落后及不配套、超市自身的订货不合理等原因都给超市蔬菜经营带来了很大的困境（赵伟，2007）。

（二）蔬菜供应链特点

蔬菜供应链区别于其他供应链的特点是：供应链中存在诸多不确定性因素且供应链管理复杂。

（1）供应链中存在诸多不确定性因素（邵自银，2009）。①蔬菜的生产面临风险。现代蔬菜的生产具有较强的季节性、周期性、商品性、专业性、规模性，且货架期短、可控性低、价格波动大，常常面临自然、政策、市场风险等多重打击。②种植户。种植户自身技术性因人而异，有些种植户契约性差，不易管理。③蔬菜产业运营受资金、人才及环境影响，极不稳定。④市场需求不稳定。随着人们生活水平的提高，消费者对蔬菜产品的品种、包装、质量等方面要求愈来愈高。对蔬菜安全性问题也更加敏感，例如：农药残留问题等。

（2）供应链管理复杂。①参与者众多。各供应链都由多个供应节点组成，每个节点的参与者数量都众多，例如：种植户数量极其巨大，是蔬菜供应链重要的组成部分，因种植户专业性因人而异，致使供应链管理工作复杂而烦琐。②蔬菜种类较多。蔬菜生产的种类繁多，食用器官多样化。蔬菜分：叶菜、瓜果类蔬菜、茄果类蔬菜、块茎类蔬菜等。而叶菜又分为普通叶菜类、结球叶菜及香辛叶菜类等。各类蔬菜对采收、分级、包装、加工、贮运等环节的要求均不相同。种类繁多的产品使得供应链的全面优化工作难度极大。

10.1.2 叶类蔬菜流通模式分析

北京叶类蔬菜的流通模式主要有以蔬菜生产销售企业（大型蔬菜种植基地和蔬菜产销合作社）为核心的流通模式，以批发市场为核心的流通模式，以零售商（超市、便利店、社区菜店）为核心的流通模式和以消费端为核心的流通模式。不同流通模式的优劣势各异，因而优化和完善流通渠道运营的措施也会各不相同。

商品流通环节，是指商品由生产领域向消费领域转移过程中不同交换主体间的经济联系组合方式及相关业务活动组合方式的综合。流通环节有两种表现形式：第一种表现形式是商品流通的经营环节，即由不同商品流通主体之间的交换活动所构成的流通环节。以每个交换者为核心与前后延伸的交换过程有机结合，便构成了一个完整的流通环节，其基本流程是：商品供应者—商品经营者—商品需求者。第二种表现形式是由商品交换过程中为实现商品流通职能而从事的相关业务活构成的职能环节，包括商品购进、商品运输、商品保管、商品销售 4 大类业务环节（金艳清，2008）。我们在本节中研究的是商品流通的经营环节。

商品流通渠道是指由商品所有者组成的推动商品在其形态变换中由生产领域进入消费领域的途径或通道。由于这些交换路线由不同经营者的交换活动的集合所组成，故可以将商品流通渠道概述为使商品完成从生产领域到消费领域的运动的有关组织形式的集合（王小平等，2011）。

叶类蔬菜从生产者经过渠道中介最终到达消费者过程经历了生产和销售两个重要环节，组成了一个完整的生命周期，也是一个完整的流通渠道，其中渠道的主要成员包括生产者、中间商和消费者（蒋青云等，2008）。

目前北京市叶类蔬菜生产者主要为农户（合作社）和蔬菜生产经营基地，中间商包括蔬菜销售企业、产（销）地批发市场、农贸市场、超市、社区菜店等零售终端，消费者主要包括个体消费者和企事业单位食堂及餐饮公司等消费团体。图 10－1 是北京叶类蔬菜从生产到消费的主要流通模式。

（一）以农户为起点主体的流通模式

以农户分散销售叶类蔬菜为起点，其重要渠道以商贩到产地收购为主，部分农户销售到产地集贸市场和产地批发市场；组织化程度好的区域，农户面对的合作伙伴则以合作社或龙头企业为主。具体途径包括：

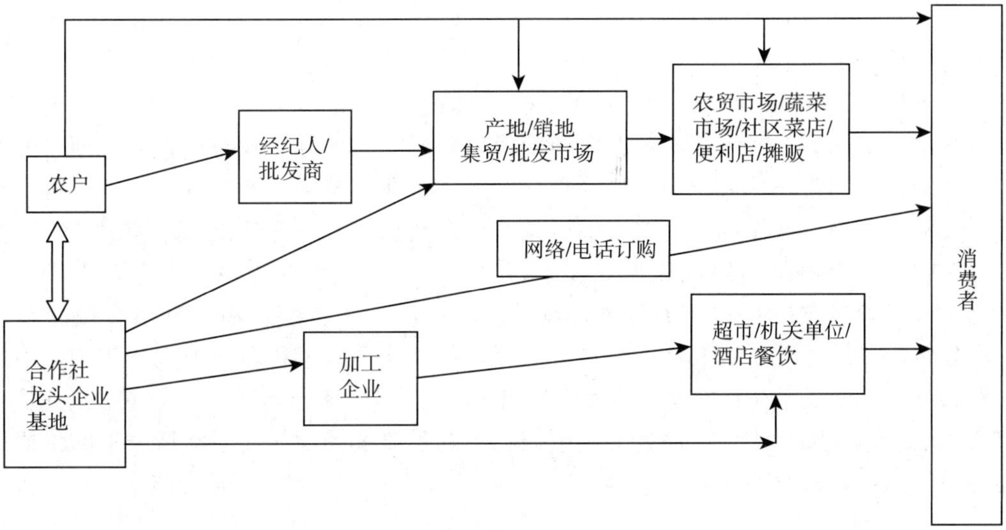

图 10-1　北京市叶类蔬菜流通网络图

资料来源：根据文献和实地调研总结整理。

（1）农户—经纪人（产地收购商）—销地批发市场—零售终端—消费者；

（2）农户—产地集贸市场或批发市场—销地批发市场—零售终端—消费者；

（3）农户—合作社（或龙头企业）—零售终端—消费者；

（4）农户—销地批发市场或零售终端—消费者。

根据本书对 2012—2013 年的大量调研结果表明，以农户为起点主体的叶类蔬菜流通渠道结构特点是：60%以上农户的叶类蔬菜产品靠产地收购商上门收购。约 20%的农户到周边集贸市场自行销售产品；约 15%农户的产品被合作社、龙头企业、基地等实力经营主体收购；只有不足 5%的农户到距离产地相对较远的批发市场或零售终端推销其产品。

（二）以合作社、龙头企业、基地等为起点主体的流通模式

以合作社、龙头企业、基地销售叶类蔬菜为起点，其组织化程度相对较高，与消费团体合作的几率也较大，既能提高叶类蔬菜流通速率，也能减少交易费用，是政策重点关注和扶持的主要流通主体之一。其具体流通途径包括：

（1）合作社、龙头企业、基地—零售终端—消费者；

（2）合作社、龙头企业、基地—消费者（网络/电话订购）；

（3）合作社、龙头企业、基地—企事业单位食堂、餐饮企业；

（4）合作社、龙头企业、基地—加工企业—零售终端—消费者。

以流通过程中的核心主体为基础，北京市叶类蔬菜流通模式主要可以分为以下几类：以蔬菜生产销售企业（大型蔬菜种植基地和蔬菜销售企业）为核心的流通模式，以批发市场为核心的流通模式，以零售商（超市、便利店、社区菜店）为核心的流通模式和以消费端为核心的流通模式。

10.1.3　叶类蔬菜不同流通模式的 SWOT 分析

不同流通模式各具特色和优缺点。每种流通模式都是蔬菜生产经营主体根据自身基础条件而对市场竞争形成的自适应结果。根据北京叶类蔬菜市场流通现状，在此对主要流通模式进行系统的优劣分析。

（一）以蔬菜生产销售企业为核心的蔬菜流通模式

以蔬菜生产销售企业为核心的蔬菜流通模式包括“合作社、龙头企业、基地（产后加工）—消费者（网络/电话订购）”、“合作社、龙头企业、基地（产后加工）—零售终端—消费者”和“农户—合作社、龙头企业、基地（产后加工）—零售终端—消费者”3种模式（图10-2）。这种流通模式以天安农业、顺鑫农业、中粮集团等大型企业为代表，基地自己生产或者向农户收购叶类蔬菜，对其进行产后加工包装，通过网络直接面向消费者，或者将蔬菜发送至下游的加工企业，然后配送给相关的零售企业或消费集团，最后进入消费餐桌。其中蔬菜生产销售企业是流通渠道的主体，承担着生产和销售的双重职能，对流通渠道发挥基础性作用，消费者则根据自己的需要选择商品，对流通渠道的价值和市场适应性具有决定性影响（王小平等，2011）。

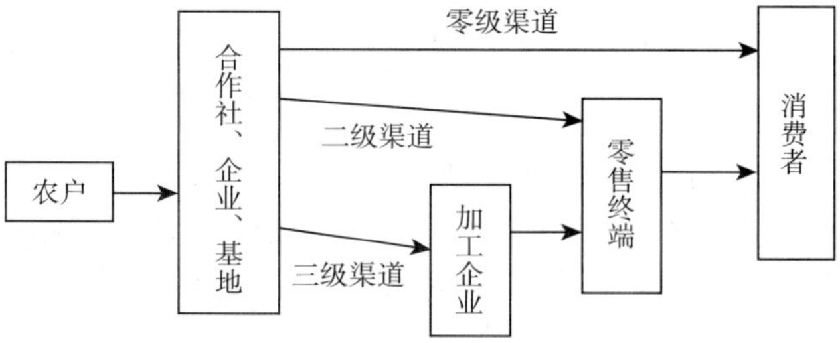

图10-2　以蔬菜生产销售企业为核心的流通模式

资料来源：根据文献和实地调研总结整理。

（1）优势（Strengths）分析

①流通环节少，流通费用低。以蔬菜生产销售企业为核心的叶类蔬菜流通渠道属于短渠道，企业利用网络直接销售或者通过零售终端完成销售，流通环节少，有利于生产企业和零售商建立直接而密切的长期合作关系；短渠道还缩短了叶类蔬菜的流通时间和流通费用，同时减少了渠道管理和维护费用，叶类蔬菜的最终价格较低，具有较强的市场竞争力（吴宪和，2011）。

②农户和企业双受益。农户与合作社、龙头企业、基地建立合作关系，一方面保障了企业的蔬菜供给及其产品质量，同时也减少了叶类蔬菜种植农户的市场销售风险，可以使农户集中精力在蔬菜种植技术及质量控制上，从而保证叶类蔬菜供给的数量和质量。

③有利于形成自有品牌，增强叶类蔬菜产品的市场竞争力。农户、合作社、龙头企业、基地形成稳定的合作供求关系，可以通过统一供应生产资料及栽培管理技术等，在一定程度上保证蔬菜质量和数量的稳定性，同时企业对叶类蔬菜进行深加工和包装，有助于形成品牌，赢得市场信誉并增强其产品的市场竞争力。

（2）劣势（Weaknesses）分析

①企业市场风险集中。由于流通渠道短，企业集产销于一身，一旦与需求合作伙伴的供求关系发生变动，企业就要承担市场销售风险，这在一定程度上限制了企业的生产或经营创新。

②新业务的开展增加了销售费用。企业通过网络订购和电话订购直接面对蔬菜消费

者，需要投入资金进行网络建设和维护，增设与销售和物流配送相关的机构、设施和人员，从而增加了销售费用和企业的运营成本，也分散了企业的精力，如果经营管理水平跟不上，会造成资源浪费（王小平等，2011）。

③企业会失去部分市场。比起市场上巨大的叶类蔬菜销售网络，蔬菜生产销售企业自由的销售机构总是有限的，致使叶类蔬菜市场覆盖范围狭窄，蔬菜销售数量有限，在一定程度上限制了企业规模的扩大和市场的进一步拓展。

（3）机遇（Opportunities）分析　以叶类蔬菜生产销售企业为核心的叶类蔬菜流通渠道，渠道成员可以在渠道运营过程中获得自我学习与发展的机会。采用“公司＋基地＋农户”生产经营模式，利用基地的作用把分散的农户集中起来，以合约的形式把农户与企业结合起来。农民负责生产，公司负责加工和销售，即以一个技术先进、资金雄厚的叶类蔬菜销售企业为龙头，企业通过订单农业的方式来指导农业生产，这一方面保证了农户产品的销路，大大降低了农户的市场销售风险；销售企业按市场需求和订单引导农户合理确定产品结构和生产规模，通过农户集中生产的方式降低农户的生产成本，从而使企业的经营成本下降，实现专业化和标准化生产；另一方面由于该模式中的叶类蔬菜销售企业往往对产品的需求量很大。需要农民专业经济合作组织集合多家农户进行联合生产，这有利于形成规模化生产，降低生产成本，从而使渠道成员获得发展。

（4）威胁（Threats）分析　以生产销售企业为核心的叶类蔬菜流通渠道，销售企业与农户间的信息不对称使流通渠道存在道德风险。首先，销售企业可以利用自己的优势损害农户的利益。销售企业直接面对市场，可以时刻掌握最新的市场信息，因此企业在与农户的合约中处于信息优势地位，而且每年产品交易价格一般都是公司确定，公司也可以利用信息的不对称和合约的不完全性在合约制定时向自己的利益偏移而损害农户的利益，而处于信息劣势的农户无法阻止这种行为发生。

另一方面，农户也可能向销售企业隐瞒事实。当叶类蔬菜的合约价格低于市场价格时，农户可能隐藏产量，以减少履约的数量，将隐藏的产量按市场价格出卖；当合约价格高于市场价格时，农户可能虚报产量，增加的部分可以从市场购买叶类蔬菜以增加履约的数量，赚取市场价格与合约价格间的差价。图10－3清晰地反映了以蔬菜生产销售企业为

优势（Strengths） ● 流通环节少，流通费用低 ● 农户和销售企业双受益 ● 有利于形成自有品牌	弱势（Weaknesses） ● 销售企业市场风险集中 ● 新业务的开展增加了销售费用 ● 销售企业会失去部分市场
机会（Opportunities） ● 渠道成员可以在渠道运营过程中获得自我发展	威胁（Threats） ● 销售企业与农户间的信息不对称使流通渠道存在道德风险

图10－3　以蔬菜生产销售企业为核心流通模式的SWOT分析图

资料来源：根据文献和实地调研总结整理。

核心流通模式的 SWOT 情况。

（二）以批发市场为核心流通模式的 SWOT 分析

以批发市场为核心的蔬菜流通模式主要包括“农户—销地批发市场—零售终端—消费者”“农户—产地批发市场—销地批发市场—零售终端—消费者”“农户—经纪人/批发商—产地批发市场—销地批发市场—零售终端—消费者”3 种模式，是北京市叶类蔬菜的主要流通模式（图 10－4）。

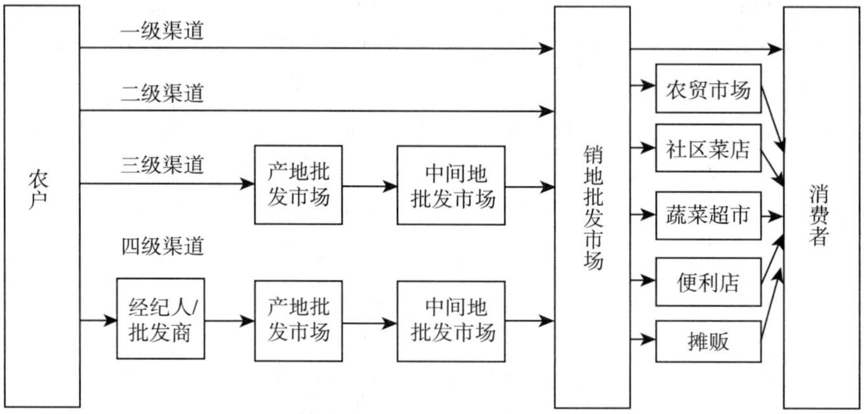

图 10－4　以批发市场为核心的蔬菜流通模式

资料来源：根据文献和实地调研总结整理。

在这几种叶类蔬菜流通模式中，批发市场作为流通渠道的核心部分，发挥着集散功能，衔接着各种经济组织，上游是由合作社、经纪人、收购商、批发商等组成的巨大的中介网络，它们连接着叶类蔬菜生产者；下游是由超市、便利店、社区菜店、农贸市场等组成的零售终端，它们连接着消费者，批发市场则贯穿着多环节的纵向流通的分工体系，在整个渠道中起着主导作用。

图 10－5 反映了以批发市场为核心流通模式的 SWOT 分析情况。

优势（Strengths） ●流通环节多，充分发挥长渠道优势； ●交换方式快捷，便于农户及时收回成本； ●符合消费习惯，受到消费者认可； ●发展基础较稳固，适应现阶段生产力水平	弱势（Weaknesses） ●流通渠道长使得叶类蔬菜损耗严重、成本过高流通环节多使得流通费用高，导致消费终端价格上升； ●流通渠道管理难度大
机会（Opportunities） ●政府的扶持； ●自身升级改造	威胁（Threats） ●消费者对食品安全的关注； ●超市的迅速发展对批发市场的挤占

图 10－5　以批发市场为核心的叶类蔬菜流通模式 SWOT 分析

资料来源：根据文献和实地调研总结整理。

（1）优势（Strengths）分析

①发挥长渠道优势。以批发市场为核心的蔬菜流通模式为长渠道模式（图 10－3），参与的渠道成员较多，较长的流通链可以使叶类蔬菜进入广阔的市场，同时庞大的流通网络及其交织的各种信息流，能够更充分地发现市场价格，提高了渠道中参与企业的抗风险能力，降低了经营风险发生的概率（王小平等，2011）。

②交换方式快捷，便于农户及时收回成本。与以蔬菜生产销售企业为核心的流通模式中蔬菜种植农户需要遵循订单农业的标准化生产方式相对比，以批发市场为核心的流通模式对蔬菜的品质没有硬性的规定，各种档次的叶类蔬菜均可实现其货币价值。同时以批发市场为核心的蔬菜流通模式采用"一手交钱一手交货"的交换方式，可以使蔬菜经营者及时收回成本，不会影响叶类蔬菜种植的扩大再生产。

③符合消费习惯，受到消费者认可。批发市场及农贸市场的蔬菜品种多且新鲜，营业时间较长，摊位较多，迎合了人们对叶类蔬菜在新鲜度和品种丰富性等方面的多样化需求，符合城镇居民逛市场的传统生活习惯和购物方式。

④发展基础比较稳固，适应现阶段生产力发展水平。我国的蔬菜批发市场是 20 世纪 80 年代在农贸市场基础上分化出来的，是生产力发展到一定阶段和社会专业化分工的产物。以批发市场为核心的流通模式很好地承接叶类蔬菜生产者和零售终端，起到了连点成线的"集聚"功能和快速分拨的"分散"功能，有效解决了组织化程度低的小生产与多样性的市场需求之间的矛盾，实现了生产和消费的衔接和匹配。

（2）劣势（Weaknesses）分析

①流通渠道长使得叶类蔬菜损耗严重、成本过高。叶类蔬菜属于生鲜农产品，脱水较快，保鲜期有限，长链条多环节的流通模式加之我国目前的物流不太发达，使得叶类蔬菜在运输过程中损腐率较高。比起果类蔬菜和其他的农产品，叶类蔬菜在流通过程中对运输温度、湿度和储存环境要求很高，以批发市场为核心的流通模式加重了叶类蔬菜经营者的仓储费用和运营成本，也提高了产品在流通过程中的损耗率和渠道末端的经营风险。

②流通环节多使得流通费用高、叶类蔬菜价格上升。以批发市场为核心的叶类蔬菜流通模式的特点是参与主体多，流通渠道链条长。蔬菜从生产者要经过多级批发商才能进入零售环节最终到达消费者，在这一过程中势必造成利益的层层盘剥和成本的逐层放大。北京市政协委员做过的一项调查表明，流通主体在批发市场至少要缴 5 种费用，包括摊位费、进场费、招标费等（杨青松，2011），这些费用在每一个流通环节进行累加，最后将一揽子汇入叶类蔬菜的最终成交价格，转嫁给消费者，从而形成了叶类蔬菜农户销售时"菜贱卖难"和消费者购买时菜价"居高不下"的两难局面。

③渠道中生产者、批发商、零售商经营行为协调性差，管理难度大。首先，以批发市场为核心的叶类蔬菜流通模式信息化水平低。截至 2012 年，在北京市叶类蔬菜产业内缺乏完善的信息网络平台来连接农户、批发市场和消费者，从而使得整条流通渠道信息不畅，导致交易双方不能准确地了解和把握市场行情，无法根据市场供求状况达成交易，农户也无法根据实际需求进行生产，只能盲目跟风种植或依据以往经验和种植习惯决定生产。其次，以批发市场为核心的叶类蔬菜流通模式存在信息不对称的特点，一般情况下，

流通过程中处于渠道上游的卖家比处于渠道下游的买家拥有更多关于产品质量和成本的信息，在农户与批发商在批发市场进行交易时，买卖双方要经过反复的衡量对比和一系列的讨价还价，而且交易形式多为一次性交易，合作关系不稳定。最后，以批发市场为核心的叶类蔬菜流通模式参与者众多，在市场变化过程中，各自的经营方式与营销策略差别较大，农户、批发市场、零售终端及整条流通渠道中的其他相关人员的最终目标也各不一样甚至相冲突，各流通环节之间的协调性较差。

（3）机遇（Opportunities）分析

①政府的扶持。关于加强农产品市场体系的建设，2014 年中央 1 号文件中指出，要着力加强促进农产品公平交易和提高流通效率的制度建设，加快制定全国农产品市场发展规划，加强以大型农产品批发市场为骨干、覆盖全国的市场流通网络建设，并加快发展现代化仓储物流设施，完善鲜活农产品冷链物流体系。启动农村流通设施和农产品批发市场信息化提升工程，加强农产品电子商务平台建设。政府的政策支持能够促使蔬菜批发市场升级改造，从而有利于以批发市场为核心的叶类蔬菜流通模式的完善和发展。

②批发市场自身升级改造。近几年蔬菜批发市场交易厅棚发展迅猛，同时增设了冷柜、保鲜设备、运输冷藏车等设施，叶类蔬菜流通条件得到改善。同时，批发市场通过加强蔬菜生产监管，严格市场准入把关，促使参加交易的蔬菜质量保持在高水平上的逐年稳步提升，也使批发市场的形象获得了提升。北京农产品中央批发市场管理委员会在规划和发展京郊大型批发市场方面做了大量工作。

（4）威胁（Threats）分析

①消费者对食品安全的关注。根据本书对叶类蔬菜消费需求现状的调查研究结果显示，有将近 90%的叶类蔬菜消费者认为卫生状况、安全性两项指标比较重要和非常重要（图 10-6）。以批发市场为核心的叶类蔬菜流通模式渠道长、环节多，中途的不可控因素多，安全、卫生状况有时得不到保障，对食品安全要求较高的消费者更倾向于在超市购买或直接从基地采摘，对批发市场来说是巨大的冲击。

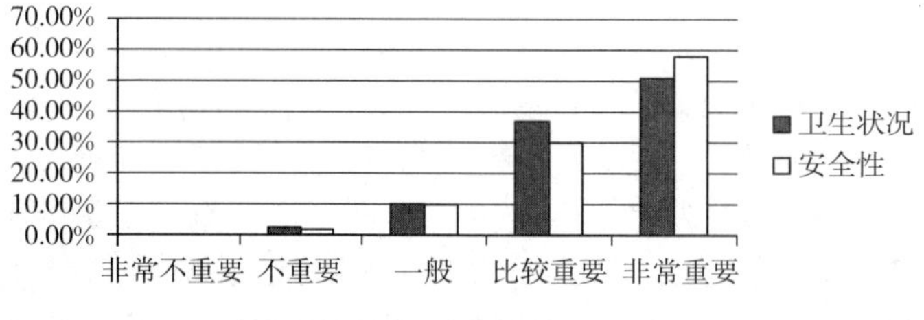

图 10-6　叶类蔬菜消费者对卫生状况和安全性的关注程度

资料来源：根据实地调研数据整理。

②超市的发展对批发市场交易份额有所挤占。近年来，连锁超市在我国发展速度较快，已成为人们生活必不可少的购物场所。据统计，2012 年我国前 100 强连锁超市销售规模达 1.866 万亿元，门店总数达 9.4 万个（中国连锁经营协会）（宋美艳等，2012）。同时，实体超市纷纷在线上尝试接触网络销售，发挥线上线下优势互补的特点，尝试扩大蔬菜等生鲜农产品供给的快捷性。

统计显示，通过大卖场、标超、折扣店、便利店等零售店渠道销售的家庭食品用品比重从 1999 年的 10.57%逐年攀升，于 2006 年超过 50%，并在 2011 年达到 61.65%①。连锁超市的迅速发展和农超对接运营模式的推广对以批发市场为核心的叶类蔬菜流通模式是一种冲击。

（三）以零售商为核心流通模式的 SWOT 分析

以零售商为核心的叶类蔬菜流通模式主要包括“农户—零售终端—消费者”和“农户＋合作社、企业、基地—零售终端—消费者”模式（图 10－7）。其中，零售终端的零售商包括超市、社区菜店和便民店。在这种流通模式中，农户或合作社与零售商签订意向性协议书，农户向超市、社区菜店和便民店等各种规模超市直供叶类蔬菜。

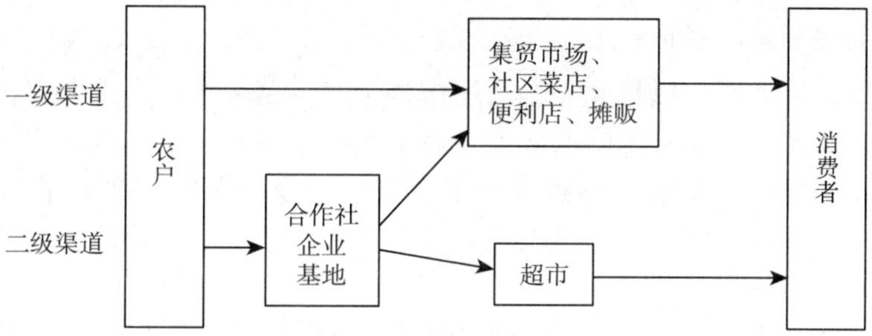

图 10－7　以零售商为核心的叶类蔬菜流通模式

资料来源：根据文献和实地调研总结整理。

图 10－8 反映了以零售商为核心的叶类蔬菜流通模式的 SWOT 分析情况。

优势（Strengths） ● 有利于实现生产者、零售终端、消费者实现三方共赢； ● 有利于稳定叶类蔬菜市场价格，建设和谐社会； ● 有利于保证叶类蔬菜质量和安全	弱势（Weaknesses） ● 农户生产的标准化程度低； ● 合作社组织化水平低； ● 叶类蔬菜进入超市成本高
机会（Opportunities） ● 居民需求的改变； ● 政府引导和支持	威胁（Threats） ● 超市在农超对接发展模式中存在成本高的问题； ● 超市人才资源还缺乏现象比较严重

图 10－8　以零售商为核心的叶类蔬菜流通模式 SWOT 分析

资料来源：根据文献和实地调研总结整理。

（1）优势（Strengths）分析

①有利于生产者、零售终端、消费者实现 3 方共赢。首先，增加农户生产的稳定性和收入。农户在合作社、企业、基地的带领下与超市等零售端对接，超市按照市场需求间接指引农户进行叶类蔬菜的种植，促使农户有了稳定的生产意愿、销售渠道和收入。其次，

① http://news.winshang.com/news－109511.html，2012 年 11 月 26 日访问。

大型连锁超市获得收益。大型超市直接指导合作社及企业进行叶类蔬菜的种植，可以提高产品质量，降低产品价格，树立产品品牌，提升超市的竞争力，吸引更多的消费者。最后，相对于以批发市场为核心的叶类蔬菜流通模式，以超市为核心的“农超对接”模式通过一站式配送可以将叶类蔬菜送达超市等零售终端，大大缩短了流通环节，减少了采购成本，同时还降低了产品的损耗，从而降低了叶类蔬菜的价格，消费者可以买到更实惠的叶类蔬菜产品（刘欢欢等，2012）。

②有利于稳定叶类蔬菜市场价格。农户通过合作社或公司与超市之间通过签订合同，建立长期稳定的购销关系，可以平衡产销关系，有效规避市场的风险，保障蔬菜稳定供应，稳定市场价格。叶类蔬菜种植农户按照市场需求和订单进行生产的模式在很大程度上改变了农民传统的经营理念，对于培养新型农民和农民组织、提高农民进入市场的能力具有积极影响（刘欢欢等，2012）。

③有利于保证叶类蔬菜质量和安全。超市是生鲜蔬菜零售的高端业态，超市对进入的生鲜食品有着较高的质量要求。叶类蔬菜从农田到超市再到最终消费者这一流通渠道中一般要经过标准化的生产、检测、分级、加工、包装、冷链运输，在各个环节均得到了控制，流通过程相对比较封闭，流通链条相对较短，提高了叶类蔬菜的安全性。

（2）劣势（Weaknesses）分析

①农户生产的叶类蔬菜在标准化操作程序上，不易达到超市要求，不利于“农超对接”发展。以零售商为核心的“农超对接”模式要求进入超市的叶类蔬菜必须是标准化产品，受蔬菜种植农户传统的种植意识和蔬菜生产技术水平等主观和客观因素限制，生产出的叶类蔬菜在商品标准化、供给的稳定均衡等方面不易达到对接要求，一定程度上限制了农超对接的发展。

②合作社或企业的组织化水平低阻碍“农超对接”发展。以超市为核心的“农超对接”模式中合作社或企业作为农户自愿加入的联合经济体，对超市直接负责。但是由于合作社组织化程度低，运行机制和管理不完善，与农户没有建立真正的“利益均享，风险共担”紧密联系，没有足够的吸引力吸纳农户，从而致使蔬菜供给不稳定，农超对接渠道不稳定。

③叶类蔬菜进入超市成本高会恶化农户和超市关系。叶类蔬菜进入超市费用繁多，门槛过高。进场费、开户费、堆头费、补损费、条码费、海报费、银行卡结算费、新店开张赞助费、店庆赞助费、市场推广费、节假日促销费等让农户与合作社或企业不堪重负，同时与批发市场交易相比，超市结算货款普遍存在滞后现象，严重影响合作方（企业及合作社）的资金周转和再生产，进一步影响超市与合作伙伴间的合作关系（陈汇才，2012）。

（3）机遇（Opportunities）分析

①居民需求的变化为“农超对接”流通模式的形成提供了动力。随着收入水平的提高，消费者对价格敏感性逐渐下降，对蔬菜质量关注度正在提升。同时快节奏的生活方式下人们追寻一站式购物方式，消费者收入越高，越注重购物环境和购买方便度。相比于批发市场，超市以其优雅、舒适的环境和方便快捷的购物通道吸引着高收入消费者的青睐。建立以超市为核心的“农超对接”新型流通模式，是满足消费者多样化需求的一个必要举措。

②政府引导和支持加速了“农超对接”的发展。2008 年商务部、农业部联合下发了

《关于开展“农超对接”试点工作的通知》，对以超市为核心的“农超对接”试点工作进行部署。提出农产品“农超对接”是减少流通环节、降低农产品流通成本的有效手段，是解决鲜活农产品“卖难”的根本途径，对建立农产品现代流通体制、增加农民收入和促进城乡统筹协调发展具有重要的现实意义。2010 年中央 1 号文件提出：提升万村千乡超市和农家店服务功能质量，继续建设连锁化农家店，进一步扩大覆盖面。2011 年 3 月 14 日商务部、发展改革委、供销总社组织编制了《商贸物流发展专项规划》，力争到 2015 年，初步建立一套与商贸服务业发展相适应的高效通畅、协调配套、绿色环保的现代商贸物流服务体系，形成城市配送、城际配送、农村配送有效衔接，引导和培育一批能够适应商贸服务业发展需要、具有较强国际竞争力的商贸物流服务主体。

同时，政府还出台一系列保障措施，大力扶持农超对接模式的发展。一是加大政策扶持力度，落实农产品仓储设施建设用地按工业用地对待政策，鼓励地方政府安排相应资金；二是拓宽投资和融资渠道，协调金融机构对鲜活农产品“农超对接”予以信贷支持，通过政策杠杆引导社会资金加大对鲜活农产品基础设施的投入；三是培育农产品现代流通人才，扩大国际交流合作；四是要加强组织落实。

政府的大力支持有助于“农超对接”流通模式迅速发展并成为一种趋势。

(4) 威胁 (Threats) 分析

①超市在农超对接发展模式中存在高成本的问题。“农超对接”这种新型的采购模式对超市原有的体系是一个巨大的挑战。实施“农超对接”的超市在经营理念、信息技术系统等方面必须具有较强的竞争力，这对超市提出了较高的要求。据分析，一般供应生鲜农产品的社区超市，在 1 个城市区域内要达到 35 家以上才有可能建立 1 个配送中心进行统一配送，以规模效应来抵偿物流和采购成本，才不至于让高额的成本影响超市的效益和竞争力（杨剑英等，2012）。超市连锁数量若达不到一定规模，有可能大大增加叶类蔬菜产品的配送成本，影响超市效益。

②超市人才资源缺乏现象比较严重。超市在与企业或合作社等经营合作伙伴对接过程中，超市方面急需确定基地、品种、标准（环境、种植、验收、包装标准等）、组织技术培训和超市参与种植管理等技术人才和营销、物流等管理人才，超市管理水平不高和人才资源还比较缺乏，是限制农超对接发展的困境之一。

（四）以消费端为核心流通模式的 SWOT 分析

以消费端为核心的蔬菜流通模式中的消费者主要为学校食堂、大型企事业单位机关食堂、餐饮酒店等叶类蔬菜消费大客户。在这种流通模式下，叶类蔬菜一般从合作社或生产基地一站式送达消费目的地，如图 10－9 所示。这种流通模式的代表是“农校对接”。

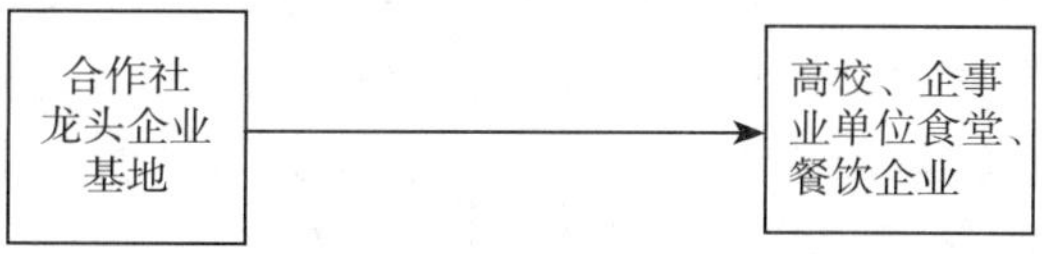

图 10－9　以消费端为核心的叶类蔬菜流通模式

资料来源：根据文献和实地调研总结整理。

图 10－10 反映了以消费端为核心的叶类蔬菜流通模式的 SWOT 分析情况。

优势（Strengths） ● 有利于提高农民收入； ● 有利于降低消费团体餐饮成本 ● 有利于确保消费团体食品安全	弱势（Weaknesses） ● 产品供需匹配不够； ● 供求关系存在死角
机会（Opportunities） ● 可以争取政府的支持	威胁（Threats） ● 实际运营中阻力较大

图 10-10　以消费端为核心的叶类蔬菜流通模式的 SWOT 分析

资料来源：根据文献和实地调研总结整理。

（1）优势（Strengths）分析

①有利于提高农民收入。在以“农校对接”为代表的消费团体需求拉动模式下，叶类蔬菜种植合作社和生产基地或龙头企业按计划生产，定向销售，一方面降低了生产和销售过程中的风险，提高了蔬菜生产者的收入，另一方面有利于引导和促进蔬菜种植农户订单式生产，提升农民标准化种植水平和农民专业合作社发展水平。

②有利于降低高校餐饮成本。以“农校对接”为代表的消费团体需求模式，消费团体通过与合作社或蔬菜种植基地签订合同，长期合作，可以以低于批发市场的价格采购叶类蔬菜，同时从农田到高校的零级渠道减少了中间流通环节，缩短了流通时间，降低了流通费用、采购成本和库存成本，使叶类蔬菜的价格维持在一个合理的水平，进而保证消费团体餐饮原材料成本稳定。

③有利于确保食品安全。消费团体需求密度大，食品安全问题是重中之重。以“农校对接”为代表的消费团体使消费者与蔬菜生产者紧密联系在一起，消费单位可以控制与监管蔬菜的生产，同时短渠道的流通方式减少了运输途中的不可控因素，从而保证了采购蔬菜的质量和卫生，使消费者可以吃到低价、新鲜、安全的饭菜，有利于提高消费者满意度，对促进消费团队餐饮需求的稳定有重要意义。

（2）劣势（Weaknesses）分析

①产品供需匹配不够。消费团体的蔬菜需求量大，品种多样。以一个 20 000 人的消费团体为例，一天的蔬菜消费量达到 5 000 千克左右，品种达到 50 种。而叶类蔬菜合作社和种植基地讲求规模效益，蔬菜品种相对多样化需求则显得比较单一，不能完全满足消费团体的需求，从而难以保证以“农校对接”为代表的消费团体需求的稳定性。

②供求关系存在死角。“农校对接”中的高校人口众多，对叶类蔬菜的需求量大，为保证“农校对接”合作的顺利进行，合作社和基地必须大力投入，做好充分的前期准备工作。然而高校每年有 3 个月寒暑假期的存在，而这段时间却是很多叶类蔬菜成熟的旺季，叶类蔬菜的生长周期和高校的消费周期不吻合，假期成为供求合作关系的一个死角，也是合作双方很难解决的问题。

（3）机遇（Opportunities）分析　以“农校对接”为代表的流通模式受到政府支持。从 2009 年起，国家出台了一系列的文件和政策支持“农校对接”模式的发展。2009 年 11 月 5 日，教育部、农业部、商务部三部办公厅［2009］8 号文件《关于高校食堂农产品采购开展“农校对接”试点工作的通知》正式发布，2009年11月24日和2011年4月20日教育部发展规划司召集北京、天津、吉林、上海、湖南、重庆、陕西等第一批试点省市专门召开了“农校对接”政策研讨会和试点工作座谈会，布置落实“农校对接”试点工作。2011年6月28日，国务院常务会议研究部署“进一步加大财政教育投入工作和促进物流业健康发展工作”时指出，“要促进农产品物流发展，大力发展农超对接、农校对接、农企对接”。会议把“农校对接”放在国家战略高度，要求“各地区，各有关部门加强组织协调，细化政策措施，认真抓好落实”。由此，“农校对接”工作已成为全国高校后勤人必须解读的新政策、新课题、新任务，推动高校后勤社会化改革迈向集约化、专业化、现代化的新的最高点（张伟超，2011）。

（4）**威胁（Threats）分析** 以“农校对接”为代表的流通模式在实际运营中阻力较大。长期以来，以高校食堂为代表的消费团体，原材料采购长期各自为政，自成体系。随着学生消费团体中主体多元化，社会餐饮企业和学校基层食堂、采购人员与供应商形成的利益关系比较复杂，原有的利益链条难以切断，以“农校对接”为代表的消费团体模式推行阻力较大，消费团体参与购买的合作的稳定性不尽如人意（许晨等，2011）。

10.1.4 叶类蔬菜流通渠道的路径优化

不同的渠道模式，具有各自的特色和优缺点，其中以批发市场为核心的流通模式是目前北京叶类蔬菜流通渠道的主要模式，“农超对接”“农校对接”及“农企对接”正受到合作社、农业企业和相关对接单位的关注，并成为大宗订购叶类蔬菜的一种趋势。当然，由于渠道模式本身的特点和外界条件的影响，叶类蔬菜渠道成员在选择和运作流通渠道的时候，需要结合自身条件，来优化和改善渠道结构。鉴于此，优化渠道结构可参考从以下方面进行：

（1）**企业（合作社）可考虑以需求导向原则缩短渠道长度** 叶类蔬菜的不耐储运和易腐易耗特性，决定其尽量不采用长渠道策略。因而，寻找稳定的终端需求伙伴，进行供求直接对接，是提高渠道效率和减少交易成本和产品损耗的最好途径之一。企业（合作社）可以重点寻找消费集团或销售稳定的批发商并与之建立合作关系，既能促使产业链前端的农户提高组织化程度，又能链接消费端需求具有一定规模，从而缩短供求对接路径并减少市场风险。

（2）**支持贩运商稳定带动农户闯市场，可作为提高农户组织化程度的路径之一** 调查显示，虽然农户与龙头企业（合作社）形成合作关系有利于产品开拓市场并降低销售风险，但由于企业对叶类蔬菜的生产经营规模和技术控制能力等方面要求较高，这类渠道只适于生产经营水平和条件相对较高的农户，而不是所有农户都有条件达到这种要求。另外，也不是所有区域都有适宜的企业或合作社带动农户闯市场，多数地区的农户还是根据自身条件被动等待贩运商上门收购产品或自行分散销售产品。因而，无论是哪种渠道，都是农户根据自身条件对市场交易环境的自适应结果。由于贩运商上门收购还是北京郊区农户自产叶类蔬菜出售的主要渠道，所以，培育和支持收购区域及收购量相对稳定的贩运商，鼓励其成为带动农户闯市场的合作实体，也是提高农户组织化程度的可选择途径之一。

（3）**鼓励超市、高校和企事业单位等消费集团直接与北京郊区叶类蔬菜生产经营规模**

型主体合作，提高产销衔接力度 对消费集团与叶类蔬菜种植经营合作社或企业合作的渠道模式，政府可以从项目支持、培训资助、技术示范等方面对“农超对接”“农校对接”及“农企对接”等模式的合作双方给予政策倾斜，提高叶类蔬菜产业中的产销对接效率，并实现稳定的渠道合作和多方共赢。

（4）**强化政府在信息披露、价格调控、供求调节和物流环境改善等方面的公共服务水平** 加强流通关键环节中的基础设施建设和流通技术提升，积极打造叶类蔬菜流通网络平台，促进叶类蔬菜产业的可持续良性发展。

10.2 叶类蔬菜损耗率测算方法

10.2.1 北京市叶类蔬菜流通关键节点及其主要供应链模式

（一）北京市叶类蔬菜流通关键节点

蔬菜供应链上的每个参与者对于叶菜采后损耗率都具有决定性作用，本书对北京市8个区县23个大型加工企业及合作社、叶菜生产基地等地（表10－1）进行实地调研，确定了种植户、合作社、贩运商、批发市场、农贸市场、加工厂、超市7个关键节点。

（1）**种植户** 密云县套里村叶菜基地、顺义区李各庄村叶菜基地；

（2）**合作社** 密云县套里村叶菜合作社、顺义区李各庄村叶菜合作社；

（3）**加工厂** 昌平区某加工厂、通州区某加工厂；

（4）**批发市场** 昌平区回龙观批发市场、丰台区新发地批发市场、顺义区石门批发市场；

（5）**农贸市场** 顺义石园菜市场、昌平朱辛庄菜市场；

（6）**超市** 顺义区、昌平区、朝阳区、海淀区等区县12家大型超市（美廉美、永辉、物美、华联、沃尔玛、家乐福、超市发、京客隆）的生鲜部门。

表10－1 被调研叶类蔬菜加工企业情况

区县	企业名称	企业地址	产品加工形式
房山区	北京泰华芦村种植专业合作社	房山区窦店镇芦村村委会西二公里处	捆装菜、托盘菜
	北京南河北星农业发展有限公司	房山区大石窝镇南河村北1号	鲜切菜
	北京凯达恒业农业技术开发有限公司	房山区良乡镇宫道西大街6号	蔬菜汁、托盘菜
	韩村河农业技术开发中心	房山区韩村河镇韩村河村	托盘菜
怀柔区	北京华茂四季农业科技发展有限公司（东茶坞基地）	怀柔区桥梓镇东茶坞村头	捆装菜
	杨宋东方好莱坞假日农场	怀柔区杨宋镇张各庄村西	
	北京风清园生态农业发展有限公司	怀柔区杨宋镇张各庄村西	托盘菜、捆装菜
昌平区	北京金六环农业园	昌平区南邵镇姜屯村东	托盘菜、捆装菜
	汇佳学校种植加工基地	昌平科技园区昌怀路157号	捆装菜
	北京天安农业发展有限公司	昌平区小汤山镇大柳树环岛南500米	托盘菜

（续）

区县	企业名称	企业地址	产品加工形式
通州区	北京东升方圆农业种植开发有限公司	通州区聚富苑民族工业区	托盘菜、捆装菜
大兴区	北京绿福蔬菜产销专业合作社	大兴区长子营镇河津营村村委会院内	鲜切菜（非即食）
	北京青圃有机农业专业合作社	大兴区长子营镇留民营生态农场村北 500 米	托盘菜
	北京礼贤益农蔬菜专业合作社	大兴区礼贤镇龙头村大礼路 1 号	
	北京博瑞兴泽技术开发有限公司	大兴区长子营镇	托盘菜，捆装菜
顺义区	北京康一品农产品物流有限公司	顺义区北务镇市场西街东侧	鲜切菜即食、蔬菜汁
	北京北方种养殖基地	顺义县张喜庄乡水坡南	托盘菜，捆装菜
	北京顺鑫农业股份有限公司创新食品分公司	顺义区高丽营镇金马工业区内	鲜切菜（非即食）、鲜切菜即食、蔬菜汁
	北京沿河绿地瓜菜种植合作社	顺义区李桥沿河	鲜切菜、托盘菜
密云县	绿色田野食品有限公司	密云县河南寨镇河南寨村	托盘菜，捆装菜
	北京祥和源农业科技发展有限公司	密云县高岭镇设施农业示范区	捆装菜
	北京太师庄种植专业合作社	密云县太师屯镇太师庄村委会院内	托盘菜
延庆县	北京绿富隆农业股份有限公司	延庆县大榆树镇大榆树村 258 号	托盘菜，捆装菜
合计	8 个区县 23 个蔬菜加工企业		

（二）北京四条主要叶类蔬菜供应链模式

根据种植户、合作社、贩运商、批发市场、农贸市场、加工厂、超市 7 个主要供应链节点，北京叶类蔬菜供应链模式主要可以确定为 4 种（表 10－2）。

（1）模式 1 为：种植户（订单户）＋合作社（龙头企业）＋超市（或校企食堂等消费大户）；

（2）模式 2 为：种植户（订单户）＋合作社（龙头企业）＋加工厂＋超市（或校企食堂等消费大户）；

（3）模式 3 为：种植户（散户）＋贩运商＋（批发市场）＋农贸市场；

（4）模式 4 为：种植户（散户）＋批发市场＋超市。

表 10－2　北京叶类蔬菜关键供应链节点及 4 种主要供应链模式

供应链/节点	种植户	合作社	贩运商	批发市场	农贸市场	加工厂	超市
模式 1	种植户（订单户）	合作社（龙头企业）					超市（或校企食堂等消费大户）
模式 2	种植户（订单户）	合作社（龙头企业）				加工厂	超市（或校企食堂等消费大户）
模式 3	种植户（散户）		贩运商	批发市场	农贸市场		
模式 4	种植户（散户）			批发市场			超市

10.2.2 叶类蔬菜损耗率计算方法构建

（一）损耗率测算依据

叶菜营养十分丰富，随着生活水平的提高，叶菜及其产品越来越受消费者欢迎，因此，叶菜销售量也大幅度提高。但随着销售量的提高，叶菜采后损耗变得十分严重。近年来越来越多的学者开始研究叶菜的保鲜贮藏问题，却鲜有对叶菜采后损耗率及择菜、验收标准进行研究。叶菜采后损耗率测算没有固定的标准，进而导致数据不准确，不稳定。叶菜采后损耗包括自然损耗及人为损耗，为方便叶菜损耗率的计算，本书对 4 种主要叶菜的择菜、验收标准进行规定，为今后叶类蔬菜采后的损耗率测算提供依据。4 种主要叶菜择菜、验收标准见表 10－3。

表 10－3　4 种主要叶菜择菜、验收标准

品名	择菜、验收标准
散叶生菜	棵株挺直，叶色鲜艳淡绿，叶子水分充足、质地脆嫩；去除发黄、有褐色边或褐斑的叶子；筛除干软，有烂根、病虫害的产品
结球生菜	颜色嫩绿，球形良好，大小适宜。无烧边，烧心，烂心，病虫害，锈斑，爆裂；去除外叶和茎部
油菜	梗短粗、呈淡绿色或白色，叶子厚、肥大，水分充足。去除黄叶、枯叶，虫蛀叶；筛除有花蕾、腐烂、机械伤严重的产品
西芹	叶茎宽厚、颜色深绿，新鲜肥嫩；去除有黄叶、梗伤、水锈、腐烂、断裂、枯萎等不合格产品
菠菜	颜色碧绿、鲜嫩，叶子大，挺直；去除黄叶、枯叶、烧边、虫蛀叶，筛除抽薹，烂根，断裂等不合格产品

（二）损耗率计算公式

本书依据表 10－3 的测算依据，将 4 种主要叶菜（生菜、油菜、菠菜、芹菜）按照规定进行筛选、择菜，对不合格叶菜部分进行称重，进而计算叶菜采后损耗率，叶菜供应链模式各环节采后损耗率具体计算方法如下：

$$\text{调研所得损耗率（\%）}=[\text{样品损耗重量}/(\text{样品合格净重}+\text{样品损耗重量})]\times 100\%$$

供应链损耗率为每条供应链各环节实际损耗率之和，其中，每个环节损耗率计算公式如下：

$$\text{本环节实际损耗率（\%）}=[1-\text{上一环节调研所得损耗率（\%）}]\times\text{本环节调研所得损耗率（\%）}$$

（三）供应链关键节点损耗率数据分析

经过对种植户、合作社、贩运商、批发市场、农贸市场、加工厂、超市 7 个关键节点进行实地调研，分别对 4 种蔬菜（生菜、菠菜、芹菜和油菜）不同节点的全年每月的损耗率进行统计。

所调研得到各关键节点损耗率数据显示：合作社、批发市场及贩运商环节损耗率几乎为零，此处忽略不计，其他环节数据如表 10－4、表 10－5、表 10－6、表 10－7、表 10－

8 和表 10 - 9 所示。

表 10 - 4　订单户环节全年损耗率

序号	菠菜（%）	生菜（%）	油菜（%）	芹菜（%）
1	18.19	11.96	7.65	10.28
2	19.98	14.74	7.46	12.25
3	20.60	12.91	7.55	9.18
4	22.31	20.67	9.12	12.36
5	27.96	33.18	15.28	29.85
6	40.12	48.67	22.12	40.15
7	49.87	56.12	23.96	49.98
8	42.12	52.12	19.34	33.36
9	29.96	28.15	13.36	21.32
10	23.82	19.98	11.84	18.68
11	24.38	12.85	10.31	11.09
12	20.34	19.98	9.81	9.03

资料来源：经实地调研得到。

表 10 - 5　散户环节全年损耗率

序号	菠菜（%）	生菜（%）	油菜（%）	芹菜（%）
1	13.19	10.31	2.91	4.98
2	14.98	9.91	4.46	5.12
3	15.60	13.98	4.55	9.21
4	17.31	15.54	8.23	12.89
5	22.96	30.98	12.28	13.21
6	30.12	38.29	19.12	23.08
7	35.23	40.89	17.16	18.98
8	31.23	33.28	16.34	15.41
9	30.00	22.50	10.36	11.23
10	18.82	15.38	8.84	10.71
11	19.38	14.94	7.31	5.41
12	15.34	10.34	3.23	4.81

资料来源：经实地调研得到。

表 10-6　加工厂环节全年损耗率

序号	油菜（%）	菠菜（%）	生菜（%）	芹菜（%）
1	9.34	22.60	11.65	17.30
2	10.32	19.87	9.80	17.92
3	1.78	7.98	3.67	20.98
4	2.09	9.64	3.03	22.30
5	3.45	14.65	3.95	23.84
6	6.02	25.32	15.96	22.67
7	8.39	22.61	13.48	18.67
8	7.80	20.43	11.63	17.30
9	4.81	16.28	3.43	15.32
10	2.54	14.03	2.03	15.28
11	3.69	12.90	1.05	14.32
12	7.98	19.65	7.89	16.32

资料来源：经实地调研得到。

表 10-7　供应链 1 超市环节全年损耗率

序号	油菜（%）	菠菜（%）	生菜（%）	芹菜（%）
1	22.57	14.72	6.83	11.99
2	17.15	8.31	6.15	13.23
3	21.57	11.29	5.96	11.69
4	31.01	19.70	9.11	13.38
5	36.85	28.07	9.28	29.35
6	30.05	27.43	12.88	19.97
7	22.52	30.25	15.51	15.72
8	26.64	24.37	15.34	16.41
9	21.79	22.32	11.13	13.06
10	27.20	19.08	9.17	15.64
11	30.62	20.58	8.59	15.13
12	17.08	18.71	8.07	15.02

资料来源：经实地调研得到。

表 10-8　供应链 4 超市环节全年损耗率

序号	生菜（%）	油菜（%）	芹菜（%）	菠菜（%）
1	16.60	17.20	10.20	12.40
2	17.30	18.60	13.40	13.40
3	18.70	21.10	17.80	28.50

（续）

序号	生菜（%）	油菜（%）	芹菜（%）	菠菜（%）
4	19.80	21.60	17.90	24.25
5	20.40	23.10	16.80	23.60
6	26.50	22.50	21.40	12.60
7	27.50	30.01	28.20	13.80
8	31.00	26.40	27.60	16.50
9	25.70	16.00	29.80	19.60
10	24.10	14.30	28.60	14.30
11	15.40	18.90	21.20	13.20
12	16.80	10.60	13.20	19.80

资料来源：经实地调研得到。

表 10－9　农贸市场环节全年损耗率

序号	生菜（%）	油菜（%）	芹菜（%）	菠菜（%）
1	19.00	11.00	4.58	8.00
2	10.00	9.23	3.48	5.98
3	9.17	12.61	4.21	6.12
4	8.75	13.58	7.66	3.62
5	15.93	16.15	8.31	5.98
6	18.27	14.22	15.12	10.19
7	21.19	20.22	20.83	18.12
8	13.58	15.93	19.21	11.65
9	12.61	11.00	17.00	6.34
10	7.63	9.17	5.80	4.29
11	9.46	11.02	3.85	5.62
12	6.12	8.98	5.02	8.82

资料来源：经实地调研得到。

10.2.3　北京市叶类蔬菜采后损耗率分析

（一）北京 4 种主要供应链间及季节间损耗率差异比较

根据上述调研数据，依据损耗率计算公式可以计算得出北京市 4 种主要供应链间及季节间的损耗率差异。本研究重点对此北京市 4 种主要供应链模式间及季节间差异进行比较分析，为控制采后蔬菜损耗率提供基础。计算结果如图 10－11 所示：

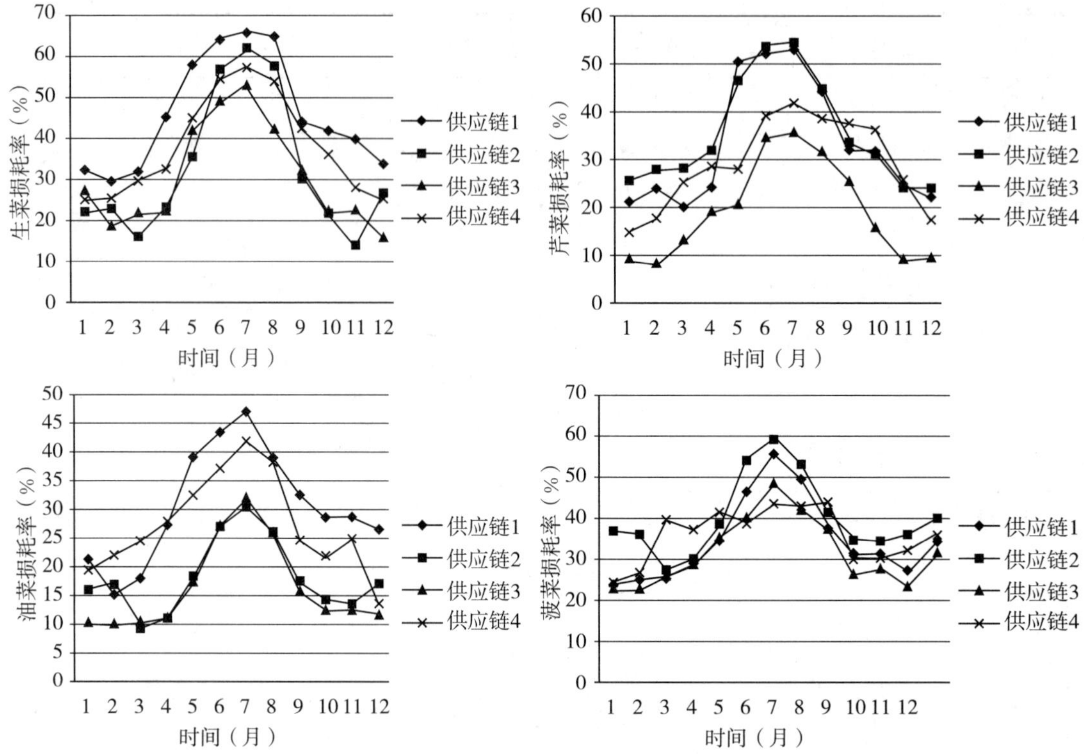

图 10－11 北京市 4 种主要供应链间损耗率比较

普遍被认为农超对接模式的整体损耗率应为最低，但由图 10－11 可看出，供应链 1（农超对接）实际整体损耗率最高，可达 36.05%。其次为供应链 4（超市自有品牌），整体损耗率为 32.64%。供应链 3（散户—农贸市场）的整体损耗率最低，仅为 24.70%。这是由于供应链 1 中合作社及加工厂制定的收菜标准较高，而目前订单户的种植管理水平较低，从而增加了订单户环节的损耗率，且供应链 1 中超市在夏雨季采购的叶菜多作为促销产品，会大大增加其损耗率，因此供应链 1 损耗率明显高于其他 3 种供应链；供应链 4 相对于供应链 1 少了合作社验收环节，虽然散户环节较订单户叶菜损耗少，但进入超市的叶菜质量比经合作社验收后的叶菜质量差，因此超市环节叶菜损耗率急剧上升，整体损耗率偏高，仅次于供应链 1。供应链 2（加工模式）相对于供应链 1 增加了加工厂环节，但损耗率却低于供应链 1，这是因为虽然加工厂环节对叶菜的处理会产生部分损耗，但初加工或深加工叶菜产品进入超市后损耗率几乎为零，大大降低了叶菜采后损耗率，因此供应链 2 整体损耗率较低。

由图 10－11 也可知，夏雨季叶菜损耗率最高可达 45.75%，显著高于其他季节损耗率。春秋季节叶菜整体损耗率约为 28%，冬季叶菜整体损耗率最低，为 22.15%，也只比春秋季节低 5.85%。因北京叶菜一般在 5～6 月丰收，这期间的蔬菜多为露天种植生产，品质高，口感好，超市大量上市，价格也会很便宜。但是因为北方 6～9 月为雨季，此时天气炎热多雨，因此，叶菜损耗率会明显增加。而秋冬季节多为设施蔬菜，除病害影响外，虽然口感品质不如夏季露天蔬菜，但损耗率相对于夏季要小很多。

（二）北京 4 种主要叶菜间损耗率差异比较

根据调研数据，依据损耗率计算公式计算比较得出北京 4 种主要叶菜间损耗率差异，如图 10－12 所示：

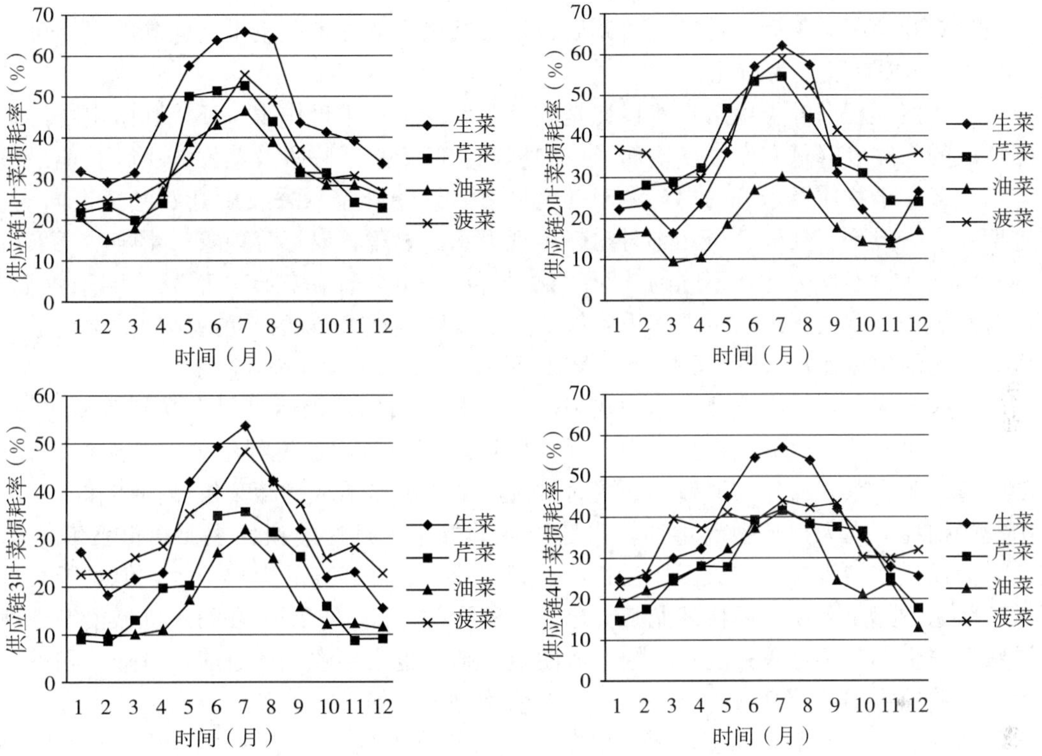

图 10－12　北京市 4 条主要供应链间生菜、芹菜、油菜、菠菜损耗率比较

由图 10－12 可知，北京市 4 种主要供应链模式中生菜整体损耗率均为最高，最高可达 45.81%，其次是菠菜，油菜整体损耗率最低，仅为 16.58%。出现这种情况的原因是生菜因采后新陈代谢作用增强，较其他叶菜易失水萎蔫、褪色腐烂等，夏天抽薹尤为严重，不耐高温，且贮藏销售期间叶片易散易掉，损耗尤为严重。

菠菜整体损耗率处于较高水平，这是因为菠菜在种植环节容易受到生理病害的影响，损耗率明显高于芹菜及油菜。但菠菜损耗率在超市环节并不高，因为超市环节菠菜多为捆扎进货，且叶片不易掉，菜体不易散，顾客也会成捆购买，因此菠菜超市环节损耗率较其他 3 种叶菜损耗率偏低。

芹菜及油菜损耗率均处于较低水平，是因为其不易掉叶，不易受到机械损伤及生理病害，也不易萎蔫失水、抽薹，部分损耗是由于顾客正常挑拣行为造成，因此采后损耗率较小。芹菜夏雨季损耗尤其严重是因为芹菜夏雨季根部易腐烂，导致损耗率急剧上升。

10.3 北京市叶类蔬菜采后损耗产生原因及其应对措施

10.3.1 北京叶类蔬菜采后损耗产生原因分析

（一）北京叶类蔬菜采后损耗分类

通过对叶类蔬菜采后损耗率实地调研数据总结出一般叶类蔬菜采后遇到的损耗可分为2大类：自然损耗及人为损耗。

（1）**自然损耗** 叶类蔬菜自然损耗是因其采后的自身生理作用、环境和微生物污染等原因造成的新鲜度降低和腐烂变质而形成的损耗。叶菜采后呼吸及蒸发作用较其他果蔬强烈，引起蔬菜干物质及水分的损耗大于其他果蔬，致使叶菜从采收后开始已经走向腐烂，保鲜期短，一般采后几天甚至几小时内就出现失水、萎蔫、腐烂等现象；影响叶菜采后损耗率的因素有很多，因此，不同的叶类蔬菜保鲜期不同，即使是同一产品一同采收上架，其保鲜期的长短取决于采前生理和采后保鲜。造成叶类蔬菜自然损耗的生理因素包括：呼吸作用、乙烯生理作用及蒸发失水（张克宏等，2007）。

（2）**人为损耗** 叶类蔬菜常因为在采收、包装、加工及贮运过程中受到碰撞、震动、挤压、摩擦等而造成机械损伤。人为损耗是由于蔬菜采后流通过程中整理、搬运、分拣、包装、摆放等一系列操作或消费者购买时挑选等人为因素造成的蔬菜机械损伤和品质下降所引起的损耗。人为损耗会严重加剧自然损耗的发生，且这类损耗主要由消费者挑选引起。人为损耗在销售过程中对于托盘菜、礼盒菜等包装好的商品影响不大，但对于大多处于散装状态的蔬菜来说，损耗却尤其突出。侯建设等（2002）研究表明，机械损伤处理会使贮藏过程中的叶菜呼吸强度及乙烯释放明显增强，也会导致抗坏血酸含量降低和失重率的增加，并促进褐变及衰败。有些顾客不文明购物，例如手掐捏蔬菜、去根、去叶、去皮等，虽然这类顾客数量并不多，但剔除部分重量损失及对产品造成机械损伤导致加速腐烂、老化变质等间接影响也会造成较大损耗（施浩然等，2011）。

（二）北京叶类蔬菜采收成熟度对损耗率影响实验方案

不同成熟度采摘的叶类蔬菜在贮藏期间表现出不同的贮藏性。许多农户多以销售及运送货物时间的方便等为依据，而忽略叶类蔬菜采收最佳时期，常常在不恰当的时候进行采摘，导致采后损耗较大（Barg M，et al.，2009）。适当的采收成熟度不仅可以提高叶类蔬菜产量，改善经济效益，还是影响叶类蔬菜采后生理品质变化及货架期的主要决定因素之一（Kader A A，2002；Shewfelt R L，2009）。为探寻采收成熟度对叶类蔬菜采后生理品质的影响，本书以北京种植、销售量最大的美国大速生及西芹为例，依据成熟度标准选取未成熟、成熟及过度成熟的美国大速生及西芹为研究对象，在最佳贮藏条件下贮藏，每天对其失重率、含水量、叶绿素含量、呼吸强度、维生素C含量及感官质量进行测定及评价以研究不同采收成熟度对叶类蔬菜采后生理品质的影响。

（1）**材料、试剂及仪器**

材料：美国大速生，西芹。根据上述不同的成熟度标准采摘于北京金六环农业种植园。标准：新鲜、清洁、大小均匀、无机械伤和病虫害。

实验主要试剂：无水乙醇、丙酮、正己烷、抗坏血酸、磷酸氢钠、氢氧化钠、草酸、

2,6-二氯酚靛酚和氯化钠（表10-10）。

表10-10　实验主要试剂

材　料	材质或规格	来　源
无水乙醇	分析纯	北京化工厂
丙酮	分析纯	北京化工厂
正己烷	分析纯	北京化工厂
抗坏血酸	分析纯	北京化工厂
磷酸氢钠	分析纯	北京市红星化工厂
氢氧化钠	分析纯	北京化工厂
草酸	分析纯	北京化工厂
2，6-二氯酚靛酚	分析纯	北京化工厂
氯化钠	分析纯	北京化工厂

实验主要仪器：超声波清洗机、紫外可见分光光度计、台式低速离心机、超低温冰箱、电子天平和果蔬呼吸测定仪（表10-11）。

表10-11　实验主要仪器

仪器名称	型　号	生产厂家
超声波清洗机	KQ-500DE	昆山市超声仪器有限公司
紫外可见分光光度计	TU-1810	北京普析通用仪器有限公司
台式低速离心机	L530	湖南赫西仪器装备有限公司
超低温冰箱	DW-HW138	北京奥赛利特科技发展有限公司
电子天平	AL204	梅特勒—托利多仪器有限公司
果蔬呼吸测定仪	GXH-3051	北京均方理化科技研究所

（2）实验方法

失重率的测定（Aguero M V，2011）：样品收货后送到实验室立即称重（*HW*，收获重量）之后，冷藏储存后称重（*SW*，存储后重量）。每个样品单体的重量损失率为：

$$WL\ (\%) = (1-SW/HW) \times 100$$

含水量的测定（Roura S I，Davidovich L A，Del Valle C E，2000）：样品用商业搅拌器匀浆，3个样本（每个样品取10克），每个样本均取自匀浆，称重为鲜重（*FM*）。然后，将其放置在传统的烘箱中，80℃条件下烘24小时，然后再次称重，以获得干质量（*DM*）。含水量计算公式为：

$$WC\ (\%) = (FM-DM)\ /FM \times 100$$

呼吸强度的测定（金文斌等，2013）：利用呼吸强度测定仪测定。本实验采用果蔬呼吸测定仪测定CO_2浓度，从而计算呼吸速率。用乳胶管将碱石灰吸收瓶、呼吸室、分析器连接好。检查气密性并且调零后用空瓶做本底，记录平衡时间及本底数据。然后将菜放入呼吸室，调节流速，密闭平衡，达到平衡数值后记录分析器读数，减去本底数值得到

CO_2 浓度。

按下式计算：

呼吸强度［CO_2 毫克/（千克·小时）］＝（w_2-w_1）$\cdot V \cdot M\times 1\,000/V_0 \cdot m_s \cdot t$

式中 w_1——空白试验密闭容器中 CO_2 总量，%；

w_2——测定后密闭容器中 CO_2 总量，%；

V——密闭容器内总体积，升；

M——CO_2 的摩尔质量，克/摩尔；

V_0——测定温度下 CO_2 摩尔体积，升/摩尔；

m_s——测定用果蔬的重量，克；

t——测定时果蔬呼吸时间，小时。

叶绿素含量的测定（分光光度计法）（韩育梅等，2006）：取 0.5 克的冷藏碎叶，加 9 毫升的正己烷和 15 毫升的乙醇（1∶2）丙酮混合液，置于 5℃黑暗贮藏 5 小时，每隔 15 分钟震动一次。反应后加入 25 毫升的 1 摩尔/升 NaCl 溶液，振荡，在 4℃10 000 转/分钟离心 30 分钟。

在分光光度计下测量 1 毫升上清液在 644 纳米及 662 纳米下的吸光度。按下式计算叶绿素的含量（毫克/千克）：

$$叶绿素\ a\ 含量=10.05A_{662}-0.766A_{644}$$

$$叶绿素\ b\ 含量=16.37A_{644}-3.14A_{662}$$

$$叶绿素含量=叶绿素\ a\ 含量+叶绿素\ b\ 含量$$

维生素 C 含量测定：2，6-二氯酚靛酚滴定法测定（李合生，2001）。

感官评价（张学杰，叶志华，2013）：感官质量评价小组由 5 名经过感官训练的成员组成。对样品的视觉质量的变化［质地，风味，关闭气味和褐变（叶边和叶表面褐变）］做出评价。考虑样品外观的光泽度，新鲜度和色彩的均匀性和强度等对其视觉质量特征进行评价。样品用喜好等级 1 到 9 的数字来打分，数值愈高表示较为偏爱，具体评价标准如表 10-12 所示。

表 10-12 感官评价指标

感官指标	9 分	7 分	5 分	3 分	1 分
褐变	无	轻微褐变	褐变	褐变较重	严重
质地	脆	较脆	软或韧	较软或较韧	更软或更韧
香气	清香味	有香气	香气淡	香气不明显	异味
水浸	无	有水浸	水浸	水浸较重	水浸严重
味道	甜	微甜	无味	有异（苦）味	异（苦）味重

（3）**数据处理** 采用 Excel 软件进行数据分析。

（三）北京叶类蔬菜采收成熟度对损耗率影响实验结果与分析

（1）实验结果

①蔬菜的鲜重变化。蔬菜的鲜重是影响蔬菜商品价值的一个重要指标。蔬菜采后失水

及呼吸作用对有机物质的消耗，是造成蔬菜采后失重的主要原因。不同成熟度生菜失重率的变化如图 10－13 所示，3 种不同成熟度的生菜在贮藏期内的失重率均呈现上升趋势。未成熟生菜失重率上升最快，从第 2 天的 2.45％上升为第 9 天的 18.90％。其次是成熟生菜，而过熟生菜失重率上升最为缓慢，从第 2 天的 1.37 ％上升为第 9 天的 8.58％，仅上升了 7.21％。

3 种不同成熟度的芹菜在贮藏期内的失重率均呈现上升趋势。失重率上升最高的是未成熟芹菜，从第 2 天的 1.73％上升到了第 9 天的 16.98％，上升了 15.25％；其次是成熟芹菜从第 2 天的 0.34％上升到了第 9 天的 5.96％；失重率上升缓慢的是过熟芹菜，从第 2 天的 0.14％上升到了第 9 天的 1.88％，仅上升了 1.74％。因此，3 种不同成熟度的芹菜失重率由高到低依次为：未成熟、成熟、过熟。

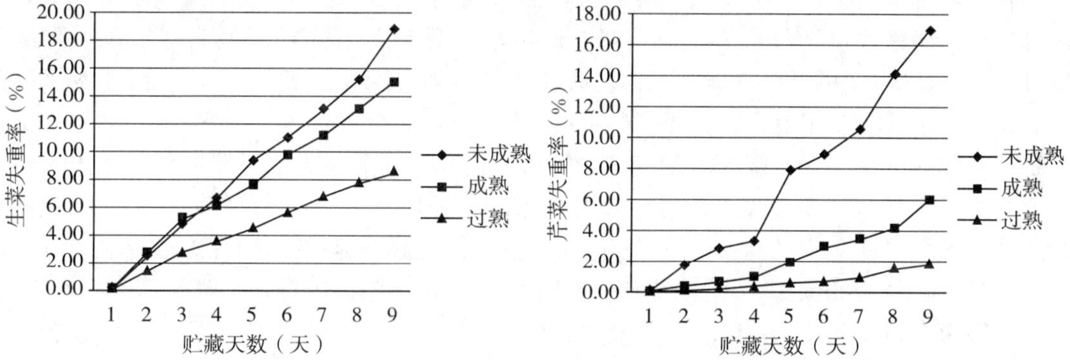

图 10－13　不同成熟度叶用生菜、芹菜失重率的变化

②蔬菜含水量变化。含水量是衡量生菜新鲜程度的重要指标，一般失水率高于 5％就会引起萎蔫和皱缩，降低蔬菜品质。不同成熟度生菜含水量不同，成熟生菜初始含水量最高，为 94.97％，而未成熟生菜含水量最低，为 85.76％，3 种不同成熟度的生菜随贮藏期的延长，含水量均呈下降趋势，失水率增加（图 10－14），0～3 天由于蔬菜本身的营养供给，水分含量下降幅度较小；第 4 天未成熟生菜较其他两个成熟度生菜提前进入失水率急剧上升阶段。过熟生菜从第 6 天失水率才开始明显急剧上升。第 9 天未成熟生菜含水量已经由初始的 85.76％降低为 64.98％，含水量下降率为 24.23％，而过熟生菜仅

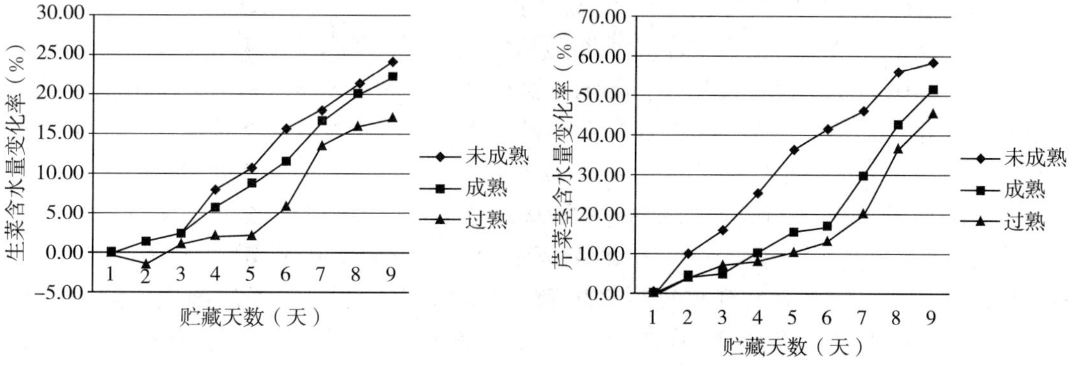

图 10－14　不同成熟度生菜、芹菜含水量的变化率

为 17.12%。

3 种不同成熟度的芹菜随贮藏期的延长，含水量均呈下降趋势。未成熟芹菜含水量下降趋势明显高于其他两者，未成熟芹菜的含水量从第 2 天开始急剧下降，到贮藏末期未成熟生菜含水量已由初期的 63.17%降低为 26.23%，含水量下降率为 58.48%而过熟芹菜从第 7 天才开始明显降低，贮藏至第 9 天含水量下降率仅为 46.34%。这是由于未成熟芹菜自身各种机能高于其他两个成熟度的芹菜，而过熟及成熟芹菜各种生理机能相对稳定、不活跃。可见未成熟芹菜采后失水失重率均高于其他两者。

③蔬菜叶绿素含量变化。贮藏初期，成熟与过熟生菜叶绿素含量高于未成熟生菜，过熟生菜含量为 25.73 毫克/千克，而未成熟生菜叶绿素含量仅为 21.53 毫克/千克，随贮藏时间的延长，不同成熟度叶用生菜叶绿素含量的变化率如图 10－15 所示，成熟与过熟的生菜叶绿素含量均呈现先上升后下降趋势，而未成熟生菜叶绿素含量呈持续下降趋势。未成熟生菜叶绿素含量下降最少，仅下降 15.2 毫克/千克，下降幅度最为缓慢，下降率为 70.73%。过熟生菜的叶绿素含量下降幅度最大，从贮藏第 1 天的 25.73 毫克/千克下降到第 9 天的 3.16 毫克/千克，降低了 22.56 毫克/千克，下降率为 87.71%。

不同成熟度芹菜的叶绿素含量变化在贮藏期内均呈现先上升后下降趋势。成熟及过熟芹菜叶绿素含量从第 3 天开始急剧下降，下降趋势明显大于未成熟芹菜，到第 5 天过熟芹菜的叶绿素含量变化率已高于成熟芹菜。初始叶绿素含量最高的过熟芹菜贮存至第 9 天叶绿素含量已经从初始的 38.440 毫克/千克下降至 2.284 毫克/千克，下降了 35.16 毫克/千克，叶绿素含量变化率为 94.72%。未成熟芹菜叶绿素含量下降最为缓慢，叶绿素含量变化率仅为 60.16%。

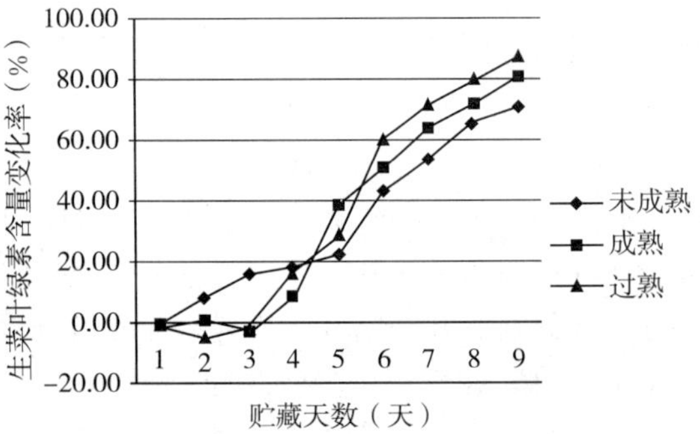

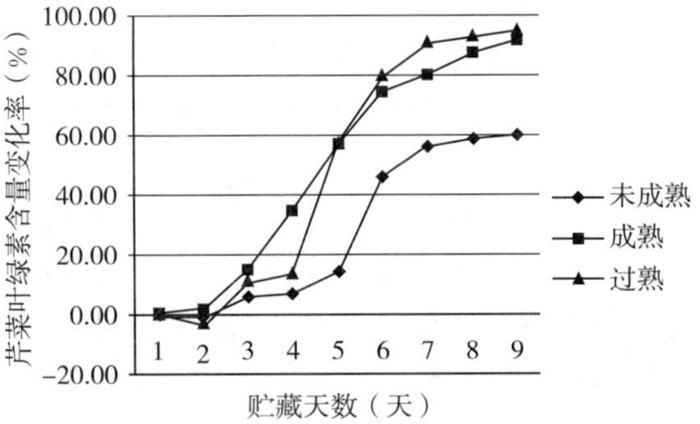

图 10－15　不同成熟度生菜、芹菜叶绿素含量的变化率

④蔬菜呼吸强度变化。蔬菜采后同化作用基本停止，呼吸作用起主导作用，直接、间接地影响着蔬菜的各种生理生化过程，进而影响蔬菜的抗病性、品质及货架期。呼吸作用越旺盛，贮藏过程中蔬菜中的有机物就越多的地被消耗，导致蔬菜衰老加速，蔬菜品质下降，货架期缩短。测定呼吸强度是为了衡量蔬菜呼吸作用的强弱，继而了解不同成熟度蔬菜生理及耐贮藏性差异。如图 10－16 所示，不同成熟度生菜呼吸强度的总体变化均呈上升趋势，其中未成熟生菜上升趋势最为明显，随贮藏天数的延长其呼吸强度波动也为最大，一直保持较高水平，这是因为依然处于生长期的未成熟生菜各种生理机能还处于非常活跃的状态，因此较其他两种成熟度的生菜来说，未成熟的生菜呼吸强度明显高于其他两者；

过熟生菜从贮藏第 2 天起呼吸强度高于成熟生菜，这是由于过熟生菜受机械损伤及生理疾病的影响，呼吸作用增强；成熟生菜的呼吸强度一直处于较低水平，其生理机能相对稳定。

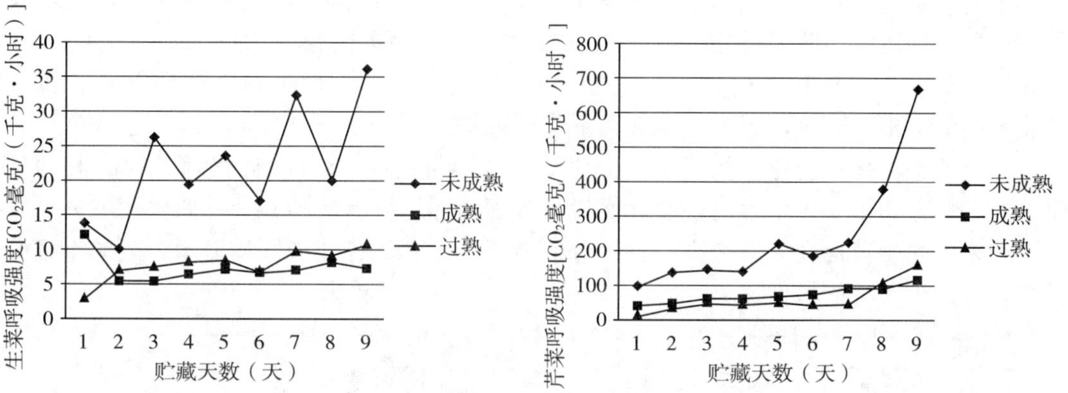

图 10－16　不同成熟度生菜、芹菜呼吸强度的变化

不同成熟度芹菜呼吸强度的总体变化均呈上升趋势，其中未成熟生菜上升趋势最为明显，一直保持在较高水平，由最初 102 毫克/（千克·小时）急剧上升至 672 毫克/（千克·小时），共上升了 570 毫克/（千克·小时），而成熟芹菜一直维持较低的呼吸强度，只上升了 72 毫克/（千克·小时），明显低于未成熟芹菜呼吸强度；过熟芹菜在第 8 天开始呼吸强度明显上升，高于成熟芹菜呼吸强度，这是因为，虽然过熟芹菜生理机能相对稳定，但比较容易受到机械损伤及生理疾病侵害，因此贮存后期，呼吸强度高于成熟芹菜。呼吸作用越高，营养物质消耗就越多，也就越不利于保持新鲜。因此，呼吸强度较低的成熟芹菜及过熟芹菜易于保存，但因为过熟芹菜受机械损伤及生理疾病影响而不耐贮藏，因此不建议选择。

⑤蔬菜维生素 C 含量变化。维生素 C 是对人体最重要的维生素之一，人体每日所需维生素 C 大部分均源于果蔬，因而维生素 C 的测定便成为评价果蔬营养价值的重要指标之一。因维生素 C 不稳定，易溶于水且易被氧化降解，而存储导致维生素 C 的氧化损失（Lee S K，Kader A A，2000），因此，生菜贮藏期间维生素 C 含量呈急剧下降趋势，维生素 C 含量变化率如图 10－17 所示，生菜贮藏期间维生素 C 含量均呈下降趋势。成熟生菜在贮藏期内维生素 C 含量的下降趋势最为缓慢，维生素 C 含量由贮藏第 1 天的 11 毫克/

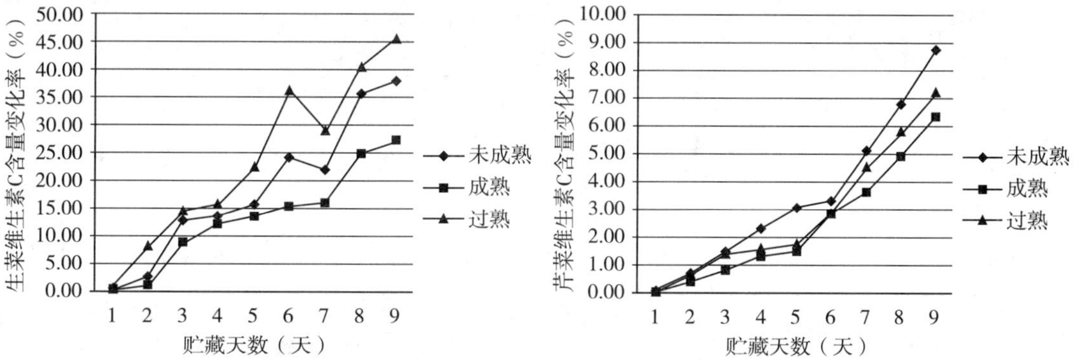

图 10－17　不同成熟度生菜、芹菜维生素 C 含量的变化率

100 克下降至贮藏第 9 天的 8 毫克/100 克，仅下降了 27%；而过熟生菜维生素 C 含量随贮藏时间的延长下降最为明显，贮藏至第 9 天下降了 46%。

不同成熟度芹菜茎贮藏期间维生素 C 含量均呈下降趋势，随贮藏时间的延长，成熟芹菜在贮藏期内维生素 C 含量的下降趋势最为缓慢，由贮藏第 1 天的 11.11 毫克/100 克下降至贮藏第 9 天的 10.41 毫克/100 克，仅下降了 6.33%；而过熟生菜维生素 C 含量随贮藏时间下降最为明显，到贮藏第 9 天下降了 8.73%。

⑥蔬菜感官指标变化。如图 10－18 所示，生菜的各种感官指标均随贮存时间的延长而下降。贮存至第 3 天生菜已经萎蔫腐烂，各项指标均显示从第 6 天开始生菜就失去商品性，除未成熟生菜褐变分值最高，香气分值最低外，其他各项指标均显示为成熟生菜分值最高，过熟生菜分值最低。

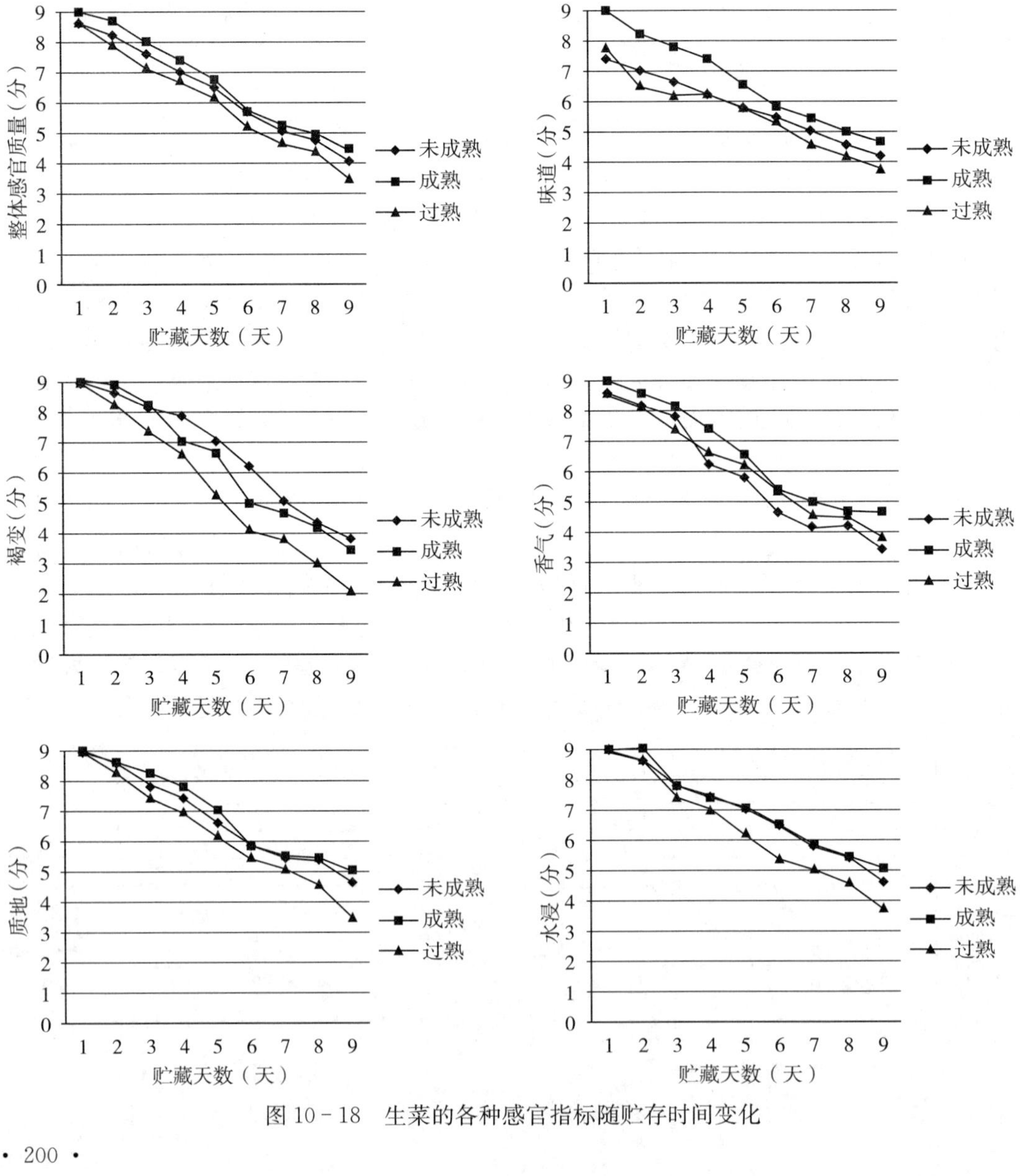

图 10－18　生菜的各种感官指标随贮存时间变化

如图 10－19 所示，芹菜各种感官指标均随贮存时间的延长而下降。各项指标均显示商品从第 6 天开始就失去商品性，除褐变未成熟芹菜分数最高，香气为未成熟芹菜分数最低外，其他各项指标均显示为成熟芹菜分数最高，过熟芹菜分数最低。

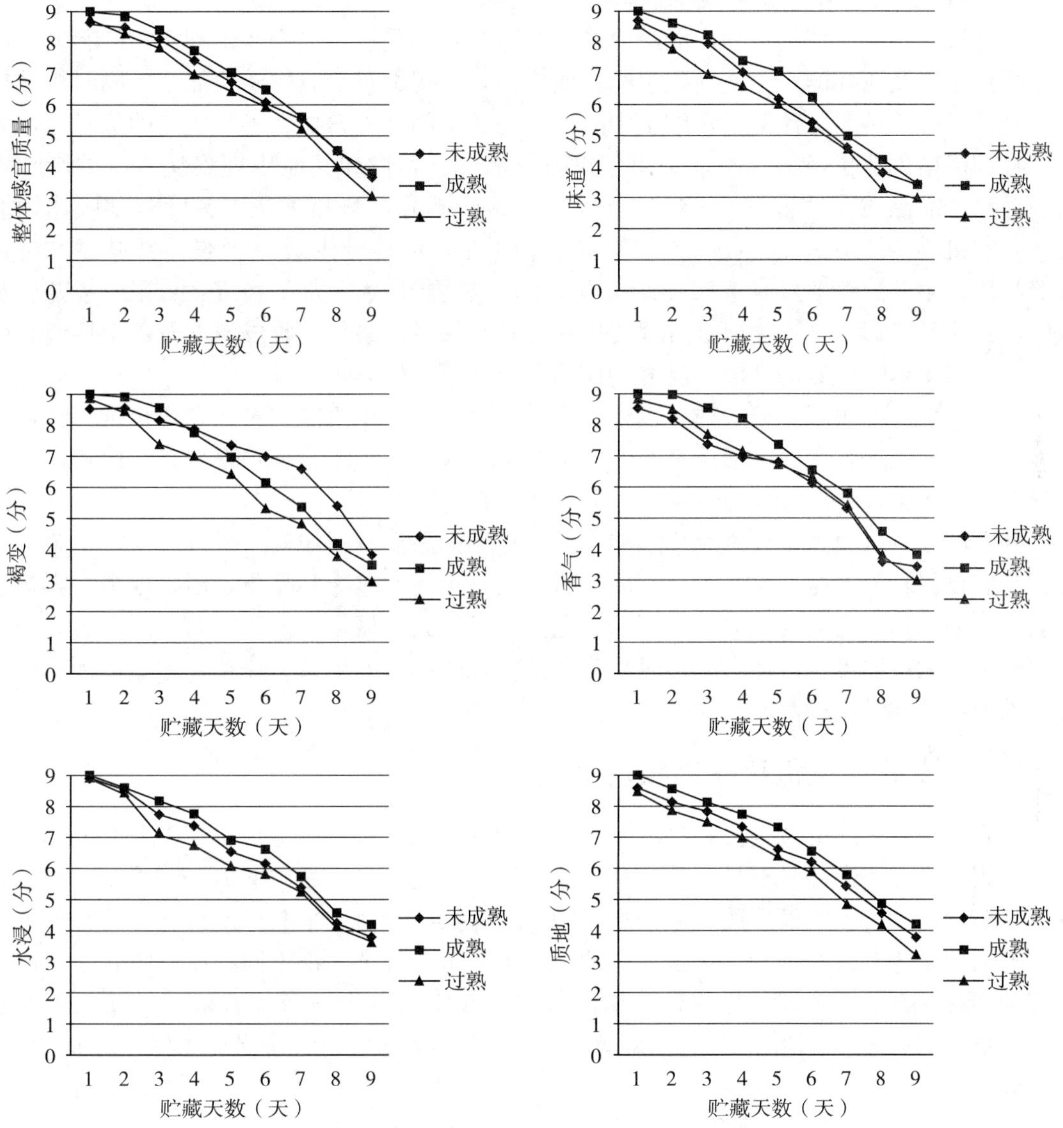

图 10－19　不同成熟度芹菜感官评价各指标的变化

（2）**实验结果分析**　实验结果显示，未成熟生菜、芹菜失重率、失水率及呼吸强度上升趋势最为明显，且随贮藏天数的延长其呼吸强度波动也为最大，一直保持在较高水平。出现这种情况的原因是：未成熟生菜、芹菜采收后依然处于生长期，各种机能也都处于非常活跃的状态，因此较其他两种成熟度的生菜、芹菜，未成熟的生菜、芹菜衰老变质更快，反而不易贮藏，采后损耗率更高。在整个货架期间，未成熟生菜、芹菜维生素 C 含量下降趋势相对于过熟生菜较为缓慢，这可能是由于虽然未成熟生菜、芹菜呼吸强度最高，但在发育初期就已含少量维生素C，采摘后短时间内仍会继续合成少量维生素C。未成熟及过熟生菜、芹菜维生素C含量下降趋势均明显高于成熟生菜、芹菜，这可能是由于未成熟及过熟生菜、芹菜的呼吸作用较成熟生菜强，使有机物的消耗增加，合成维生素C的底物不足，从而维生素C含量下降较明显。

虽然过熟生菜、芹菜生理机能最为稳定，但其容易受机械损伤及生理疾病的影响，加速呼吸作用以及乙烯的产生，导致组织代谢增强，消耗大量营养物质及能量。同时机械损伤也破坏了过熟生菜、芹菜正常细胞中酶与底物的空间分隔，扩大了与空气的接触面，为微生物的侵染创造了条件，出现黄褐色斑点、褐变、腐烂和其他生理疾病，严重影响生菜、芹菜产品品质；过熟生菜、芹菜维生素C含量下降趋势显著是因为随着呼吸作用的进行，有机物持续被消耗，合成维生素C底物不足，因此维生素C含量持续减少。有机酸等物质使生菜、芹菜具有特殊芳香气味，但因这些物质大多都不稳定，受采收成熟度及温度等贮藏环境影响，贮藏保鲜过程中极易分解与挥发。最佳采收成熟度及贮藏环境有助于生菜、芹菜芳香气味的形成，反之会使生菜、芹菜产生异味。

成熟生菜、芹菜因充分成熟，已经基本停止生长，生理机能相对稳定，稳定呼吸强度一直处于较低水平，表面又形成良好的保护结构，采后失重率、失水率低，因此相对于未成熟及过熟生菜、芹菜，成熟生菜、芹菜更耐贮藏。

综上所述，采收过早或过晚均影响生菜、芹菜的品质和耐藏性。采收过早，生菜、芹菜大小和重量均不达标，且未形成产品特有的良好色泽、风味和品质，耐藏性短，影响经济效益；采收过晚会因为蔬菜已经开始衰老并且已受到机械损伤及病害而不耐贮运。因此应根据推荐的成熟度标准而考虑适时采收，选择优质的成熟生菜、芹菜，才能保证具有最理想的经济效益及最优品质。

10.3.2 降低叶类蔬菜采后损耗率措施

联合国粮农组织的调查报告显示：发展中国家在采收过程中造成的果蔬损失达8%～10%，因叶类蔬菜产品具有易腐性、易老化等特点加速了采后品质的劣变，采收到消费的各个环节常因处理不当而造成大量损失。因此，蔬菜从种植、采收、整理、包装、加工生产、贮运至销售到最终消费者全过程中的每一个环节、细节，都不同程度影响着整个流通过程的损耗率和效益。叶菜供应链从田间采收到超市的各个环节都有很多需要完善的地方，为更好的降低我国叶菜采后损耗率，对叶菜采收及采后各环节进行严格操作至关重要。

（一）北京叶类蔬菜采收环节操作规范

（1）**生菜最佳成熟度研究** 本书已经确定了成熟度对叶菜采后贮藏的重要性，因此，规定叶菜最佳采收成熟度操作规范，以避免因叶菜采收成熟度不适宜引起的采后损耗至关重要。不论结球或散叶莴苣，其茎叶在老化前都可随时采摘供食用，但不同成熟度采摘的生菜在贮藏期间表现出不同的贮藏性。许多农户多以销售及运送货物时间的方便等为依据，而忽略生菜采收最佳时期，常常在不恰当的时候进行采摘，导致采后损耗较大。本书通过调研及试验确定了生菜的采收成熟度标准。生菜采收成熟度标准是基于叶片数量、尺寸、颜色、开展度等发育程度来划分，并根据叶球尺寸和紧实度分级。结球生菜的叶球应充分形成，尺寸适宜，紧实且色泽鲜嫩（Ryall A L，Pentzer W T，1982）。散叶生菜应棵株挺直，叶子应水分充足、质地脆嫩（见彩图 10－1）。生菜具体成熟度指标如表 10－13 所示：

表 10－13　散叶生菜成熟度评价指标（品种：美国大速生）

成熟度指标	未成熟	成　熟	过　熟
生长期	<50 天	60～70 天	>70 天
叶片数量	<20 片	20～40 片	>40 片
叶片颜色	淡绿	翠绿	绿色
叶开展度	<20 厘米	20～40 厘米	>40 厘米
叶片尺寸	功能叶长<10 厘米 功能叶宽<10 厘米	功能叶长 10～20 厘米 功能叶宽 10～20 厘米	功能叶长>20 厘米 功能叶宽>20 厘米
叶片质地	柔软	脆嫩	有一定硬度
株高	<10 厘米	10～20 厘米	>20 厘米
单株重量	<0.15 千克	0.15～0.5 千克	>0.5 千克

生菜叶球紧实坚硬时就需要采收，生菜紧实度的评价指标如表 10－14 所示，通过生菜尺寸和叶球的紧实度的成熟度指标如表 10－15、彩图 10－2。

表 10－14　手压评定生菜紧实坚硬程度

得分	等级	硬度描述
1	软	易压缩
2	比较硬	不软也不紧实，已形成良好的叶球
3	硬	紧实，适当压力按压会轻微变形
4	坚硬	紧实坚硬
5	特别硬	成熟过度，可能已经出现裂球现象

表 10－15　生菜的成熟度指标

品种	成熟度指标
生菜 （卷心或冰山）	成熟度划分基于叶球尺寸和紧实度。用适当的压力按压生菜叶球，紧实则可被认为达到理想的成熟程度。头部非常宽松则不成熟，太过坚硬则过熟
生菜 （直立）	成熟是基于叶子的数量和生菜的发育。非常松散或易压缩则生菜不成熟，而太坚硬则为过熟

（2）4 种主要叶菜最佳采收时期　采收过早或过晚均影响生菜、芹菜的品质和耐藏性，而不同的蔬菜品种耐贮性不同。应根据产品的特点考虑采收成熟度（就地销售的产品可适当晚采，而长期贮藏和远距离运输的产品应适当早采）。本文经调研总结整理

了 4 种主要叶菜最适采收期各指标标准，具体见表 10－16、表 10－17、表 10－18 和表 10－19。

表 10－16　生菜最佳采收期指标

品　种		株高（厘米）	单株重量（克）	叶片（叶柄）尺寸（厘米）	开展度（厘米）	叶片颜色
生菜（皱叶型）	全年生菜	25～30	200～350	叶片长 17～23，宽 16～22	23～28	黄绿
	玻璃生菜	25	150～250	叶片长 20，宽 20	30	黄绿
	软尾生菜	25	200～300	叶片长 20，宽 17 叶柄长 1. 8，宽 1.7	30	黄绿
	红叶生菜	23～25	150～180	长 19～20，宽 17.5～18.5 叶柄长 3～4，宽 1～1.5	22～25	紫绿/紫红
生菜（长叶型）	牛利生菜	28～35	250～300	叶片长 25～30，宽 13～17 叶柄长 1，宽 1.5	30～35	黄绿
	罗马生菜	25～30	200～300	叶片长 20～22，宽 15～16 叶柄长 4～5，宽 1.5～2.5	20～25	深绿
生菜（结球型）	万利	株高 17 球高 10	300～500	叶长 21，宽 22 叶柄长 1，宽 2	38	黄绿
	绿湖	株高 23 球高 13	300～600	叶长 19，宽 18 ～20	28	绿
	奥林匹克	株高 17～20 球高 10～13	400～500	叶长 19～20，宽 18	35 ～ 40	浅绿
	爽脆包心生菜	株高 21 球高 12	350～500	叶长 24，宽 23 长 1，宽 2.5	44	深绿

表 10－17　芹菜最佳采收期指标

品　种		株高（厘米）	单株重量（克）	叶片（叶柄）尺寸（厘米）	叶片颜色
芹菜（本芹）	天津白庙	80～90	300～500	叶柄宽：4. 5，厚：0.8	深绿
	济南青苗	95	250	叶柄长 70	绿
	青苗芹菜	95	250	叶柄长 70，宽 1，厚 0.5	绿
	黄苗实芹	100～140	100～200	叶柄长 65，宽 1.2，厚 0.5	绿
	长治	75	325	叶柄长 42，宽 1.4，厚 1.7	深绿
芹菜（西芹）	文图拉	80	1000 以上	叶柄长 50～60，宽 3～4	亮绿
	法国皇后	80～90	500～1 000	叶柄长 30～35，宽 4～5	黄绿
	美国白芹	60	800～1 000	叶柄长 20，宽 2. 5	黄绿
	美国西芹	90	1 000	叶柄长 44，宽 2.38，厚 1.65	绿

表 10-18 油菜最佳采收期指标

品 种	株高（厘米）	单株重量（克）	开展度（厘米）	叶片颜色
上海慢菜	25～30	250～700	30	深绿
矮脚黄	20～40	500～700	30	浅绿
紫冠1号	19	170	29	紫黑
二月白	45	1380	30	浅绿

表 10-19 菠菜最佳采收期指标

品 种	株高（厘米）	单株重量（克）	开展度（厘米）	叶片颜色
全能菠菜	30～35	100	30～50	浓绿
急先锋	30～35	55～65	30～50	深绿
春不老菠菜	30～40	250～500	35～50	浓绿
法国菠菜	30～40	150～200	35～48	深绿
内菠1号	25	130	40～45	深绿

（3）**4种叶菜最佳采收方法** 叶菜采后的自身生理代谢作用及微生物侵染都会严重影响其品质（Chen X N，et al.，2013；孟令川等，2013；陈湘宁等，2012）。叶菜受到机械损伤导致组织失去抵抗力，容易受到细菌的感染而造成腐烂，刺激乙烯的释放（朱东兴等，2006）。采收过程中引起的机械伤在以后的各个环节中无论用何处理也不能完全恢复，并且加大采后包装、运输、贮藏和销售过程中的损耗，大大影响贮藏保鲜的效果，降低经济效益。因此，采收过程采用正确的采收方法以避免机械损伤，对于降低叶菜采后损耗率至关重要。

①严格按照叶菜的采收指标在最佳采收时期采收。

②避免雨淋。采收前的10天内降雨或灌溉会造成叶菜含水量过高，易造成机械损伤而感染病害，影响其耐贮性。

③低温采收。因叶菜易萎蔫、失水，应选择温度较低的早晨或傍晚采收。

④避免机械损伤。采收时注意戴手套，并用刀从根基部截断，装卸、运输时要注意轻拿、轻放。

⑤初步整修。叶菜采收时要注意进行初步整修，保留2～3片外叶，去根并除去黄叶、病叶、不卫生、不可食用的外叶，保持外叶上无泥渍、杂质、水滴。

（二）叶菜采后操作规范

（1）整理分级操作规范

①整理。采收后整理的目的是为了剔除机械损伤、病虫害、外观畸形等明显不合格的产品，并除去叶菜表面的泥土及污物，以减少表面病原微生物，达到提高叶菜产品外观品质及商品价值的目的。应根据本书对叶菜的择菜、验收标准进行的规定，筛选优质的原料，品种及种植方式、收割方式要正确，成熟度及贮存条件要适宜，这样的原料可食率

高，新鲜，风味好，无腐烂和严重损伤等。不仅能生产出优质的叶菜加工产品（口感、色泽、风味），还可以拥有较长的货架期。此外，整理时应戴手套，注意轻拿、轻放，严防对产品造成新的机械伤。

②分级。分级是通过将蔬菜产品按照一定的规格、质量分成不同等级规格，以方便包装、运输及上市销售，达到提高商品质量和实现蔬菜产品商品化，减少城市垃圾的目的。不同叶菜等级规格标准不同，本文经调研总结整理了 4 种主要叶菜的等级规格标准以供参考，具体等级及规格标准见表 10－20、表 10－21。

表 10－20　叶菜等级标准

等级	要　求
特级	a）同一品种、形态良好、植株大小均匀一致（叶色、叶脉、叶柄）、色泽一致、新鲜、清洁、质地脆嫩，整修良好 b）无老化、萎蔫、抽薹、黄叶、烂叶、破裂、冻害、病虫害及机械伤 c）符合相关有害物质残留量标准
一级	a）同一品种、形态较好、植株大小基本一致、叶型（叶色、叶脉、叶柄）较完整、色泽基本一致、新鲜清洁、质地脆嫩、整修良好 b）无明显老化、黄叶，萎蔫、腐烂、冻害及较严重抽薹、病虫害或机械伤 c）符合相关有害物质残留量标准
二级	a）相近品种、植株大小稍有差异；可有少量萎蔫叶、损叶、虫咬叶 b）符合相关有害物质残留量标准

表 10－21　叶菜规格标准

叶菜规格	散叶生菜（株重）	结球生菜（株重）	芹菜（西芹）（株重）	菠菜（株高）	油菜（株高）
大（L）	＞300 克/棵	＞450 克/棵	≥800 克/棵	≥30 厘米	＞20 厘米
中（M）	150～300 克/棵	300～450 克/棵	≥500 克/棵	20～30 厘米	15～20 厘米
小（S）	＜150 克/棵	＜300 克/棵	≥300 克/棵	＜20 厘米	小于 15 厘米

（2）包装及冷藏贮运操作规范

①最佳包装方式。合理包装是实现叶菜标准化、商品化、安全储运以及保证叶菜产品品质的重要措施。但若条件有限，应在有限条件下选择最佳包装方式，以保证最方便实惠、保鲜效果最好的包装材料对叶菜进行保鲜处理，有效降低叶菜损耗率。本书从北京昌平某农业基地统一采收的新鲜蔬菜，按照常温加包装、常温不加包装、冷藏加包装和冷藏不加包装 4 种保鲜形式分别对油菜、芹菜、菠菜、生菜这 4 种主要叶菜进行包装处理并标记，按照不同的处理方式进行分类放置，在 0 小时、16 小时、24 小时、40 小时、48 小时、64 小时、72 小时分别观察蔬菜的感官变化以及失重率变化。明确包装方式和温度对蔬菜采后生理品质的影响。

如图 10－20 所示，生菜、菠菜、油菜、芹菜 4 种主要叶菜在不同包装材料及温度条件下的失重率由大到小均依次为：常温不加包装、低温不加包装、常温加包装和低温加包装。其中，常温加包装条件下的叶菜失重率可低于低温不加包装 2%～7%。

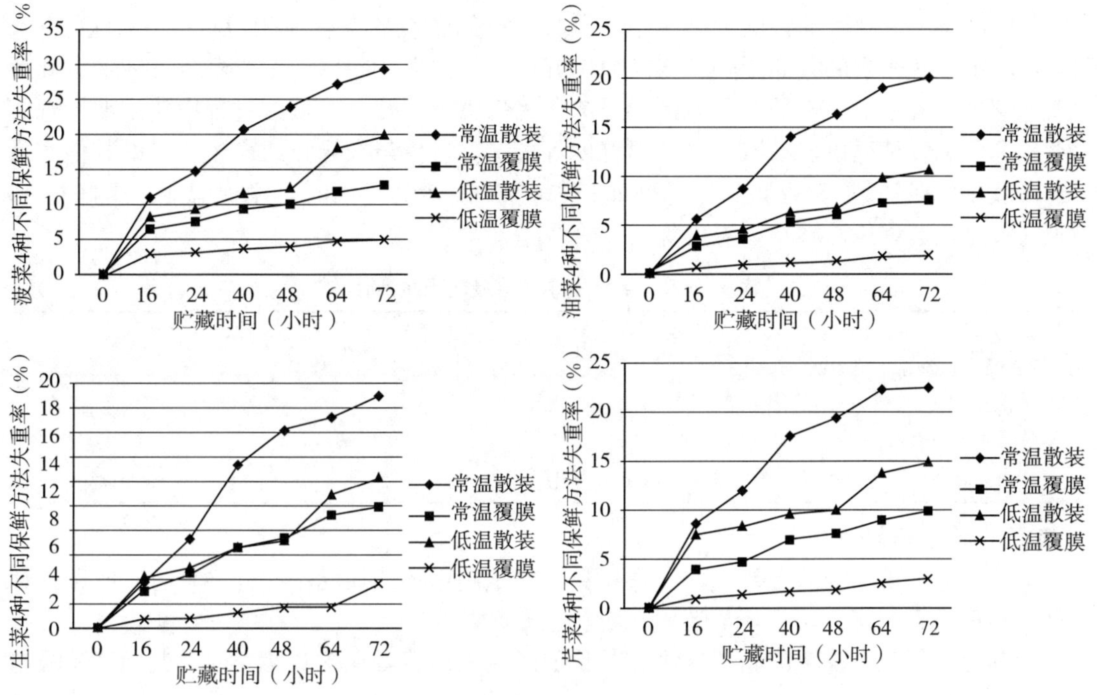

图 10－20　4 种不同保鲜方法叶菜平均失重率

因此，通过比较可以得出，降低温度与加包装两者中加包装对叶菜保鲜效果更为明显，如若受到经济等原因条件限制，只能从加包装与降低温度二者选一的情况下，可选择加包装更能降低叶菜采后失重率。

②包装规范。叶菜的包装材料应符合国家标准，其中，塑料包装材料应符合 GB 9681—1988；GB 9687—1988；GB 9688—1988 的规定；纸质包装材料应符合 GB 11680—1989 的规定。

1）包装应美观且重量轻，易于搬运。

2）包装应清洁无毒、无异味，无虫蛀腐烂、霉变现象。以免污染叶菜产品，影响其风味及安全。

3）包装应内壁光滑、以免划伤叶菜造成机械伤。

4）包装要注意应牢固、具备一定的机械强度，以避免叶菜产品在装卸、运输和堆码过程中受到机械损伤而影响产品品质。

5）包装材料应具有一定的通透性，利于叶菜进行气体交换，排除产品产生的呼吸热。

6）包装应干燥且要具有一定的防潮性，防止叶菜产品吸水而加速腐烂。

7）包装外应标明产品的品名、产地、生产者、规格、采收期等信息。

③冷藏贮运规范。叶菜产品应选取最适宜的运输工具及运输路线。运输工具应保持清洁卫生，运输路线应选择最短最省时，且远离污染的路线。运输时工作人员应轻拿轻放，严防机械损伤。运输过程中应注意检查蔬菜包装产品的温度变化，若温度过高，应立即采

取降温措施以避免褐变、腐烂。运输过程中要采取棉被覆盖等防护措施以避免高温、低温和雨水的危害。

影响叶菜品质及贮藏性的因素包括：品种、存储环境的温度、相对湿度（RH）以及贮藏环境中这些因素的共同影响。产品包装好后最好保存在冷库中。贮藏条件应适宜叶菜贮藏，储藏库应清洁、干燥、通风、无异味、无病虫害。叶菜贮藏的过程中要定期检查其含水量及病虫害情况以及贮藏环境的温湿度等情况。避免与有异味或产生乙烯的其他产品一起存放。4 种主要叶菜贮藏最适条件如表 10－22 所示：运输时可用保温车，但超过 10 小时的长途外运要用冷藏车，温度保持 0～5℃。

表 10－22　4 种主要叶菜最适贮藏条件

贮藏最适条件	生菜	芹菜	菠菜	油菜
温度（℃）	0～1℃	－1～0℃	0～1℃	0～2℃
湿度（%）	≥95%	90%～95%	90%～95%	90%～95%
贮藏时间	1～2 周	2～4 月	2～3 月	3～4 周

（三）超市销售

（1）**超市销售面临的主要问题**　调研数据显示超市环节损耗控制并不理想，叶菜损耗严重。叶菜采后的超市销售环节还面临着的主要问题为：

①鲜度控制难。蔬菜的新鲜度决定其价值所在，消费者在购买蔬菜时，判断蔬菜质量好坏与否多数还停留在形状、色泽、新鲜程度等的感官判断上，在同样的采购成本条件下，鲜度最终可以影响到销售的价格。但因叶菜供货源不固定，且流通环节不可控因素多，而不同蔬菜的贮藏特征也不同，超市很难形成有效的统一管理控制好不同叶菜的鲜度。

②损耗率过大。北京市超市经营的蔬菜有如下几种类型：有机蔬菜、绿色蔬菜、无公害蔬菜和普通蔬菜，其中大约 80%为普通蔬菜。无公害、有机蔬菜经包装后配送到超市，若售卖过程保持冷链状态，一般在货架期内不会出现自然损耗，在销售过程中人为损耗也会相对减少。而普通蔬菜基本上都是散装、简单的捆扎或者用保鲜膜简易包装，没有包装和冷链支持，蔬菜水分蒸发快、呼吸作用强、易失水萎蔫、怕磕碰、极易腐烂变质、货架期短、自然损耗大，极难储存，导致超市装卸效率低，且消费者挑拣时容易造成机械物理损伤，造成不必要的浪费。即使有些包装良好的普通蔬菜，也是进入超市后由超市工作人员统一进行包装处理以方便消费者购买。因此，虽然超市工作人员进行验收、分拣、包装时存在一定损耗率，但最终保证叶菜产品质量，降低了最终损耗率。

③受管理及销售手段的影响。管理及销售手段是改进超市销售叶菜损耗率中控制的重点。超市销售时的陈列方式、来货当天的质量、运输路线的选择、运输时间长短、季节气候、销售主体（顾客）不文明购买、下单订货、收获后保鲜贮存等因素都会影响叶菜超市销售环节的损耗率。

（2）**降低超市销售叶菜损耗率的有效措施**

①合理订货。合理订货是理想销售的前提，不仅可以保障销售，更是满足最小叶菜采后损耗率的前提。叶菜合理订货应满足：选择最优叶菜供应商，确保叶菜品质及最短运输

距离，以销订货。应根据叶菜连续销售实际情况、库存量、进货价格以及天气情况等因素进行合理订货。若商品为促销、季节性、民生商品，必须适当加大订货量。这样，可以减少不必要的库存损耗及成本浪费。

②收货。叶菜产品的质量是影响超市叶菜产品销售的重要依据。进货的叶菜产品越新鲜、品质越好、品种越多、越干净、价格越实惠、购买食用越方便，超市环节自身的损耗率就会越少，超市的客流量也会越多，效益也会越好，而这些顾客成为稳定客户并带动更多的客流量的可能性也就越大。这就要求员工在收货时，按照叶菜验收标准，可参照本研究中的验收标准，坚持剔除或回绝不合格的商品，筛选出新鲜、优质的叶菜产品。对于有包装商品，须查看其包装是否符合本文上述包装规范。只有在收货时控制好叶菜品质，才能保证在之后的环节将叶菜损耗控制降到最低。

③陈列。因为叶菜现已成为人们生活中的必需品，虽然在超市销售中叶菜不作为盈利商品，但却是吸引顾客，增加客流量的主力商品。而陈列位置往往代表商品级别，且陈列方式影响顾客的购买欲望，因此，陈列直接影响着叶菜的采后损耗率。由于叶菜的销售缺乏标准化、商品化，因此，首先要保证陈列位置合理，按照不同品种分类陈列，且陈列量合理，色彩搭配适宜。此外，上架陈列前要做好初步加工处理，分捆包扎或保鲜膜，方便顾客购买，还可以避免顾客在挑选时造成叶菜的机械损伤，降低叶菜损耗率。

④商品存货保鲜。叶菜采后损耗尤其严重，必须做好叶菜保鲜，才能防止其营养成分和食用质量，因此超市环节做好陈列的同时，也要根据不同叶菜的贮藏特性采取最适贮藏方法及环境，做好贮藏库或冷藏库的保鲜工作，尽可能延长蔬菜货架期，降低叶菜采后损耗率。

10.4　本章小结

叶菜营养丰富，在北京市种植面积广、品种多、消费量大，但因其易萎蔫、腐烂、不易贮藏，面临采后损耗率严重的问题。针对叶菜采后损耗率严重问题，本章对北京市 8 个区县 23 个大型加工企业及合作社、叶菜生产基地等地进行实证调研，主要研究内容及结论如下：

（1）分析了北京市 4 种叶菜（生菜、芹菜、油菜、菠菜）主要供应链模式的 7 个关键节点：种植户、贩运商、批发市场、农贸市场、合作社、加工厂、超市；确定了目前北京市叶类蔬菜 4 种主要供应链模式：农超对接模式、加工模式、散户—农贸市场模式、超市自有品牌模式。对北京市叶类蔬菜流通供应链模式进行了 SWOT 分析，并提出叶类蔬菜流通供应链路径优化建议。

（2）提出了叶菜的择菜、验收标准，制定了损耗率的计算公式：供应链总损耗率为每条供应链各环节实际损耗率之和，其中，每个环节损耗率计算公式如下：本环节实际损耗率（%）＝［1－上一环节调研所得损耗率（%）］×本环节调研所得损耗率（%）。

（3）比较了 4 种主要供应链模式、4 种主要叶菜以及不同季节间的损耗率差异。结果表明：4 种主要供应链模式中，供应链 1（农超对接）实际整体损耗率最高，可达 36.05%。其次为供应链 4，整体损耗率为 32.64%。供应链 3 的整体损耗率最低，仅为

24.70%。4种主要供应链模式生菜整体损耗率均为最高，最高可达45.81%。其次是菠菜，油菜整体损耗率最低，仅为16.58%；夏雨季叶菜损耗率最高可达45.75%，显著高于其他季节损耗率。春秋季节叶菜整体损耗率约为28%，冬季叶菜整体损耗率最低，为22.15%，也只比春秋季节低5.85%。

（4）通过对生菜、芹菜采后贮藏期间的失重率、含水量、呼吸强度、维生素C、叶绿素等理化指标和感官指标的测定，分析了采收环节不同成熟度的生菜和芹菜对采后生理品质的影响，结果表明：成熟和过熟的生菜（芹菜）衰减率低于未成熟的生菜（芹菜），成熟和未成熟生菜（芹菜）的褐变及腐烂程度低于过熟生菜（芹菜）。成熟生菜（芹菜）相对过熟生菜（芹菜）贮期可延长3天，相对未成熟生菜（芹菜）贮藏期可延长2天，产量高，各质量指标最为理想；此外总结了造成叶菜采后各环节损耗率高的原因即未适时采收、采后处理不当、加工程度低、加工得率低、加工过程自动化程度低、未形成冷链体系。

（5）从采收、采后及超市销售等方面提出了降低叶菜采后损耗的有效措施。制定了4种主要叶菜最佳采收时期及采收方法；提出了采后分级整理、冷藏运输操作规范；经调研分析从合理订货、收货、陈列及存货保鲜方面提出了降低超市销售环节叶菜采后损耗率的有效措施。

第十一章 北京市城区居民对叶类蔬菜消费意愿与行为分析

经济的发展带来了城市居民生活水平的整体提高，致使人们更加重视饮食结构的优化和健康水平的改善。蔬菜在人们的日常饮食中占据越来越重要的地位，特别是叶类蔬菜，因其价格相对便宜、营养丰富和烹饪方便等特点而深受消费者欢迎。本书通过对北京市居民叶类蔬菜消费的整体概况、在家和户外消费特点、产品消费的时空特征等方面开展调研，并针对不同的消费人群进行分析，以期为叶类蔬菜生产经营者有效选择适宜的目标市场，并进而开展差异化定位和选择营销策略提供参考和借鉴。

11.1 调查方案与调查样本情况

（一）调查方案

本研究基于问卷调查法，对北京市城区居民的叶类蔬菜消费者进行抽样调查。研究中首先对设计的调查问卷开展预调研，据此初步了解北京市居民叶类蔬菜的消费概况，在此基础上完善并形成正式调查问卷。正式问卷主要针对被访者叶类蔬菜消费进行总体调查，内容主要包括被访问者对蔬菜种类的偏好、叶类蔬菜的消费方式、购买渠道选择、就餐场所选择、消费过程对蔬菜属性的侧重和叶类蔬菜消费的主要制约因素、对蔬菜食品安全的态度等；同时按标准问卷的要求把握被访者基本信息。

调研时段在 2012 年 6～10 月期间，调研区域涉及北京城的 6 个区（东城、西城、朝阳、海淀、丰台、石景山）和郊区主要县城；调研样本的选择以抽样调查为主，共发放调查问卷 1 200 份，回收 1 053 份，有效问卷 870 份，问卷有效回收率为 82.6%。样本选择以有收入且熟悉叶类蔬菜购买与消费的成年居民为主要对象，调查方式以消费现场面访、街头拦截访问和入户深度访谈等形式相结合。

（二）调查样本情况

调查样本特征见表 11-1。在被调查群体中，性别上男性为 34.2%，女性占 65.8%；年龄上以 25～55 岁为主，占总体的 76.8%；受教育水平以本科为主，其次是高职及初中；所在行业以企事业单位一般工作人员和离退休者、城市自由职业者居多，占总体的 63%；家庭年收入水平 90%被调查者在 50 万元以下，其中约 34.4%的家庭年收入属于 5 万元以下的低收入阶层。

可见，本次调查所获得的抽样样本，基本能够反应北京市普通居民家庭消费群体的概况，样本具有一定的代表性，由此样本数据所获得的调研结果，能够为下一步深入的调研计划制定提供有效地参考基础。

表 11-1 被调查样本基本信息

样本特征	样本变量	有效百分比	样本特征	样本变量	有效百分比
性别	男	34.2	婚姻状况	未婚	17.9
	女	65.8		已婚	82.1
年龄段	19～24 岁	12.6	居住区域	北京市城区	46.2
	25～34 岁	20.9		北京郊区县城	37.6
	35～55 岁	55.9		北京郊区非县城	16.2
	56 岁及以上	10.7			
学历层次	不识字	1.1	学历层次	大专	15.8
	初中及以下	19.0		本科	29.7
	高中中转及职高技校	27.5		硕士或博士研究生	7.0
所在行业	党政机关管理者	1.3	家庭年总收入	5 000 元及以下	0.3
	党政机关一般公务员	2.7		5 001～9 999 元	6.4
	事业单位管理人员	9.4		1 万～3 万元	15.8
	事业单位一般工作人员	17.8		3 万～5 万元	11.9
	企业单位管理人员	8.4		5 万～8 万元	11.4
	企业单位一般工作人员	24.0		8 万～10 万元	13.3
	城市自由职业者	10.0		10 万～20 万元	14.7
	离退休者	11.1		20 万～50 万元	15.2
	待业	3.8		50 万～100 万元	9.4
	文教卫生等科研人员	4.0		100 万元以上	1.7
	农业劳动者	1.6			
	其他	5.9			

11.2 北京市城区居民对叶类蔬菜消费的意愿分析

11.2.1 北京市城区居民对叶类蔬菜消费总体意愿

（一）在消费者的日常饮食消费量排序中，蔬菜居于首位

通过对受访者家庭成员饮食习惯，消费总量的分析可知，被调查者消费量最多的是蔬菜（占总人数的 60.9%），其次是肉类（占总人数的 19.8%），再次是水果（占总人数的 15.1%）。说明蔬菜在消费者的日常饮食中，从消费者上看占据重要位置（图 11-1）。

（二）叶类蔬菜的家庭购买量低于果类蔬菜，但高于根茎类蔬菜

根据家庭购买蔬菜数量进行统计排序，所得结果是：在家庭购买量最多的蔬菜中，总调研人数中的 54.2%选择购买果菜，属于购买量最多的蔬菜大类；其次是叶类蔬菜，占总调研人数的 33.6%；最后是根菜，占被调查总人数的 12.0%（图 11-2），说明在家庭蔬菜消费中，叶类蔬菜仅次于果类蔬菜而占重要的地位。

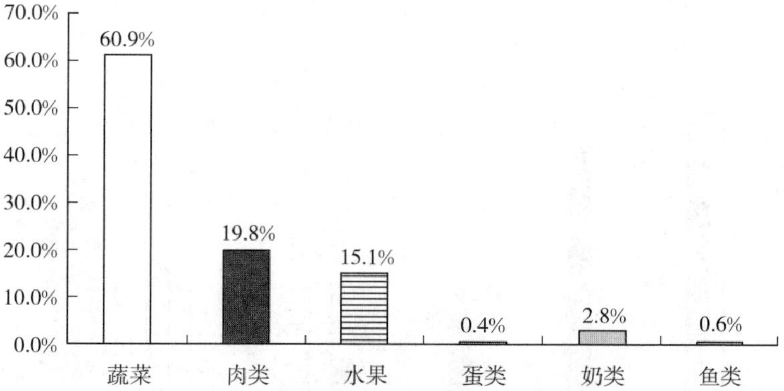

图 11-1 消费者日常食品消费量的排序情况

资料来源：根据调研数据整理。

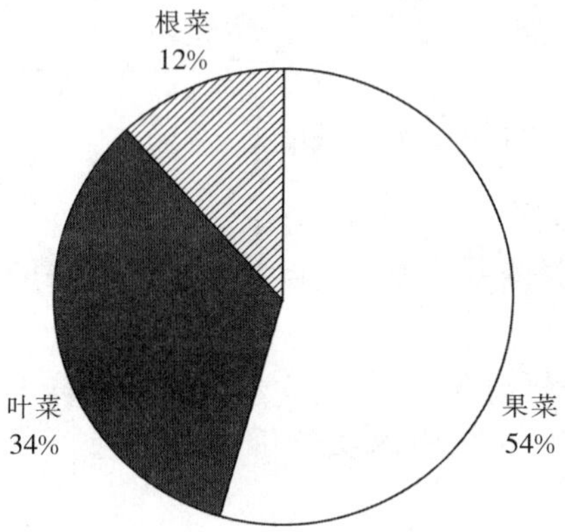

图 11-2 家庭消费蔬菜结构

资料来源：根据调研数据整理。

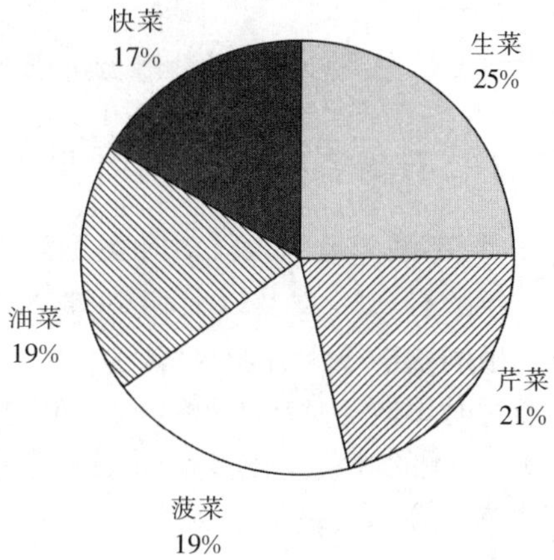

图 11-3 主要叶类蔬菜种类的消费结构

资料来源：根据调研数据整理。

（三）对叶类蔬菜主要种类进行家庭购买量排序，由大到小依次是生菜、芹菜、菠菜、油菜和快菜

在选择购买叶类蔬菜的消费者中，首先选择购买生菜的占被调查总人数的 24.8%；首先选择购买芹菜的占被调查总人数的 21.6%；首先选择菠菜的占被调查总人数的 18.7%；而首先选择购买油菜的则占被调查总人数的 18.7%；首选购买快菜的仅占总数的 16.5%。

所以，叶类蔬菜的消费者倾向购买生菜的较明显。其次选购芹菜、菠菜和油菜的比例近似，占第五位的是快菜（图 11-3）。

（四）消费者对五种叶类蔬菜的烹饪方法差异较大

通过对受访者家庭成员饮食习惯分析可知，消费者对 5 种叶类蔬菜的首选食用方法存在不同，其中菠菜最受消费者喜爱的食用方式以涮烫、凉拌和炒吃 3 种方法为主，占受访者比例的 93%；消费者食用油菜以炒吃（72%）和涮汤（19.5%）为主；消费者食用生菜以作为配菜（43.7%）和凉拌生吃（33.1%）为主，另有 20.2%的消费者喜欢涮汤食用生菜；消费者食用快菜以涮汤（42.4%）和炒吃（33.8%）为主；消费者食用芹菜以炒吃（72.7%）为主（图 11－4）。

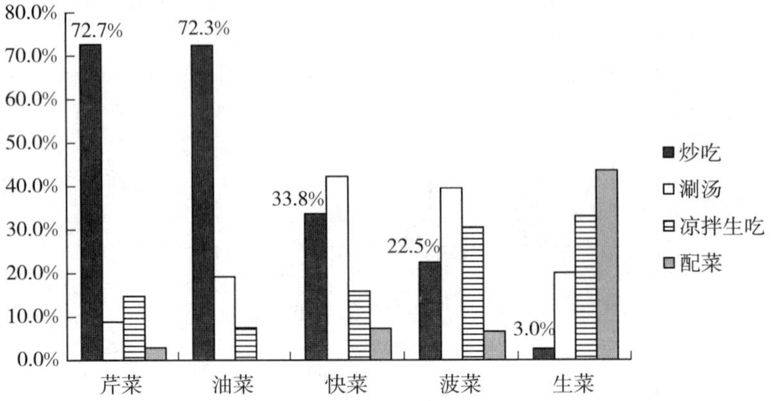

图 11－4 消费者食用叶类蔬菜的方法选择

资料来源：根据调研数据整理。

11.2.2 不同消费人群对叶类蔬菜消费选择的细分特征

（一）不同年龄的人群对叶类蔬菜价位选择有差异

从年龄看，56 岁及以上和 24 岁及以下的人群更偏爱选择低价叶类蔬菜。25～55 岁人群对价格的倾向不十分明显。

通过对不同年龄段人群选购叶菜的价位倾向分析可见：25～55 岁人群购买单价为每千克 4～6 元的叶菜比较多，而 19～24 岁、55 岁以上的人群购买单价为每千克 2～4 元的叶类蔬菜比较多（表 11－2）。

表 11－2 不同年龄段对叶类蔬菜价位的选择特征

年龄段	被调查者中购买不同价位叶菜的比例 单位：元/千克				
	2 元以下	2～4 元	4～6 元	6～10 元	10 元以上
56 岁及以上	16.7%	4.1%	8.7%	5.6%	0
35～55 岁	41.7%	49.4%	41.3%	45.6%	50%
25～34 岁	25.0%	25.9%	35.3%	35.6%	30%
19～24 岁	16.7%	20.6%	14.7%	13.3%	20%
合计	100%	100%	100%	100%	100%

资料来源：根据调研数据整理。

（二）收入水平越高的人群对高价位叶类蔬菜越偏爱

不同家庭收入消费者对蔬菜价格的选择差异十分明显。低收入家庭更青睐于 4 元/千克以下的低价菜，中等收入家庭在购买蔬菜时主要选择价格在 4～10 元/千克的蔬菜，高收入家庭购买叶菜时更多选择 6～10 元/千克以及 10 元/千克以上价位的高价菜（图 11－5）。

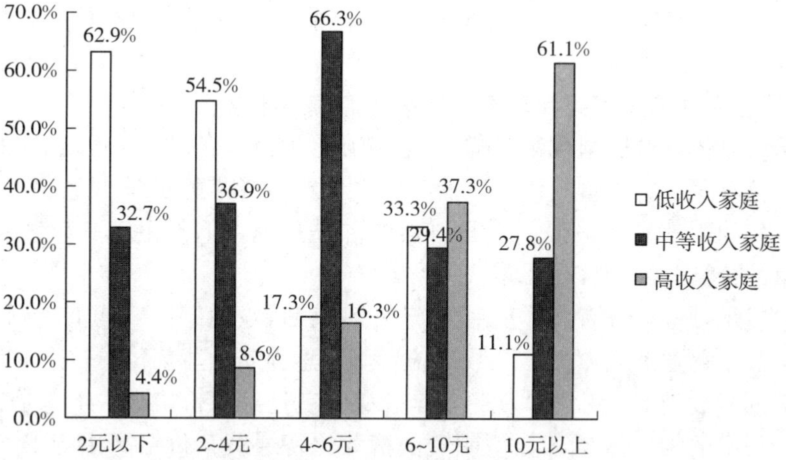

图 11－5　不同收入水平的消费者对叶菜蔬菜价位的选择特征

资料来源：根据调研数据整理。

（三）不同文化程度的人群渠道选择倾向有较明显的差异

统计调研数据发现，学历在高中及以下的偏低学历人群，更倾向于选择路边小摊和农贸市场；采摘和网络购买本科学历人群更关注；专业综合超市和商场中的超市是本科及研究生（硕士或博士）学历人群更青睐的选购场所（表 11－3）。

表 11－3　不同文化程度的被调查者常去的购买场所

学历层次	消费者最常去的购买场所（%）								
	农贸市场	蔬菜批发市场	蔬菜超市	专业综合超市	社区蔬菜店	商场中的超市	路边小摊	网络购买	农业园采摘
研究生	4.8	3.5	13.0	8.6	3.9	16.4	3.3	0.0	33.3
本科	32.6	40.3	48.0	57.1	53.2	40.1	23.3	50.0	66.7
大专	26.7	22.8	13.0	17.1	18.2	13.1	6.7	50.0	0.0
高中及职高技校	22.5	19.3	23.9	11.4	18.2	21.3	40.0	0.0	0.0
初中及以下	13.3	12.3	2.2	5.7	6.5	8.2	26.7	0.0	0.0
合计	100	100	100	100	100	100	100	100	100

资料来源：根据调研数据整理。

11.3　北京市城区居民对叶类蔬菜消费行为特征分析

11.3.1　对产品自身属性的选择偏好

（一）安全、新鲜、卫生和营养是消费者首要关注的属性

统计分析发现，蔬菜的新鲜度、安全性和卫生状况是受访者首要考虑的因素（关注度为 88%），其次关注的是蔬菜的营养功能（关注度为 84%）和色泽（关注度为 80%）。蔬菜的口味（关注度为 78%）、外观（关注度为 76%）和耐储藏（关注度 72%）也是不可忽视的产品属性。

（二）产品认证情况和产地来源等属性受关注程度不大

和事先预期不同的是，消费者对叶类蔬菜是否获得无公害、绿色和有机认证等属性的关注程度相对较低（平均关注度不到70%）；对种植信息的可追溯性及产地来源信息受消费者关注的程度更低（平均关注度不到60%）。

（三）被调查者对安全蔬菜和转基因蔬菜的态度不乐观

（1）**被访者总体欢迎安全蔬菜，却不愿意为此付出较高价格**　安全蔬菜是指获得“无公害蔬菜、绿色蔬菜和有机食品认证”的蔬菜，比普通蔬菜更安全、优质和富有营养，并有助于维护良好的生态环境，促进人与自然的和谐相处，但是由于其生产和管理成本增加，安全蔬菜的价格会高于普通蔬菜。

调查结果显示，被调查者总体上对生产安全蔬菜持欢迎态度（均值达到4.35），但对安全蔬菜价格高于普通蔬菜方面，多数被访者不愿意为安全蔬菜付出较高的价格，价格越高被访者接受的程度越低。针对“如果安全蔬菜比普通蔬菜价格高一半您是否愿意购买?”这个问题上所得出的均值是3.12，说明安全蔬菜比普通蔬菜价格高出50%，消费者还会购买安全蔬菜。但如果安全蔬菜比普通蔬菜贵2倍、4倍或者是不管多贵这个问题上，多数消费者则不愿意选择价格较贵的安全蔬菜（表11－4）。

表11－4　被访者对安全蔬菜及其较高价格的态度

需要被访者针对安全蔬菜机器价格表态的选项	均值（满分5分）
您欢迎安全蔬菜的生产吗?	4.35
如果安全蔬菜比普通蔬菜价格高一半您是否愿意购买?	3.12
如果安全蔬菜比普通蔬菜价格高2倍您是否愿意购买?	2.59
如果安全蔬菜的价格是普通蔬菜价格的4倍您是否愿意购买?	1.96
不管多贵我都会选择购买安全蔬菜?	1.96

（2）**被访者总体对转基因蔬菜持否定态度**　转基因蔬菜是转基因食品的一种，转基因技术是指利用分子生物学技术，将某些生物的基因转移到其他生物物种中，以改造生物的遗传物质，使改造了遗传特性的生物在性状、营养和消费品质方面向人类需要的目标转变。到目前为止，还没有确定证据来证明转基因食品对人类有害。

在对待“您接受转基因蔬菜吗?”这个问题上，得出的均值是2.88，说明绝大多数的受访者都不会选择接受转基因蔬菜；在对待“如果转基因蔬菜比普通蔬菜的价格低2成您是否愿意购买?”和“如果转基因蔬菜的价格和普通蔬菜价格相同您是否愿意购买?”选项时，绝大多数的受访者不愿意购买转基因蔬菜，更不会向亲友推荐转基因蔬菜（表11－5）。

表11－5　受访者对转基因蔬菜的态度

需要被访者针对转基因蔬菜表态的选项	均值（满分5分）
如果转基因蔬菜比普通蔬菜的价格低2成您是否愿意购买?	2.95
如果转基因蔬菜的价格和普通蔬菜价格相同您是否愿意购买?	2.93
您接受转基因蔬菜吗?	2.88
您会向亲友推荐转基因蔬菜吗?	2.66
不管多贵我都会选择购买转基因蔬菜?	1.96

11.3.2　消费者对叶类蔬菜产品时间维度的选择特征

（一）不同季节叶类蔬菜消费的品种不同

叶类蔬菜的生产供给呈现季节性特点，消费者的叶类蔬菜消费量，也因一年四季的不同而受季节影响。在叶类蔬菜消费量排序中，春季消费者购买与消费量最多的是菠菜（占被调查总人数的 38%），其次是油菜（占被调查总人数的 20%）；夏季消费量最多的则是生菜（占总体的 43%），其次是菠菜（占总体的 19%）；秋季消费量最多的是菠菜（占总体的 24%），其次是油菜（占总体消费量的 23%）；冬季消费量最多的是快菜（占总体的 40%），其次是芹菜（占总销量的 24%）（图 11－6、图 11－7、图 11－8、图 11－9）。

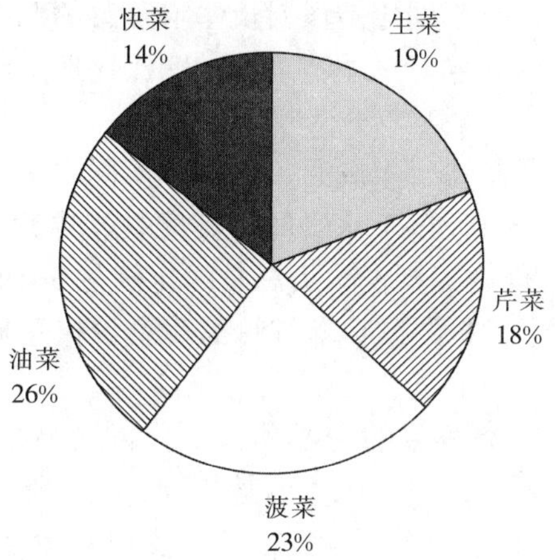

图 11－6　春季叶类蔬菜消费量最多的蔬菜排序

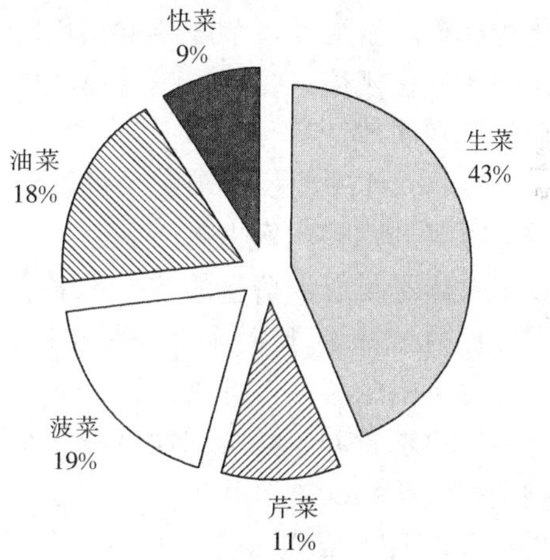

图 11－7　夏季叶类消费量最多的蔬菜排序

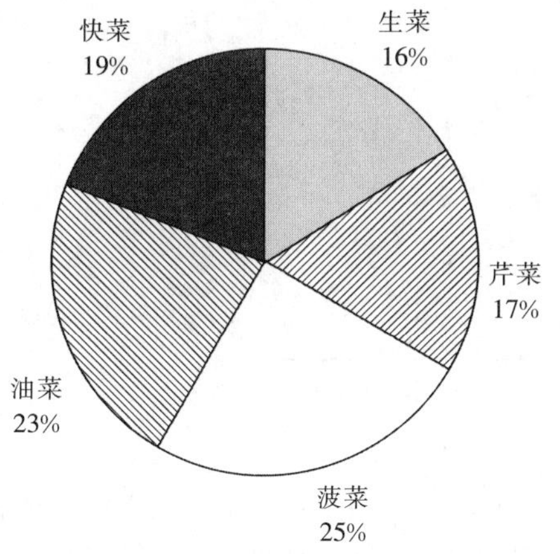

图 11－8　秋季叶类消费量最多的蔬菜排序

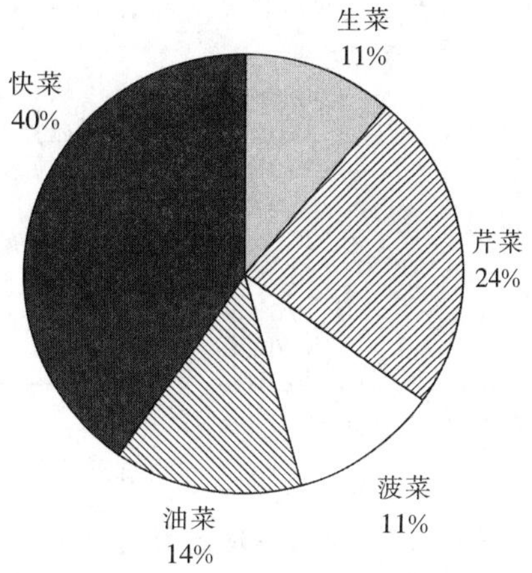

图 11－9　冬季叶类消费量最多的蔬菜排序

可见，消费者在春秋季消费量最大的是菠菜和油菜，夏季以生菜和菠菜为多，冬季则以快菜和芹菜的消费量居多。

（二）消费者对反季节蔬菜的消费受多重因素影响

（1）95%以上的被调查者，其反季节叶类蔬菜消费量不足全年总消费量的50% 分析消费者购买反季节蔬菜占总购买量的比例，结果显示，只有不足5%的消费者购买反季节蔬菜的数量超过其全年总消费量。而95%以上的被调查者反季节叶类蔬菜消费量不足总消费量的50%，其中反季节叶类蔬菜消费量占全年总消费量10%～30%的人数占总人数的45.6%，占全年总消费量30%～50%的人数占总人数的27.5%。占全年总消费量10%以下的人数占总人数的22%。而反季节叶类蔬菜消费量占全年总消费量50%～70%的人数占总人数的比例仅仅为3.3%，占全年总消费量70%以上的人数占总人数的比例更是仅达到1.0%，说明反季节蔬菜的消费量在叶类蔬菜总购买量中所占的比例总体上还是较小的。

（2）年龄和文化程度对反季节蔬菜的购买量影响不明显 通过将年龄段、收入水平和文化程度等因素与反季节蔬菜购买量的关系分析可知，不同年龄段对反季节蔬菜的购买比例没明显变化规律。受样本量规模的影响，不同学历人群对反季节蔬菜的购买比例也没有明显的关联规律。

（3）收入水平对反季节蔬菜的购买量有正向变动趋势 家庭月收入处于不同水平，对反季节蔬菜的购买比例也有所区别。家庭月收入在3万元以下水平的，其反季节叶类蔬菜消费量总体不足总消费量的50%；而反季节叶类蔬菜购买量占购买总量的比例在50%的，则以家庭月收入高于3万元水平的为主要消费力量。主要是反季节叶类蔬菜价格总体较高，导致价格敏感性，低收入人群的消费量偏低。

（4）追求营养、尝鲜和饮食习惯是消费反季节叶类蔬菜的主要动力 分析结果显示，影响消费者购买反季节叶类蔬菜的原因由主要到次要依次是：追求营养搭配（占被调查总数的36.8%）、尝鲜享受（占被调查总数的32.1%）、饮食习惯（占被调查总数的20.4%）、品奇求异（占被调查总数的6.1%）和馈赠亲友（占被调查总数的4.6%）。其中，追求营养、尝鲜和饮食习惯占被调查总数的近90%（图11－10）。

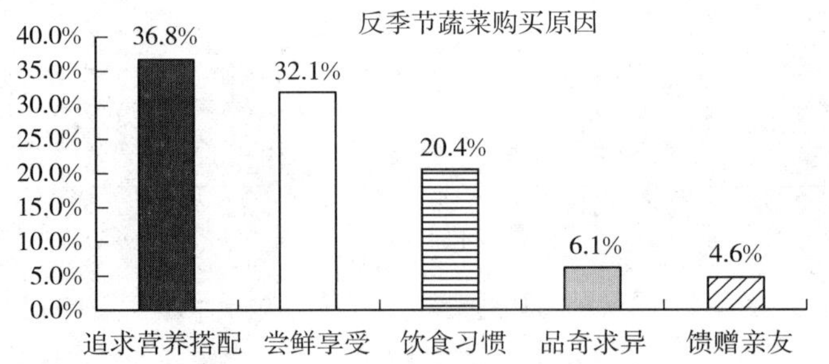

图11－10　影响叶菜消费的原因

（5）价高、口味不理想和新鲜度不够是制约反季节叶类蔬菜消费的主要因素 数据分析表明，消费者不购买反季节蔬菜的原因依次有：价格太高（占被调查总数的28.7%），没有时令蔬菜口味好（占27.4%），新鲜度不高（占27.3%），可选择的品种少（占总数的13.5%），从众消费（占总数的2.2%）（图11－11）。

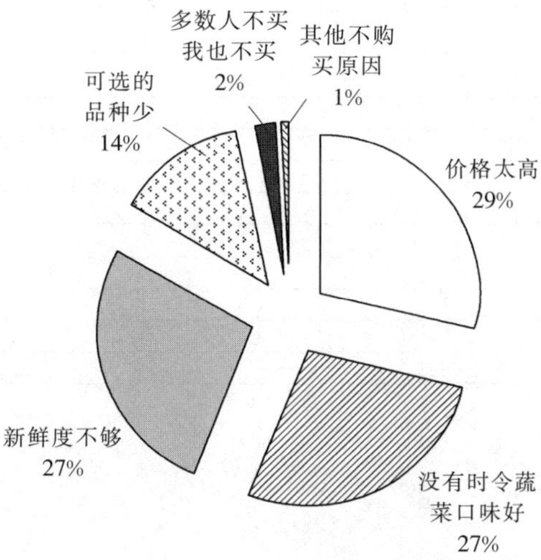

图 11－11　不购买反季节蔬菜的原因

11.3.3　消费者对叶类蔬菜空间（渠道）维度的选择特征

（一）农贸市场是被调查者购买叶类蔬菜的主要渠道

数据分析结果显示，在受访的消费者中，选择去农贸市场购买叶类蔬菜的占被调查者总数的 37.3％，是消费者选购的主要渠道；其次是社区蔬菜店（占总数的 15.1％）、商场中的超市（占总数的 12.2％）和蔬菜批发市场（占总数的 11.6％）。在蔬菜超市和路边小摊选购的人数占总数的 15％。而选择采摘和网络购买的人数共计占总数的 1％（图 11－12），说明采摘和网络购买远未成为消费者关注的选择渠道。

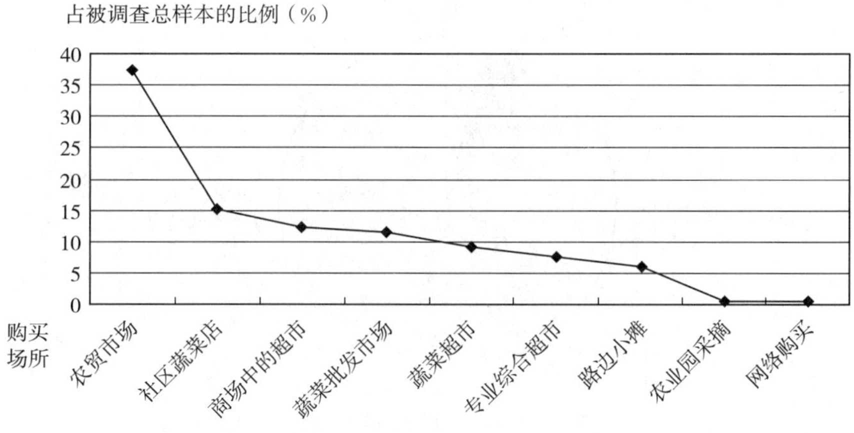

图 11－12　消费者叶类蔬菜的渠道选择倾向

资料来源：根据调研数据整理。

（二）在家就餐是叶类蔬菜消费的主要场所

在对受访者选择的就餐次数最多的场所进行分析后发现，选择在家就餐的人数，占总数的 78.2％，在单位食堂、学校和吃快餐的人数合计占总人数的约 13％，和朋友在外聚餐的人数占总人数的4.7%，和家庭成员在外聚餐占总人数的3.9%（图11-13）。

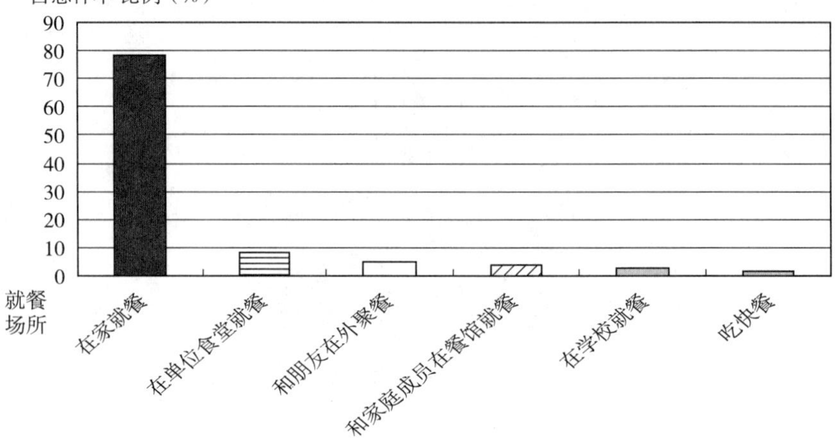

图11-13　消费者叶类蔬菜消费的就餐场所分布

（三）购买方便、价格较低和新鲜是影响购买渠道选择的主要因素

在影响叶菜购买渠道的因素中，由高到低依次是“离家（单位）近，购买方便”（占总人数的54%）、“价格相对较低”（占总数的14%）、“蔬菜新鲜卫生”（占总数的13%）、“确保质量和安全”（占总数的10%）、“可供选择”（占总数的5%）和“购物环境好”（占总数的4%）。

说明消费者距离购买场所的远近是影响渠道选择的最主要因素，价格也对购买场所的选择有重要的影响（图11-14）。

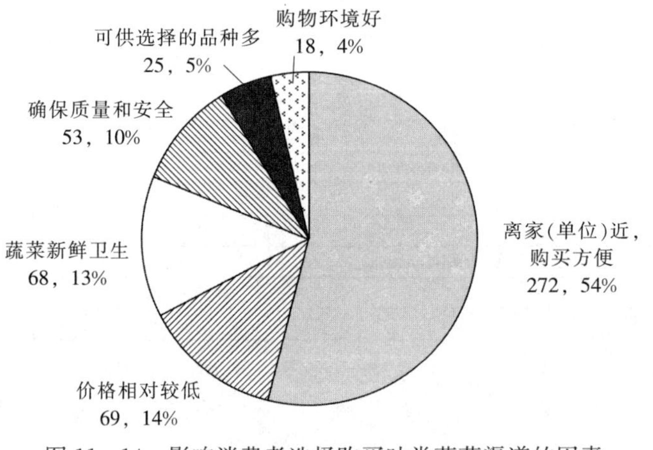

图11-14　影响消费者选择购买叶类蔬菜渠道的因素

资料来源：根据调研数据整理。

11.3.4　消费者对产品价格的选择偏好

（一）消费者对叶类蔬菜的承受价位总体上在每千克2～6元区间

分析表明，叶类蔬菜购买单价为每千克4～6元的消费者占总数的43%，购买单价每千克2～4元的消费者占被调查群体总数的34%，而选择单价为每千克6～10元蔬菜的消费者仅占总数的18%，购买单价在每千克2元以下和10元以上的消费者共占总数的5%（图11-15）。

说明消费者偏好选择单价在每千克4～10元的叶类蔬菜，价格太高或者太低的叶类蔬菜，被消费者选择购买的机会较少。

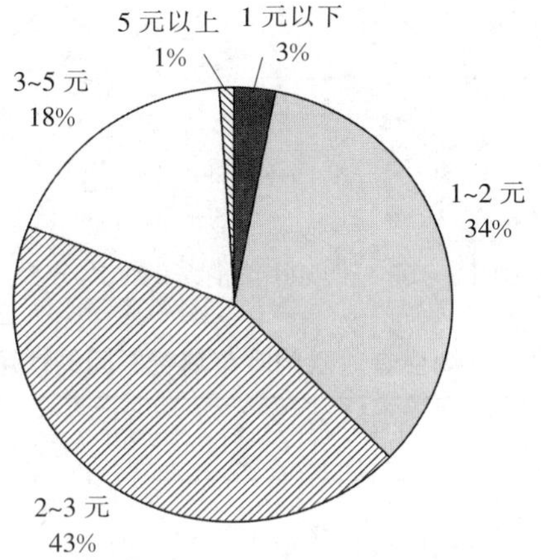

图11-15　消费者选购叶类蔬菜的价位分布

资料来源：根据调研数据整理。

（二）近半数消费者对打折促销持肯定态度

叶类蔬菜消费者对打折促销的态度，表示非常喜欢和比较喜欢的总计占到被调查者总数的42.3%，态度中立而表示无所谓的占总数的38.5%，不喜欢和很不喜欢打折促销的占到被调查者总数的18.6%。说明叶类蔬菜消费者并不是都喜欢打折的叶类蔬菜，选择无所谓的人数在总数中所占比例与非常喜欢和比较喜欢的人数近似。

即叶类蔬菜作为不耐贮藏的鲜活类食品，虽然打折促销受消费者欢迎，但蔬菜新鲜仍然是消费者最看重的。消费者购买促销产品的前提是保持鲜度，而不是仅仅因为便宜。

11.4　叶类蔬菜消费的关键影响因素分析

（一）营养、新鲜和饮食习惯是促进消费者购买叶类蔬菜的主要动力

在对影响叶类蔬菜消费的原因进行分析后发现，“营养丰富”“新鲜时令”“饮食习惯”是影响叶类蔬菜消费的前3大主要原因，而“价格便宜”对叶菜消费量的影响，相对来说不如“烹调方便”的影响大（图11-16）。

（二）不耐贮藏和保鲜、深加工品种少和质量安全是影响叶类蔬菜消费的关键制约因素

通过统计消费者对限制叶菜消费原因的认可倾向进行排序显示，在受访的消费者中，叶类蔬菜“不耐储藏、新鲜度不易保持”是制约消费的最主要原因，其次是叶菜的“深加工品种少”，再次是叶菜的“质量和安全性没有保障”。价格、品种的丰富性，烹调口味和购买的方便性等属性对消费者选择的制约程度相对较小（表11-6）。

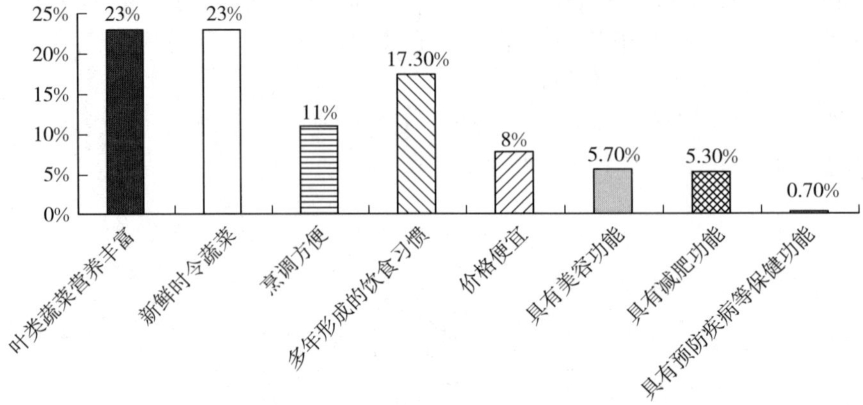

图 11－16　影响叶菜消费的原因分析

表 11－6　消费者对限制叶菜消费原因的认可倾向

影响消费的备选项	均值（＞3 表示认可，＜3 表示不认可）
不耐储藏、新鲜度不易保持	3.63
深加工品种少	3.10
质量和安全性没有保障	3.04
叶类蔬菜的价格偏高	2.90
叶类蔬菜不丰富	2.83
烹调口味不符合消费习惯	2.66
购买不方便	2.52
其他原因	3.00

资料来源：根据调研数据整理。

11.5　本章小结

通过实地调研和上述的数据统计描述，分析了北京市城区消费者对主要叶类蔬菜消费的总体意愿、消费者选择购买和消费叶类蔬菜的时空偏好以及消费群体的市场细分特征。

（1）蔬菜在消费者的日常饮食消费量排序中居于首位，而叶类蔬菜的家庭购买量处于低于果类蔬菜但高于根茎类蔬菜的地位；对叶类蔬菜家庭购买量由大到小的依次排序结果是生菜、芹菜、菠菜、油菜和快菜。

（2）叶类蔬菜消费的季节选择倾向特征是：春秋季消费量最大的是菠菜和油菜；夏季以生菜和菠菜为多，冬季则以消费快菜和芹菜居多。叶类蔬菜的反季节消费中，95%以上的被调查者消费反季节叶类蔬菜不足全年总消费量的50%；年龄和文化程度对反季节叶类蔬菜的购买量影响关系不明显；反季节叶类蔬菜的购买量与收入水平呈现正向变动关系。促进反季节叶类蔬菜消费的主要积极原因是追求营养、尝鲜和饮食习惯；制约反季节叶类蔬菜消费的主要消极原因是价高、口味不理想和新鲜度不够。

(3) 叶类蔬菜消费的价格选择倾向是：消费者对叶类蔬菜的承受价位总体上以每千克2～6元为主；年龄上56岁及以上和24岁及以下的人群更偏爱选择低价位的叶类蔬菜，25～55岁人群总体上呈现价格不敏感特征；家庭收入水平越高的人群对高价位叶类蔬菜越偏爱；近半数被访者对打折促销持肯定态度。

(4) 被访者叶类蔬菜消费的渠道选择倾向是：农贸市场是被调查者购买叶类蔬菜的主要渠道；不同年龄段和不同文化程度的人群渠道选择倾向有较明显的差异；购买方便、价格较低和新鲜是影响购买渠道选择的主要因素；在家就餐是叶类蔬菜消费的主要场所。

(5) 被调查者总体上欢迎安全蔬菜却不愿意为此付出较高价格；被访者总体对转基因蔬菜持否定态度。被调查者最重视的叶类蔬菜产品属性是安全、新鲜、卫生和营养；被调查者关注程度不大的产品属性是产品认证情况和产地来源等信息。

(6) 在影响叶类蔬菜消费的原因中，促进消费的主要积极原因是营养、新鲜时令和饮食习惯，制约消费的主要消极原因是不耐贮藏和保鲜、深加工品种少和质量安全问题。

(7) 综合结果表明：消费者越来越重视在家消费，因此叶类蔬菜经销商应重点根据家庭消费的需求特点选择自己的经营品类及渠道合作对象；叶类蔬菜消费因年龄、文化程度、收入等不同细分市场而呈现不同的消费特征，它要求叶类蔬菜生产经营依据自身经营优势选择目标市场，进而制定差异化的产品、渠道、定价乃至促销等营销组合策略。

第十二章　北京市叶类蔬菜产业发展战略与政策研究

本章基于北京市叶类蔬菜产业系统内外环境条件 SWOT 分析，结合 SWOT—AHP 模型的定性和定量相结合分析，提出北京市叶类蔬菜产业可持续发展的战略路径。根据北京市都市型现代农业的功能定位及其战略发展规划，理清北京市叶类蔬菜产业定位、发展方向与工作重点，提出现代农业产业技术体系北京市叶类蔬菜创新团队产业经济功能研究室工作方向与重点。最后，基于农业政策效应的分析，提出北京市叶类蔬菜产业可持续发展的政策建议。

12.1　北京市叶类蔬菜产业发展环境的 SWOT 分析

蔬菜是城乡居民生活必不可少的重要农产品，保障蔬菜供给是重大的民生问题。改革开放以来，我国蔬菜产业发展迅速，在保障市场供应、增加农民收入等方面发挥了重要作用。我国是世界上最大的蔬菜生产国和消费国。2010 年，播种面积约为 1 533.33 万公顷，产量提高到 5 亿吨，人均占有量增加到 370 千克左右，常年生产的蔬菜达 14 大类 150 多个品种，逐步满足了人们多样化的消费需求。2012 年，国家发展改革委、农业部会同有关部门制定了《全国蔬菜产业发展规划（2011—2020 年）》（国家发展改革委员会，农业部，2012）。

为了把握北京市蔬菜产业发展面临的问题、探寻蔬菜产业的发展对策，国内学者进行大量研究，目前主要集中在蔬菜产业地位界定、发展现状、生产效率、流通模式与效率、产业集聚、发展战略等定性分析与统计描述方面（张喜才等，2011；吕超等，2011；穆月英等，2010）。从发展战略角度，穆月英等（2010）运用 SWOT 分析法对北京市蔬菜产业进行分析，提出了今后发展蔬菜产业的两种发展战略和两种发展对策，指出了北京市蔬菜产业发展可能的各种战略方向及其应对举措。但是如何选择北京蔬菜产业发展具体战略路径及其战略举措，促进北京蔬菜产业可持续发展，定量优化研究尤为重要。本书采用 SWOT 与 AHP 相结合的方法（Duchelle Amy E.，et al.，2012；张领先等，2007；Lee Seungbum，Walsh Patrick，2011；Kajanus Miika，et al.，2012；Zavadskas E. K.，et al.，2011；Gallego-Ayala Jordi，et al.，2011），发挥定量与定性研究的优势，定性分析得出北京蔬菜产业发展的优势、劣势、机遇和挑战，定量地对多个优势、劣势、机遇和挑战的子因素进行评价，并优化北京市蔬菜产业发展战略路径。

12.1.1　北京市蔬菜产业发展SWOT因素分析

SWOT分析法是进行企业或产业发展战略分析的有效方法之一。SWOT分析的基本要素包括四类，即优势（Strengths）、劣势（Weaknesses）、机会（Opportunities）、威胁（Threats）。其中，优势和劣势是内部因素，机会和威胁是外部因素。进入“十二五”时期，北京市蔬菜产业虽然面临着种种制约。同时，也迎来了崭新的发展机遇。北京市蔬菜产业发展是受国民经济社会发展多因素作用的复合系统。若单纯分析北京市蔬菜产业自身，很难把握其发展方向。按照系统分析的思路，应该把系统内外多元素组成一个整体，去观察和分析该组合体中各元素间的内在联系，以及系统外的影响因素，把这些内外因素按照对北京市蔬菜产业发展的内容和结构组合所起的作用分为优势、劣势、机会和威胁等因素。

运用SWOT分析方法构建北京市蔬菜产业发展战略SWOT分析矩阵（图12-1），得出北京市蔬菜产业发展的28个SWOT因素。

（一）北京市蔬菜产业发展的内部条件

北京市发挥自身优势，实现蔬菜产业发展，前景乐观，但在发展过程中，也存在一些弱势会阻碍蔬菜产业的发展。要把握蔬菜产业的优势和劣势，发挥自身特长，扬长避短。

北京市蔬菜产业发展的内部条件包括优势因素（Strengths）和劣势因素（Weaknesses），共计15个SWOT因素。其中，优势因素7个，分别为：①气候、水资源等条件具备；②设施蔬菜比重大；③农业基础设施条件好；④生产技术水平高；⑤劳动力文化程度高；⑥大都市优势；⑦交通运输及信息通讯便利。劣势因素8个，分别为：①病虫害容易发生；②生产规模小而散；③生产经营成本高；④蔬菜种植后继乏人；⑤流通渠道不规范；⑥菜农组织化程度低；⑦没有形成蔬菜品牌；⑧蔬菜的产业化经营水平低（图12-1）。

优势因素（Strengths） ①气候、水资源等条件具备 ②设施蔬菜比重大 ③农业基础设施条件好 ④生产技术水平高 ⑤劳动力文化程度高 ⑥大都市优势 ⑦交通运输及信息通讯便利	机会因素（Opportunities） ①政府对蔬菜产业的支持 ②有专门的管理部门 ③市民的消费需求量大 ④蔬菜需求从量到质转换 ⑤蔬菜市场价格上升 ⑥观光型农业的发展 ⑦市蔬菜创新团队建立
劣势因素（Weaknesses） ①病虫害容易发生 ②生产规模小而散 ③生产经营成本高 ④蔬菜种植后继乏人 ⑤流通渠道不规范 ⑥菜农组织化程度低 ⑦没有形成蔬菜品牌 ⑧蔬菜的产业化经营水平低	威胁因素（Threats） ①自然灾害风险 ②城市化挤压农业发展空间 ③不耐贮藏 ④外来蔬菜的竞争 ⑤价格波动的市场风险 ⑥蔬菜安全性的消费需求

图12-1　北京市蔬菜产业发展战略SWOT分析矩阵图

（二）北京市蔬菜产业发展的外部环境

北京市蔬菜产业发展受到外部环境的影响，外部机会为其发展提供良好的契机，而外部威胁则使其面临考验与挑战。蔬菜产业的发展与完善是一个长期的过程，在充分利用其外部条件的同时，必然要规避甚至克服外部的不利因素。

北京市蔬菜产业发展的外部环境包括机会因素（Opportunities）和威胁因素（Threats），共计 13 个 SWOT 因素。其中，机会因素 7 个，分别为：①政府对蔬菜产业的支持；②有专门的管理部门；③市民的消费需求量大；④蔬菜需求从量到质转换；⑤蔬菜市场价格上升；⑥观光型农业的发展；⑦市蔬菜创新团队建立。威胁因素 6 个，分别为：①自然灾害风险；②城市化挤压农业发展空间；③不耐贮藏；④外来蔬菜的竞争；⑤价格波动的市场风险；⑥蔬菜安全性的消费需求（图 12－1）。

12.1.2 北京市蔬菜产业发展战略组合及其路径特征

（一）北京市蔬菜产业发展战略组合

按照优势、劣势、机会和威胁等各因素对北京蔬菜产业系统的作用规律，组合和调整这些因素，可以形成不同的发展方略。因为不同发展方略因素按照不同的作用组合，对北京市蔬菜产业系统作用的结果不同。战略途径选择包括两层含意：一是对发展方略组成要素的取舍，即选择模型应包含的要素；二是作用程度的取舍，即各种要素在发展方略中的重要性。最终方略选择应该明确必须考虑的发展因素，以及在什么样的程度上考虑。依据对北京市蔬菜产业内部的优势、劣势以及其来自外部的机会和威胁的分析，并通过 4 种 SWOT 因素的有效匹配，形成了 2 种发展战略（SO 策略和 WO 策略）和 2 种发展对策（ST 对策和 WT 对策）（表 12－1）。

表 12－1 北京市蔬菜产业发展的战略组合

项　　目	优势（Strengths）	劣势（Weaknesses）
机会（Opportunities）	SO 策略 （发挥优势，利用机会）	WO 策略 （利用机会，克服劣势）
威胁（Threats）	ST 对策 （加强优势，回避威胁）	WT 对策 （克服劣势，回避威胁）

（二）北京市蔬菜产业发展战略组合路径特征

4 种组合的战略路径的特点各异，SO 策略是主动进攻型，强调发挥优势，利用机会；ST 策略是对应防御式型，强调加强优势，回避威胁；WO 对策是渐进式型，强调利用机会，克服劣势；WT 对策是防守或撤退型，强调克服劣势，回避威胁。每个战略组合路径的具体特征如表 12－2 所示。

表 12-2　北京市蔬菜产业发展的战略组合路径特点

外部环境因素 内部条件因素	机会因素（O）	威胁因素（T）
	①政府对蔬菜产业的支持 ②有专门的管理部门 ③市民的消费需求量大 ④蔬菜需求从量到质转换 ⑤蔬菜市场价格上升 ⑥观光型农业的发展 ⑦市蔬菜创新团队建立	①自然灾害风险 ②城市化挤压农业发展空间 ③不耐贮藏 ④外来蔬菜的竞争 ⑤价格波动的市场风险 ⑥蔬菜安全性的消费需求
优势因素（S）	SO 策略：主动进攻 （发挥优势，抓住机会）	ST 对策：对应防御式 （发挥优势，规避威胁）
①气候、水资源等条件具备 ②设施蔬菜比重大 ③农业基础设施条件好 ④生产技术水平高 ⑤劳动力文化程度高 ⑥大都市优势 ⑦交通运输及信息通讯便利	①强化设施蔬菜生产 ②高品质、新技术、安全性蔬菜生产 ③发展观光采摘蔬菜产业 ④与北京市企业合作 ⑤产学研一体化发展	①发展蔬菜加工业 ②发展植物工厂 ③构建蔬菜价格稳定基金 ④创建北京蔬菜地域品牌 ⑤强化蔬菜生产的多功能性
劣势因素（W）	WO 策略：渐进式 （抓住机会，改变劣势）	WT 对策：防守或撤退 （克服劣势，规避威胁）
①病虫害容易发生 ②生产规模小而散 ③生产经营成本高 ④蔬菜种植后继乏人 ⑤流通渠道不规范 ⑥菜农组织化程度低 ⑦没有形成蔬菜品牌 ⑧蔬菜的产业化经营水平低	①防病虫品种的开发和利用 ②与山东等地的农业合作 ③农村产业结构调整 ④合作社强化对菜农的服务 ⑤外来人口的社会保障政策 ⑥采用适口性蔬菜品种 ⑦采用节省投入的技术 ⑧政府调整农业支持结构	①蔬菜产业的机械化 ②蔬菜保险业发展 ③给予年轻人和高学历蔬菜生产者以政策支持 ④在市内发展大型直销市场 ⑤北京市市场的充分利用

资料来源：穆月英，等，2010。

12.2　基于 SWOT—AHP 模型的北京市蔬菜产业发展战略路径选择

12.2.1　北京市蔬菜产业发展的 SWOT—AHP 模型构建

（一）北京市蔬菜产业发展的 SWOT—AHP 模型

基于北京市蔬菜产业可持续发展的目标，在系统因素分析、因素权重分析、决策方案生成、方略选择的理论逻辑框架下，结合 SWOT 分析法与 AHP 方法，构建北京市蔬菜产业发展 SWOT-AHP 模型（图 12－2）（Duchelle Amy E.，et al.，2012；张领先等，2007；Lee Seungbum，et al.，2011；Kajanus Miika，et al.，2012；Zavadskas E. K.，et al.，2011；Gallego-Ayala Jordi，et al.，2011）。

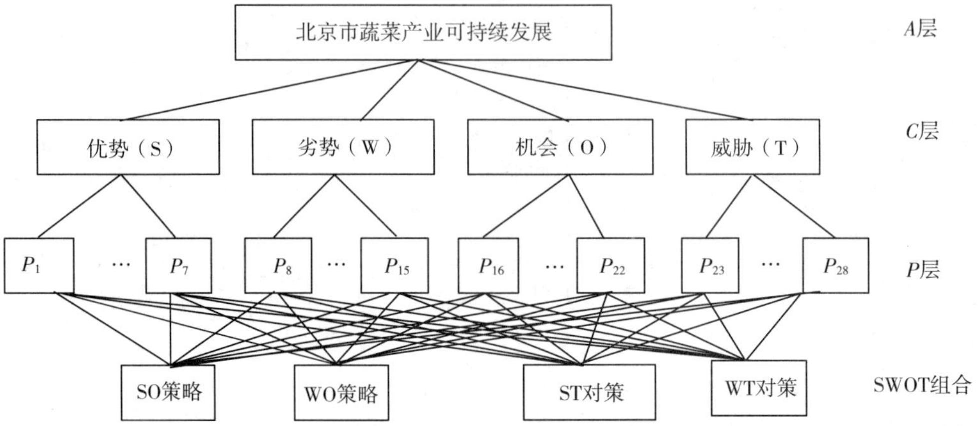

图 12－2　北京市蔬菜产业可持续发展 SWOT-AHP 模型

如图 12－2 所示，根据北京市蔬菜产业发展多目标决策问题的性质和总体目标，按层次分解问题，构成一个由下而上递阶层次的结构。最高层北京市蔬菜产业可持续发展为系统的总目标，称为“目标层”，只有 1 个要素；SWOT 分析的基本要素（优势、劣势、机会和威胁及其子因素）是实现总目标所涉及中间约束要素，称为“准则层”；最底层是北京市蔬菜产业发展具体战略组合（SO 策略、ST 对策、WO 策略、WT 对策），称为“方案层”。相邻上下层元素之间存在着特定的逻辑关系，通过使用层次或网络结构的方法对层次元素进行成对比较，进而建立比分式关系，最终确定优先次序。

（二）分层次建立判断矩阵

判断矩阵是以矩阵形式表示的每层次中因素间的相对重要程度，建立判断矩阵一般自上而下地进行。根据模型表示的层次和元素间的联系，构造由某一元素与相邻下一层次有联系的所有元素的比较判断矩阵。图 12－2 中，A 层与 C 层间可建立如表 12－3 的比较判断矩阵，判断矩阵元素按一定比例标度两两比较得到。判断是一种经验和对问题的认识程度的主观反映，其中 C_{ij} 表示 C_i 与 C_j 相比较，对 A 而言 C_i 的相对重要性数值，C_{ij} 的取值采用等差数列记分法（Duchelle Amy E.，et al.，2012；张领先等，2007；Lee Seungbum，et al.，2011；Kajanus Miika，et al.，2012；Zavadskas E. K.，et al.，2011；Gallego-Ayala Jordi，et al.，2011）。

表 12－3　A－C 比较判断矩阵计算

A	C_1	C_2	C_3	C_4
C_1	C_{11}	C_{12}	C_{13}	C_{14}
C_2	C_{21}	C_{22}	C_{23}	C_{24}
C_3	C_{31}	C_{32}	C_{33}	C_{34}
C_4	C_{41}	C_{42}	C_{43}	C_{44}

判断矩阵是一个方阵 $A=(C_{ij})n\times n$，并有如公式（12-1）所描述的性质。

$$C_{ij}>0；C_{ij}=1/C_{ij}；C_{ii}=C_{jj}=1 \qquad 公式（12-1）$$

根据同样方法，可构造出第三层 P 中各因素对第二层 C 中各因素的判断矩阵。C_{ij} 的数值由若干熟悉情况的专家评定，若干专家评价值的平均值即为相应判断矩阵的具体数据。

（三）层次排序与一致性检验

（1）**层次单排序**　层次单排序是根据判断矩阵去推算 $k+1$ 层各因素对 k 层（即 C 层各因素对 A 层及 P 层各因素对 C 层）问题的重要性排序。这种排序是以相对数值的大小来表示的。就 C_i 对 A 而言的相对重要性数值可用向量表示，如公式（12-2）所示。

$$W_{C_i}=\begin{bmatrix}W_{C_1}\\W_{C_2}\\W_{C_3}\\W_{C_4}\end{bmatrix} \quad 且\sum_{i=1}^{4}W_{C_i}=1 \qquad 公式（12-2）$$

关于 W_{C_i} 的计算采用几何平均值法，其计算步骤如下：

第一步，计算判断矩阵中每一行元素的乘积，如公式（12-3）所示。

$$M_{C_i}=\prod_{j=1}^{4}C_{ij}(i=1,2,3,4) \qquad 公式（12-3）$$

第二步，计算 M_{C_i} 的方根，如公式（12-4）所示。

$$\overline{W_{C_i}}=\sqrt[4]{M_{C_i}} \qquad 公式（12-4）$$

第三步，对 $\overline{W}_{C_i}$ 进行规范化，得 W_{C_i}，如公式（12-5）所示。

$$W_{C_i}=\frac{\overline{W_{C_i}}}{\sum_{i=1}^{4}\overline{W_{C_i}}} \qquad 公式（12-5）$$

P 层各因素对 C 层（或 P-SWOT）而言的相对重要性数值类似可以算出。

（2）**一致性检验**　为了评价层次排序的有效性，要对判断矩阵进行一致性检验。这里用随机一致性比率 CR 来评定，$CR<0.1$ 则符合要求。

第一步，计算一致性指标 CI，其计算公式如公式（12-6）所示。

$$CI=(\lambda_{max}-n)/(n-1) \qquad 公式（12-6）$$

公式（12-6）中：λ_{max} 为判断矩阵的最大特征根；n 为判断矩阵的阶数（因素个数）。

第二步，根据判断矩阵的阶数 n，查出平均随机一致性指标 RI 值（表 12-4）。

表 12-4　平均随机一致性指标值

n	1	2	3	4	5	6	7	8
RI	0.00	0.00	0.525	0.882	1.115	1.252	1.341	1.404
n	9	10	11	12	13	14	15	16
RI	1.452	1.484	1.513	1.535	1.555	1.570	1.583	1.595

资料来源：Juan Aguarón，José María Moreno-Jiménez，2003。

第三步，计算一致性比率 CR，其计算公式如公式（12－7）所示。

$$CR=CI/RI \qquad \text{公式（12－7）}$$

当 $CR<0.1$ 时，可以认为比较判断矩阵具有满意的一致性，排序权重可以接受。

一般地，当层次单排序满足一致性要求时，层次总排序的一致性也会得到满足，为了把握起见，可以结合单排序计算的权重值计算层次总排序的一致性比率 CR，其计算公式如公式（12－8）所示。同样当 $CR<0.1$，可认为方案层对总目标排序权值具有一致性，可以接受。

$$CR=\frac{\sum_{i=1}^{n}W_{C_i}(CI)_i}{\sum_{i=1}^{n}W_{C_i}(RI)_i} \qquad \text{公式（12－8）}$$

（3）**层次总排序**　层次总排序是 P 层次的元素对 A 层次目标的重要性排序，其计算方法如表 12－5 所示。

表 12－5　层次总排序计算

项目		C_1	C_2	C_3	C_4	$A—P$ 层排序
		W_{C_1}	W_{C_2}	W_{C_3}	W_{C_4}	$\sum_{i=1}^{4}W_{C_i}W_{P_j^i}$（$j=1, 2, \cdots, n$）
P	P_1	$W_{P_1^1}$	$W_{P_1^2}$	$W_{P_1^3}$	$W_{P_1^4}$	$\sum_{i=1}^{4}W_{C_i}W_{P_1^i}$
	P_2	$W_{P_2^1}$	$W_{P_2^2}$	$W_{P_2^3}$	$W_{P_2^4}$	$\sum_{i=1}^{4}W_{C_i}W_{P_2^i}$
	P_3	$W_{P_3^1}$	$W_{P_3^2}$	$W_{P_3^3}$	$W_{P_3^4}$	$\sum_{i=1}^{4}W_{C_i}W_{P_3^i}$
	P_4	$W_{P_4^1}$	$W_{P_4^2}$	$W_{P_4^3}$	$W_{P_4^4}$	$\sum_{i=1}^{4}W_{C_i}W_{P_4^i}$
	⋮	⋮	⋮	⋮	⋮	⋮
	P_n	$W_{P_n^1}$	$W_{P_n^2}$	$W_{P_n^3}$	$W_{P_n^4}$	$\sum_{i=1}^{4}W_{C_i}W_{P_n^i}$
	$\sum$	1.00	1.00	1.00	1.00	1.00
层次总排序	SO	$(\sum_{i=1}^{4}W_{C_i}W_{P_j^i}$（$j=1, 2, \cdots, n$）$)*W_{SO}$				
	WO	$(\sum_{i=1}^{4}W_{C_i}W_{P_j^i}$（$j=1, 2, \cdots, n$）$)*W_{WO}$				
	ST	$(\sum_{i=1}^{4}W_{C_i}W_{P_j^i}$（$j=1, 2, \cdots, n$）$)*W_{ST}$				
	WT	$(\sum_{i=1}^{4}W_{C_i}W_{P_j^i}$（$j=1, 2, \cdots, n$）$)*W_{WT}$				

注：在北京蔬菜产业可持续发展 SWOT-AHP 分析模型计算中，n 表示 SWOT 子因素数，本文为 28。

12.2.2　北京市蔬菜产业发展的 SWOT—AHP 模型测算

对 SWOT 因素的相对重要性判断运用德尔斐法，选择专家，咨询专家对因素排序。

设计北京蔬菜产业发展战略优化分析调查表，邀请北京蔬菜产业相关领域不同部门专家、学者和管理人员参加咨询。按照收集的有效调查表，整理出比较判断矩阵，并进行排序计算。

（一）层次单排序权重计算及一致性检验

（1）*A*-*C* 层单排序　按照上述计算方法，可以确定各种中间评判层对最高目标层北京蔬菜产业发展的影响程度，计算结果如表 12-6 所示。

表 12-6　*A*-*C* 比较判断矩阵

A	C_1	C_2	C_3	C_4	排序权重
C_1	1.000 0	2.739 8	1.298 3	4.246 5	0.413 8
C_2	0.365 0	1.000 0	0.473 9	1.549 9	0.151 0
C_3	0.970 2	2.110 3	1.000 0	3.270 8	0.337 7
C_4	0.235 5	0.645 2	0.305 7	1.000 0	0.097 5

一致性检验：$\lambda_{max}=4.063\ 773$，$CI=(4.063\ 773-4)/3=0.021\ 258$，$RI=0.882$（查表得到，下同），$CR=CI/RI=0.021\ 258/0.882=0.024\ 102<0.1$（检验通过）。

（2）*C*-*P* 层次结构单排序　第三层方案层 *P*（1～15）中各因素对第二层优势 C_1、劣势 C_2、机会 C_3 和威胁 C_4 的影响程度的计算结果如表 12-6 所示。*CR* 分别为 0.022 937、0.017 771、0.027 302 和 0.011 108（计算过程同上），计算结果均小于 0.1，单排序一致性检验全部通过。

（3）*P*-SWOT 层次结构单排序　第三层方案 *P*（1～28）层（SWOT 子因素）中各因素对第四层 SO 策略、WO 策略、ST 对策和 WT 对策 4 种 SWOT 战略组合路径的影响程度的计算结果如表 12-6 所示。*CR* 计算结果均小于 0.1，单排序一致性检验全部通过。

（二）层次总排序计算

通过组合权重计算，可以确定第四层 SWOT 中各个战略组合对最高目标层北京蔬菜产业发展的影响程度的作用权重，计算结果如表 12-7 所示。

表 12-7　层次总排序计算

SWOT 因素	*A*-*C* 层影响权重	*CR*	SWOT 子因素	*C*-*P* 层因素影响权重	*A*-*P* 层因素总影响权重	*P*-SWOT 层优先级				
						SO 策略	WO 策略	ST 对策	WT 对策	*CR*
			P_1	0.029 8	0.012 3	0.285 7	0.209 8	0.362	0.142 4	0.011 505
			P_2	0.059 5	0.024 6	0.338 3	0.297 8	0.248 8	0.115 1	0.003 067
			P_3	0.112 5	0.046 6	0.399 7	0.198 7	0.345 3	0.056 3	0.023 637
S	0.413 8	0.022 937	P_4	0.188 1	0.077 8	0.442 8	0.442 8	0.442 8	0.442 8	0.021 339
			P_5	0.137 3	0.056 8	0.354 4	0.141 7	0.291 1	0.212 8	0.026 657
			P_6	0.230 6	0.095 4	0.360 6	0.189 2	0.310 8	0.139 4	0.026 203
			P_7	0.242 2	0.100 2	0.297 2	0.185 0	0.334 9	0.183 0	0.031 795

（续）

SWOT因素	$A-C$层影响权重	CR	SWOT子因素	$C-P$层因素影响权重	$A-P$层因素总影响权重	P-SWOT层优先级				
						SO策略	WO策略	ST对策	WT对策	CR
W	0.151 0	0.017 771	P_8	0.036 2	0.005 5	0.178 2	0.289 6	0.174 6	0.357 7	0.053 029
			P_9	0.057 2	0.008 6	0.180 2	0.292 9	0.234 0	0.292 8	0.052 427
			P_{10}	0.087 5	0.013 2	0.128 7	0.361 7	0.179 9	0.329 8	0.098 551
			P_{11}	0.109 0	0.016 5	0.213 8	0.339 0	0.161 2	0.286 0	0.044 192
			P_{12}	0.220 9	0.033 4	0.186 8	0.376 1	0.140 9	0.296 2	0.050 576
			P_{13}	0.131 8	0.019 9	0.199 3	0.350 8	0.167 5	0.282 3	0.047 406
			P_{14}	0.157 0	0.023 7	0.219 9	0.328 7	0.195 7	0.255 8	0.042 974
			P_{15}	0.200 5	0.030 3	0.123 5	0.365 6	0.205 6	0.305 2	0.076 473
O	0.337 7	0.027 302	P_{16}	0.188 2	0.063 6	0.278 9	0.248 0	0.248 0	0.225 1	0.033 883
			P_{17}	0.027 0	0.009 1	0.245 0	0.258 5	0.220 9	0.275 6	0.038 559
			P_{18}	0.238 9	0.080 7	0.290 6	0.261 9	0.238 4	0.209 1	0.032 514
			P_{19}	0.209 1	0.070 6	0.360 2	0.324 7	0.175 7	0.139 3	0.026 228
			P_{20}	0.073 2	0.024 7	0.296 0	0.267 9	0.244 9	0.191 2	0.031 922
			P_{21}	0.110 4	0.037 3	0.339 0	0.221 2	0.281 1	0.158 6	0.027 868
			P_{22}	0.153 3	0.051 8	0.233 9	0.243 1	0.270 7	0.252 3	0.040 398
T	0.097 5	0.011 108	P_{23}	0.065 0	0.006 3	0.136 8	0.221 1	0.300 2	0.341 8	0.069 052
			P_{24}	0.088 1	0.008 6	0.184 2	0.161 2	0.297 6	0.357 0	0.051 300
			P_{25}	0.224 3	0.021 9	0.194 4	0.181 7	0.306 3	0.317 5	0.048 603
			P_{26}	0.278 3	0.027 1	0.141 6	0.161 9	0.317 4	0.379 1	0.066 740
			P_{27}	0.159 5	0.015 6	0.116 4	0.138 4	0.346 3	0.399 0	0.081 185
			P_{28}	0.184 9	0.018 0	0.174 8	0.215 7	0.287 0	0.322 6	0.054 057
A-SWOT层（总）优先级						0.292 562	0.257 974	0.278 081	0.171 384	

12.2.3 北京市蔬菜产业发展的战略路径选择

（一）SWOT因素影响程度分析

从SWOT因素组间分析结果可知，相对于最高层北京蔬菜产业可持续发展目标，影响北京蔬菜产业发展的优势、劣势、机会和挑战4个因素中，影响程度按照从大到小顺序排列，SWOT因素依次是：优势＞机会＞劣势＞威胁。结果表明，北京蔬菜产业发展的面临的优势和机会比较显著，其中又以优势影响最大；劣势对北京蔬菜产业发展的影响较大；威胁最小。

SWOT优势组因素中，北京蔬菜产业发展的优势组影响因素排序为$P_7>P_6>P_4>P_5>P_6>P_2>P_1$，其中最大优势是交通运输及信息通讯便利；其次优势是大都市优势；气候、水资源等条件具备优势较弱，影响列最后；尤其是，前两大优势明显（表12-7）。

SWOT 劣势组因素中，影响因素排序为 $P_{12}>P_{15}>P_{14}>P_{13}>P_{11}>P_{10}>P_{9}>P_{8}$，其中最大的劣势是流通渠道不规范；蔬菜产业化经营水平低列为第二大劣势；再次是没有形成蔬菜品牌；病虫害容易发生列最后，其影响程度较小。

SWOT 机会组因素中，影响因素排序为 $P_{18}>P_{19}>P_{16}>P_{22}>P_{21}>P_{20}>P_{17}$，其中最大的机会是市民的消费需求量大，依次是蔬菜需求从量到质转换、政府对蔬菜产业的支持、市蔬菜创新团队建立、观光型农业的发展、蔬菜市场价格上升、有专门的管理部门。

SWOT 威胁组因素中，影响因素排序为 $P_{26}>P_{25}>P_{28}>P_{27}>P_{24}>P_{23}$，其中最大的威胁是外来蔬菜的竞争和不耐贮藏，蔬菜安全性的消费需求与价格波动的市场风险威胁影响程度较小，城市化挤压农业发展空间与自然灾害风险两个威胁程度较小且程度相近。

（二）战略组合路径优化

从表 12－7 计算结果可知，SO 策略、WO 策略、ST 对策、WT 对策 4 种战略路径组合选择对最高目标层北京蔬菜产业发展的影响程度的总的优先级分别为 0.292 562、0.257 974、0.278 081、0.171 384，即 SO 策略＞ST 对策＞WO 策略＞WT 对策，表明 SO 策略和 ST 对策是相对较好的战略路径选择，而 SO 策略是最佳战略路径选择，WT 对策是最消极的战略路径选择。

（三）战略组合路径选择

根据影响北京市蔬菜产业发展的 SWOT—AHP 定量分析结果，SO 策略和 ST 对策是相对较好的战略路径选择，而 SO 策略是最佳战略路径选择。

北京市蔬菜产业发展的基本战略思路是：战略上，要积极选择 SO 策略作为最佳战略路径，发挥优势，抓住机会。战术上，要抓住市民的消费需求量大和蔬菜需求从量到质转换给北京市蔬菜产业发展带来新机遇，不断增加的高品质产品需求带来了巨大的市场空间等，发挥交通运输及信息通讯便利、大都市的优势，注意规避外来蔬菜的竞争和不耐贮藏等风险。

12.3　北京市叶类蔬菜产业定位、发展方向与工作重点

（一）叶类蔬菜产业定位

依据北京市建设世界城市的目标和首都“菜篮子”工程建设的基本要求，北京市叶类蔬菜产业的发展应定位在城市蔬菜应急供应的基地、农民增收致富的手段、市民体验农业的场所、首都技术优势的示范 4 个方面。

（1）**保障蔬菜供给**　叶类蔬菜是人们日常饮食中的传统食物，需求量大，在我国城乡居民膳食结构中具有重要的地位。蔬菜生产在保障城乡居民基本消费需求和提高生活质量方面发挥了重要作用。北京市应重点发展高产高效，技术先进，有较强的综合生产能力的叶菜产业，为首都日常供应和应急保障提供稳定的蔬菜货源。

（2）**增加农民收入**　叶类蔬菜的商品率较高，比较效益高，是农民收入的重要来源之一。据北京市统计局统计，2010 年北京市蔬菜播种面积占农作物播种面积的 21.3%。发展优质蔬菜产业，定位在中高档消费群体，在保证质量安全的同时，实现优质优价，提高农民收入。

（3）**发展现代都市农业** 发展现代都市农业，对于生态建设和区域经济的发展有很大程度的促进作用，有利于丰富和拓展叶类蔬菜的内涵与外延。除了农业生产功能外，观光休闲、科技示范等功能也可以在叶类蔬菜产业发展中得到充分体现。

（4）**发挥首都技术优势** 北京作为重要的文化、政治中心，在技术领域有着得天独厚的优势。提高叶类蔬菜产业整体的技术水平，积极推进叶类蔬菜产业生产标准化、规模化、产业化、机械化、信息化，发挥首都技术优势的示范与辐射作用。

（二）叶类蔬菜产业发展方向

依据北京市“都市型现代农业”“菜篮子”工程的功能定位及其发展战略规划，北京市叶类蔬菜产业定位体现在城市蔬菜应急供应的基地、农民增收致富的手段、现代都市农业的展示、首都技术优势的示范4个方面，其发展方向是要以北京蔬菜“三率一能力”建设为主线，具体方向是：

（1）**稳定首都叶类蔬菜供应** 北京要重点发展高产高效，技术先进，有较强的综合生产能力的叶类蔬菜产业，为首都日常供应和应急保障提供稳定的叶类蔬菜货源。重点实施安全高产高效示范工程，提升郊区叶类蔬菜综合生产能力；加强设施叶类蔬菜高产高效示范基地建设，大力实施规模化、标准化生产，有效降低成本，提高叶类蔬菜生产效益。

（2）**提升叶类蔬菜产业功能定位** 发展现代都市农业，对于生态建设和区域经济的发展有很大程度的促进作用，有利于丰富和拓展叶类蔬菜的内涵与外延。除了农业生产功能外，观光休闲、环境美化、科技示范等功能也在叶类蔬菜产业发展中得到充分体现。叶类蔬菜产业要在提高自给率、控制率、质量合格率水平的基础上，从生产层面向全产业链渗透技术创新。处理好基本功能和特色功能、大众消费与高端消费、劳动密集与技术密集、数量增长与质量提升、农民收入与市民消费、北京农户与外地农户的协调等多种关系。产品定位在中高档消费群体，质量安全、优质优价。

（3）**促进叶类蔬菜产业链平衡与协调发展** 提高叶类蔬菜产业化程度，并使产前、产中和产后全产业链各环节协调发展，需强化推广和研发叶菜采后加工与贮藏技术，延长产业链条，确保北京市叶类蔬菜市场供需平衡。重点加强叶类蔬菜产后流通建设，以叶类蔬菜龙头企业及重点合作社为重点，通过提高流通的组织化程度降低交易成本和市场销售风险，提高本市应急供应保障能力；开展多种形式的市场推介活动，强化品牌建设和宣传，积极发展绿色无公害生产，创建自主商标品牌，扩大市场份额，提高北京市叶类蔬菜产业竞争力。

（4）**保障叶类蔬菜产品质量安全** 全面推进叶类蔬菜的标准化生产，加强叶类蔬菜从产地到餐桌的全程质量控制，加大针对产品质量安全的监督、检测力度，有效提升叶类蔬菜产品质量安全水平。

（5）**满足叶类蔬菜消费的多样化需求** 不同层次消费者关注的重点不同。高端消费者关注的是安全、营养、休闲乃至产品的多功能性；中端消费者关心的是产品的新鲜和安全；低端消费者对价格更敏感。为满足不同层次消费者的差异化需求，生产经营中的技术需求要重点根据选取的目标消费群体不同而有别：一是强化叶类蔬菜的质量安全生产综合技术；二是分别针对不同层次的消费需求供给不同功能的产品形式，兼顾高档和中低档消费；三是合理安排叶类蔬菜生产茬口以及有效搭配适宜的供应渠道，以保持多数消费者能接受的相对稳定价格。

（三）叶类蔬菜产业工作重点

根据对北京市7个区县进行调研的结果，北京市叶菜产业的工作重点是：

（1）**加强生产基地建设**　根据本市都市型现代农业功能定位，突出区域特设，合理调整布局，大力扶持规模化、集约化、标准化农业生产、加大生产基地基础设施和生产技术投入。

（2）**应合理布局与整体规划**　完善市场基础设施以及加工、包装、冷藏保鲜等配套设施，同时，深入研究和完善叶菜产业的经营管理体制。

（3）**打造现代新型流通体系**　培育多元化、多层次的市场流通主体，构筑开放统一、竞争有序的市场流通体制。推进“农超对接”工作，积极探索“农餐对接”的流通模式，完善供应链，减少流通环节，降低流通成本。

（4）**提高产品质量安全**　全面推行标准化生产，完善叶类蔬菜质量安全可追溯体系，确保“菜篮子”工程产品质量安全。

（5）**增强储备应急供应能力**　北京市叶类蔬菜供需发展不平衡，应根据北京市人口增长、生产供应、消费和应急需求，强化叶类蔬菜储备基地建设，完善储备监管制度。

12.4　北京市叶类蔬菜产业发展政策及其效应分析

前面章节的分析表明北京相对于其他蔬菜生产大中城市技术效率偏低，且存在明显的投入要素冗余。北京技术效率未达到DEA有效，主要是纯技术效率过低引起的，蔬菜生产处于规模收益递增状态。如何提高北京蔬菜产业生产效率，实现从数量到效益的转变，发挥首都的科技和区位优势？政府推动北京蔬菜产业生产效率提升的有效手段重点是农业政策调控措施。明确农业政策对生产效率的影响机理和路径是提高生产效率的关键。蔬菜产业发展一直受到政府的重视，中央和北京市政府已出台一系列政策支持蔬菜产业发展，现有政策存在哪些问题，如何有针对性地提高北京市蔬菜产业生产效率，这些问题值得我们探讨。本章从理论上分析农业政策对农业生产效率的传导机制与传导机理，并采用Cobb-Douglas生产函数从全国和北京两个视角进行传导机制有效性的验证，找出提升北京蔬菜产业生产效率的政策路径。

12.4.1　我国当前农业政策及其分类

农业政策是政府为了实现一定的社会、经济及农业发展目标，对农业发展过程中的重要方面及环节所采取的一系列有计划的措施和行动的总称。农业政策的主要目标是保持农业生产长期稳定增长。为了实现这一共同目标，各国政府通常在农业生产结构、组织形式、资源配置以及生产要素和产品流通等领域制定一系列相互联系的政策，引导市场中各行为主体做出符合总体利益的决策（钟甫宁，2003）。按照政策内容划分，农业政策可分为农业结构政策、农业土地政策、农村人力资源政策、农业科学技术政策、农产品流通政策、农业财政与金融政策、农业可持续发展政策、农村社会发展政策和WTO与农产品贸易法律制度等。

农业结构政策是指用以不断调整农业结构内部各种资源和生产要素构成及其比例的手段及措施，通过运用这种调整政策，提高农业的整体素质和发展水平，促进农业持续健康发展。

农业土地政策是指在一定的社会条件下，国家或政府就土地归谁所有、归谁支配的原则及规范，其实质是土地所有权在不同社会主体（国家、集体、个人）之间的分配原则及其形式。它包括农业土地所有政策、农业土地使用政策和土地税赋政策。

农村人力资源政策是国家为了实现农村劳动力充分就业，提高作为资源的农村劳动力的利用率而实施的政策和措施。它包括农村劳动力转移政策、农村劳动力就业政策等。

农业科技政策是国家在一定历史阶段为保证农业科技的发展和应用，是科技更好地服务于农业经济和社会发展而规定的指导方针和行动准则。其主要内容包括农业科技发展政策和农业技术推广政策。

农产品流通政策是旨在调节农产品市场供求关系和市场价格的政策，是整个农业政策的核心部分。它包括价格政策和市场结构政策。农产品流通政策对于维持生产者的价格水平，保证农民收入的增长和稳定，保护农产品市场和农业生产均起到了重要作用。

农业财政政策是指为实现农业的发展目标而调整农业财政收支规模和收支平衡的指导原则及相应措施。农业财政政策有广义和狭义之分，广义的农业财政政策包括农业税收政策和国家财政对农业的拨款和投资政策。狭义的农业财政政策是指财政对农业的拨款和投资政策。

农业组织政策是政府为了实现一定的经济与社会政治目的，而对农业生产及其组织形式进行干预调节或控制的行为准则与手段措施。它包括两个基本方面，一方面是政府对不同形式的农业组织所采取的不同政策；另一方面，则是政府对农业产业的生产过程进行调节或控制的政策。上述两个基本方面既各有侧重，又相互交织，从而构成农业组织政策体系（夏兰，2012）。

另外，按照农业政策的形式，可将农业政策分为农产品市场与价格、土地、财政金融、农业支持、灾害救济等。农业政策实施利用的工具主要有：法律法规与行政命令、价格支持、产量支持、与产量挂钩的支持、与产量脱钩的直接支付（通常是以面积或历史产量为依据）、要素与生产方法补贴、有条件的直接支付、指标支付等（钟甫宁，2003）。

本文总结出北京蔬菜产业现有政策体系：

（1）土地政策：坚持家庭联产承包经营制度，充分尊重农民的土地承包经营权，健全土地承包经营权流转市场，引导发展适度规模经营。农村土地的确权与流转，保障耕地基本数量、保障农民的根本利益，是规模经营的产业结构调整的需要。

（2）新型农业合作组织支持政策：资金赞助、队伍建设、减免税费、补贴，带动农户发展专业化、标准化、规模化、集约化生产，提高农民在现代农业中的竞争力。如标准化生产基地建设、“国务院关于支持农业产业化龙头企业发展的意见”。

（3）农产品流通政策：发展农产品现代物流、连锁经营、电子商务等新型业态和流通方式。如鲜活农产品“绿色通道”政策、“关于完善价格政策促进蔬菜生产流通的通知”。

（4）农业财政与金融政策：运用贴息、补助等多种经济杠杆，提高涉农贷款的风险补偿水平，吸引金融资金和各种社会资金更多地投向农业和农村，加大对“三农”的支持力度。如政策性农业保险制度。目前北京在农业方面的补贴政策，包括蔬菜设施建设补贴、农用生产资料综合直补、农机具购置补贴、灾害应急补贴等。

（5）农业科技推广与农民服务培训政策：建立了以政府为主导、社会力量广泛参与的多元化农业科研投入体系，加强科技示范作用和辐射带动作用（如设施蔬菜标准园建设）；加强对农村劳动力的职业技能培训，提高农民本身的能力。

（6）都市农业政策：实现郊区农业由单一功能向多功能转变，由注重生产向注重市场转变，由粗放型向集约型转变，由城郊型向都市型转变。发展重点为区域优势特色产业（如蔬菜观光园、“芹菜第一乡”）、优势种业和设施农业（“两区两带多群落”的设施农业发展布局）。

（7）蔬菜食品安全政策：蔬菜质量安全检验检测体系建设、生产及质量安全信息监管系统建设等。

12.4.2　基于农业生产效率的农业政策作用机理与传导机制分析

（一）基于农业生产效率的农业政策作用机理

农业是国民经济的基础，蔬菜产业在保障城市蔬菜供应和帮助农民致富方面发挥着重要作用。保障蔬菜供应安全，增加蔬菜产出量，提高自给率对于北京市具有重要的意义。增加蔬菜产出量的政策选择无非是如下两个方面的途径：一是增加蔬菜种植面积；二是提高生产的技术效率，挖掘蔬菜生产的内部潜力。显然提高蔬菜生产技术效率是政策的根本选择。农业政策的制定和实施，对于合理分配和利用资源，促进农业经济增长和结构优化化，加速农业经济发展以及提高经济效益，都具有重要的意义。新近的农业发展理论认为，农业发展主要取决于提高土地和劳动力的生产效率所作的政策安排。政策本身不能增加农业资源，但可以通过资金投入、农业人力资本水平的提高、科技的推动等方式，改变农业生产要素配置的环境（市场价格、农业生产条件等），提高农业生产投入要素的转化效率，从而影响农业生产效率。图 12－3 是农业政策对农业生产效率的影响机理。

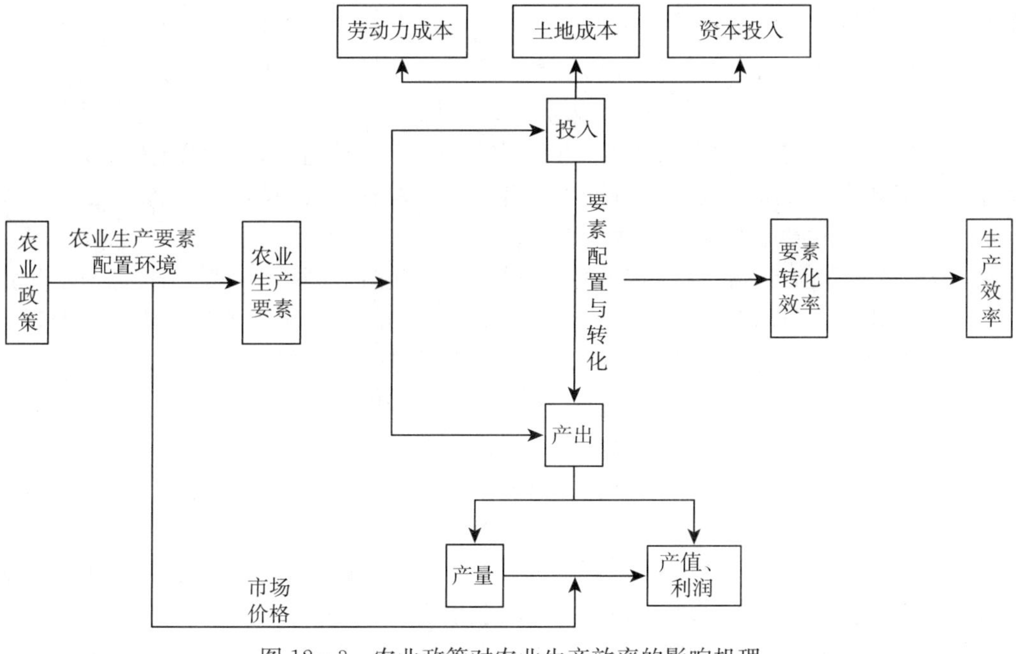

图 12－3　农业政策对农业生产效率的影响机理

以上是农业政策影响农业生产效率的简要传导机制，而每一种农业政策对农业生产效率影响的方面、实施影响采取的政策手段是不同的，并且各政策之间有内容交叉与协同作用，共同促进农业生产效率的提升。

（二）基于农业生产效率的农业政策传导机制

基于农业生产效率的农业政策作用机理，本文重点就农业结构政策、农业土地政策、农村人力资源政策、农业科学技术政策、农产品流通政策和农业财政与金融政策等，分析基于农业生产效率的农业政策传导机制及其具体政策调控措施。

农业结构政策：通过调整农业的区域布局、作物结构、品种和品质结构，发挥比较优势，以提高农业资源的整体配置效率，即从整体上提高农业生产效率。比较优势理论认为，各个地区或国家在资源禀赋条件上存在着差异，这种差异决定了各个地区或国家在不同农产品的生产上有着不同的生产效率。如果在适度分工和专业化基础上通过相互交换来协调区域间的农产品供求，必然会提高农业部门的经济效率。政府可运用财政、信贷政策和手段引导和推进农业区域结构调整，同时加大科技投入，从而达到生产合理布局和生产结构调整的目的。值得强调的是农业结构政策中的农业经营规模政策。农业经营的规模可理解为在一定的生产力水平和经营环境下，为了获得最佳的产出规模而尽可能投入适量的生产要素，并使各生产要素之间保持协调，以获取经济效益。经营规模归根到底是一个投入—产出的问题，所以其本质与生产效率是一致的。要实现经营规模就要在科技、资金、土地转让、劳动力转移等方面给予支持。

农业土地政策：保障生产者的生产主体地位，并发挥着提高农业土地资源配置效率的作用。土地产权制度会从两个方面影响土地产出。一是直接影响，即土地产权安排对人们的激励不同，从而影响人们投入生产的人力、物力和财力；二是间接影响，是指在不同的产权制度下，即使投入相同数量的劳动力、生产资料等，也会有不同的产出。这是因为在不同的产权制度下，人们劳动的积极性以及使用生产资料的效率是不同的。生产者的积极性一旦受到激励，就会自主地提高劳动生产效率、增加经济投入以及改进生产技术（黄少安等，2005）。另外，农业土地流转可以提高农业土地资源配置效率。土地流转是农村经济发展、农村劳动力转移的必然结果。只有当第二三产业发达、大多数农民实现非农就业并有稳定的工作岗位和收入来源的地方，才有可能实现较大范围的土地流转，发展适度经营规模，提高农业经营效率。

农村人力资源政策：通过提高劳动者素质、提高人力资源配置效率来提高农业生产效率。在现代农业中，劳动者的科学文化水平、劳动技能的高低在农业生产中的重要性日益突显，农业对劳动力的要求已经从最求数量到最求质量转变。提高农村人力资源质量的政策主要包括农村教育政策、技术培训政策等。劳动力素质已经成为现代农业生产力中最关键的要素，提高农村劳动力科技文化水平可以极大地提高农业生产率。农民跨区域流动就业，可以调节和平衡各地区之间人力资源与物质资源空间分布不平衡的状况，实现人力资源的合理利用。

农业科学技术政策：产生于农业生产，又推动农业生产的发展，农业生产的每一个阶段的进步都以科技发展为前提。农业科技对农业生产效率的作用主要表现在4个方面：一是提高农业资源的产出率。随着科技的进步，生产方式的改进，农业生产条件的改善，使有限的资源生产出不断增加的产品；二是引导农业结构调整。农业新技术革命优化了农业原来的产业结构、产品结构、技术结构；三是提高劳动者技能。先进的农业科技能否转化为现实生产力，关键在于劳动者素质。提高劳动者素质可以极大地提高农业生产效率，发达国家80%的农业收益来源于先进的科技。科技进步将成为未来农业增长的主要支撑点。

农产品流通政策：主要通过价格政策稳定市场价格，维持生产者的价格水平，保证农民收入的增长或稳定，以及通过补贴政策降低生产成本并提高农民收入两方面来提高生产效率。农产品价格的变动指挥着农业生产的扩张与收缩，影响着农产品交易的进行，决定了农产品消费量的大小，进而影响到农民收入的高低。其中，补贴是农产品流通政策体系中一个非常重要的政策领域。农业补贴是一国对本国农业支持与保护体系中最常用、最主要的政策工具。影响生产效率的补贴主要有对农用工业品的补贴核对生产者的直接补贴。为了增加农产品的市场供给，政府可以通过对农用生产资料，如化肥、农药、塑料薄膜、水电和农机等提供补贴，降低农业生产成本，从而刺激农业生产，增加农产品的供给数量。另外，对生产者直接补贴可以提高农民的收入。

农业财政与金融政策：农业财政政策的作用在于对农业经济的导向作用、协调作用和控制作用。财政政策的政策手段为农业税和财政支农政策。财政支农政策对资源配置效率有直接或间接的影响。财政支农支出可分为购买支出和转移支出。购买支出指政府在商品或劳务市场上购进商品或劳务时，所发生的支出，包括支援农村生产支出和水力气象等各项农业事业费、农村基本建设投资、科技三项事业费等，该类支出直接影响资源的配置和利用水平。转移支出指政府单方面的资金支付，而不相应取得产品或劳务，如对农产品价格补贴、财政贴息、对银行发放的农业贷款实行财政补贴和农村救济等福利方面的支付。转移支出的结果会影响收入个人之间的再分配，从而间接地影响资源配置。农业金融政策为支持农业发展提供资金，推进农业产业结构调整，推进农业产业化经营，加快农业现代化进程。例如为了保护农民的生产积极性和利益所得，政府采取专门的信贷政策，筹集和安排足够的资金来收购农副产品，使农产品的流通得以顺畅，确保农民的收益（钟甫宁，2003）。

12.4.3　基于农业生产效率的农业政策传导机制有效性验证

上一小节的研究表明，农业政策影响农业生产效率的路径为：农业政策影响农业生产要素投入，包括土地、资本、劳动力等，投入要素转化效率的提高影响农业产出，包括农业经济增长和结构变动，经济绩效的提高进而影响农业生产者收入。然而，现行的农业政策对农业生产效率的作用效果如何呢？能否验证基于农业生产效率的农业政策传导机制的有效性？本小节从全国和北京两个视角，通过统计数据验证以上传导机制的有效性，探索提升蔬菜生产效率的政策路径。

（一）模型的构建

农业生产的投入要素主要包括资本、土地和劳动。农业劳动力对农业产出的贡献不仅反映在产出数量上，还表现在产出效率上。一般来讲，农业劳动者技术水平与文化水平越高，其劳动效率就越高，收入的增长效果越显著。土地是农业生产的主要生产要素，也是农户所拥有的重要物质资本之一。发展土地规模经营是农民增加收入，提高农业生产效率的一个重要途径。农业政策对农业产出的投入可以以资本的形式表达。第三章测算的DEA生产效率是相对值，且变动幅度极小，并不适用于作为本章的因变量，另外应该剔除价格波动对产出的影响，因此本文选取农产品单产这一绝对值代表农业生产效率。

柯布—道格拉斯（Cobb-Douglas）生产函数主要用于测定生产过程中资本投入量和劳动投入量对产出量的影响。本文运用时间序列数据验证农业政策对农业生产效率的影响。以Cobb-Douglas生产函数为基础，建立如下生产函数：

$$Y=\alpha K^{\beta_1}L^{\beta_2}A^{\beta_3} \qquad \text{公式（12-9）}$$

其中Y为代表农业生产效率的产出，K为农业政策投入，L为农业劳动力投入，A为农业土地投入，α为制度因素，β_1、β_2、β_3分别为农业政策、农业劳动力和农业土地对农业生产效率的贡献。

公式（12-9）是非线性的，需对其进行线性化之后进行估计，故对模型两边同时取自然对数，表示如下：

$$\ln Y=\ln\alpha+\beta_1\ln K+\beta_2\ln L+\beta_3\ln A \qquad \text{公式（12-10）}$$

将模型线性化之后，利用最小二乘法进行线性回归分析。本文将选取全国视角和北京视角的数据，分别对基于农业生产效率的农业政策传导机制的有效性进行验证。

（二）数据来源

（1）全国视角 改革开放以来农业政策对农业的支持不断演变。1979—1996年以提高农产品产量为主要目标；1997—2003年，这一时期实行以保护农业、支持农民收入、减轻农民负担为主要特征的农业政策；2004年开始，政府实行以“取消农业税、反哺农业”为主要内容的农业新政，奉行以人为本、全面、协调、可持续的科学发展观，国家财政也加大了对农业的支持力度。这些年来农业政策的不断调整始终没有离开增产和增收两个主题。

由于数据的可获得性，选取粮食作物作为研究对象。根据《中国统计年鉴》2000—2011年的相关数据进行整理，获得国家财政用于农业支出（亿元）、第一产业从业人员数（万人）、粮食播种面积（公顷）、粮食单位面积产量（千克/公顷）等数据，详见表4-1。

公式（12-9）和公式（12-10）与表12-8对应的关系，K：国家财政用于农业支出（亿元），L：第一产业从业人员数（万人），A：粮食播种面积（公顷），Y：粮食单位面积产量（千克/公顷）。

表12-8 全国视角农业投入与农业生产效率产出原始数据

年份	国家财政用于农业支出（亿元）	第一产业从业人员数（万人）	粮食播种面积（公顷）	粮食单位面积产量（千克/公顷）	农民人均纯收入（元）
1979	174	28 634	119 262 700	2 785	160
1980	150	29 122	117 234 267	2 734	191
1981	110	29 777	114 957 700	2 827	223
1982	120	30 859	113 462 400	3 124	270
1983	133	31 151	114 047 200	3 396	310

（续）

年份	国家财政用于农业支出（亿元）	第一产业从业人员数（万人）	粮食播种面积（公顷）	粮食单位面积产量（千克/公顷）	农民人均纯收入（元）
1984	141	30 868	112 883 900	3 608	355
1985	154	31 130	108 845 133	3 483	398
1986	184	31 254	110 932 600	3 529	424
1987	196	31 663	111 267 800	3 622	463
1988	214	32 249	110 122 600	3 579	545
1989	266	33 225	112 204 700	3 632	602
1990	308	38 914	113 465 867	3 933	686
1991	348	39 098	112 313 600	3 876	709
1992	376	38 699	110 559 700	4 004	784
1993	441	37 680	110 508 700	4 131	922
1994	533	36 628	109 543 700	4 063	1 221
1995	575	35 530	110 060 400	4 240	1 578
1996	700	34 820	112 547 920	4 483	1 926
1997	766	34 840	112 912 100	4 377	2 090
1998	1 155	35 177	113 787 400	4 502	2 162
1999	1 086	35 768	113 160 980	4 493	2 210
2000	1 232	36 043	108 463 000	4 261	2 253
2001	1 457	36 399	106 080 033	4 267	2 366
2002	1 581	36 640	103 890 827	4 399	2 476
2003	1 755	36 204	99 410 370	4 333	2 622
2004	2 338	34 830	101 606 034	4 621	2 936
2005	2 450	33 442	104 278 380	4 642	3 255
2006	3 173	31 941	104 958 000	4 740	3 587
2007	4 318	30 731	105 638 356	4 743	4 140
2008	5 956	29 923	106 792 647	4 951	4 761
2009	7 253	28 890	108 985 748	4 871	5 153
2010	8 580	27 931	109 876 086	4 974	5 919
2011	10 498	26 594	110 573 022	5 166	6 977

数据来源：《中国统计年鉴 1980—2012》。

（2）**北京视角**　根据《北京统计年鉴》2003—2012 年（为了统一数据统计口径）的相关数据进行整理，获得地方财政支出中农林水事务支出（亿元）、第一产业从业人员数（万人）、蔬菜播种面积（万公顷）、蔬菜单位面积产量（千克/公顷）等数据，详见表 12－9。公式（12－9）和公式（12－10）与表 12－9 对应的关系，K：地方财政支出中农林水事务支出（亿元），L：第一产业从业人员数（万人），A：蔬菜播种面积（万公顷），Y：

蔬菜单位面积产量（千克/公顷）。

表 12-9 北京视角农业投入与农业生产效率产出原始数据

年份	地方财政支出中农林水事务支出（亿元）	第一产业从业人员数（万人）	蔬菜播种面积（万公顷）	蔬菜单位面积产量（千克/公顷）
2002	23.5	67.6	11.5	44 696.6
2003	26.2	62.7	10.8	45 347.3
2004	33.3	61.5	9.1	49 013.3
2005	42.6	62.2	7.9	47 867.0
2006	88.6	60.3	7.1	48 332.6
2007	102.5	60.9	7.0	48 517.1
2008	121.8	63.0	6.8	47 120.9
2009	142.0	62.2	6.8	46 303.4
2010	158.6	61.4	6.8	44 860.9
2011	187.3	59.1	6.7	44 443.7

数据来源：《北京统计年鉴 2003—2012》。

（三）模型的估计检验与结果分析

根据公式（12-10）式，利用 SPSS 软件对表 12-8、表 12-9 的数据，以 Y 为因变量，进行线性回归分析。并通过残差分析，剔除异常数据点，对模型的拟合度进行优化。从输出的回归系数估计结果得到各自变量与因变量的相关关系模型。

（1）**全国视角** 从输出的回归系数估计结果得到各投入要素与粮食单位面积产量的相关关系模型：

$$\ln Y_1 = -4.423 + 0.101\ln K_1 + 0.23\ln L_1 + 0.518\ln A_1$$

公式（12-11）

该回归方程的 t 统计量显著不为 0，且 R 方为 0.956，说明模型的拟合度较好。F 值较大（181），代表该回归模型是显著的。残差复合正态分布，说明回归方程的残差项不存在序列相关，因此方程的参数估计在统计意义上是可置信的。产出弹性系数是产出量变化的百分率与投入量变化百分率的比率，主要反映农业产出对农业投入变化的敏感程度。在 C-D 生产函数中，产出弹性就是方程中各项投入要素的系数。公式（12-11）的回归结果显示，国家财政用于农业支出、第一产业从业人员数、粮食播种面积对粮食单位面积产量的增长均有促进作用。国家财政用于农业的支出对在增加产量方面的效率有正的相关性，但直接贡献并不大。国家财政用于农业的支出每增长 1%，会带动粮食单产 0.101%的增长；农业从业人员对产出的贡献也不大，从业人员数量每增长 1%，可带动粮食单产 0.23%的增长；粮食播种面积的增长对产出的影响较大，播种面积每增长 1%，可带动粮食单产 0.518%的增长。这从某种程度上验证了前一节农业政策影响农业生产效率传导机制的结论，即农业政策不是直接作用于农业产出，而是直接影响生产要素的投入，进一步影响生产要素的转化效率，从而作用于农业生产效率。

（2）**北京视角** 从输出的回归系数估计结果得到各投入要素与蔬菜单位面积产量的相

关关系模型：

$$\ln Y_2 = -12.579 + 0.081\ln K_2 + 0.123\ln L_2 + 0.467\ln A_2$$

公式（12-12）

以上回归方程的 t 统计量显著不为 0，且模型的拟合度较好。F 值较大，代表回归模型是显著的。残差复合正态分布，说明回归方程的残差项不存在序列相关，因此方程的参数估计在统计意义上是可置信的。公式（12-12）的回归结果显示，北京的地方财政支出中农林水事务支出、第一产业从业人员数、蔬菜播种面积对蔬菜单位面积产量均有促进作用，其中，蔬菜播种面积对蔬菜单位面积产量的增长贡献率最大，蔬菜播种面积每增长 1%，会带动蔬菜单位面积产量 0.467%的增长；其次是第一产业从业人员数，从业人员数量每增长 1%，可带动蔬菜单位面积产量 0.123%的增长；而地方财政支出中农林水事务支出对蔬菜生产效率增长的促进作用相对不显著，农林水事务支出每增长 1%，可带动蔬菜单位面积产量 0.081%的增长。这同样从某种程度上验证了前一节农业政策影响农业生产效率传导机制的结论，即农业政策不是直接作用于农业产出，而是直接影响生产要素的投入，进一步影响生产要素的转化效率，从而作用于农业生产效率。根据北京现状，由于农业土地资源和农业人力资源的限制，土地和劳动力投入不可能大幅增加，未来北京蔬菜生产效率可能在一定程度上依赖于农业政策的调控来促进农业劳动生产率提高、农业土地利用效率的提高、农业科技的有效推广与应用、农业资源的优化配置等，最终促进生产效率的提升。

12.4.4　蔬菜产业发展政策建议

北京目前已形成相对完善的、符合首都蔬菜产业发展功能定位的蔬菜产业支持政策体系。近年来，政府针对叶菜种植农户的政策主要体现在资金补贴方面，主要包括肥料补贴、种子补贴、农药补贴、大棚建设补贴、农机购置补贴以及灾害应急补贴等；针对企业、合作社、基地等经营主体的政策主要采用项目支持的形式，如老旧菜田改造工程、设施蔬菜标准园建设工程、蔬菜提质增效“三百”工程、蔬菜生产管理体系建设工程以及两区两带多群落日光温室和大棚建设工程等。价格监测与调控政策目前主要为建立蔬菜生产及质量安全信息监管系统和蔬菜成本价格保险试点等。政府投入力度不断加大，然而政策支持并没有很好地发挥增加蔬菜产出效益的效果。北京这种高投入、低效率的发展模式并不利于蔬菜产业的可持续发展。基于提高生产效率视角，本书提出以下政策建议：

（一）完善农村土地承包政策，保障农民的生产主体地位

稳定农村土地承包关系并保持长久不变，在坚持和完善最严格的耕地保护制度前提下，赋予农民对承包地占有、使用、收益、流转及承包经营权抵押、担保权能。在落实农村土地集体所有权的基础上，稳定农户承包权、放活土地经营权，允许承包土地的经营权向金融机构抵押融资。有关部门要抓紧研究提出规范的实施办法，建立配套的抵押资产处置机制，推动修订相关法律法规。切实加强组织领导，抓紧抓实农村土地承包经营权确权登记颁证工作，充分依靠农民群众自主协商解决工作中遇到的矛盾和问题，可以确权确地，也可以确权确股不确地，确权登记颁证工作经费纳入地方财政预算，中央财政给予补助，加强农村经营管理体系建设。

（二）完善蔬菜生产补贴政策，降低生产成本、增加收益

近几年来，用于蔬菜生产的各种生产资料的价格明显增长，导致蔬菜生产的总成本增加，菜农辛苦种菜一年，生产成本就要耗费几万元钱，这种高成本对菜农产销叶类蔬菜造成了较大压力，如果价格不理想，容易到此亏损。如果政府在产销方面的支持力度较小，会直接影响菜农的种植意愿和生产积极性。完善蔬菜产业补贴政策，应按照稳定存量、增加总量、完善方法、逐步调整的要求，积极开展改进农业补贴办法的试点试验。继续实行良种补贴、农资综合补贴等政策，推进蔬菜种植农民直接补贴政策，新增补贴向蔬菜等重要农产品、新型农业经营主体、主产区倾斜。在有条件的地方开展按实际蔬菜播种面积或产量对生产者补贴试点，提高补贴精准性、指向性。加大农机购置补贴力度，完善补贴办法，继续推进农机报废更新补贴试点。强化蔬菜产业防灾减灾稳产增产关键技术补助。

（三）完善蔬菜价格形成机制，切实保证农民收益

产量的提高是单方面的，有时高产不一定高效。蔬菜产值和农户收益的提高有赖于稳定的市场价格。当蔬菜价格过分下跌，会损害农民的切身利益，即“菜贱伤农”。蔬菜产业的长足发展和菜农收入的稳定提高期望减少蔬菜价格波动，保持相对合理的蔬菜价格。坚持市场定价原则，探索推进农产品价格形成机制与政府补贴脱钩的改革，逐步建立农产品目标价格制度，在市场价格过高时补贴低收入消费者，在市场价格低于目标价格时按差价补贴生产者，切实保证农民收益。

（四）推进农业科技创新，发挥科技对生产效率的带动作用

深化农业科技体制改革，对具备条件的项目，实施法人责任制和专员制，推行农业领域国家科技报告制度。明晰和保护财政资助科研成果产权，创新成果转化机制，发展农业科技成果托管中心和交易市场。采取多种方式，引导和支持科研机构与企业联合研发。加大农业科技创新平台基地建设和技术集成推广力度，推动发展国家农业科技园区协同创新战略联盟，支持现代农业产业技术体系建设。加强以分子育种为重点的基础研究和生物技术开发，建设以农业物联网和精准装备为重点的农业全程信息化和机械化技术体系，推进以设施农业和农产品精深加工为重点的新兴产业技术研发，组织重大农业科技攻关。继续开展高产创建，加大农业先进适用技术推广应用和农民技术培训力度。发挥现代农业示范区的引领作用。将农业作为财政科技投入优先领域，引导金融信贷、风险投资等进入农业科技创新领域。推行科技特派员制度，发挥高校在农业科研和农技推广中的作用。

（五）构建新型农业经营体系，促进蔬菜产业规模化、现代化发展

北京市现代农业发展的现实条件决定了要实现《北京市“十二五”时期都市型现代农业发展规划》提出的目标要求，必须创新农业组织结构，拓展农产品生产空间，推进北京都市农业的转型升级。实地调研中，企业、合作社、基地及政府有关部门人员提出，目前蔬菜产业支持政策较少、形式较单一，政策缺乏连贯性，需要长期有效的支持措施并加大扶持力度。构建新型农业经营体系，应从以下几个方面采取措施：一是发展多种形式规模经营。鼓励有条件的农户流转承包土地的经营权，加快健全土地经营权流转市场。二是扶持发展新型农业经营主体。鼓励发展专业合作、股份合作等多种形式的农民合作社，引导规范运行，着力加强能力建设。推进财政支持农民合作社创新试点，引导发展农民专业合作社联合社。鼓励发展混合所有制农业产业化龙头企业，推动集群发展，密切与农户、农民合作社的利益联结关系。鼓励地方政府和民间出资设立融资性担保公司，为新型农业经营主体提供贷款担保服务。加大对新型职业农民和新型农业经营主体领办人的教育培训力度。三是完善农业风险补偿和保障机制，改善蔬菜产业发展的金融服务。政府要建立完善蔬菜保险的补贴机制；落实金融对农民专业合作组织的信贷支持；加快以土地为抵押、担保的核心融资制度建设，以便解决土地在信贷融资金过程中抵押、担保的制度障碍；各金融机构要创新“农民＋企业”“农民＋专业合作组织”“农民＋专业合作组织＋企业”等不同模式的蔬菜产业发展的信贷产品，加大投入。

12.5　本章小结

本章从理论上分析了基于生产效率提升的农业政策作用机理与传导机制，并采用统计数据从全国和北京两个视角验证了农业政策传导机制。得出以下结论：

（1）根据影响北京市蔬菜产业发展的SWOT—AHP定量分析结果，SO策略和ST对策是相对较好的战略路径选择，而SO策略是最佳战略路径选择。北京市蔬菜产业发展的基本战略思路是：战略上，要积极选择SO策略作为最佳战略路径，发挥优势，抓住机会。战术上，要抓住市民的消费需求量大和蔬菜需求从量到质转换给北京市蔬菜产业发展带来新机遇，不断增加的高品质产品需求带来了巨大的市场空间等，发挥交通运输及信息通讯便利、大都市的优势，注意规避外来蔬菜的竞争和不耐贮藏等风险。

（2）依据北京市“都市型现代农业”“菜篮子”工程的功能定位及其发展战略规划，北京市叶类蔬菜产业定位体现在城市蔬菜应急供应的基地、农民增收致富的手段、现代都市农业的展示、首都技术优势的示范4个方面，其发展方向是要以北京蔬菜“三率一能力”建设为主线，具体方向是：稳定首都叶类蔬菜供应，提升叶类蔬菜产业功能定位，促进叶类蔬菜产业链平衡与协调发展，保障叶类蔬菜产品质量安全，满足叶类蔬菜消费的多样化需求。北京市叶菜产业的工作重点是：加强生产基地建设，应合理布局与整体规划，打造现代新型流通体系，提高产品质量安全，增强储备应急供应能力。

（3）基于生产效率提升的农业政策作用机理与传导机制为：农业政策通过资金投入、农业人力资本水平的提高、科技的推动等方式，改变农业生产要素配置的环境（市场价格、农业生产条件等），提高农业生产投入要素的转化效率，从而影响农业生产效率。农业结构政策通过调整农业的区域布局、作物结构、品种和品质结构，发挥比较优势，以提高农业资源的整体配置效率；农业土地政策保障生产者的生产主体地位，并发挥着提高农业土地资源配置效率的作用；农村人力资源政策通过提高劳动者素质、提高人力资源配置效率来提高农业生产效率；农业生产的每一个阶段的进步都以科技发展为前提；农产品流通政策主要通过价格政策稳定市场价格，保证农民收入的增长或稳定，以及通过补贴政策降低生产成本并提高农民收入两方面来提高生产效率；农业财政政策的作用在于对农业经济的导向作用、协调作用和控制作用。

（4）农业政策对农业生产效率有正向影响。全国视角和北京视角的基于农业生产效率的农业政策传导机制有效性验证均表明，农业政策不是直接作用于生产效率，而是通过各种政策和手段影响农业生产资料的投入和农业生产条件，调动生产者的积极性，促进生产资料的利用和转化，从而提高生产效率。由于农业土地资源和农业人力资源的限制，土地和劳动力投入不可能大幅增加，未来北京蔬菜生产效率可能在一定程度上依赖于农业政策的调控来促进农业劳动生产率提高、农业土地利用效率的提高、农业科技的有效推广与应用、农业资源的优化配置等，最终促进蔬菜生产效率的提升。

（5）北京目前已形成相对完善的、符合首都蔬菜产业发展功能定位的蔬菜产业支持政策体系，然而政策支持并没有很好地发挥增加蔬菜产出效益的效果。针对北京蔬菜产业现有政策中的不足，提出提高蔬菜生产效率的四条政策建议：推进蔬菜直补政策，加大对蔬菜生产者的补贴力度；发挥政策的市场调控作用，稳定蔬菜价格，促进农民增收；积极实施科技推广政策，发挥科技示范带动作用；加大对蔬菜产业化经营主体的扶持力度，促进蔬菜产业规模化、现代化发展。

参 考 文 献

[1] A. P. Whitmore, G Cadischz, B. Toomsan, V. Limpinuntana, M. Van Noordwijk, P. Purnomosidhi. An analysis of the economic values of novel cropping systems in N. E. Thailand and S. Sumatra [J]. Netherlands Journal of Agricultural Science 48 (2000) 105 - 114.

[2] Aguero M V, Ponce A G, Moreira M R, et al. Lettuce quality loss under conditions that favor the wilting phenomenon [J]. Postharvest biology and technology, 2011, 59 (2): 124 - 131.

[3] Aigner, D. J. & Chu, S. F. On estimating the industry production function [J]. American Economic Review, 1968, 58 (3): 826 - 839.

[4] Aigner, D. J., Lovell, C. A. K. & Schmidt, P. Formulation and estimation of stochastic frontier production functions models [J]. Journal of Econometrics, 1977, 6 (1): 21 - 37.

[5] Al-Feel, M. A. and AL-Basheer, A. A. R.. Economic efficiency of wheat production in Gezira scheme, Sudan. Journal of the Saudi Society of Agricultural Sciences, 2012, 11 (1): 1 - 5.

[6] Aljoufie. M, Brussel. M, Zuidgeest. M, et al. Urban growth and transport infrastructure interaction in Jeddah between 1980 and 2007 [J]. International journal of applied earth observation and geoinformation, 2013, 21: 493 - 505.

[7] Amelin, L. Local Indicators of Spatial Association—LISA [J]. Geographical Analysis, 1992, 27 (2): 94 - 113.

[8] Anne Mims Adrian, Shannon H. Norwood, Paul L. Mask. Producers' perceptions and attitudes toward precision agriculture technologies [J]. Computers and Electronics in Agriculture, 2005, 48: 256 - 271.

[9] Anselin L. Interactive techniques and exploratory spatial data analysis [C] //In Longley PA. Goodchild M F. M aguire D J etal (eds.) . Geographical Information Systems Principles Technical Issues Management Issues and Applications. John Wiley&Sons. Inc. 1999.

[10] Arauzo-Carod J M. Location Determinants of New Firms: Does Skill Level of Human Capital Really Matter? [J]. Growth and Change, 2013, 44 (1): 118 - 148.

[11] Awudu Abdulai, Victor Owusu, John-Eudes A. Bakang. Adoption of safer irrigation technologies and cropping patterns: Evidence from Southern Ghana [J]. Ecological Economics, 2011, 70: 1415 - 1423.

[12] Barg M, Agüero M V, Yommi A, et al. Evolution of plant water status indices during butterhead lettuce growth and its impact on post-storage quality [J]. Journal of the Science of Food and Agriculture, 2009, 89 (3): 422 - 429.

[13] Battese, G. E., and T. J. Coelli ," A Model for Technical Inefficiency Effects in a Stochastic Frontier Production Function for Panel Data" [J]. Empirical Economics, 1995, 20, 325 - 332.

[14] Battese, G. E., and T. J. Coelli," Frontier Production Functions, Technical Efficiency and Panel Data: With Application to Paddy Farmers in India" [J]. Journal of Productivity Analysis, 1992, 3, 153 - 169.

[15] Chen X N, Li B J, Meng L C, et al. Research Progress in Preservation of Postharvest Leafy Vegetables [J]. Advanced Materials Research, 2013, 749: 401-407.

[16] Claudia Sattler, Uwe Jens Nagel. Factors affecting farmers' acceptance of conservation measures—A case study from north-eastern Germany [J]. Land Use Policy, 2010, 27: 70-77.

[17] D. Demcey Johnson, William Lin, Gary Vocke. Economic and welfare impacts of commercializing a herbicide-tolerant, biotech wheat [J]. Food Policy 30 (2005) 162-184.

[18] Ding Y M, Fotheringham A S. The Integration of Spatial Analysis and GIS [J]. Comput., Environ. and Urban Systems, 1992, 16 (1): 3-19.

[19] Duchelle Amy E., Guariguata Manuel R., Less Giuliano, Albornoz Marco Antonio, Chavez Andrea, Melo Tadeu. Evaluating the opportunities and limitations to multiple use of Brazil nuts and timber in Western Amazonia [J]. Forest Ecology and Management, Volume 268, 15 March 2012, Pages 39-48.

[20] Esser, P. Akzeptanz-was steckt dahinter? Überlegungen zur Akzeptanzdebatte in Naturschutz und Landschaftsplanung [J]. Diplomarbeit am Institut für Landschaftsentwicklung, TU Berlin, 1999.

[21] Farrell, M.J. The Measurement of Production Efficiency. Journal of Royal Statistical Society [J]. Series A (General), 1957, 120 (3): 253-281.

[22] Fatulescu, P. A DEA-SFA comparison of the impact of it's utilization [J]. European Scientific Journal, 2013, 9 (21): 736-744.

[23] Fatulescu, P. A DEA-SFA comparison of the impact of it's utilization. European Scientific Journal, 2013, 9 (21): 736-744.

[24] Gallego-Ayala Jordi, Juízo Dinis. Strategic implementation of integrated water resources management in Mozambique: An A'WOT analysis [J]. Physics and Chemistry of the Earth, Parts A/B/C, Volume 36, Issues 14 - 15, 2011, Pages 1103-1111.

[25] Goncharuk, A.G.. How to make meat business more effective: a case of Ukraine. British Food Journal, 2009, 111 (6): 583-597.

[26] Goodchild. M, Anselin. L, Applebaum. R, et al. Towards a spatially integrated social science [J]. International Regional Science Review, 2000, 23: 139-159.

[27] H. K. Ogunbadejo, T. Alhaji, and S. O. Otubusin. Productivity of labour artisanal fishfarming in Nigeria [J]. African Journal of Applied Zoology & Environmental Biology. 2007, 9, 74-77.

[28] Hassan Ghasemi Mobtaker, Asadollah Akram, Alireza Keyhani, et al. Optimization of energy required for alfalfa production using data envelopment analysis approach [J]. Energy for Sustainable Development, 2012, 16: 242-248.

[29] Jamie P, Saltveit M E. Postharvest changes in broccoli and lettuce during storage in argon, helium, and nitrogen atmospheres containing 2% oxygen [J]. Postharvest Biology and Technology, 2002, 26 (1): 113-116.

[30] Juan Aguarón, José María Moreno-Jiménez. The geometric consistency index: Approximated thresholds [J]. European Journal of Operational Research, 147 (2003): 137-145.

[31] Kader A A. Quality and safety factors: Definition and evaluation of fresh horticultural crops. In: Postharvest technology of horticultural crops [J]. University of California, Agriculture and Natural Resources, 2002, 3311: 279-285.

[32] Kajanus Miika, Leskinen Pekka, Kurttila Mikko, Kangas Jyrki. Making use of MCDS methods in SWOT analysis—Lessons learnt in strategic natural resources management [J]. Forest Policy and

Economics, Volume 20, July 2012, Pages: 1 - 9.

[33] Kontodimopoulos N, Papathanasiou N D, Flokou A, et al. The impact of non-discretionary factors on DEA and SFA technical efficiency differences [J]. Journal of medical systems, 2011, 35 (5): 981 - 989.

[34] Kumar. M. R. P, Ranjith. K. S, Kumar. B. K, et al. Analysis of Spatial Data Mining and Global Autocorrelation [J]. International Journal, 2012, 2 (5): 519 - 523.

[35] Le Thi Thanh Huyen, Pera Herold. A. Valle Zarate. Fann types for beef production and their economic success in a mountainous province of northern Vietnam [J]. Agricultural Systems 103 (2010) 137 - 145.

[36] Lee S K, Kader A A. Preharvest and postharvest factors influencing vitamin C content of horticultural crops [J]. Postharvest biology and technology, 2000, 20 (3): 207 - 220.

[37] Lee Seungbum, Walsh Patrick. SWOT and AHP hybrid model for sport marketing outsourcing using a case of intercollegiate sport [J]. Sport Management Review, Volume 14, Issue 4, November 2011, Pages: 361 - 369.

[38] Marc Jim Mariano, Renato Villano , Euan Fleming. Factors influencing farmers' adoption of modern rice technologies and good management practices in the Philippines [J]. Agricultural Systems, 2012, 110: 41 - 53.

[39] Meeusen, W. , Van, D. J. &Broeck, C. Efficiency estimation from cobb-douglas production functions with composed error [J]. International Economic Review, 1977, 18 (5): 435 - 444.

[40] Murthy. D. S, Sudha. M, Hegde. M. R, et al. Technical efficiency and its determinants in tomato production in Karnataka, India: Data Envelopment Analysis (DEA) Approach [J]. Agricultural Economics Research Review, 2009, 22 (2): 215 - 224.

[41] Olaf Erenstein. A comparative analysis of rice-wheat systems in Indian Haryana and Pakistan Punjab [J]. Land Use Policy 27 (2010): 869 - 879.

[42] Rico, D. , Martin-Diana, A. , Barry-Ryan, C. , et. al. Optimisation of steamer jet-injection to extend the shelf-life of fresh-cutlettuce [J]. Postharvest Biology and Technology, 2008, 48 (3): 431 - 442.

[43] Romy Greiner, Louisa Patterson, Owen Miller. Motivations, risk perceptions and adoption of conservation practices by farmers [J]. Agricultural Systems, 2009, 99: 86 - 104.

[44] Roura S I, Davidovich L A, Del Valle C E. Quality loss in minimally processed swiss chard related to amount of damaged area [J]. LWT-Food Science and Technology, 2000, 33 (1): 53 - 59.

[45] Ryall A L, Pentzer W T. Handling, transportation and storage of fruits and vegetables. Volume 2. Fruits and tree nuts [M]. AVI Publishing Co. , Inc. , 1982.

[46] Sall S. , Norman D. , Featherstone A. M. Quantitative assessment of improved rice variety adoption: the farmer's perspective [J]. Agricultural Systems, 2000, 66: 129 - 144.

[47] Seyed Hashem Mousavi～Avval, Shahin Rafiee, Ali Mohammadi. Optimization of energy consumption and input costs for apple production in Iran～using data envelopment analysis [J]. Energy, 2011, 36: 909 - 916.

[48] Seyed Hashem Mousavi-Avval, Shahin Rafiee, Ali Jafari et al. Improving energy use efficiency of canola production using data envelopment analysis (DEA) approach [J]. Energy, 2011, 36: 2765 - 2772.

[49] Shewfelt R L. Postharvest handling (Second edition): A systems approach [M]. Academic Press, 2009, 461 - 477.

[50] Shuhao TAN, Nico HEERINK, Gideon KRUSEMAN, Futian QU. Do fragmented landholdings have higher production costs? Evidence from rice farmers in Northeastern Jiangxi province, P. R. China [J]. China Economic Review 19 (2008) 347 - 358.

[51] Shumet Asefa. Who is technically efficient in Crop Production in Tigray Region, Ethiopia? Stochastic Frontier Approach [J]. Global Advanced Research Journal of Agricultural Science , 2012. 1 (7): 191 - 200.

[52] Skevas, T. , Lansink, A. O. and Stefanou, S. E. . Measuring technical efficiency in the presence of pesticide spillovers and production uncertainty: The case of Dutch arable farms [J]. European Journal of Operational Research, 2012, 223: 550 - 559.

[53] Stevenson, R. E. Likelihood functions for generalized stochastic frontier estimation [J]. Journal of Econorrietrics, 1980 (13): 57 - 66.

[54] Subhash C Sharma, Manoj K Mohanty. Efficiency and Productivity Analysis of Illinios Coal Mines [R]. Final Technical Report (8): 1 - 24.

[55] William, H. G: Econometric Analysis [M]. New Jersey: Prentice Hall, 19973453 - 3454.

[56] ZAVADSKAS E. K. , TURSKIS Z. , TAMOSAITIENE J. . Selection of construction enterprises management strategy based on the SWOT and multi-criteria analysis [J]. Archives of Civil and Mechanical Engineering, Volume 11, Issue 4, 2011, Pages 1063 - 1082.

[57] Zhang Lingxian, Ma Juncheng, Yang Fei, Fu Zetian, and Liu Xue. Optimization of Developmental Path on Vegetable Industry in Beijing Based on an AHP-SWOT Hybrid Model. Sensor Letters 12, 901 - 907 (2014) .

[58] 北京市农林科学院蔬菜研究中心．北京蔬菜产业发展基本特征和重大需求 [J]. 蔬菜，2010 (7): 1 - 3.

[59] 北京市统计局，国家统计局北京调查总队．北京统计年鉴 [M]. 北京：中国统计出版社，2008 - 2012.

[60] 北京市统计局，国家统计局北京调查总队．北京统计年鉴 [M]. 北京：中国统计出版，2012.

[61] 曹光乔，张宗毅．农户采纳保护性耕作技术影响因素研究 [J]. 农业经济问题，2008 (8): 69 - 74.

[62] 曹暕，孙顶强，谭向勇．农户奶牛生产技术效率及影响因素分析 [J]. 中国农村经济，2005，10: 42 - 48.

[63] 曹建民，胡瑞法，黄季焜，等．技术推广与农民对新技术的修正采用：农民参与技术培训和采用新技术的意愿及其影响因素分析 [J]. 中国软科学，2005 (6): 60 - 66.

[64] 陈春秀，刘明池．北京设施蔬菜发展现状及高效生产模式 [J]. 蔬菜，2011 (9): 033.

[65] 张桂梅．蔬菜茬口安排好日光温室效益高．农民致富之友，2013 (6): 67.

[66] 余玲．设施蔬菜茬口安排及栽培要点．西北园艺：蔬菜，2013 年 (5): 23.

[67] 曾念平，庾湘萍．东莞市黄江镇市售蔬菜农药残留状况分析 [J]. 农药科学与管理，2011，32 (9): 35 - 39.

[68] 柴斌锋．中国玉米成本及经济效益研究 [D]. 陕西杨凌：西北农林科技大学，2008.

[69] 陈斐，杜道生．空间统计分析与在区域经济分析中的应用 [J]. 地理学报，2004，59 (6): 1048 - 1057.

[70] 陈广庆，孙爱芹，徐克宝．基于 PLC 和组态软件的温室控制系统设计 [J]. 安徽农业科学，2010，38 (34): 19827 - 19828.

[71] 陈桂珍．苏州市无公害蔬菜生产技术的推广调查 [D]. 南京：南京农业大学，2007.

[72] 陈浩，邓祥征．中国区域经济发展的地区差异 GIS 分析 [J]. 地球信息科学学报，2011，13 (5)：586-593.

[73] 陈红卫．论新时期农业推广中农民行为规律变化及对策 [J]. 中国农学通报，2005，7：428-430.

[74] 陈汇才．基于"农超对接"的潍坊市生鲜果蔬产品供应模式创新实践 [J]. 安徽农业科学，2012，40 (10)：6263-6264，6330.

[75] 陈立新．黑龙江省设施蔬菜生产现状与对策研究 [D]. 北京：中国农业科学院，2013.

[76] 陈曲．农户蔬菜良种技术采用行为研究——基于技术扩散理论的研究 [D]. 武汉：华中农业大学，2011.

[77] 陈湘宁，钟思琼，金文斌，等．膜包装鲜切蔬菜中主要腐败菌的分离与鉴定 [J]. 中国食品学报，2012，12 (5)：154-160.

[78] 陈学刚，杨兆萍．基于 ESDA-GIS 的新疆县域经济时空差异研究 [J]. 测绘科学，2008，33 (3)：62-65.

[79] 陈雨生，乔娟，赵荣．农户有机蔬菜生产意愿影响因素的实证分析——以北京市为例 [J]. 中国农村经济．2009 (07)：20-30.

[80] 陈玉萍，张嘉强，吴海涛，等．资源贫瘠地区农户技术采用的影响因素分析 [J]. 中国人口，2010，20 (4)：130-136.

[81] 崔宁波．我国大豆生产技术及应用的经济分析 [D]. 哈尔滨：东北农业大学，2008.

[82] 崔言民，王骞．不同组织模式下无公害蔬菜生产效率评价研究 [J]. 农业技术经济，2012 (9)：28-34.

[83] 崔彦玲．菠菜的营养价值与食用方法 [J]. 中国食物与营养，2003 (2)：57-57.

[84] 董晓辉．技术效率对区域产业竞争力提升的促进机理研究 [D]. 大连：大连理工大学，2011.

[85] 杜凤宝．关于无公害绿色蔬菜技术的完善与广泛应用 [J]. 农业与技术，2013.12.：151.

[86] 杜慧，周玉兰．设施园艺工程与我国农业现代化 [J]. 现代农业，2009 (1)：53-54.

[87] 杜小娟，吴华意，龚健雅．基于 GIS 的湖北省区域经济差异空间统计分析 [J]. 测绘信息与工程，2010，35 (1)：23-24.

[88] 冯建英．设施蔬菜栽培技术效益评价研究 [D]. 北京：中国农业大学，2013.

[89] 高雷．农户采纳膜下滴灌技术行为分析——以新疆石河子地区为例 [D]. 北京：中国农业科学院，2006.

[90] 高丽朴，陶志强，陈连武．北京蔬菜配送现状及发展．中国蔬菜，2007 (7)：40-42.

[91] 高启杰．国际农业推广改革与我国的对策 [J]. 中国农村观察，2002，4：19-23.

[92] 高强，刘同山，孔祥智．家庭农场的制度解析：特征，发生机制与效应 [J]. 经济学家，2013，6：011.

[93] 龚月．武汉市蔬菜生产投入产出分析 [D]. 武汉：华中农业大学，2010.

[94] 谷国峰，张秀英．地理信息系统在区域经济差异研究中的应用 [J]. 情报科学，2009，27 (9)：1418-1423.

[95] 关小克，张凤荣，李乐，等．北京市农业发展态势及土地整治策略研究 [J]. 资源科学，2011，33 (4)：712-719.

[96] 郭华，蔡建明，汪德根．大流通背景下北京外埠蔬菜供应时空格局及效应分析 [J]. 经济地理，2012，32 (3)：96-101.

[97] 郭晶，郑亚莉．浙江省农户技术采用行为影响因素的实证分析 [J]. 浙江学刊，2007，6：188-191.

[98] 郭军华，李帮义．中国区域农业生产效率动态变化的实证分析——基于 1985—2007 年省际面板数

据［J］．运筹与管理，2011，20（1）：111－117.
［99］郭亚军，姚顺波，霍学喜．中国苹果生产技术进步率测算与分析——基于随机前沿分析方法［J］．农业技术经济，2013（3）：54－61.
［100］郭艳秋．基于随机前沿模型的区域技术效率研究［D］．辽宁工程技术大学，2010.
［101］国亮．农业节水灌溉技术推广研究［D］．杨凌：西北农林科技大学，2011.
［102］国家发展改革委员会，农业部．全国蔬菜产业发展规划（2011－2020年）［J］．中国蔬菜，2012（5）：1－12.
［103］韩冰．我国蔬菜加工产业组织现状分析［J］．农村经济与科技，2011，22（10）：123－124.
［104］韩育梅，赵丽芹，张曦，张海芳．河套蜜瓜采后生理与保鲜技术研究进展［J］．保鲜与加工，2006（3）：19－22.
［105］侯建设，余挺．温度，机械伤和采收期对小白菜的采后生理的影响［J］．食品与发酵工业，2002，28（10）：40－44.
［106］胡琴，肖诗．农村信贷需求与供给的研究方法综述［J］．商业经济，2013，（2）：9－14.
［107］黄玖辉．四川省稻谷成本收益情况的调查分析及对策建议［J］．粮食问题研究，2008（4）：21－25.
［108］黄漫红．北京市蔬菜种植结构调整的研究［D］．北京：中国农业大学，2005.
［109］黄少安，孙圣民，宫明波．中国土地产权制度对农业经济增长的影响——对1949—1978年中国大陆农业生产效率的实证分析［J］．中国社会科学，2005（3）：38－47.
［110］纪海晨．暗送秋“菠”［J］．糖尿病新世界，2010（9）：40－40.
［111］贾雪莉，董海荣，戚丽丽，等．蔬菜种植户农药使用行为研究——以河北省为例［J］．林业经济问题．2011（3）：266－270.
［112］江林．消费者行为学［M］．北京：科学出版社，2007.3.
［113］姜明房，吴炜炜，董明辉．农户采用水稻新技术的影响因素研究——以江苏兴化、高邮两市的调查为案例［J］．中国稻米，2009，（2）：39－44.
［114］蒋青云，王彦雯，顾浩东等译．营销渠道第7版［M］．北京：中国人民大学出版社，2008.
［115］金福良，王璐，李谷成，等．不同规模农户冬油菜生产技术效率及影响因素分析——基于随机前沿函数与1707个农户微观数据［J］．中国农业大学学报，2013，18（1）：210－217.
［116］金文斌，董姻然，岳溪，等．乳酸钙处理对鲜切菠菜生理生化的影响［J］．食品工业科技，2013，34（19）：303－307.
［117］金艳清．我国蔬菜流通模式研究［D］．北京：北京工商大学，2008.
［118］何淑媛，方国华．农业节水综合效益评价模型研究［J］．水利经济，2008，26（3）：62－70.
［119］孙伟．中国农业节水技术推广关键影响因素研究［D］．哈尔滨：东北农业大学，2012.
［120］靳淑平．北京郊区农民技术采用状况及影响因素研究［D］．北京：中国农业科学院，2009.
［121］亢霞，刘秀梅．我国粮食生产的技术效率分析——基于随机前沿分析方法［J］．中国农村观察，2005（4）：25－32.
［122］孔祥智，庞晓鹏，张云华．北方地区小麦生产的投入要素及影响因素实证分析．中国农村观察，2004，4：2－7.
［123］雷冬侠．河北省蔬菜基地与市场分析［J］．中国蔬菜，2005（9）：017.
［124］李福柱，杨跃峰．全要素生产率增长率的测算方法应用述评［J］．济南大学学报：社会科学版，2013（2）：64－68.
［125］李合生．植物生理生化实验原理和技术［M］．北京：高等教育出版社，2001：134－138，246－248.

[126] 李俊英．乌海市葡萄种植农户适度规模经营的实证分析 [D]．呼和浩特：内蒙古农业大学，2009.
[127] 李琳，张领先，李道亮，等．温室智能控制系统适用性评价指标体系选择模型 [J]．农业工程学报，2012，28 (3)：148-153.
[128] 李罗保，王世春，钱红燕，等．蔬菜规模化种植与直销模式成本收益现状浅析——以常州市为例 [J]．价格理论与实践，2013 (12)：63-64.
[129] 李孟华．巴州番茄种植户生产技术选择行为研究 [D]．乌鲁木齐：新疆农业大学，2012.
[130] 李南田，王磊，阮刘青，等．中国杂交稻推广特点及其传播学意义 [J]．中国稻米，2002，5：9-11.
[131] 李南田，王磊，周伟强．意见领袖和农业技术传播 [J]．农业科技管理，2002. 6：16-18.
[132] 李双杰，范超．随机前沿分析与数据包络分析方法的评析与比较 [J]．统计与决策，2009 (7)：25-28.
[133] 李伟．国内外温室监控系统的发展及趋势 [J]．农业科技与装备，2010 (10)：51-52.
[134] 李喜宏，陈杨，邢亚阁，等．生菜专用保鲜膜的研制与应用 [J]．食品工业科技，2008，(10)：209-210.
[135] 李想，穆月英．设施蔬菜种植户采用可持续生产技术的实证分析——以辽宁省农户调查为例 [J]．统计与信息论坛，2013，28 (7)：96-101.
[136] 李小建，乔家君．20 世纪 90 年代中国县际经济差异的空间分析 [J]．地理学报，2001，56 (2)：136-1451.
[137] 李艳芬．葡萄种植户技术选择意向研究——基于安徽省淮北市 23 个村的调查分析 [D]．重庆：西南大学，2010.
[138] 李玉鼎．宁夏贺兰山东麓酿酒葡萄园投资与管理成本分析 [J]．中外葡萄与葡萄酒，2004，04：24-26.
[139] 李云晋．非标准化数据的聚类分析方法 [J]．昆明冶金高等专科学校学报，2005，21 (1)：38-41.
[140] 李治宏．农村蔬菜专业合作社的组织经营模式研究 [J]．农村经济与科技，2013，24 (2)：55-56.
[141] 李子良，王树涛，张利，等．经济快速发展地区耕地生产能力空间格局 [J]．农业工程学报，2010，26 (11)：323-331.
[142] 廖伟华．广西农村经济发展时空差异的 ESDA-GIS 分析 [J]．安徽农业科学，2011，39 (8)：5007-5009.
[143] 林毅夫．制度、技术与中国农业发展 [M]．上海：上海三联书店，2008.
[144] 刘才宇，朱培蕾，赵贵云，等．叶菜类蔬菜贮藏保鲜技术研究进展 [J]．安徽农业大学学报，2011，38 (5)：797-801.
[145] 刘超．中国钢铁行业的技术效率研究 [D]．厦门：厦门大学，2009.
[146] 刘芳，王琛，何忠伟．中国蔬菜产业国际市场竞争力的实证研究 [J]．农业经济问题，2011 (7)：91-98.
[147] 刘宏．种稻农户采纳农业技术行为研究 [D]．长沙：湖南农业大学，2012.
[148] 刘欢欢，李彤，赵慧峰，等．蔬菜直接配送——农超对接模式的双方合作利益博弈分析 [J]．江苏农业科学，2012，40 (3)：389-391.
[149] 刘佳．信息化助力现代农业发展 [J]．经济，2013，(6)：149-151.
[150] 刘敏，赵翠薇，施明辉．贵州山区土地利用变化多尺度空间自相关分析 [J]．农业工程学报，2012，28 (20)：239-246.

[151] 刘学芳．蔬菜生产的费用投入与成本核算 [J]. 农业科技与信息，2010 (21)：9.
[152] 刘宜生，等．蔬菜生产技术大全 [M]. 北京：中国农业出版社，2000：256.
[153] 刘玉朋，胡宝贵．基于供应链视角的北京市蔬菜供应体系分析 [J]. 北京农学院学报，2013，28 (3)：56-58.
[154] 刘振华，王学忠，孙书蕴．保护地蔬菜综合生产技术 [J]. 天津农林科技，2004，12 (6)：13-16.
[155] 卢中华，李岳云．我国蔬菜产业生产效益影响因素的实证分析 [J]. 统计与决策，2008 (22)：77-79.
[156] 陆国岐，罗莎红，等．生菜品种繁育及生产关键技术 [J]. 上海蔬菜，2011 (5)：14-15.
[157] 罗航艳．我国农业效率增进，技术进步与区域农业可持续发展研究 [D]. 重庆：重庆大学，2010.
[158] 罗杰斯．创新的扩散 [M]. 北京：中央编译出版社，2002.
[159] 罗子达．吃油菜保健重在搭配 [N]. 医药养生保健报，2008.
[160] 吕超，周应恒．我国农业产业集聚与农业经济增长的实证研究——基于蔬菜产业的检验和分析 [J]. 南京农业大学学报（社会科学版），2011，11 (2)：72-78.
[161] 吕超，周应恒．我国蔬菜产业生产效率变动分析 [J]. 统计与决策，2011，9：92-94.
[162] 吕冀．桥梁监测数据处理与可视化方法研究 [D]. 西安：长安大学，2010.
[163] 吕美晔．我国蔬菜产业链组织模式与组织效率研究 [D]. 南京：南京农业大学，2008.6.
[164] 马丽，吕杰．农户采用保护性耕作技术的行为选择及其影响因素研究——基于辽宁省阜新市 208 户农户的调查与分析 [J]. 调研世界，2010，2：23-34.
[165] 马晓河．中国农业收益与生产成本变动的结构分析 [J]. 中国农村经济，2011 (5)：4-11.
[166] 满明俊．西北传统农区农户的技术采用行为研究 [D]. 西安：西北大学，2010.
[167] 孟斌，王劲峰，张文忠，等．基于空间分析方法的中国区域差异研究 [J]. 地理科学，2005，25 (4)：393-400.
[168] 孟令川，吕莹，陈湘宁．鲜切菜贮藏保鲜技术研究进展 [J]. 中国农学通报，2013，29 (9)：190-196.
[169] 孟阳，穆月英．基于地区比较视角的北京市蔬菜生产效率分析 [J]. 中国农学通报，2012，28 (34)：244-251.
[170] 苗锦山，刘文波，沈火林．寿光蔬菜产业发展的经验、启示和对策 [J]. 中国蔬菜，2008 (10)：8-10.
[171] 穆月英，沈辰，郭卫东，赵亮．北京市蔬菜产业发展的 SWOT 分析 [J]. 中国蔬菜，2010 (21)：13-16.
[172] 穆月英，赵双双，赵霞．北京市蔬菜生产的优势区域布局与比较 [J]. 中国蔬菜，2011，1.
[173] 牛高华，孙国兴，贾凤伶．天津设施西红柿成本及效益分析 [J]. 天津农业科学，2012，17 (6)：126-129.
[174] 农业大词典编辑委员会．农业大词典 [M]. 北京：中国农业出版社，1998.
[175] 彭科，安玉发，方成民．农户生产无公害蔬菜的技术效率及其影响因素分析——基于山东寿光无公害黄瓜和西红柿生产的调查 [J]. 技术经济，2011，30 (3)：81-86.
[176] 乔翠霞．农业补贴绩效影响因素分析——基于政府决策与农户行为反应的视角．[J] 山东大学学报（哲学社会科学版），2012，12 (6)：24-28.
[177] 乔世军．中国粮食生产技术效率的实证研究——随机前沿面生产函数的应用 [J]. 数理统计与管理，2004，(3)：11-16.
[178] 屈小博．不同规模农户生产技术效率差异及其影响因素分析——基于超越对数随机前沿生产函数

与农户微观数据 [J]. 南京农业人学学报（社会科学版），2009，9（3）：27-35.

[179] 曲文超，宫钦涛，于善增．山东蔬菜产业的发展现状与对策 [J]. 科技信息，2012（32）：437-438.

[180] 任晋阳．农业推广学 [M]. 北京：中国农业大学出版社，1998.

[181] 荣建华，闵光，赵思明．不同贮藏方式对生菜品质的影响 [J]. 华中农业大学学报，2007，26（4）：574-576.

[182] 邵自银．北京市蔬菜供应链构建研究 [D]. 北京：北京交通大学，2009.

[183] 申卓婕．农业产业化组织模式："公司+农户"研究 [D]. 太原：山西财经大学，2006.

[184] 沈汉溪，邓启明，丁联．浙江省农户获得贷款影响因素的实证分析，技术经济，2007（10）：98-102.

[185] 盛颖慧．农户采纳沼气技术影响因素分析——以化德县及扎妾特旗为例 [D]. 呼和浩特：内蒙古农业大学，2010.

[186] 施浩然，杜文．超市鲜活农产品的损耗控制 [J]. 安徽农业科学，2011，39（11）：6540-6542.

[187] 史君卿，吴敬学，窦以文．技术效率分析中的主要方法及其比较研究 [J]. 农业经济问题，2008年增刊：51-58.

[188] 史君卿．我国主要粮食作物技术效率分析 [D]. 北京：中国农业科学院，2010.

[189] 宋美艳，董海荣，张敬洋，等．我国"农超对接"模式研究进展 [J]. 安徽农业科学，2012，40（10）：6245-6246.

[190] 苏东水．产业经济学 [M]. 北京：高等教育出版社，2010.

[191] 苏岳静，胡瑞法，黄季焜，等．农民抗虫棉技术选择行为及其影响因素分析 [J]. 棉在学报，2004，16（5）：259-264.

[192] 孙洪磊．果蔬损耗惊人 [J]. 农产品市场周刊，2008（25）：44-45.

[193] 孙致陆．中国细羊毛生产的经济效益分析 [D]. 北京：中国农业大学，2013.

[194] 孙伟．菠菜的营养作用及栽培技术 [J]. 现代农业，2012（7）：12-13.

[195] 孙媛．基于GIS的我国蛋鸡产业生产效率空间规律研究 [D]. 北京：中国农业大学，2013.

[196] 唐博文，罗小锋，秦军．农户采用不同属性技术的影响因素分析——基于9省（区）2110户农户的调查 [J]. 中国农村经济，2010（6）：49-57.

[197] 唐粉芳，郭俊霞，张静，等．芹菜汁降压和舒张血管作用的研究 [J]. 食品科学，2007，28（1）：322-325.

[198] 唐静．智能温室农业环境自动监控系统设计 [D]. 合肥：中国科学技术大学，2011.

[199] 陶春海．中国医疗服务生产效率评价研究 [D]. 南昌：江西财经大学，2010.

[200] 田伟，李明贤，谭朵朵．中国棉花生产技术进步率的测算与分析——基于随机前沿分析方法 [J]. 中国农村观察，2010（2）：45-53.

[201] 万年峰，孙顺炎，陆建飞，等．对蔬菜生产者群体有关蔬菜生产技术的调查与建议 [J]. 上海农村经济，2006（1）：23-26.

[202] 汪海波，辛贤．农户采纳沼气行为选择及影响因素分析 [J]. 农业经济问题，2008（12）：79-85.

[203] 汪三贵，刘晓展．信息不完备条件下贫困农民接受新技术行为分析 [J]. 农业经济问题，1996（12）：31-37.

[204] 王朝瑾，李云锋，王依春，等．芹菜汁生产工艺的研究 [J]. 食品科学，2004，25（增刊）：86-90.

[205] 王崇桃．关于农民对农业技术服务需求的调查与分析 [J]. 农业技术经济，2005，（4）：55-59.

[206] 王从亭．郑州市蔬菜产业发展现状及前景分析 [J]. 种业导刊，2009 (10)：15-16.
[207] 王丹，陈娆，杨为民．蔬菜需求供给弹性的灰色系统分析 [J]. 经济观察，2011 (8)：29-30.
[208] 王宏，董大远．清洗剂对生菜贮藏保鲜效果的影响 [J]. 食品研究与开发，2006，27 (8)：153-155.
[209] 王娟，李方华．酒泉日光温室冬春茬生菜早熟栽培技术 [J]. 黑龙江农业科学，2011 (10)：161-162.
[210] 王丽红，马茜．秋季生菜栽培技术 [J]. 云南农业科技，2008 (6)：48-48.
[211] 王小波．油菜苔的食疗作用 [J]. 档案时空，2008 (5)：41-41.
[212] 王小平，戎素云，张淑梅．商品流通学 [M]. 北京：中国人民大学出版社，2011.65-75.
[213] 王绪龙，张巨勇，张红．农户对可持续农业技术采用意愿分析 [J]. 生态经济，2008，6：119-129.
[214] 王艳梅．发展"农超对接"的主要障碍与对策 [J]. 湖北农业科学，2011，50 (17)：3671-3672.
[215] 王耀林．关于北京蔬菜产业发展的建议 [J]. 今日科苑，2012 (4)：71.
[216] 王永泉．北京市蔬菜产业化发展研究 [D]. 北京：中国农业大学，2004.
[217] 王臻，张晓东，苏伟，等．中国三大自然灾害空间自相关特征 [J]. 农业工程学报，2010，26 (Supp. 2)：302-306.
[218] 韦昌联，韦志扬，樊保宁，等．农户种植茉莉花经济效益的影响因素分析 [J]. 贵州农业科学，2008，36 (5)：201-203.
[219] 魏权龄．数据包络分析 (DEA) [J]. 科学通报，2000，45 (17)：1793-1807.
[220] 魏巍．北京市农民蔬菜专业合作社发展面临的挑战与对策研究 [J]. 经济研究导刊，2013 (7)：45-47.
[221] 乌莉娅，沙依提，陈妍．芹菜根提取物对 CCl4 所致急性小鼠肝损伤的保护作用 [J]. 华西药学杂志，2008 (4)：411-412.
[222] 吴丽丽．基于 Logistic 回归模型的商业银行信用风 [D]. 哈尔滨：哈尔滨工业大学，2007.
[223] 吴宪和．分销渠道管理 [M]. 上海：上海财经大学出版社，2011：43.
[224] 吴震，黄俊，翁忙玲，等．无公害叶菜工厂化生产技术研究进展 [J]. 中国农学通报，2007，7 (21)：392-396.
[225] 夏兰．农业政策影响农村经济发展的机制与路径研究 [D]. 武汉：武汉理工大学，2012.
[226] 向玲凛．四川省区域经济时空差异分析——基于 ESDA-GIS 方法的实证分析 [J]. 三峡大学学报：人文社会科学版，2012，34 (6)：46-50.
[227] 项朝阳．我国蔬菜生产成本收益波动研究 [J]. 长江蔬菜，2012 (21)：2-5.
[228] 肖潇．鞍山市农户有机蔬菜生产意愿及其影响因素分析 [D]. 南京：南京农业大学，2011.
[229] 肖雪红．芹菜的化学成分及应用 [J]. 现代农业，2012 (8)：22-23.
[230] 谢永坚，张树春，吕云波，等．农业技术推广模式的探索——农业科技合作社 [J]. 黑龙江农业科学，2006，6：61-64.
[231] 谢育金．真空低温油炸技术及在果蔬加工保存上的应用研究 [D]. 汕头：汕头大学，2012.
[232] 新华社．中共中央国务院关于全面深化农村改革加快推进农业现代化的若干意见 [J]. 河南农业，2014 (3)：4-8.
[233] 邢卫锋．影响农户采纳无公害蔬菜生产技术的因素及采纳行为研究 [D]. 北京：中国农业大学，2004.
[234] 熊志云．农产品批发市场建设研究 [D]. 长沙：湖南农业大学，2006.
[235] 徐家鹏，李崇光，闫振宇．中国蔬菜产业生产技术效率及其提高途径分析 [J]. 科技与经济，

2010，23（6）：51-54.

［236］徐磊．我国蔬菜设施栽培发展现状、问题及对策［J］．长江蔬菜，2009（17）：1-4.

［237］徐强．大学生参加居民医疗保险意愿探析——以Logit模型为分析工具［J］．中南财经政法大学研究生学报，2010（3）：20-24.

［238］徐霞，刘蒲．天然3—烃基苯酞类化合物的研究进展［J］．中国医药工业杂志，2002，33（9）：465-468.

［239］许晨，宁钦广．“农校对接”还需多方齐给力［J］．山东科技报，2011-09-02（1）.

［240］许世卫．中国农业展望报告［R］．北京：中国农业科学院农业信息研究所，2014.

［241］阎晓军，赵安平．北京市蔬菜市场预警研究——基于数量供应安全角度的探讨［J］．农业现代化研究，2011，32（5）：581-584.

［242］羊杏平．叶菜在都市高效农业中的地位和作用［J］．江苏农业科学，2007（3）：1-4.

［243］杨广宁．论农产品批发市场升级拓展与战略转型的重要性——以拓展建设农产品物流配送中心为例［J］．商业经济，2009（12）：1-4.

［244］杨剑英，唐步龙．我国生鲜农产品的农超对接现状与问题［J］．江苏农业科学，2012，40（1）：357-358.

［245］杨静．基于Logistic回归模型的农户信用等级研究［D］．西安：陕西师范大学，2008.

［246］杨青松．农产品流通模式研究—以蔬菜为例［D］．北京：中国社会科学院研究生院，2011.6.

［247］杨文举．技术效率，技术进步，资本深化与经济增长［J］．世界经济，2006（5）：73-83.

［248］杨月欣，王光亚，潘兴昌．中国食物成分表（2002）［M］．北京：北京大学医学出版社，2002：58-62.

［249］姚洋．非国有经济成分对我国工业企业技术效率的影响［J］．经济研究，1998（12）：29-35.

［250］姚月明，陆长婴，王海侯．设施蔬菜不同种植模式的农时利用及经济效益分析［J］．江西农业学报，2011，23（1）：38-41.

［251］姚增福，郑少锋．我国粮食主产区粮食生产技术效率进步与效率损失测度——基于随机前沿生产函数与省际数据分析［J］．山东大学学报（哲学社会科学版），2012，1：22-26.

［252］袁庆禄．中国烤烟生产问题研究：意愿、供给与效率［D］．北京：中国农业大学，2010.

［253］战雅莲．二月春节，合理饮食［J］．食品与健康，2013（2）：12-13.

［254］张舰，韩纪江．有关农业新技术采用的理论及实证研究［J］．中国农村经济，2002，11：54-60.

［255］张京京．我国农户信息采纳行为研究［D］．北京：中国农业大学，2009.

［256］张克宏，杜俊娟．叶菜类蔬菜气调保鲜包装研究［J］．包装工程，2007，28（1）：49-52.

［257］张领先，傅泽田，张小栓．基于农民增收的我国农业国内支持的结构优化［J］．系统工程理论与实践，2007（4）：9-18.

［258］张领先，张标，刘雪．温室信息技术使用与采纳的影响因素分析．宁夏农林科技，2014，55（3）：94-96，101.

［259］张领先，熊蓓，刘雪．基于DEA的北京蔬菜产业生产效率与技术进步评价［J］．科技管理研究，2013（8）：56-58.

［260］张乃明．设施农业理论与实践［M］．北京：化学工业出版社，2006.

［261］张潜．温室环境测控系统的适用性研究与实现［D］．浙江：浙江大学，2009.

［262］张婷．农户绿色蔬菜生产行为影响因素分析——以四川省512户绿色蔬菜生产农户为例［J］．统计与信息论坛，2012，27（12）：88-95.

［263］张伟．农户蔬菜生产安全技术采用决策研究——来自杨凌、周至农户的调研数据［D］．杨凌：西北农林科技大学，2013.

[264] 张伟超．建设“农校对接”冷链物流体系的意义与思考 [J]. 高校后勤研究，2011 (5)：9－11.
[265] 张喜才，张利庠，张屹楠．我国蔬菜产业链各环节成本收益分析——基于山东、北京的调研 [J]. 农业经济与管理，2011 (5)：78 － 90.
[266] 张晓川．农业技术推广服务政府与市场的供给边界研究 [D]. 重庆：西南大学，2012.
[267] 张欣．冬日里的保健佳蔬油菜 [N]. 医药养生保健报，2007.
[268] 张新民．有机菜花生产技术效率及其影响因素分析——基于农户微观层面随机前沿生产函数模型的实证研究 [J]. 农业技术经济，2010 (7)：60－69.
[269] 张学杰，叶志华．高压对鲜切生菜感官品质的影响 [J]. 食品科学，2013，34 (7)：140－143.
[270] 张学鹏，卢平．中国农业产业化组织模式研究 [M]. 中国社会科学出版社，2011.
[271] 张尧庭，方开泰著．多元统计分析引论 [M]. 北京：科学出版社，1982.
[272] 张玉玺．北京市蔬菜价格波动的特点，原因及对策 [J]. 蔬菜，2011 (7)：4－5.
[273] 赵红雷，贾金荣．基于随机前沿分析的中国玉米生产技术效率研究 [J]. 统计与信息论坛，2011，26 (2)：52－28.
[274] 赵乐．对北京市农业产业化经营的调查与思考 [J]. 北京农业职业学院学报，2005，19 (1)：17－20.
[275] 赵伟．我国农副产品产业化经营探索 [J]. 特区经济，2007 (7)：262－263.
[276] 赵霞，穆月英，李小林．2000 年以来北京市蔬菜产业发展趋势研究 [J]. 中国蔬菜，2011 (5)：7.
[277] 赵霞，穆月英，潘凤杰，等．北京市自产蔬菜供需平衡分析——基于批发市场层面的初步测算 [J]. 中国蔬菜，2011 (21)：12－17.
[278] 赵友森，赵安平，王川．北京市场蔬菜来源地分布的调查研究 [J]. 中国食物与营养，2011，17 (8)：41－44.
[279] 郑小平．我国农业企业信息技术采纳研究 [D]. 北京：中国农业大学，2008.
[280] 钟甫宁．农业政策学 [M]. 中国农业出版社，2003.
[281] 钟琳．基于 Logistic 模型的公司财务风险预报实证分析 [D]. 成都：成都理工大学，2009.
[282] 周春应，章仁俊．基于 SFA 模型的我国区域经济技术效率的实证研究 [J]. 科技进步与对策，2008，25 (4)：21－24.
[283] 周宏，褚保金．中国水稻生产效率的变动分析 [J]. 中国农村经济，2003. (12)：42－46.
[284] 周辉，卢向阳，田云，等．芹菜化学成分及药理活性研究进展 [J]. 氨基酸和生物资源，2006，28 (1)：6－9.
[285] 周山涛．果蔬贮运学 [M]. 北京：化学工业出版社，1998.
[286] 周未，刘涵，王景旭，等．农户新品种技术采纳行为的研究综述 [J]. 天津农业科学，2010，16 (4)：128－132.
[287] 朱东兴，曾峰丽，郁达，等．叶菜采后生理与贮藏保鲜研究及应用 [J]. 保鲜与加工，2006，6 (1)：3－6.
[288] 朱方长．农业技术创新农户采纳行为的理论思考 [J]. 三农问题研究，2004，(6)：42－46.
[289] 朱进．农民采用大棚蔬菜技术的影响因素分析 [D]. 北京：中国农业大学，2004.
[290] 朱京燕．北京发展总部农业的必要性及可行性分析 [J]. 中国农学通报，2013，29 (29)：89－93.
[291] 朱明芬，李南田．农户采用农业新激素和的行为差异及对策研究 [J]. 农业技术经济，2001，2：26－29.
[292] 朱炜，蔡东联．糖尿病患者“苦夏”饮食观 [J]. 糖尿病新世界，2011 (7)：28－28.